普通高等教育国际经济与贸易专业系列教材

国际商务导论

第2版

主　编　曲如晓　曾燕萍　刘　霞
副主编　李　雪　王　叶　安亚伦
参　编　韩卫辉　王陆舰　董　敏
张国利　张天硕

机械工业出版社

本书从跨国企业运营的角度出发，以理论—环境—战略—组织与管理为主线，梳理国际贸易理论、国际直接投资理论和国际收支与汇率决定理论等跨国企业运营的基本原理，分析世界市场、国际金融市场及国际资本市场等国际商务运行环境，探讨国际市场营销、国际工程承包与外包、国际市场进入与组织战略、国际商务管理等问题，从不同角度为跨国企业从事国际商务活动提供综合全面的指导。

本书既可作为高等学校国际商务、国际经济与贸易及相关专业的教材，也可作为跨国企业中高层管理人员及其他从业人员的参考书。

图书在版编目（CIP）数据

国际商务导论 / 曲如晓，曾燕萍，刘霞主编. 2 版. -- 北京 : 机械工业出版社，2024. 9. -- (普通高等教育国际经济与贸易专业系列教材). -- ISBN 978-7-111-76461-8

Ⅰ. F740

中国国家版本馆 CIP 数据核字第 2024FJ3901 号

机械工业出版社（北京市百万庄大街 22 号　邮政编码 100037）
策划编辑：常爱艳　　　　责任编辑：常爱艳　崔景怡
责任校对：肖　琳　李小宝　　封面设计：鞠　杨
责任印制：刘　媛
北京中科印刷有限公司印刷
2024 年 10 月第 2 版第 1 次印刷
184mm×260mm · 21.5 印张 · 481 千字
标准书号：ISBN 978-7-111-76461-8
定价：69.00 元

电话服务　　　　　　　　　网络服务
客服电话：010-88361066　　机 工 官 网：www. cmpbook. com
　　　　　010-88379833　　机 工 官 博：weibo. com/cmp1952
　　　　　010-68326294　　金 书 网：www. golden-book. com
封底无防伪标均为盗版　　机工教育服务网：www. cmpedu. com

前言

Preface

当今世界面临百年未有之大变局，世界经济格局加速演变，中美战略博弈不断升级，国际贸易、跨境电商、国际直接投资等商务活动面临前所未有的挑战。同时，随着人工智能、大数据等技术的不断进步，国际商务活动将更加数字化和智能化。在此背景下，为反映国际商务的最新理论、政策与发展，适应诸多新变化对高素质、复合型国际商务专门人才的新要求，编者对本书第1版进行了精心修订。具体修改如下：

（1）对本书涉及的数据和国际商务最新政策及发展动态进行了更新，删除了一些较陈旧或较次要的内容：将书中所有的数据都更新到2022年年底；在第5章中更新了《美墨加协定》，补充了RCEP的相关内容；在第7章中更新了国际资本流动、我国国际收支及其他投资的相关数据；第8章根据最新发布的《国际贸易术语解释规则2020》对关键术语的解释做了新的说明；第13章补充了我国企业国际化的最新历程，更新了我国对外直接投资以及高质量共建“一带一路”的相关数据。

（2）对国际商务相关理论的发展进行了更新：涉及第2章“国际贸易理论”、第3章“国际直接投资理论”和第4章“国际收支与汇率决定理论”。

本书由曲如晓、曾燕萍、刘霞担任主编，曲如晓负责总纂。修订工作分工如下：第1章由王陆舰修订；第2章由曾燕萍修订；第3章由董敏修订；第4章由李雪修订；第5章由王叶修订；第6章由刘霞修订；第7章由安亚伦修订；第8~10章由曲如晓修订；第11章由张国利修订；第12章由张天硕修订；第13章由韩卫辉修订。

由于编者水平有限，本书的修订难免有疏漏之处，敬请读者批评指正。

为方便教师授课，我们为选择本书作为授课教材的教师提供免费教学课件、教学大纲和课后习题答案，需要的教师可登录机工教育服务网（www.cmpedu.com）索取。

编　者

2024年6月

目录

Contents

第 3 章 国际直接投资理论

第 4 章 国际收支与汇率决定理论

第 5 章 国际贸易与世界市场

第6章 国际金融市场

第7章 国际资本流动

第8章 国际商务中的进出口

第 9 章 国际市场营销

第 10 章 国际工程承包与外包

第 11 章 国际市场进入与组织战略

第12章 国际商务管理

第13章 国际商务在中国

第 1 章 导 论

本章目标

通过本章学习，应能：

1. 掌握国际商务的基本概念和主要内容。
2. 了解国际商务环境特点，掌握国际商务环境构成及评估。
3. 理解现代企业与国际商务的关系。
4. 了解国际商务的产生与发展现状。

我们正处在一个经济全球化时代，当今世界各国在经济、贸易、政治、文化、技术等方面的交流和合作日益频繁。在此背景下，不仅发达国家的众多企业将国际市场作为自己经营的主要舞台之一，发展中国家的很多企业也开始走向国际市场，因此，国际商务活动在形式上和内容上均获得长足发展，国际商务活动的重要性也日益凸显。

作为本书的导论，本章着重介绍国际商务的基本概念、类型及特征，介绍国际商务环境，介绍国际商务的主要参与者及其运营动机，分析国际商务的产生与发展现状。

1.1 国际商务概述

1.1.1 基本概念

国际商务（International Business）是一门研究为满足个人及组织需求而进行的跨国界交易的科学。一般而言，国际商务包括两层含义：一是指跨越国界的任何形式的商业性活动，包括几乎任何形式的经济资源——商品、劳务、技术、资本和信息等的国际转移；二是指国家、企业或个人以经济利益为目的而进行的商业性经济活动。

当今世界，一国的政府、企业、个人与世界其他国家的政府、企业、个人发生着复杂的经济往来关系，但不是所有的经济往来都属于国际商务的范畴。“跨越国界”意味着国际商务是涉及两个或两个以上的国家的活动；“商业性活动”意味着国际商务是带有经济目的的活动，它排除了许多跨越国界的非营利性活动，如对外经济援助、国际慈善活动、国际文化交流等。通常情况下，参与国际商务活动的实体是企业。尽管政府和个人也会涉足国际商务活动，如政府国际采购，但通常的国际商务指的是企业跨越国界进行的商业性活动，而且不同的企业对国际商务的参与程度不同，大型跨国企业的经营活动全部或大部分可被称为国际商务，而有些企业只是偶尔参与国际商务，如偶尔接受一笔国外订单等。因此，当代国际商务的主体是跨国企业。

国际商务是 20 世纪 50 年代开始发展起来的一门综合性、跨专业的边缘学科。它涉及的内容较为广泛，将经济学、管理学、人类学、社会学、组织学、心理学等学科知识紧密结合在一起。国际商务最主要的类型是进出口贸易和对外直接投资，同时涉及国际货币转移及企业的经营管理战略问题，因而，国际商务的主要内容与国际贸易、国际投资、国际金融、国际企业管理等学科都有交叉（见表 1-1）。

表 1-1　国际商务的主要内容及交叉的学科

国际商务的主要内容	交叉的学科
国际商品、服务、技术、知识产权等的交换活动	国际贸易
货币资产或产业资产的跨国界流动和营运，以实现价值增值，包括用被投资企业的控制权和经营管理权而进行的国际直接投资和以被投资国的证券为对象而取得利息或股息的国际间接投资	国际投资
国际货币转移，既包括国际投资活动引起的资本流动，又包括非投资活动引起的货币转移，涉及国际金融制度、外汇制度、金融市场的差异对从事国际商务主体的影响	国际金融
国际企业的管理和经营，如财务管理、人力资源管理、信息管理、物流管理、公共关系管理等	国际企业管理

参考资料：《国际商务》，马述忠，高等教育出版社，2011。

1.1.2　国际商务的类型

随着经济全球化的发展，国际经贸往来日益频繁，国际商务的形式和内容越来越多样化和复杂化，国际商务活动的范围也不断扩大。除国际商品贸易、国际投资外，国际技术贸易、国际劳务合作、国际工程承包、特许经营、服务外包等新型的国际商务活动不断涌现，国际商务活动的内容越来越丰富。

一般而言，国际商务可分为以下五种类型。

1）国际商品贸易。国际商品贸易，即货物的进口与出口。进出口贸易是企业从事国际商务的第一步。与许可和投资等其他国际商务形式相比，进出口贸易相对比较容易进行，简单的进出口活动不一定要求与国外买主或卖主有许多联系。

2）国际服务贸易。国际服务贸易是指国家之间出售或购买服务的交易。它以提供活劳动的形式满足他人需要并获取外汇收入，如国际运输、旅游、劳务输出等。此外，金融保险、租赁、工程、咨询及管理等服务也是国际商务的重要内容。按照国际贸易组织的分类，国际服务贸易分为：国际运输，国际旅游，跨国银行、国际融资公司及其他金融服务，国际保险和再保险，国际信息处理和传递、计算机及资料服务，国际咨询服务，建筑和工程承包等劳务输出，国际电信服务，广告、设计、会计管理等项目服务，国际租赁，维修与保养、技术指导等售后服务，国际视听服务，教育、卫生、文化艺术的国际交流服务，商业批发与零售服务，其他官方国际服务，共计15大类。

3）国际技术许可和特许经营。国际技术许可和特许经营是指专利、商标、技术秘诀等无形资产的持有者根据协议向外国公司授予一定时间内的使用权利。在成功从事进出口贸易后，企业通常会进一步转向国际技术许可或特许经营。国际技术许可和特许经营不同于一般的国际贸易，许可方往往需要派自己的技术人员到国外帮助被许可方建立生产线，并使该公司能够生产出合格的新产品。

4）国际间接投资。国际间接投资即证券投资，是指企业购买外国公司的上市股票或外国公司、政府发行的债券等。

5）国际直接投资。国际直接投资是指享有直接海外业务经营管理权的国际商务管理活动，包括独资企业、合资经营以及契约经营等形式。

此外，国际工程承包、合作生产、合作开发、合作经营等也属于国际商务活动；还有一些活动或多或少地带有国际商务的某些特征，如补偿贸易等。

1.1.3 国际商务的特征

国家间的经济贸易实践活动形成了国际商务。随着经济全球化的迅猛发展，国际商务由单纯的商品进出口贸易，发展到服务贸易、技术贸易、各国间经济合作等。在此过程中，国际商务逐渐形成以下主要特征。

1. 国际商务是企业国际化战略的综合反映

商务（Business）本身是指各种经济交易活动，国际商务扩展为围绕跨国经济交易活动产生的事务性活动。在经济全球化的今天，国际商务不再是企业被动遇到的独立、偶然事物的集合，而是企业以战略的高度，将国际化生产、投资、贸易进行统筹安排，形成一个综合性的事务整体。国际商务是企业通过对国际经济、政治、法律、文化等环境的利用，以达到经营的最优化和利润的最大化。

2. 国际商务是以进入和开拓国际市场为目标

国际市场是解决国内市场狭小、需求有限而供给过剩的矛盾，以及产品差异化与规模经济之间的矛盾的主要出路。企业从事国际商务具有明显的跨国性，因此，进入和开拓国际市场是国际商务的主要目标。

通常情况下，一国的市场需求有限，而要大量生产某种产品，必然会出现供过于求的矛盾；此外，由于需求的多样性和产品的差异性，任何企业都不可能生产某一种类的所有产品，完全独占市场，而生产的产品种类越多，就越难以实现规模经济，进而出现规模经济和产品差异化的矛盾性。在国际商务活动中，各国企业进行国际分工，只生产一种或少数几种产品，并在国际市场上销售，这样既扩大了需求市场，又降低了生产成本，实现规模经济。

例如，日本的小轿车进入美国市场，同时美国的汽车也进入日本市场，这样通过国际分工和国际商务活动，日本的轿车以价廉、节能、轻便、美观赢得部分美国消费者的喜爱，美国的轿车也能满足部分日本人的奢华需求。虽然是同类产品，但由于是差异化的产品，可以互相满足对方国家消费者的需求，使日本和美国的汽车产业都可以发挥各自的优势，形成规模经济效应。因此，两国企业都能够扩大生产，形成产业内的分工格局，进而在开拓市场的基础上相互投资设厂，开展国际经济技术合作与生产。

因此，市场对于国际商务活动至关重要。进入和开拓国际市场是国际商务的主要目标。

3. 国际商务复杂多变、风险更大

国际经济活动比国内经济活动复杂得多，也面临更大的风险。国际商务与国内商务相比存在明显差异。

(1) 经营环境不同

企业的生存和发展离不开它赖以生存的经营环境。企业在经营中能够控制诸如企业自身拥有的人力、物力、财力，以及企业生产的产品、产品定价、销售渠道、促销战略等内部因素，但企业很难控制诸如市场结构、不同执政者推行的不同经济政策、不同国家的工商法律、受社会文化影响的商业惯例等外部因素。

国内商务决策者和经营者面对着相对熟悉的社会文化背景，在长期的经营经验和生活经验的积累中，他们对有内在联系的社会、政治、经济等因素的关联及其相互影响具有较为深刻的认识，因此能更为全面地掌握经营环境，也能较快地应对经营环境的变化。相比而言，从事国际商务的企业则需要面对更为复杂的经营环境，如不同的政治、法律、经济、社会、文化等因素，这些因素更容易变化，更难以预测，蕴藏着更大的风险。

(2) 可供选择的商业机会和商务手段不同

由于各国经营环境存在很大差异，各国处于不同经济发展阶段，要素禀赋和供需条件也不一样，各国的关税水平、税收制度、利率水平、通货膨胀程度等均不同，各国经济周期性波动也常常存在差异。这些为从事国际商务的企业提供了生产经营的可能性，即利用其他国家经营环境和本国经营环境的不同，或其他国家彼此经营环境的不同，对企业自身的经营方向和重点进行调整和组合，为本企业的生存和发展寻找更多的机会。

例如，把本国市场已处于成熟期或衰退期的产品转移到低经济发展阶段的国家去销售和生产；利用各国经济周期的差异，对公司的产品结构做出调整；跨国公司利用转移价格和在避税地建立财务公司的方法，对其子公司的成本、价格及税率做出调整。从事国内商务的企业很难获得这些机会，也难以运用一些商务方法和手段。

(3) 面临的商务风险不同

一般的商业风险在任何类型的商务活动中都存在，但国际商务活动面临更多元、更复杂的风险因素，包括金融的、政治的、法规上的和税收上的风险因素。由于国际商务活动存在不同币种的转换，需要跨越多个国家的边界来完成商业交易并承担交易发生的

成本，因此，从事国际商务的企业面临更为复杂的金融和财务风险，如资金冻结、汇率变动；政治风险，如财产国有化、民族主义导致的排外情绪；法律风险，如双重征税、税收待遇恶化等。由于国际经营环境的多样性和多变性，从事国际商务的企业通常难以预测这些风险，或者难以有效防范这些风险的变化，从而使企业遭受损失。

（4）经营中面对的冲突不同

虽然企业从事国内商务也经常碰到各类经营冲突和矛盾，但相比从事国际商务，这些冲突和矛盾往往具有完全不同的性质。例如，东道国希望外国企业能对本地出口做出贡献，而跨国公司重在开辟东道国市场；东道国追求更多、更好的就业情况，而跨国公司往往追求高效率、低成本生产和利润最大化。由于东道国及其国民与从事国际商务的企业所追求的目标及利益存在较大差异，且这种差异随着国际商务推广程度的加深而扩大，东道国通常会对这些企业加强控制，限制跨国公司的资金、技术、人员的转移。因此，从事国际商务的企业在经营中面临的冲突和矛盾更多、更复杂。

1.2 国际商务环境

1.2.1 国际商务环境特点

国际商务环境是指围绕并影响国际企业生存与发展的各种外部因素的总和。根据企业管理理论，企业经营决策的根本目的是谋求企业外部环境、企业内部条件、企业经营目标三者之间的动态平衡。这三个综合性因素相互促进、相互制约、互为因果，又经常独自变化。在这三个因素中，企业的外部环境是最为重要、最为活跃的因素，也是企业最难驾驭的因素。企业的经营决策归根结底是要适应和服从外部环境的变化，要根据外部环境的变化调整企业自身的条件，必要时，还要为顺应环境的变化调整企业的经营目标，以实现三者之间的动态平衡。因此，分析和把握国际经营过程中各环境因素的现状与变动趋势，是提高国际经营和管理效率的必要前提。

与从事国内商务的企业相比，从事国际商务的企业面临更为复杂多变的外部经营环境，经营决策风险更大，如语言障碍、文化差异、法律差别、政治和经济制度等的不同。这些独特的外部环境不仅决定了国际企业的经营管理工作与在国内经营存在明显区别，同时需要国际企业经营管理人员将工作重点放在解决外部环境变化所带来的问题上，也要求其具有更高超的经营管理水平。

相比国内经营环境，国际商务环境具有以下四个明显特点：

1）外部环境的多样性。国际企业比国内企业受到更多政治、法律因素的制约。国际企业所处的文化环境的多样性，比其经济、政治、法律环境的多样性还要显著。

2）外部环境的复杂性。这是由于国际企业所处的外部环境的多样性比国内企业的高，还由于国际企业经营和投资所涉及的相互联系的市场数量更多。

3）外部环境对内部环境的渗透。这是指随着国内企业变为国际企业，一些原来纯属外部环境的因素，现在也在企业内部起作用，并在某种程度上成为内部环境的一部分。

4）变动性较大及可控程度低。在国际企业的外部环境中，既有可控的因素，又有不可控的因素。国际企业对其外部环境条件的不可控程度，往往比国内企业要高得多，这使得国际企业在海外投资的过程中充满着各种风险。

1.2.2 国际商务环境构成

企业从事国际商务活动的环境因素十分复杂，各国经济、政治、文化、技术等因素相互影响、相互融通，从而营造出基本的国际商务环境。

1. 经济环境

经济环境是国际商务环境最重要的组成部分，它直接影响企业的产品销售和跨国经营活动。因此，分析、评价与预测所在国的经济环境，并针对其变化采取适当的对策，以提高企业的国际竞争力，是国际商务的重要内容。决定一个国家或地区经济环境的因素有很多，包括经济发展阶段、收入水平、人口结构、经济体制、国家或地区经济特征等。

（1）经济发展阶段

不同国家或地区的经济发展水平不同，在生产、消费上表现出不同的特点。一个国家或地区的经济发展水平不同，国民收入高低不同，对产品的需求存在差异，进而对国际商务活动产生影响。

经济发展阶段是区分一个国家或地区经济发展水平的主要标准。处于不同经济发展阶段的国家或地区在产品的生产、需求、消费、技术水平等方面均存在较大差异。美国经济学家W. 罗斯托（Whitman Rostow）将人类社会发展分为六个经济成长阶段，即传统社会阶段、准备起飞阶段、起飞阶段、走向成熟阶段、大众消费阶段和超越大众消费阶段。各个国家或地区所处经济发展阶段不同，其市场特征也会存在较大差异，在产业结构、投资水平、生产需求、国民收入、消费需求、进口结构上的不同，将直接或间接影响企业的国际商务活动。因此，从事国际商务的企业确定目标市场的前提是确定一国或地区所处的经济发展阶段。

根据参与国际商务活动方式和程度的不同，通常可将世界各个国家或地区分为以下四种主要经济体类型：

1）自给自足经济体。这种经济体以农业为主，从事国际商务活动的能力非常有限。

2）原料出口经济体。这种经济体以生产、出口某种或某几种自然资源为主，对一般生活用品进口需求较大。

3）工业化过程经济体。这种经济体以制造业发展为主，对生产资料需求较大，有一定数量的出口，积极参与国际商务。

4）工业化经济体。这种经济体的工农业高度发展，是商品和资金的主要输出国，也是发展中国家的主要出口市场。

（2）收入水平

从企业营销角度来看，经济因素中最重要的环境变量是社会购买力。社会购买力是指一定时期社会各方面用于购买产品和服务的货币支付能力。市场规模的大小，取决于社会购买力的大小；而影响购买力最主要的因素是人们的收入水平，包括人均国民收入、国家总收入和收入分配状况。

1）人均国民收入。人均国民收入是反映社会购买力最重要的指标，是决定特定市场需求规模的关键因素，在一定程度上反映一个国家或地区人民生活水平的高低，也在一定程度上体现商品需求的构成。一般而言，人均国民收入越高，对消费品的需求和购买力越大。由于工业品的需求是由消费品的需求引发派生的，因而最终对工业品的需求和购买力产生重要影响。

2）国内生产总值。国内生产总值是衡量一个国家或地区总收入和经济福利总水平最常见的指标。它是指一个国家或地区在一定时期（通常是1年）内本国家或地区常住居民所生产的最终产品和劳务的市场价值的总和。国内生产总值从整体上反映了一个国家或地区总的经济发展水平、需求层次和市场规模的大小。

3）收入分配状况。收入水平无法准确反映一个国家或地区的实际购买力水平。许多国家，尤其是发达国家，在收入分配上贫富差距较大。如果产品的销售情况对收入敏感，该企业就必须重视收入水平差距，研究不同收入阶层的市场分布情况。

（3）人口结构

1）人口与经济的关系。人口是一种生产力。通常情况下所说的人口是指具有劳动能力、生产技能并与生产资料相结合而进行生产活动的那部分，而不是人口的全部。人口是劳动力的源泉，而劳动力又是重要的生产要素，对生产力的状况和发展具有重要的影响。与此同时，人口又是一种消费力，人口的年龄、性别、民族、地域以及职业等对消费力有一定的影响。同一社会中不同阶层或不同社会群体的消费水平也存在较大差距。

经济发展对人口结构变动起着决定性作用。从人口发展趋势来看，人口的出生率和死亡率与社会经济发展水平呈负相关，即经济发达、医疗卫生和生活水平较高的国家和地区，人口的出生率和死亡率一般较低。此外，社会经济的发展使得社会对白领劳动者的需求不断增加，对蓝领工人的需求不断下降。

2）人口密度与地理分布。目标市场的人口密度和地理分布也是企业在生产和销售其商品时必须考虑的因素。人口密度和地理分布直接影响企业的厂址选择、土地使用、仓储方式和营销手段等。一般而言，人口密度集中的地区市场集中，促销效果好，市场效益相对较好，否则较差。

人口密度还影响着人们的消费方式和其他生活方式。例如，美国的人口密度较小，当地居民的住房比较宽敞，家具或家用电器的尺寸就会较大；日本的人口密度较大，人们的住房比较小，家具或家用电器的尺寸也较小。

同一国家不同地区居民的消费需求也存在较大差别。例如，农村居民和城市居民在饮食和服装上的爱好是不同的；不同地区的收入差异也导致购买力的不同。

（4）经济体制

经济体制是指一定生产关系下生产、交换、分配和消费的具体形式。经济体制的不同决定了不同国家和地区在资源配置基本方法和形式上的差异。在国际商务活动中，经济体制一般可划分为四种主要类型，即市场经济体制、指令经济体制、混合经济体制和国家指导经济体制。

1）市场经济体制。市场经济体制建立在高度发达的商品经济基础上。在市场经济体制下，资源分配受消费者主权的约束，生产什么取决于消费者的需求（市场需求），生产多少取决于消费者的支付能力水平；经济决策是分散的，作为决策主体的消费者和生产者在经济和法律上的地位是平等的，不存在人身依附和超经济强制关系；信息是按照买者和卖者之间的横向渠道传递的。经济动力来自于对物质利益的追求，分散的决策主体在谋求各自的利益中彼此展开竞争，决策的协调主要在事后通过市场来进行。整个资源配置过程是以市场机制为基础的。新加坡、美国等都属于经济市场化程度比较高的经济体，是公认的市场经济体制。

市场经济体制运行良好的关键因素是价格机制起作用，价格能够完全、迅速、自由的变动，并与供求关系共同调节生产和需求。如果价格是固定的或呆滞不变的，企业与消费者各自独立做出的决策就会不一样。因此，在市场经济体制中，政府的一个重要职能是反垄断，防止个别处于垄断地位的企业或企业集团通过限制供给的方式操纵价格。政府可以通过反垄断法来限制企业的垄断行为，鼓励竞争。

2）指令经济体制。指令经济体制或指令型经济体制，又称计划经济体制，是与市场经济完全对立的一种经济体制，是对生产、资源分配以及产品消费事先进行计划的经济体制。在纯粹的指令经济体制中，一国或地区的大部分资源由政府拥有，生产商品和服务的数量、价格都是由政府计划指定的，不受市场影响。

实行指令经济体制的基本出发点是政府能够直接按照国家整体的利益进行投资和生产，克服纯粹市场经济的缺陷。但在实践过程中，指令经济体制存在一些很难克服的缺陷，具体表现在：由于现代经济的复杂性，指令经济体制所需要的信息收集和分析成本非常高，导致高昂的管理费用和官僚主义；不合理的价格体系导致资源的低效甚至无效使用；平均化的分配制度导致企业和个人缺乏改进产品和服务的动力。

20 世纪下半期，社会主义国家大都带有指令经济的色彩。虽然现在很多过去实行指令经济的国家都放弃了指令经济体制，但这种经济体制的痕迹却很难在短期内完全消除。

3）混合经济体制。混合经济体制是指既有市场调节，又有政府干预的经济体制。在这种经济制度中，决策结构既有分散的方面又有集中的特征；相应地，决策者的动机和激励机制既可以是经济的，也可以是被动地接受上级指令；同时，整个经济制度中的信息传递也同时通过价格和计划来进行。

在混合经济体制中，政府可能会对以下领域进行调控：

① 通过税收、补贴或直接控制价格来调控商品和投入的相对价格。

② 通过收入税、福利支出或直接控制工资、利润、房租等来调节相对收入。

③ 通过法律、直接提供产品和服务、税收、补贴或国有化调控生产和消费的类型。

④ 通过使用税收和政府开支、控制银行借贷和利息、直接控制价格和收入、汇率来调控失业、通货膨胀、经济增长和支出赤字的平衡等宏观经济问题。

总之，在混合经济中，通过市场机制的自发作用，经济社会解决生产什么、生产多少、如何生产和为谁生产的基本问题，而在市场机制出现错误时，则通过政府干预以促进资源使用的效率、增进社会平等和维持经济稳定和增长。

4）国家指导经济体制。国家指导经济体制是指国家在企业经济活动中起重要指导作用的经济体制，政府通过产业政策指导私营企业的投资活动，通过其他规定指导企业从事符合国家目标的商务活动。国家指导经济体制不同于混合经济体制，国家并不将私有企业收归国有，而是对私有企业进行培训和指导，使私有企业根据国家产业政策的目标进行投资。

产业政策的基本政策工具是利用财政优惠措施和金融激励措施鼓励私有企业在政府倡导的行业进行投资。通常的财政优惠措施包括对特定的投资项目或投资者（如外国投资者或在某些特定投资领域）减税、免税、提高直接或间接补贴。减免税的范围包括所得税、销售税、增值税、进出口税；补贴包括加速折旧补贴、投资或再投资补贴、对所得税的专项抵扣、对社会保障的专项抵扣、对劳动力培训和再教育的拨款、工资补助、对土地或某些设施的捐赠等。金融激励措施是对某些特定用途的项目和工程提供金融支持，如提供优惠的贷款或贷款保证。

日本和韩国是公认的国家指导经济体制。日本是最早采用国家指导经济体制的国家。例如，20 世纪 70 年代初期，日本通产省将半导体工业确定为国家重点发展的目标产业，因此，日本政府对日本半导体公司的研究与开发投资给予补贴，利用行政压力促使部分日本公司进入半导体工业，同时通过对进口商品和外国直接投资设置贸易壁垒的形式保护日本半导体公司免遭外国公司的竞争。

（5）国家或地区经济特征

国家或地区经济特征是指能够反映当地市场经济最本质的因素，如自然资源、地形、气候、基础设施、商业基础服务能力和城市化等基本特征。

1）自然资源。一个国家或地区的自然资源包括矿产、水利、土地等一切实际及潜在的财富。自然资源影响一个国家或地区的经济发展潜力、水平以及市场供求变化。

2）地形。地形直接影响企业的分销成本，恶劣的地形条件可能造成市场的分割，不利于企业直销。

3）气候。气候影响消费需求的特征，同时影响很多农产品的供给数量和质量。

4）基础设施。基础设施主要是指交通运输、能源供应和通信条件。在一个高度分工和专业化的世界经济体系中，交通运输条件直接影响营销活动的经济和时间成本。能源供应是企业开展经济活动和消费者进行消费的基础条件。一方面，企业生产经营过程中需要不同类型的能源；另一方面，很多产品的消费、使用过程需要消耗大量能源，如汽车需要燃油、家电需要电力。通信条件则直接影响信息交流的效率和容量，在一个高度信息化的社会，信息将成为企业和消费者最重要的资源之一，通信条件客观上制约着生产和消费活动的种类、规模，如网络营销是通信条件高度发展的产物。

5）商业基础服务能力。商业基础服务包括金融服务、广告服务、分销服务（批发、零售）、中介服务、咨询服务等。一个国家或地区的商业基础服务能力直接影响企业营销决策的水平和各种营销手段能否被快速、经济、有效地运用。

6）城市化。城市化是一个国家或地区经济活动的重要特征之一，作为政治、经济、文化活动相对集中的地方，城市在基础设施、经济发展水平、收入水平、商业基础服务能力、消费模式等方面明显高于农村地区，是企业市场营销的重点地区。一个国家或地区的城市化程度越高，市场规模往往也越大。城市化通常用城市人口占总人口的百分比来表示。一个国家或地区收入水平越高，城市化的程度也越高。

需要说明的是，目前发达国家的城市化已经达到较高水平，提供的新市场机会比较少；中等收入国家和低收入国家的城市化水平较低，处于快速城市化的进程中，提供的新市场机会比较多。

2. 政治环境

政治环境是指企业进行国际商务活动所涉及的国家或地区的政治体制，以及在一定时期内的政府政策。政治环境直接影响企业的国际商务运营，决定了贸易和投资的难易程度、资金的安全性、企业的经营活动及其效果。政治环境主要包括以下内容：

（1）政治体制

政治体制是指政权的组织形式及其相关制度，包括政治、行政和经济管理体制，政府部门结构，以及选举制度等。不同的政治体制导致政策、法规、行政效率等方面的不同，对外资企业的经营范围和股权控制程度上的限制或鼓励上的差别，从而对国际商务产生有利或不利的影响。

（2）政党体制

政党体制一般分为两党制、多党制和一党制。

两党制通常是指由两个势均力敌的政党通过竞选取得议会多数席位，或者赢得总统选举的胜利而轮流执掌政权的政党制度。美国、英国是两党制的典型例子。

多党制是指通常由不确定的两个或两个以上的政党联合执政的政治制度，也有一个政党控制多数议席而单独组阁的情况。在多党制下，没有一个政党强大到足以单独控制政府，政府的组成往往是多个党派妥协联合的结果。由于每一次联合的时期都取决于参加各方的合作态度，而各方的政纲通常又是冲突的，因此多党联合的政府经常发生更换。意大利、法国等是多党制的典型例子。在允许多党共存、轮流执政的国家，由于不同执政党的纲领和政治主张各不相同，存在政治倾向的差别。随着执政党的更迭，政府的政策也可能随之改变或调整。因此，跨国经营企业必须清楚地了解目标国执政党的性质与纲领，预测未来执政党有可能采取的政策。

一党制是指政权由一个政党所把握，在相当长的时期内只存在唯一的执政党的政治制度。墨西哥是一党制的典型例子。在一党制的国家，政治环境相对比较稳定，占统治地位的执政党的政纲对政府的政策起决定作用，因此，政策的连续性程度较高，外国企业更容易认识和适应。通常情况下，非执政党的主张也会被政府采纳。

（3）政治稳定性

政治稳定性主要包括政局的稳定性以及社会的安定情况。国际经营者最关心的是东道国政府的政策是否明确、合理且长期保持不变。因此，从事国际商务的企业必须认真分析可能造成政治不稳定的各种因素，如政府更迭、首脑更换、政策变动、经济危机、罢工、暴乱与民族矛盾等，以尽早采取应对措施，降低损失。

(4) 政府对外资的态度

政府对外资的态度一般反映在政府对外资的政策上，包括政府对外资进入领域和股权的规定、对外资的优惠政策、对外资生产经营活动的干预程度等。一些国家出于保护民族工业的需要，通常在引进外资、力图迅速发展国民经济的同时，对外资企业的经营采取种种限制，如限制外资的投资领域与股权比例、强调国产化比重、限制利润汇出等，甚至对外资进行国有化。因此，企业在从事国际经营之前和经营过程中，应认真研究相关国家或地区政府的政策及其对外资的态度与政策，以决定是否维持或扩大在该国或地区市场的经营。

3. 法律环境

法律环境与政治环境紧密关联。

法律环境是指企业所在国家或地区与目标市场所在国家或地区的各种法规（主要是指经济法规），以及各个国家或地区之间缔结的贸易条约、协定和国际贸易法规等。世界各个国家或地区的法律环境差别很大，因此，对国际商务活动产生重要影响，企业管理者应熟悉国际经营中的法律问题。

(1) 法律体系的差异

世界上比较常见的法律体系通常分为英美法系和大陆法系两类。英美法系起源于英国的法律制度，其特征是基于不成文的原则以及习惯、管理和以前裁决所确定的判例，具有很强的历史追溯性。大陆法系起源于罗马法，主要特点是强调成文法的作用，法律判决的准则是一套系统的、条理化的、详尽的法律条文，以刑法、民法、商法等形式存在。

除上述基本区别外，英美法系和大陆法系对一些具体问题的解释也存在不同。例如，根据英美法系，工业产权的所有权是按使用在先的原则确定的，而大陆法系是按照注册在先的原则确定的。

(2) 法律规定内容上的差异

企业在从事国际商务活动时，应密切关注企业所在国家或地区与目标市场所在国家或地区的法律、法规的不同，尤其是涉外法律体制。因为这些规定在一定程度上反映了当地政府的贸易和产业政策，直接影响企业国际经营方式和经营战略的制定。

1）商贸政策和法规。不同国家利用不同类型的法规限制贸易，甚至利用法规对贸易进行制裁。例如，对价格采取的管制措施，有些国家是直接控制价格本身，有些国家则是采用控制利润的方法。在广告内容的制作上，有些国家不允许做比较广告；有些国家对某些产品（如烟酒）实行广告内容限制。

2）关于外商投资的法规。各个国家或地区对外商投资都有一定程度的法律限制，但侧重点有所不同。这些限制包括：对外资进入行业的限制，对外资抽回或利息与盈余汇出的限制，对在某些特定的产业部门，如航空运输、金融服务或通信行业的外资所有权的限制。

3）环境保护限制。随着环保主义浪潮日益高涨，世界各个国家或地区不同程度地加强了环保立法。例如，许多国家对产品包装做出特殊规定，鼓励可再循环包装和绿色包装；许多国家对外商投资的行业进行规定，限制或禁止外商投资进入污染密集型产业，以防止外资利用直接投资进行污染转移。

4）关于劳资关系的立法。关于劳资关系的法律包括：①对当地雇员和外来雇员的规定，许多发展中国家均有此规定，要求外国企业必须雇用一定比例的当地员工；②对妇女和有色人种就业的立法保护，许多西方国家规定企业在雇用时，不得有性别、年龄和肤色上的歧视；③对工人收入上的规定，例如最低工资标准；④对工会活动的规定，例如当地政府是否允许工会存在，以及对工会的活动方式和范围的限制是否严格，是否允许工人罢工。

（3）国际法律法规与惯例

国际法律法规包括国家及地区间双边或多边的国际条约、协定和决议，以及国际惯例。目前国际上有很多关于国际商务的公约和条约。例如《联合国国际货物销售合同公约》《联合国海上货物运输公约》《统一国际航空运输某些规则的公约》等。

国际贸易惯例是指在国际贸易长期实践中逐渐形成的一些国际上的习惯做法和规则。国际贸易惯例不具有普遍的约束力，只有当双方当事人在合同中引用了某项惯例，该惯例才对合同的当事人产生约束力。常见的国际惯例有《国际贸易术语解释通则》《国际商会跟单信用证统一惯例》等。

4. 社会文化环境

社会文化环境是指企业国际经营所涉及国家或地区居民的语言文化、教育水平、宗教信仰、价值取向、风俗习惯以及社会组织结构等多方面内容的综合。这些因素形成于社会的长期发展中，具有普遍性和共性，在产品销售、员工行为以及企业管理方式等方面对企业国际商务活动产生影响。

（1）语言

语言是思想、文化、感情和信息交流的工具，也是一个国家或地区社会文化发展的缩影，对国际商务活动的开展有重要影响。一切贸易谈判、单据处理、思想沟通、产品介绍与宣传等，都要用语言文字表达。通常情况下，语言包括口头语言、文字语言和体态语言。

在国际经营活动中，正确运用口头语言至关重要，需要注意以下方面的问题：注意语体变化、恰当运用外交语言、慎重使用谦虚辞令、注意同一种语言的国别或地区差异。

文字语言涉及函电、合同、品牌名、产品说明、广告等方面。一般而言，国际商务信函的文字更加口语化、简单化；商业合同一般有较为固定的格式；重要的合同要在律师的指导下制定。

体态语言，或身体语言、人体语言，主要包括手势、面部表情、眼光接触、身体姿势、交谈距离、步态等。体态语言能够有效传递人的情感状态，对口头传递的信息做出补充和解释，调整谈话的速度、措辞和控制由谁发言等。

因此，从事国际商务的工作人员在跨文化交往中，不仅要重视口头、文字语言，还要了解不同文化的体态语言及其在人际沟通中的重要性。

（2）宗教信仰

宗教信仰是文化的重要组成部分，且是深层文化内涵的外在体现，能够直接或间接影响人们的价值观念和行为，进而影响企业所从事的经营及其他活动。各种宗教戒律和信条影响投资者对投资方向和市场定位的选择，对企业及其成员的行为准则和道德规范产生影响。

（3）价值观念

价值观念是个人对人或事物的看法、思想，是个人思想活动的体现，主要包括时间观念、审美观念、质量观念和消费观念等。

从企业经营角度讲，审美涉及花卉、色彩、产品设计和造型等方面。不同国家或地区的审美观念存在明显差异，例如，菊花在许多西方国家是悼念死者时用的，而日本却将菊花看成是皇室之花，普通人不能将菊花或有菊花图案的东西作为礼品送人。

消费观念决定着一个国家或地区居民的消费行为和方式。一般而言，发达国家的居民追求商品的方便、舒适，因此会产生较高的消费水平，高档耐用消费品和奢侈品市场规模和潜力较大；而在小生产观念占支配地位的国家，这种消费方式很难被当地居民接受。

（4）教育水平

一个国家或地区的教育水平与其经济发展水平密切相关。居民的受教育程度是一个国家或地区人口素质的重要标志，也是社会文化环境的重要方面。对从事国际商务的企业来说，东道国或目标市场人口的受教育程度不仅影响市场营销调研、广告媒介的选择、产品说明的形式等营销活动和手段，还会影响企业产品的设计和生产、员工的招聘和培训、企业管理方式等。

教育水平和人口素质通常反映在教育制度和结构、教育的普及程度、居民对教育的态度等方面。因此，教育水平和人口素质对企业的国际经营产生重要影响，教育水平的高低决定劳动力素质的高低，决定消费者的喜好和水平，同时影响人们对新事物和新技术的理解和接受程度。一个国家或地区的教育水平与其吸引直接投资的能力有关，一般而言，较高的教育水平有利于吸引高水平的投资活动。

教育结构决定一个国家或地区的人才结构。如果一个国家的人们认为，企业家或经理不是学校培养的，而是天生的，是在实践中锻炼成长起来的，其经济管理方面的教育一定十分落后，跨国公司的子公司难以招聘到高级管理人员。另一些国家，如果人文、法律和医疗等方面的教育发达，但工程技术方面的教育较弱，跨国公司可能因当地工程技术人员不足而放缓技术改造和提高产品质量的进程，甚至因此在竞争中处于劣势地位。

5. 技术环境

技术环境是指一个国家或地区的科学技术发展水平及其应用程度，通常反映在整体的科技发展现状，科技结构，科技普及程度，科技人员的素质，企业准备进入领域的科技水平、工业技术的基础水平、产业结构的现代化水平，以及与企业经营相关的原材料、制造工业、能源、技术装备等相关的科技发展动向等方面。

技术环境对国际商务活动存在重要的影响，主要体现在技术进步与国际商务活动的产生、技术进步与国际商务活动的成本、技术进步对全球国际商务环境的影响三个方面。

（1）技术进步与国际商务活动的产生

一个国家或地区的经济发展水平主要取决于科学技术发展水平和经济活动的组织形式。资本主义社会产生之前，由于技术水平的限制，国际商务活动主要表现为局限在个别商品和个别地区的国际贸易活动。此时的国际商务只是社会经济活动的一小部分。

随着交通运输、通信技术等技术的发展，商品的国际流动成为可能，其他的国际商务活动，如国际技术引进、国际劳务合作、国际工程承包、特许经营、国际投资、跨国经营逐步发展起来。

（2）技术进步与国际商务活动的成本

在现代经济中，技术进步的影响直接体现在从事国际商务活动的成本上。

对于国际商务活动而言，信息沟通成本和运输成本至关重要。由于国际商务活动涉及的工作人员和设施分布在不同的国家或地区，无论是信息的传播还是人员、设施的协调等都依赖大量的信息沟通，因此，低成本的信息沟通成为国际商务活动大规模开展的重要前提，信息技术的快速发展为国际商务活动开展提供了关键条件，大大降低了信息处理和全球管理的成本。

国际商务活动涉及大量的人员和物资的国际流动，过高的运输成本会降低跨国企业的竞争力。得益于现代运输工具的发展以及信息技术的发展，国际商务活动的运输成本明显降低。

（3）技术进步对全球国际商务环境的影响

科学技术的飞速发展、技术变革影响着社会经济的生产、分配、交换、消费等方面。一方面，科技进步导致生产领域的革命性变化，不仅大大降低原有产品的成本，而且促进更多新产品的不断发明；另一方面，科技进步对居民的生活方式和思维模式产生巨大影响，改变人们的消费观念和消费模式，带来新兴行业的形成和经营方式的改变。

卫星通信、互联网、电子邮件、视频网站等通信技术将世界连接成一个整体。企业和消费者可以非常便捷地了解世界各地发生的事件，企业可以非常方便地获取有关竞争对手、原材料供应商和消费者的信息，以很低的成本与客户进行直接的沟通；消费者可以很方便地获取各种产品的信息。各种商务信息在全球迅速传播带来全球消费偏好的趋同和世界范围内的流行时尚，有助于一国产品在其他国家获得巨大的销售空间，为国际商务活动打下现实基础。

1.2.3 国际商务环境评估

对国际商务环境进行评估，是从事国际商务活动的基本前提。通常情况下，不同行业、不同企业根据自身特点和经营需要，对国际商务环境分析的具体内容存在差异，但一般都应对政治法律（Politics）、经济（Economic）、社会文化（Society）、技术（Technology）这四大类影响企业国际商务活动的主要外部环境因素进行分析，即 PEST 分析法（图 1-1）。

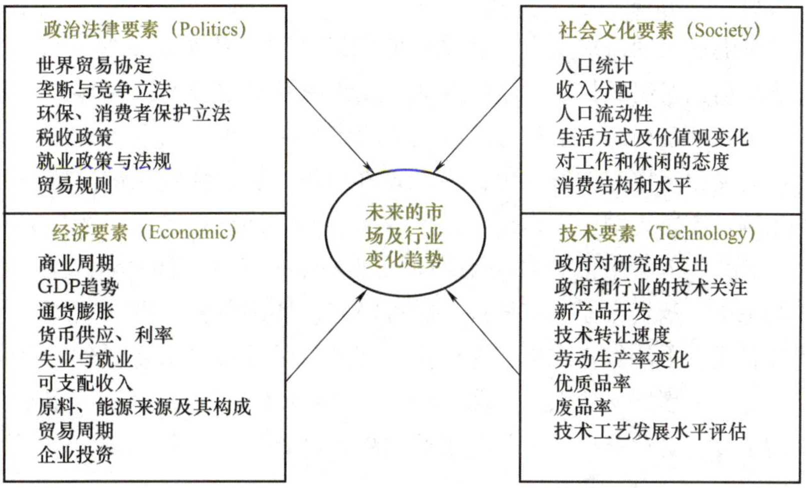

图 1-1 PEST 分析法

PEST 分析法常用于企业战略规划、市场规划、产品经营发展、研究报告撰写等领域，在评估国际商务环境时，通常分析以下主要内容：

1. 政治法律环境

政治法律环境包括一个国家或地区的社会制度，执政党的性质，政府的方针、政策、法令等。不同的国家有着不同的社会性质，不同的社会制度对组织活动有着不同的限制和要求。即使社会制度不变的同一国家，在不同时期，由于执政党的不同，其政府的方针特点、政策倾向对组织活动的态度和影响也是不断变化的。

关键的政治法律因素有：执政党性质、政治体制、经济体制、政府的管制、税法的改变、各种政治行动委员会、专利数量、专程法的修改、环境保护法、产业政策、投资政策、国防开支水平、政府补贴水平、反垄断法规、与重要大国关系、地区关系、对政府进行抗议活动的数量及地点、民众参与政治行为、政局稳定状况、各政治利益集团。

2. 经济环境

经济环境主要包括宏观和微观两个方面的内容。

宏观经济环境主要是指一个国家或地区的人口数量及其增长趋势，国民收入、国内生产总值（GDP）及其变化情况以及通过这些指标能够反映的国民经济发展水平和发展速度。

微观经济环境主要是指企业所在地区或所服务地区的消费者的收入水平、消费偏好、储蓄情况、就业程度等因素。这些因素直接决定着企业目前及未来的市场大小。

关键的经济因素有：GDP 及其增长率、经济发展阶段、贷款的可得性、可支配收入水平、居民消费（储蓄）倾向、利率、通货膨胀率、规模经济、政府预算赤字、消费模式、失业趋势、劳动生产率水平、汇率、证券市场状况、外国经济状况、进出口因素、不同地区和消费群体间的收入差别、价格波动、货币与财政政策等。

3. 社会文化环境

社会文化环境包括一个国家或地区的居民受教育程度和文化水平、宗教信仰、风俗习惯、审美观点、价值观念等。

文化水平影响居民的需求层次；宗教信仰和风俗习惯禁止或抵制某些活动的进行；价值观念影响着居民对组织目标、组织活动以及组织存在本身的认可与否；审美观点则会影响人们对组织活动内容、活动方式以及活动成果的态度。

关键的社会文化因素有：妇女生育率、人口结构比例、性别比例、特殊利益、集团数量、结婚比例、离婚比例、人口出生、死亡率、人口移进移出率、社会保障计划、人口预期寿命、人均收入、生活方式、平均可支配收入、对政府的信任度、对政府的态度、对工作的态度、消费习惯、道德观、储蓄倾向、性别角色、投资倾向、种族平等状况、节育措施状况、平均教育水平、对退休的态度、对质量的态度、对闲暇的态度、对服务的态度、对外来事物的态度、污染控制、对能源的节约、社会活动项目、社会责任、对职业的态度、对权威的态度、城市城镇和农村的人口变化、宗教信仰状况等。

4. 技术环境

技术环境除了要考察与跨国企业所处领域的活动直接相关的技术水平发展变化外，还应及时了解：政府对科技开发的投资和支持重点，该领域技术发展动态和研究开发费用总额，技术转移和技术商品化速度，专利及其保护情况等。

1.3 现代企业与国际商务

现代企业是国际商务的主要参与者。尽管各行业都会有企业参与国际商务运营，但不同企业参与国际商务的程度不同。小企业可能仅从国外供应商那里购买原料，大企业则可能拥有遍布世界各地的工厂。尽管发达国家的大企业仍然主宰着国际商务，来自中国、印度、巴西、墨西哥等新兴经济体的企业在国际商务活动中占有的份额越来越大；同时，随着技术进步的发展，中小型企业参与国际商务活动的比例也越来越高。

1.3.1 跨国企业

跨国企业，也被称为跨国公司（Multinational Enterprises，MNEs），已经成为包括国际商务在内的世界经济活动的主体力量，也是经济全球化的主要载体和承担者。它们具有资金、技术以及管理方面的优势，在全球范围内进行最佳资源配置和生产要素组合，即通过国际贸易、投资、金融等经营活动将主权国家经济有机地编织成相互联系、相互依赖、相互融合的“地球村”。

进入 20 世纪 90 年代，发达国家的跨国企业呈现国际主体多元化和跨越发展态势，发展中国家也开始开拓海外市场，到海外投资。为了适应世界市场的复杂化、产品的多样性和国外消费者偏好的差异性，同时为了充分利用世界各国的科技资源，降低新产品研发成本和风险，跨国企业希望通过在不同地区发展其业务来增强竞争力。跨国企业改变以母国为基础建设研究和开发中心的传统布局，根据不同国家和地区在人才、科技实力以及科研基础设施上的比较优势，在全世界范围内有组织地安排科研机构从事新技术、新产品的研究与开发工作，从而促进跨国企业的研发活动朝着国际化、全球化的方向发展。跨国企业经营活动的扩张客观上推动了国际商务的发展。

以世界500强为例，这些企业拥有庞大的优良资产、高素质的员工队伍和领先的竞争优势，具备强大的市场占有能力和获利能力，是国际商务参与主体中的佼佼者。表1-2列示了2022年世界500强中前20名的企业。

表1-2 2022年世界500强中前20名的企业

排名	公司名称（中英文）	营业收入（百万美元）	利润（百万美元）	国 家
1	沃尔玛（WALMART）	572,754	13,673	美国
2	亚马逊（AMAZON. COM）	469,822	33,364	美国
3	国家电网有限公司（STATE GRID）	460,617	7,138	中国
4	中国石油天然气集团有限公司（CHINA NATIONAL PETROLEUM）	411,693	9,638	中国
5	中国石油化工集团有限公司（SINOPEC GROUP）	401,314	8,316	中国
6	沙特阿美公司（SAUDI ARAMCO）	400,399	105,369	沙特阿拉伯
7	苹果公司（APPLE）	365,817	94,680	美国
8	大众公司（VOLKSWAGEN）	295,820	18,187	德国
9	中国建筑集团有限公司（CHINA STATE CONSTRUCTION ENGINEERING）	293,712	4,444	中国
10	CVS Health 公司（CVS HEALTH）	292,111	7,910	美国
11	联合健康集团（UNITED HEALTH GROUP）	287,597	17,285	美国
12	埃克森美孚（EXXON MOBIL）	285,640	23,040	美国
13	丰田汽车公司（TOYOTA MOTOR）	279,338	25,371	日本
14	伯克希尔-哈撒韦公司（BERKSHIRE HATHAWAY）	276,094	89,795	美国
15	壳牌公司（SHELL）	272,657	20,101	英国
16	麦克森公司（MCKESSON）	263,966	1,114	美国
17	Alphabet 公司（ALPHABET）	257,637	76,033	美国
18	三星电子（SAMSUNG ELECTRONICS）	244,335	34,294	韩国
19	托克集团（TRAFIGURA GROUP）	231,308	3,100	新加坡
20	鸿海精密工业股份有限公司（HON HAI PRECISION INDUSTRY）	214,619	4,988	中国

资料来源：2022年《财富》世界500强排行榜。

值得一提的是，尽管世界500强企业中的大部分来自发达国家，但来自新兴经济体的跨国企业也越来越多。新兴经济体跨国企业是指总部位于新兴经济体且至少在一个其他国家经营的企业。这些企业兴起的速度和规模令很多发达国家跨国企业刮目相看，并呈现出明显特征：首先，它们来自经济增长迅速，但仍然相对落后的国家或地区，面对的是低收入的消费者、有限的资本以及过时的技术。其次，这些新兴经济体的跨国企业拥有的核心优势在于它们能够获得世界上最具活力的增长市场，以及丰富的低成本资源，如产业工人、工程师、土地、石油或铁矿石等。最后，它们拥有的创新精神和熟练的经营管理方法，使得它们能够迅速地跟上全球的消费趋势和新技术的发展步伐，因此能够更快速地推出新产品。

1.3.2 中小企业

除了跨国企业，越来越多的中小企业（Small and Medium-sized Enterprises，SMEs）也参与到国际商务运营中，且变得越来越活跃。随着全球化的发展和技术的进步，越来越多中小企业开始在全球范围内寻找商业机遇，其发展过程表现为企业对外国市场逐渐提高投入的连续形式。中小企业通常比大型企业在国际化道路上要经历更多的阶段：中小企业一般通过直接出口开始其国际化进程；经过一段时间后，通过其在海外的代理商出口，即间接出口；进而在国外市场建立自己的分销渠道；最后才在国外设立生产或制造分支（见图1-2）。

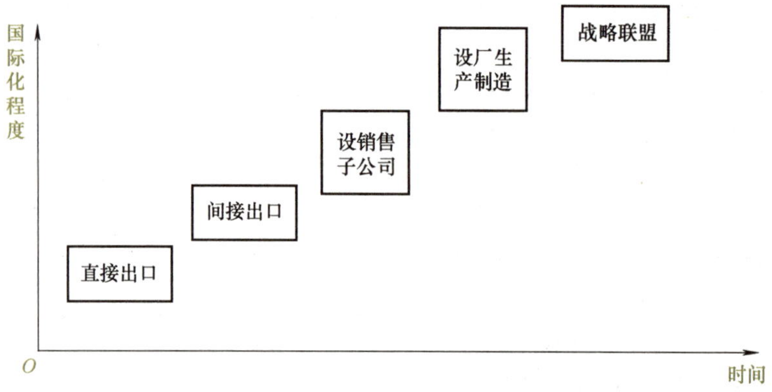

图1-2 中小企业国际化所处的阶段

与大型跨国企业相比，中小企业的优势主要有三。首先，市场导向型很强。中小企业受传统经济体制的束缚小，因此，相比大型跨国企业而言，中小企业表现出更多的机动性，更加以顾客为导向，更愿意根据市场环境及时调整其管理制度和公司理念等。其次，中小企业的灵活性强。大型企业往往会出现“巨人症”，而中小企业规模不大，人员不多，内部机构大都是扁平型，便于管理，企业运转灵活，经营决策和调整速度快，能够快速适应新经济时代的变化。最后，中小企业能够更好地为世界各地的缝隙市场（Niche Markets）服务，而大型跨国企业往往对此毫无兴趣。但是，中小企业通常缺乏充足的资源，为弥补这一劣势，它们通常将经常性开支或固定资产投资降到最低；同时更加依赖外部的协助，例如，部分快递公司和在国外市场的独立分销商。

1.3.3 现代企业进行国际商务的动机

英国经济学家约翰·哈里·邓宁将企业的国际化动机归纳为：资源寻求型、市场寻求型、效率寻求型、全球战略寻求型。企业从事国际商务往往也是企业国际化的过程。不同的企业进行国际商务和走向国际化的具体原因千差万别，受不同因素的影响和驱使，但根本上都是为了寻求更大范围的竞争优势。

1. 寻求市场

寻求市场是指企业为了有效供应东道国当地或所在区域市场，在国外投资建立生产制造、产品分销或售后服务子公司。企业选择目标市场主要取决于国外市场的相对生产成本、出口障碍、规模和性质、跨国运输费用等。当国外市场产品需求有限时，出口产品较为有利；当国外市场需求很大时，在国外投资兴建子公司进行生产和销售则既能满足扩大了的市场，又能节省运输费用和关税。

2. 寻求资源

寻求资源是指企业为了确保所需的关键性自然资源的有保证供应，或有利价格条件的供应，在资源丰富的国家投资建立子公司或附属企业。原材料是吸引企业经营活动扩张至海外的一个重要因素，例如，部分中国香港企业担心汽油价格的上升和原材料的匮乏，或担心这些资源的持续可获得性，在印度尼西亚、马来西亚和泰国等国家投资木材和木制品行业；韩国和中国台湾的企业与石油输出国组织（OPEC）成员国签订了石油开采和提炼合作协议。

3. 寻求先进的技术和管理理念

面对高度竞争、瞬息变化的商业环境，创新是企业生存并持续发展的唯一途径。但目前许多企业，尤其是发展中国家的企业，仍然在低成本、低价格的层面竞争，缺乏创新技术和自主品牌，未能涉及高利润的服务领域。例如，中国的原始设备制造商大部分属于全球价值链的最低端，获得的利润率不足产品价值的5%，大部分的产品利润都被那些有较强的研发能力、品牌影响力和核心客户关系的外国公司获取。越来越多的中国企业通过各种形式的国际商务活动主动学习先进的科学技术和管理经验，部分企业积极寻求与海外厂商的合作或直接选择海外兼并、收购来获取技术及其他资源，以摆脱价值链低端的制造者角色，提高企业的国际竞争力。

4. 寻求效率

寻求效率是企业的连续性投资，而不是初次投资，企业试图通过在国外投资建立子公司实现跨国界的横向或垂直一体化，以获得规模经济或范围经济的效益。具有这类成长动机的企业往往已经是较大规模、拥有专利技术及强大品牌优势的企业，如中国的海尔、韩国的三星、印度的塔塔集团。这类企业在母国已经占有较大的市场份额，国内市场已经很难满足其发展需求，因而进行国际化的横向或垂直一体化，在国际市场上寻求更大的市场和利润。此外，由于国际商务企业便于收集和掌握世界各地的信息，因此在全球范围内可以准确地选择生产成本较低的国家或地区进行生产，并充分利用某些国家为发展经济而采取的优惠政策。

5. 寻求贸易支持条件

寻求贸易支持条件是企业为了增加母国的出口，为国际贸易提供必要的支持设施，主要目标不是为了从事海外生产。特别是那些母国实施出口导向工业化的跨国企业，主要的目标不是从事海外生产而是配合母国的出口。

1.4 国际商务的产生与发展

1.4.1 国际商务的产生

国际商务发端于国际贸易。国际贸易充满风险和刺激，更具有高额的利润，因此，国际贸易历来具有强大的吸引力。14 世纪开始，欧洲商人怀着与物产丰富的东方进行贸易的想法，纷纷开展海上探险活动和殖民掠夺，进而产生国际贸易。因此，国际贸易是在一定历史条件下产生和发展起来的。

从经济学的角度看，对外贸易或国际贸易的产生，一般需要具备以下两个条件：一是可供交换的剩余产品；二是在各自为政的社会经济体之间能够顺利进行产品的交换。因此，社会生产力的发展和社会分工的扩大，是国际贸易产生和发展的根本基础。

在原始社会时期，人类处于自然分工状态，生产力极度低下，人们只能依靠集体劳动来获取有限的生活资料，并在部落或公社成员之间进行平均分配，维持自身生存的需要。因此，这一时期既没有剩余产品，没有私有制，没有阶级和国家，更没有对外贸易。

奴隶社会是以奴隶主占有生产资料和奴隶为基础的社会。在奴隶社会中，自然经济占统治地位，生产的目的主要是为了满足消费，商品生产在整个社会生产中所占比重很小，进入交换领域的商品极其有限，商品品种不多，对外贸易的范围也受到生产技术和交通运输等条件的限制。因此，在奴隶社会，对外贸易所占比重非常有限，但它促进了生产和手工业的发展，促进了商品经济的扩大。

封建社会的经济虽然也是自然经济，但相比奴隶社会，封建社会的社会生产力和对外贸易已有了较大的发展，尤其是在封建社会晚期，随着城市手工业的发展，商品经济和对外贸易迅速发展，商品种类明显增多，贸易范围不断扩大，进而促进了各国之间的经济往来和文化技术的交流。在封建社会时期，国际贸易中心已经出现。早期国际贸易中心位于地中海东部；后来，国际贸易的范围逐渐扩大到地中海、北海、波罗的海和黑海沿岸。这个时期，商务已经开始萌芽，但还十分简单，并主要依附于国际贸易。

随着资本主义生产方式的形成和发展，国际贸易真正获得了巨大的发展。在资本主义生产方式下，国际贸易规模迅速扩大，国际贸易活动范围也遍及全球，商品种类日益繁多，国际贸易的地位和作用大大提高，促使国际贸易成为资本主义扩大再生产的重要组成部分。第二次世界大战前，国际商务活动如国际金融、运输、保险日益频繁，资本输出也已初具规模，这一时期的国际商务已相当普遍并达到初级发展阶段。

1.4.2 第二次世界大战后国际商务的发展

第二次世界大战后，随着经济的发展，生产的国际化打破了以往国际垂直分工的格局，产品生产，尤其是大型、高精尖的产品生产不再由一个国家单独完成。例如，某一产品在美国进行技术开发创新，在日本生产高级零部件，最后在中国进行组装。产品生产在全球范围形成一套完整的生产链条，从而使国际水平分工、产业内贸易成为主流。

世界经济以跨国企业为桥梁，将国际投资、国际生产和国际交换连接，国际生产、投资、贸易不再相对独立，被跨国企业纳入总体国际发展战略之中。随着世界经济的发展，国际商务活动也由最古老的形式——国际贸易，扩展为包括对外贸易、对外直接投资等多种方式，尤其是第二次世界大战以后，国际商务的发展更加迅猛。其发展历程可以划分为以下三个阶段。

1. 贸易主导阶段

第二次世界大战后初期，各国市场的分割还比较严重，没有形成统一的世界市场，大多数企业都把经营活动局限在一个特定的国家地域范围内，国际市场只是作为国内生产的补充，企业主要以国内消费者为销售对象，同时少量企业在国际市场销售国内市场的同类产品，企业国际商务活动的主要形式是国际贸易。这一时期发达国家开始重视国际市场，根据不同国家的需要，组织国际商务活动，但以贸易活动为主。

2. 投资主导阶段

20 世纪 70 年代，随着日本、西欧经济发展迅速，它们与美国一起开始进行大规模海外投资，把国内市场和国际市场作为一个整体看待，侧重发现国际市场机会，通常采取在东道国投资、生产和销售的形式。

3. 全球商务阶段

20 世纪 80 年代以后，由于科学技术的迅速发展，各国市场的同质化趋势加强，全球对外直接投资急剧增加。在此背景下，国际商务进入全球商务阶段。这一时期，企业的商务活动突破国家或地区的界限，通过对技术、生产、技术开放与合作等方式，企业生产出最适宜的产品去满足世界市场及各国消费者的需求。

随着第三次科学技术革命的迅猛发展，全球经济迅速融合，跨国企业大量出现并获得空间发展，国际商务也呈现出明显发展趋势：

1）生产活动国际化不断增强。第二次世界大战以前，国际分工主要表现为不同国家在不同产业部门的国际分工与交换。战后，国际分工深入到行业内部不同产品之间甚至同一产品生产过程的国际分工与交换。进入 21 世纪后，世界范围内出现了明显的水平分工与垂直分工混合的趋势，北美各国、西欧各国、日本成为全球研发中心，它们之间无论是研发还是产品生产多以水平分工为主；而中国、印度、爱尔兰、墨西哥、东南亚地区各国成为中低技术产品制造的中心，这些国家之间的产品生产水平分工占主要地位。在发达国家与发展中国家之间则以垂直分工为主，原来封闭的国家也越来越多地参与到这一分工体系之中，生产活动国际化趋势日益明显。

2）国际贸易对企业经营更加重要。第二次世界大战后，国际贸易的增长速度远远高于同期世界经济的增长率，世界贸易占世界生产总值的比重，1950 年为 16.4%，1980 年为 17.2%，2008 年增加到 26.5%[㊀]。世界市场对各国经济发展的重要性日益凸显，能否成功占领国际市场成为决定一些大型企业经营成败的重要因素。

3）国际商务活动的需求环境逐渐形成。随着经济、技术的快速发展和世界经济全球化发展趋势的加强，各国消费者的生活与消费方式逐渐趋同，为企业的全球化扩张创造了良好的外部环境，出现了很多全球品牌，如可口可乐、苹果（Apple）等。

4）无形贸易在国际商务活动中的重要性凸显。第一，服务业在各国经济所占的比重不断上升，目前发达国家这一比重平均达到 75% 左右；第二，世界服务贸易发展迅速。在此背景下，各国消费者对产品中服务的要求越来越高，个性化的产品和服务成为占领国际市场的重要手段。

5）世界经济区域化、集团化。第二次世界大战后，随着欧洲经济一体化发展的不断深入，世界各国几乎无一例外参加了区域经济合作组织。近十年来，区域经济合作组织迅猛发展。根据世界贸易组织的统计，截至 2023 年 8 月 1 日，全球仍生效的区域贸易协定（RTAs）共有 360 个。

主要经济贸易集团以欧盟、北美自由贸易区、东盟、南美洲共同市场为代表。这些区域集团对内取消或者降低关税和非关税壁垒，对外实行一定的贸易限制，呈现出贸易自由化和贸易保护主义并存的局面。集团内出口额占总出口的比重明显上升，集团外出口占总出口的比重不断下降。这种区域化、集团化发展趋势为区域内企业国际商务活动的发展创造了新的机会，同时给区域外的国际商务活动制造了新的障碍。这种对内实行自由贸易，对外筑起统一的贸易壁垒的区域集团组织，对国际贸易和区域内外的国家以及世界经济的发展产生多重影响。

本章小结

1. 国际商务包括两层含义：一是指跨越国界的任何形式的商业性活动，包括几乎任何形式的经济资源——商品、劳务、技术、资本和信息等的国际转移；二是指国家、企业或个人以经济利益为目的而进行的商业性经济活动。

2. 国际商务是一门综合性、跨专业的边缘学科，涉及经济学、管理学、人类学、社会学、组织学、心理学等学科领域。

3. 国际商务最主要的类型是进出口贸易和对外直接投资，同时涉及国际货币转移及企业的经营管理战略问题。具体包括国际商品贸易、国际服务贸易、国际技术许可和特许经营、国际间接投资、国际直接投资。

4. 国际商务是企业国际化战略的综合反映，体现了企业进入和开拓国际市场的动机，同时面临更复杂、风险更大的运营环境。

5. 企业从事国际商务活动的环境因素十分复杂，各国经济、政治、文化、技术等因素相互影响、相互融通，从而营造出基本的国际商务环境。

㊀ 世界银行，《世界银行发展报告》（1980—1987）；国家统计局，《中国统计年鉴》（2001—2010）。

6. 现代企业是国际商务的主要参与者，其中，跨国企业是国际商务活动的主体力量，也是经济全球化的主要载体和承担者；来自新兴经济体的中小企业日益活跃于国际商务运营中。

7. 寻求市场、资源、效率、先进的技术和管理理念、贸易支持条件是现代企业进行国际商务的主要动机。

8. 国际贸易的产生，需要具备两个基本条件：一是可供交换的剩余产品；二是在各自为政的社会经济体之间能够顺利进行产品的交换。因此，社会生产力的发展和社会分工的扩大，是国际贸易产生和发展的根本基础。

9. 20世纪80年代以后，国际商务进入全球商务阶段，并呈现以下趋势：生产活动国际化不断增强，国际贸易对企业经营更加重要，国际商务活动的需求环境逐渐形成，无形贸易在国际商务活动中的重要性凸显，世界经济区域化、集团化。

关键术语

国际商务　国际商品贸易　国际服务贸易　国际技术许可和特许经营　国际间接投资　国际直接投资　国际商务环境　经济环境　政治环境　法律环境　社会文化环境　技术环境　跨国企业　中小企业

本章思考题

1. 什么是国际商务？国际商务包括哪些主要内容？
2. 国际商务有哪些特点？
3. 为何社会文化环境对国际商务运营如此重要？
4. 如何评估国际商务环境？
5. 企业进行国际商务运营的动因和条件有哪些？
6. 国际商务的形成与发展经历了哪些阶段？

本章参考文献

[1] 翁凤翔. 国际商务概论［M］. 重庆：重庆大学出版社，2016.
[2] 毕鹏，周子元，冯志军. 国际商务［M］. 哈尔滨：哈尔滨工程大学出版社，2015.
[3] 王亚星，王文潭. 国际商务［M］. 北京：中国人民大学出版社，2010.
[4] 马述忠. 国际商务［M］. 北京：高等教育出版社，2011.
[5] 赵有广. 国际商务［M］. 北京：高等教育出版社，2013.
[6] 韩玉军. 国际商务［M］. 北京：中国人民大学出版社，2011.
[7] 王佳芥. 国际商务：结合中国企业案例的分析［M］. 北京：中国市场出版社，2010.
[8] 魏浩. 国际经济学［M］. 北京：北京大学出版社，2018.
[9] 余淼杰. 国际贸易学：理论、政策与实证［M］. 北京：北京大学出版社，2021.
[10] 毕鹏. 国际商务导论［M］. 北京：清华大学出版社，2020.
[11] 李曼. 国际商务概论［M］. 北京：首都经济贸易大学出版社，2022.

第 2 章 国际贸易理论

本章目标

通过本章学习，应能：

1. 掌握绝对优势理论和比较优势理论的基本观点。
2. 理解比较优势理论揭示的贸易互利性原理。
3. 掌握狭义和广义的要素禀赋理论的基本观点，理解赫克歇尔-俄林理论阐述的贸易影响及贸易利益，了解里昂惕夫之谜及其解释。
4. 熟悉技术差距理论，掌握产品生命周期理论。
5. 掌握产业内贸易理论的主要内容。
6. 掌握国家竞争优势理论的主要内容。
7. 了解异质性企业贸易理论等国际贸易理论前沿的思想。

2.1 绝对优势理论

绝对优势理论（Theory of Absolute Advantages）也叫绝对成本理论（Theory of Absolute Cost），是英国古典经济学家亚当·斯密于 1776 年在《国富论》中为适应英国新兴资产阶级的需要而提出的，用以解释国际贸易分工和国际贸易基础。18 世纪英国资本主义正处于成长时期，第一次工业革命出现，英国工厂手工业开始向机器大工业过渡。随着工业革命的逐渐深入，商品经济也迅速发展。18 世纪末，英国的经济实力已经超过欧洲大陆的法国和西班牙。英国新兴资产阶级迫切要求扩大对外贸易，扩大海外市场和原料来源。但是，重商主义的贸易理论和政策限制了新兴资产阶级的利益。为适应时代的要求，亚当·斯密于 1776 年在其发表的著作《国富论》中首次提出自由贸易理论的主张，为西方国际贸易理论奠定了基础。

2.1.1　主要内容

1. 基本假设

亚当·斯密的原始分析并没有明确界定其理论假设与分析模型，绝对优势理论的基本假设是由其后的经济学家挖掘、提炼出来的，可概括为如下几项：

1）世界上只有两个国家，只生产两种可贸易的产品，只投入一种生产要素——劳动。

2）两国在不同产品上的生产技术不同，存在着劳动生产率上的绝对差异。

3）两国的生产要素可以在国内的不同部门间流动，但不能在国家之间流动。

4）规模报酬不变。

5）完全竞争的商品市场和要素市场。

6）无运输成本。

7）两国之间的贸易是平衡的。

2. 基本观点

根据绝对优势理论，各国应该专门生产并出口其具有绝对优势的产品，不生产但进口其不具有绝对优势的产品。

那么，怎样确定一国在哪种产品上具有绝对优势呢？衡量绝对优势的方法有两种：劳动生产率和生产成本。劳动生产率用单位要素投入的产出率来衡量，可用 Q/L 来表示，其中 Q 是产量，L 是劳动投入。生产成本用生产一单位产品所需的要素投入数量来衡量，单位产品的生产成本可用 L/Q 来表示。一国如果在某种产品上具有比别国高的劳动生产率或低的生产成本，该国在这一产品上就具有绝对优势。亚当·斯密认为，一国所拥有的生产某种产品的绝对优势可以是自然形成的，也可以是后天获得的。一个国家最擅长生产哪种产品，最具有哪个产业的优势，一方面是由该国的地理、环境、土壤、气候、矿产等自然条件决定的；另一方面是由于历史积淀，使得该国劳动者在生产某种产品上具有特殊技巧和工艺。前者属于自然禀赋优势，后者是由于后天训练、培养获得的优势。

为了说明这一理论，亚当·斯密举出下面的例子。假定英国和葡萄牙两国都生产葡萄酒和毛呢，分工前，生产 1 单位产品所需的劳动量如表 2-1 所示。

表 2-1　分工前，英国和葡萄牙的生产情况

国　家	产　品			
	毛　呢		葡　萄　酒	
	劳动量（人/年）	产量（单位）	劳动量（人/年）	产量（单位）
英国	80	1	120	1
葡萄牙	120	1	60	1

英国在生产毛呢上有绝对优势，而葡萄牙在生产葡萄酒上有绝对优势，所以两国进行分工生产，英国专门生产毛呢，葡萄牙专门生产葡萄酒。分工后，英国用相同的劳动量生产毛呢 2.5 单位，葡萄牙用相同劳动量生产葡萄酒 3 单位，生产情况如表 2-2 所示。

表 2-2　分工后，英国和葡萄牙的生产情况

国家	产品	
	毛呢（单位）	葡萄酒（单位）
英国	(80+120)/80=2.5	
葡萄牙		(60+120)/60=3

两国按照 1∶1 进行交换，英国用 1 单位的毛呢换取 1 单位的葡萄酒。贸易之后，英国拥有 1 单位葡萄酒，1.5 单位毛呢，比分工之前增加 0.5 单位毛呢；葡萄牙拥有 1 单位毛呢，2 单位葡萄酒，比分工之前增加 1 单位葡萄酒。分工后，两国的劳动投入并没有增加，但是两种产品的总产量却增加了，两国进行交换，双方都得到了利益。英国和葡萄牙拥有的产品情况如表 2-3 所示。

表 2-3　贸易后，英国和葡萄牙拥有产品的情况

国家	产品	
	毛呢（单位）	葡萄酒（单位）
英国	1.5（比分工前多 0.5 单位）	1（进口）
葡萄牙	1（进口）	2（比分工前多 1 单位）

2.1.2　理论评析

绝对优势理论解释了产生贸易的部分原因，也首次论证了贸易双方都可以从国际分工与交换中获得利益的思想。国际贸易是一个双赢游戏而不是一个零和游戏。绝对优势理论具有一定的局限性，只能解释国际贸易中的一小部分贸易，即具有绝对优势的国家参与国际分工和国际贸易能获利。但是在现实社会中，有些国家比较先进发达，有可能在各种产品上都具有绝对优势，而另一些国家可能不具有任何生产技术上的绝对优势，但贸易仍然在这两种国家之间发生，而亚当·斯密的理论无法解释这种绝对先进国家与绝对落后国家之间的贸易。

2.2　比较优势理论

比较优势理论（Comparative Advantage Theory）又被称为比较成本理论（Theory of Comparative Cost），是在亚当·斯密的绝对优势理论的基础上发展起来的，是英国古典政治经济学家大卫·李嘉图于 1817 年出版的《政治经济学及赋税原理》一书中提出的，该理论进一步论证了自由贸易的优越性，从而建立了一个比较系统的国际贸易理论体系。

比较优势理论是在英国资产阶级争取自由贸易斗争中产生和发展起来的。大卫·李嘉图与亚当·斯密所在的时代都处于产业革命的过程中，资本主义社会化大生产方式还没有稳固确定。但英国工业革命迅速发展，到 19 世纪，英国出口额空前增长，英国开

始成为“世界工厂”。当时英国社会的主要矛盾是工业资产阶级和地主贵族阶级之间的矛盾，在经济方面，矛盾集中在《谷物法》的存废上。《谷物法》规定：必须在国内谷物价格上升到一定限额以上，才允许进口谷物。《谷物法》颁布之后，英国粮价上涨，地租猛增，昂贵的谷物使工人货币工资提高，资本家利润下降，同时增加了各阶层粮食开支，减少工业品消费，严重损害了工业资产阶级的利益。因此，英国工业资产阶级迫切需要废除《谷物法》，实行自由贸易。在此背景下，作为工业资产阶级代言人的李嘉图提出了以自由贸易为前提的比较优势理论，这种更加一般化的国际贸易理论，将自由贸易置于更加坚实的理论基础上，奠定了西方国际贸易理论的核心基石，也为资产阶级提供了理论武器。

2.2.1　基本观点

比较优势理论的假设与绝对优势理论的假设基本一样，除了强调两国之间生产技术存在相对差别而不是绝对差别之外。李嘉图在其《政治经济学及赋税原理》中指出，国际贸易的基础并不限于劳动生产率上的绝对差别。只要各国之间存在着劳动生产率上的相对差别，就会出现生产成本和产品价格的相对差别，使国际分工和国际贸易成为可能。在两国都能生产两种产品的条件下，其中一国在两种产品的生产上都处于绝对优势地位，而另一国都处于绝对劣势时，只要两国存在比较成本差异，则处于绝对优势地位的国家应专门生产其优势比较大的那种产品，处于绝对劣势地位的国家应专门生产其劣势比较小的那种产品，然后参与国际贸易，双方均可获得贸易利益，使世界资源得到最佳配置。这种以相对有利的生产条件进行国际分工和国际贸易的理论，被称为比较优势理论。比较优势的差异反映了各国生产技术上的相对差别。在说明参与贸易各国比较优势时，通常采用相对劳动生产率、相对生产成本和机会成本来衡量。

相对劳动生产率是指生产两种产品的绝对劳动生产率之比，相对劳动生产率高，具有比较优势。相对生产成本是指两种产品的绝对生产成本之比，相对生产成本低，具有比较优势。机会成本可以用两种方法表示：一是产出表示法，即从生产者角度考察，每增加1单位甲产品的生产所放弃的乙产品生产数量；二是投入表示法，即从消费者的角度考察，每增加1单位甲产品的消费所放弃的乙产品的消费数量。在一般均衡中，上述两种方法表示的机会成本相等。机会成本低，具有比较优势。

为了说明这一理论，李嘉图举出下面的例子。假定英国和葡萄牙两国都生产葡萄酒和毛呢，分工前，生产1单位产品所需的劳动量如表2-4所示。

表2-4　分工前，英国和葡萄牙的生产情况

国家	产品			
	毛呢		葡萄酒	
	劳动量（人/年）	产量（单位）	劳动量（人/年）	产量（单位）
英国	100	1	120	1
葡萄牙	90	1	80	1

在生产毛呢和葡萄酒两种产品上，英国相比于葡萄牙具有绝对劣势，但程度不同。英国生产毛呢的成本是葡萄牙的1.1倍，生产葡萄酒的成本是葡萄牙的1.5倍。可见英国生产毛呢具有相对优势，所以英国把全部劳动力用来生产毛呢。而葡萄牙在生产毛呢和葡萄酒两种产品上具有绝对优势，葡萄牙生产毛呢的成本相当于英国的0.9倍，而葡萄酒的成本相当于英国的0.67倍。可见葡萄牙生产葡萄酒具有相对优势，所以，葡萄牙用所有劳动力来生产葡萄酒。分工后，生产情况如表2-5所示。

表2-5 分工后，英国和葡萄牙的生产情况

国家	产品	
	毛呢（单位）	葡萄酒（单位）
英国	(100+120)/100=2.2	
葡萄牙		(90+80)/80=2.125

两国按照1∶1进行交换，英国用1单位的毛呢换取1单位的葡萄酒。贸易之后，英国拥有1单位葡萄酒、1.2单位毛呢，比分工之前增加0.2单位毛呢；葡萄牙拥有1单位毛呢、1.125单位葡萄酒，比分工之前增加0.125单位葡萄酒。分工后，两国的劳动投入并没有增加，但是两种产品的总产量却增加了，两国进行交换，双方都得到了利益。英国和葡萄牙拥有的产品情况如表2-6所示。

表2-6 贸易后，英国和葡萄牙拥有产品的情况

国家	产品	
	毛呢（单位）	葡萄酒（单位）
英国	1.2（比分工前多0.2单位）	1（进口）
葡萄牙	1（进口）	1.125（比分工前多0.125单位）

2.2.2 贸易影响与贸易所得

比较优势理论可以用图形和曲线来说明。假设中国和美国都只生产两种产品：大米和小麦，劳动是唯一的生产要素，两国拥有相同的劳动资源都是100人。由于生产技术不同，同样的劳动产出是不同的。如果两国所有的劳动都用来生产大米，假设中国可以生产100t，美国只能生产80t。如果两国所有的劳动都用来生产小麦，假设中国可以生产50t，美国可以生产100t。两国的生产可能性如表2-7所示。每吨大米在中国只要1单位的劳动投入，在美国则需1.25单位。相反每吨小麦在中国需要2单位的劳动投入，在美国则只需1单位。

表2-7 中国和美国的生产可能性

国家	产品	
	大米/t	小麦/t
中国	100	50
美国	80	100

在总体均衡的分析中，我们使用生产可能性曲线说明供给，用社会无差异曲线表示需求。图 2-1 和图 2-2 两图分别说明中国和美国两国的生产消费情况，两图中的纵坐标都表示小麦的生产量，横坐标都为大米的生产量。由于在李嘉图的比较优势理论中劳动是唯一的生产要素投入，而劳动生产率又是固定的，因此，产品的机会成本也就固定不变了。各国的生产可能性曲线都是直线，用 *PPC* 表示。在各国的社会无差异曲线图中，U_1 都比 U_0 具有更高的社会福利水平。中美两国在发生贸易之前，各自根据社会的需求偏好（社会无差异曲线 U_0）和生产能力（生产可能性曲线 *PPC*）选择 S_0 点作为生产均衡点，C_0 作为消费均衡点。在不发生国际贸易的情形下，如果社会福利达到最大化，本国生产的产品完全用于本国消费。在 S_0 点上各国大米的机会成本（在封闭经济中也是大米的相对价格）都用 P_0 来表示。中国生产每吨大米的机会成本为 0. 5t 小麦；美国生产大米的机会成本是 1. 25t 小麦。图中大米在横轴上，因此，生产大米的机会成本正好

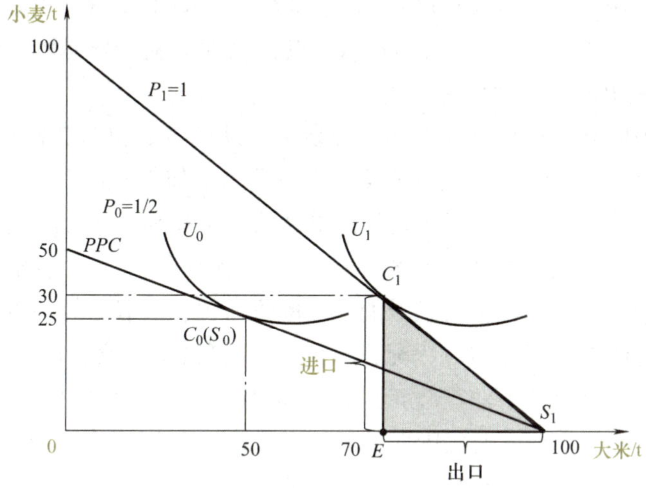

图 2-1　中国市场的生产消费情况

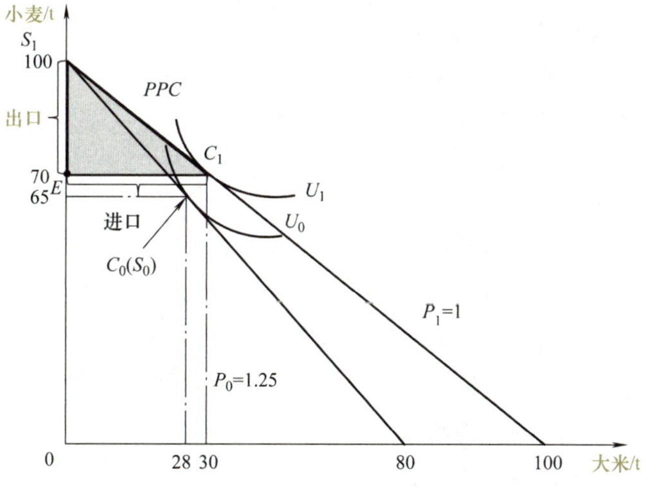

图 2-2　美国市场的生产消费情况

是生产可能性边界曲线的斜率。中国生产大米的相对成本低，中国拥有生产大米的比较优势，美国则拥有生产小麦的比较优势。

如果两国发生贸易，根据比较优势理论，美国会专门生产小麦并向中国出口一部分小麦以换取大米，中国则集中生产大米并出口一部分大米跟美国换取小麦。各国的生产点都会从原来没有贸易时的 S_0 点转移到 S_1 点，这时中国生产 100t 大米，美国生产 100t 小麦，然后再根据国际价格进行交换。假定国际价格为 1 单位（P_1），即 1t 小麦可以交换 1t 大米。对于中国来说，生产 1t 小麦要牺牲 2t 大米，对于美国来说，每吨大米的生产原来要花费 1.25t 小麦的代价，现在只要用 1t 大米即可换取 1t 小麦，中美两国都有贸易意愿。在给定的国际价格下，各国根据自己的社会消费偏好进行最优选择。各国都会在自己的无差异曲线与国际价格曲线相切的点 C_1 上决定两种产品的消费。假设中国在这一点上需要消费 70t 大米，中国就可用余下的 30t 大米去跟美国交换小麦。在国际价格为 1∶1 时，在均衡点上，美国进口的大米量与出口的小麦量，正好等于中国相应的出口量和进口量。生产（S_1 点）与消费（C_1 点）之间的差别就是国际贸易量，C_1、E、S_1 三点所组成的三角被称为“贸易三角”。

根据比较优势形成的专业化分工和国际贸易，从图 2-1 和图 2-2 可以看到，两国的生产能力（生产可能性曲线）都没有变化，而消费水平却都提高了，两国都从国际分工和国际贸易中获得了利益，达到了比贸易前更高的社会福利水平 U_1。进一步分析，我们可以看到从贸易中获得的社会福利分别来自于“交换所得”与“专业化生产和分工所得”两个部分。前者是产品在消费领域的重新配置所得，后者是资源在生产领域的更有效配置所得。在总体上，都可称为“配置所得”。为了说明“交换所得”，我们可以假设中国在与美国发生贸易时并不改变生产结构，即仍然生产 50t 大米和 25t 小麦，但中国大米的相对价格是 0.5 单位，而美国大米的相对价格是 1.25 单位。在这种情况下，中国愿意将 50t 大米中的一部分与美国交换小麦。我们仍然假定国际价格为 1∶1，交换结果使得中国大米消费减少、小麦消费增加，并达到了新的、更高的社会福利水平。在图 2-3 中，消费从 A 点移到 B 点，社会福利水平从 U_0 提高到 U_0'。这部分的提高来源于“交换所得”。现在我们进一步假设，在新的国际价格下中国的生产发生了变化。国际大米的相对价格是 1 单位，中国大米生产的相对成本为 0.5 单位。中国有生产大米的比较优势，出口大米有利可图。这样，中国将全部资源用于生产大米而不生产任何小麦，美国则正好相反：只生产小麦不生产大米。然后两国再进行交换。这种生产资源的重新配置使得中国有能力将消费点进一步从 B 点移到 C 点，并使社会福利水平提高到 U_1。这一部分的提

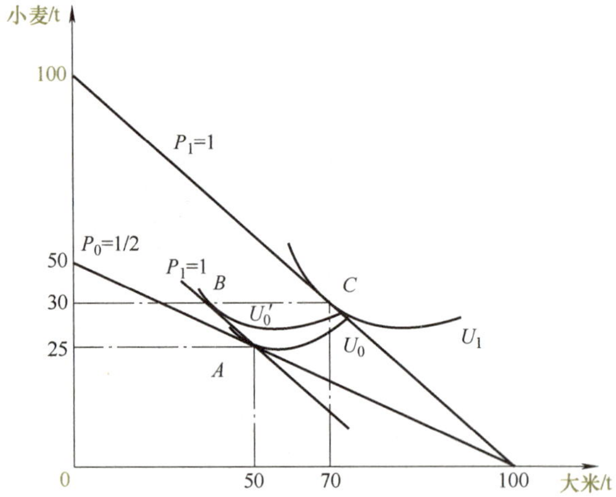

图 2-3　“交换所得”和“分工所得”

高主要来源于生产资源的重新配置，是“分工所得”。参与国际贸易的总收益包括“分工所得”和“交换所得”两部分。

通过以上总体均衡分析，我们可以从李嘉图比较优势理论中看到贸易对一国经济的影响和所得：

1）发生贸易后各国出口具有比较优势的产品，进口没有比较优势的产品，导致具有比较优势产品（出口产品）的相对价格上升（或没有比较优势的进口产品的相对价格下降）。

2）相对价格的变化促进各国实行专业分工，专门从事本国具有比较优势的产品的生产，不生产不具有比较优势的产品。

3）在新的生产贸易下，各国的社会福利水平均得到提高。贸易所得来自于产品的消费和生产两个方面的有效配置。通过贸易，两国可以消费超出其生产能力的产品。

2.2.3 比较优势理论的评析

在理论上，比较优势理论是对绝对优势理论的重大发展，它比绝对优势理论更具有普遍意义，比较优势理论的提出是传统国际贸易理论体系建立的标志，也是新贸易理论的基础。在实践上，比较优势理论为英国资产阶级的自由贸易和废除《谷物法》的斗争提供了有力的理论武器，为世界各国参与国际分工、发展对外贸易提供了理论依据。比较优势理论不仅在理论上论证了贸易的基础，在实践上也部分解释了先进国家与落后国家之间贸易的原因。

但比较优势理论也存在一些不足。比较优势理论的假设前提过于苛刻，不符合国际贸易的实际情况，不能解释当今主要发生在发达国家之间的国际贸易。按照比较优势理论，在自由贸易条件下，贸易双方都可获利，所有国家都应实施自由贸易，但实际上，各国都存在不同程度的贸易保护。比较优势理论未能揭示国际商品交换所依据的规律，等量劳动交换的原则不适用于国家之间的贸易，对商品的交换比例缺乏研究。比较优势理论的分析方法属于静态分析，与现实有一定的差距。

2.3 要素禀赋理论

要素禀赋理论（Theory of Factor Endowment）的产生始于对亚当·斯密和大卫·李嘉图贸易理论的质疑。在亚当·斯密和大卫·李嘉图的模型中，技术不同是各国在生产成本上产生差异的主要原因。可是，到20世纪初，各国尤其是欧美之间的交往已比较频繁，技术的传播已不是非常困难。许多产品在不同国家的生产技术已非常接近甚至相同，但为什么成本差异仍然很大？而且，在现实生活中，绝对优势理论和比较优势理论只能部分地解释贸易产生的原因，有些贸易现象它是无法解释的。例如，加拿大向美国出口木材产品，不是因为加拿大木材产品的劳动生产率高于美国，而是在人口稀少的加拿大，人均森林面积高于美国。由此可知，各国的比较优势还受各国国内各种资源和生产技术之间相互作用的影响。当时一些学者试图用资源禀赋差异来解释贸易产生的原因，其中代表性的人物是瑞典经济学家赫克歇尔和俄林，人们称该理论为要素禀赋理论，也叫赫克歇尔–俄林理论或 H – O 定理。狭义的要素禀赋理论指的是赫克歇尔–俄林理论或 H – O 定理。而广义的要素禀赋理论包括四部分内容：H – O 定理、要素价格均等化定理、斯托尔珀–萨缪尔森定理和罗伯津斯基定理。

2.3.1 赫克歇尔–俄林理论主要内容

1. 基本假设

为了将自由贸易中各国国际竞争力比较优势的差异及这种差异的成因有效地归结为各国要素禀赋的差异，赫克歇尔–俄林理论做出了如下假定：

1）两种生产要素：假定为资本（K）和劳动（L）。

2）两种产品：假定为 X 和 Y。假定 X 是劳动密集型产品，Y 是资本密集型产品。

3）世界上只有两个国家：假定为 A 国和 B 国。假定 A 国是劳动充裕的国家，B 国是资本充裕的国家。

4）每个国家的生产要素都是给定的。生产要素可以在一国内自由流动，不能在国家间自由流动。

5）两国生产相同产品的生产技术相同，生产函数相同。因此，如果要素价格在两国是相同的，两国在生产同一产品时就会使用相同的劳动和资本的比例。

6）没有要素密集度逆转，即各种产品的要素密集度不随要素相对价格变化而变化。

7）生产过程中的规模收益不变。即单位生产成本不随着生产的增减而变化。

8）两国消费者的需求偏好相同。即两国无差异曲线的位置和形状是完全相同的。

9）完全竞争的商品市场和要素市场。

10）没有运输成本和交易成本，也没有任何限制贸易的关税和非关税壁垒。

由以上假设可知，A、B 两国除要素禀赋不同外，其他一切条件都是完全相同的。

2. 基本概念

（1）要素禀赋

所谓要素禀赋，是指一国所拥有的两种生产要素的相对比例。这是一个相对概念，与其所拥有的生产要素绝对数量无关。例如，A 国拥有的资本数量为 K，劳动数量为 L，其相对要素禀赋为 K/L。在要素禀赋存在差异的情况下，如果一国的要素禀赋（K/L）大于他国，则称该国为资本（相对）丰富或劳动（相对）稀缺的国家。图 2-4 中，E_A、E_B 分别表示 A、B 两国的要素总量组合。在 E_A 点，A 国拥有的资本和劳动总量为（K_A，L_A）；在 E_B 点，B 国拥有的资本和劳动总量为（K_B，L_B）。在图 2-4 中 E_A、E_B 两点与原点的连线的斜率 ρ_A、ρ_B 分别表示 A、B 两国的要素禀赋状况。

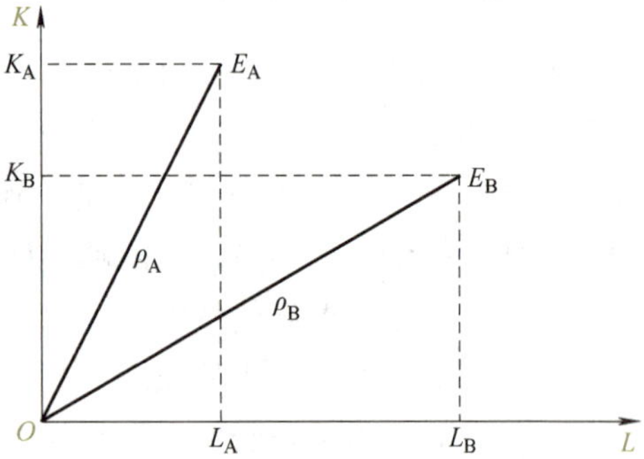

图 2-4 要素禀赋

由图可知，$\rho_A>\rho_B$，故 A 国为资本丰富的国家，B 国为劳动丰富的国家。

（2）要素密集度

要素密集度是指生产单位产品投入的生产要素组合比例。这是一个相对概念，与生产要素的绝对投入量无关。相对要素密集度是指生产两种单位产品投入的要素组合比例的比较。例如，假设生产两种单位产品 X 和 Y，使用两种生产要素 K（资本）和 L（劳动）。如果生产单位产品 Y 的 K/L 比率高于生产单位产品 X 的 K/L 比率，或生产单位产品 X 的 L/K 比率高于生产单位产品 Y 的 L/K 比率，则产品 Y 是资本密集型产品，产品 X 是劳动密集型产品。

3. 基本观点

要素禀赋理论认为，产品价格的绝对差异是国际贸易产生的直接原因，各国产品相对价格的不同是国际贸易产生的必要条件，而各国产品相对价格的不同是由各国要素相对价格的不同决定的，各国要素的相对价格是由该国要素供给比例或相对要素充裕度决定的。一个国家相对充裕的生产要素，其价格就会便宜。例如，劳动相对充裕的国家，工资（劳动价格）就低一些；资本相对充裕的国家，利率（资本价格）就低一些。

可见，要素禀赋理论认为各国生产要素相对充裕度的不同是决定国际贸易中各国比较优势的基本原因。如果各国都专业化生产密集使用本国要素禀赋较多、价格相对便宜的生产要素生产的产品，然后进行贸易，就会得到互利的结果。因此，一国应当出口密集使用该国相对充裕且便宜的生产要素生产的产品，同时进口密集使用该国相对稀缺且昂贵的生产要素生产的产品。例如，劳动相对充裕、资本相对稀缺的国家应该出口劳动密集型产品，进口资本密集型产品；而资本相对充裕、劳动相对稀缺的国家应该出口资本密集型产品，进口劳动密集型产品。

4. 贸易影响与贸易所得

国际贸易的产生是由于各国之间存在着生产、消费以及产品价格的差异。国际贸易的结果又反过来影响着各国产品的价格、生产和消费以及经济发展。在赫克歇尔-俄林理论的基础上，下面基于局部均衡分析贸易对价格、生产、消费以及贸易利益等方面的影响。

（1）单个产品国际市场价格的形成

在没有贸易的情况下，各国产品的价格是不同的，一般来说，同样的产品在有生产比较优势的国家价格比较低，在没有生产比较优势的国家价格比较高。假设中国和美国都用资本和劳动两种生产要素生产大米和钢铁，中国是一个劳动充裕的国家，生产大米（劳动密集型产品）的相对成本和相对价格低，具有生产大米的比较优势。美国则相反，是一个资本充裕的国家，生产钢铁（资本密集型产品）的相对成本和相对价格低，具有生产钢铁的比较优势。进一步假设在没有贸易时，每吨钢铁价格为 1000 元，大米在中国的相对价格为 0.5，在美国的相对价格是 1.5。

如果两国发生贸易，美国看到中国的大米便宜，就想从中国进口。但是美国必须支付每吨至少 500 元的价格，中国才会将大米卖给美国。美国当然愿意支付，但不能等于或超过美国自己生产大米的价格（每吨 1500 元），否则美国就没有必要从中国进口。作为中国，想尽量抬高交易价格使出口有钱可赚；作为美国，想尽量压低交易价格，使进口有利可图。那么两国最终以什么价格成交呢？从更广泛的范围来讲，单个商品的国际市场价格是怎样形成的？假设没有运输成本和贸易障碍。图 2-5a 是中国的大米市场，图 2-5c 是美国的大米市场，图 2-5b 是国际的大米市场。大米的国际价格由国际市场的供求均衡来决定。

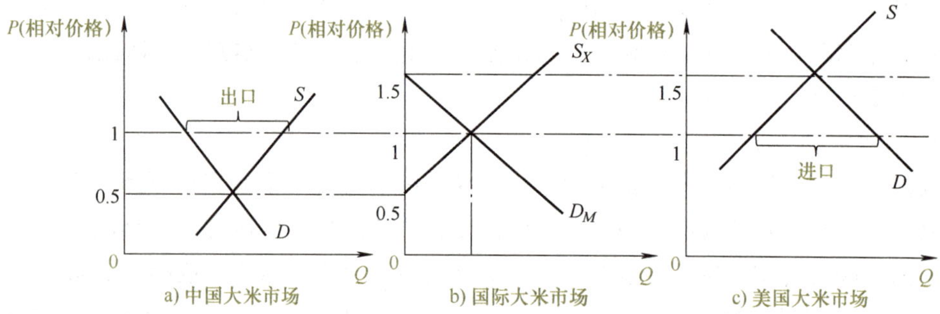

图 2-5　大米贸易及其国际市场价格的决定

图 2-5 中，中国是大米的出口国，只要价格高于 500 元，中国就愿意出口大米，国际市场上的供给曲线就是中国的出口曲线。当价格等于 500 元时，中国国内的供给量正好等于需求量，出口为零。当价格超过每吨 500 元以后，供给量超过需求量，其间的差额就可以用来出口，出口量随着价格的上升而增加。美国是大米进口国，只要价格低于每吨 1500 元，美国就会进口，价格越低，进口越多。国际市场上的需求曲线就是美国的进口曲线。同理，当大米价格等于每吨 1500 元时，美国国内市场上供求达到均衡，无须进口。只有在价格低于每吨 1500 元时，美国国内市场才出现短缺，需要进口。在国际大米市场上，如果中国的出口量小于美国的进口量，供不应求，国际市场价格就会上升；反之，则下跌。只有在进口量等于出口量的时候，国际市场上的均衡价格才会形成。

国际价格的波动范围可以表示为

没有贸易时出口国的国内市场均衡价格<国际市场价格<没有贸易时进口国的国内市场均衡价格

（2）贸易对本国进口行业产品价格、生产及消费的影响

不同行业在国际贸易中的地位不同，受国际贸易的影响也不同。首先看自由贸易对进口行业的影响。所谓“进口行业”，是指没有比较优势，在国际市场上不具有竞争能力的行业。在这类行业中，既有国内企业生产的产品，也有从国外进口的产品，两种产品在同一市场上竞争。因此，进口行业实际上是国内“与进口产品竞争的行业”（为了方便讨论，以下简称“进口行业”）。在前面的例子中，中国的钢铁和美国的大米都是进口行业。图 2-6 显示的是中国钢铁市场的情况。在没有贸易的情况下，中国的钢铁价格由国内的供给和需求决定，在供求均衡点上，钢铁的价格假定为 P_0。在这一市场价格下，钢铁的供给量（S_0）与需求量（D_0）相等。由于假定中国不具有生产钢铁的比较优势，在没有贸易的情况下，中国的钢铁价格高于别国或高于国际市场价格。我们进一步假定国际市场上同样的钢铁每吨只要 1000 元，而中国的钢铁每吨则要 2000 元。在自

由贸易的情况下，中国一定会有人以国际市场价格进口钢铁。

当然，进口商不会在中国市场上按每吨 1000 元的价格出售，他一定想按中国市场上每吨 2000 元的价格出售以赚取利润。但是，在每吨 2000 元的价格上，需求量并没有增加，人们仍然只购买 D_0 吨，而供给量却增加了：除了国内厂商生产的以外，现加上一部分进口钢铁。供大于求，出现剩余，为了促销，进口商以低于每吨 2000 元的价格出售（只要高于每吨 1000 元，他仍然有利可图）。迫于竞争，国内钢铁生产厂商也不得不降价出售。结果是，中国整个钢铁市场的价格下降，直至新的市场均衡点出现。在新的均衡点上，国内生产的钢铁（S_1）加上进口的钢铁（M）等于在新的价格下国内对钢铁的总需求（D_1）。

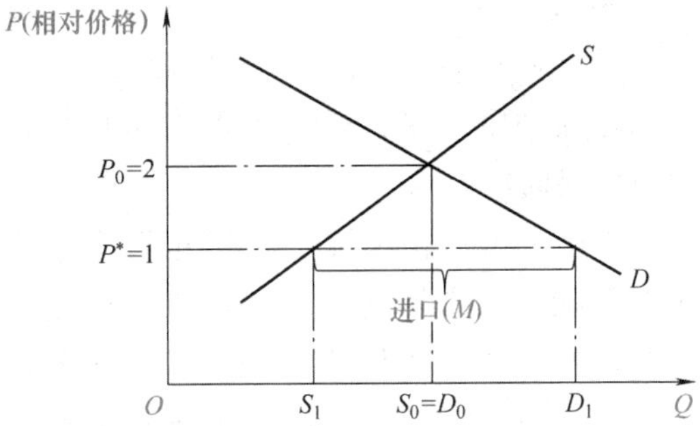

图 2-6　进口对本国产品价格、生产及消费的影响

中国钢铁的价格究竟降到什么程度为止？这取决于中国钢铁进口量对国际钢铁市场的影响。如果中国是钢铁进口“大国”（即中国的进口数量大到足以能够影响国际钢铁市场的价格），中国钢铁的价格会降到每吨 2000 元以下，但在每吨 1000 元以上。因为新的国际钢铁市场的价格已经由于中国的大量进口而上涨到每吨 1000 元以上。但如果中国只是一个进口“小国”（即中国的进口数量在世界市场的份额很小，中国进口多少对国际钢铁市场的影响甚微），国际钢铁市场价格根本不受中国进口的影响，那么，自由进口会使中国钢铁的价格最终跌到与国际市场一样的每吨 1000 元。但是，不管“大国”还是“小国”，自由进口的结果都是使原来高于国际市场的国内商品价格下降到与国际市场相同。不过“大国”降价的程度低于“小国”，因为“大国”所面临的新的国际市场价格会由于该国的进口而比原来的高。进口行业产品价格的下降，必然影响到该产品的国内生产和消费。一般来说，由于产品价格的下降，对产品的总消费会增加（从 D_0 增加到 D_1），而国内的生产会下降（从 S_0 到 S_1）。消费与国内生产之间的缺口（M）则为进口所填补。因此，进口国外产品会导致国内同类产品价格下降，生产减少，消费增加。

（3）贸易对本国出口行业产品价格、生产及消费的影响

自由贸易对出口行业的影响正好与进口行业相反。在我们的例子中，中国有生产大米的比较优势。在没有贸易的情况下，中国大米的销售价格低于国际市场价格。在图 2-7 中，这一价格假定为每吨 500 元。而国际大米市场的价格则高于每吨 500 元（假设为 1000 元）。在自由贸易的情况下，中国的大米生产者马上发现将大米卖到国外可以比在国内赚更多的钱，于是，大批大米会出口。大米出口的结果是使得原来供求均衡的国内大米市场出现短缺，从而造成国内大米价格上涨。这种出口行业产品价格上涨的趋势会一直延续下去，直到与国际市场的价格一致。当国内大米市场价格与国际市场一致时，对大米生产者来说，在国内销售和出口到国外就没有什么区别了，一部分大米就会留在

国内满足国内市场的需要。大米就不再继续外流，国内市场短缺的现象也会消失，价格也就稳定下来，新的国内大米价格比没有贸易时的要高。

中国大米价格上涨的幅度也取决于中国在国际大米市场的地位。如果中国是大米生产和出口的“大国”，其国内大米价格的涨幅会小一点，因为国际大米价格会由于中国的大量出口而有所下降，新的国际价格会低于原来的每吨1000元。但如果中国是大米出口的“小国”，无论中国出口多少，对国际大米市场来说无足轻重，那么，国际市场价格仍是每吨1000元，中国国内市场价格也会最终涨到每吨1000元。

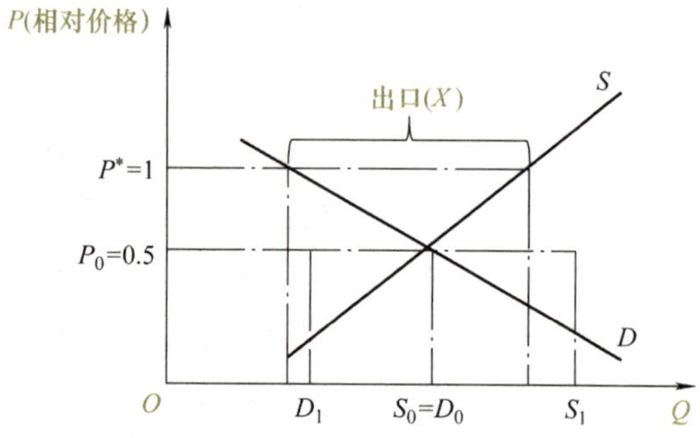

图2-7　出口对本国产品价格、生产及消费的影响

由于大米价格的上升，中国大米生产会增加（从 S_0 增加到 S_1），但国内对大米的需求也会因为价格的上涨而下降（从 D_0 到 D_1）。生产量与国内消费量之间的差额为出口量。所以，出口对本国出口行业的影响是：出口产品的价格上升，生产增加，国内消费减少。

（4）单个商品市场上的贸易利益

1）出口市场。贸易利益也可通过个别商品市场消费及生产的变化来衡量。让我们先来分析出口大米所带来的贸易利益。图2-8表现的是中国大米贸易前后的情况。贸易前的国内市场价格是每吨500元，生产与消费量相等，假设都是100t，贸易后的价格上升为每吨1000元，国内生产增至120t，消费量则降为80t，生产量超过消费量的部分（40t）为出口。大米的消费者并没有从出口获得好处，不仅消费量减少，还要支付高价。因此，在大米贸易中，消费者只有损失而没有获利。我们知道需求曲线代表的是消费者在购买一定数量产品时愿意并有能力支付的价格。购买量较少时，产品消费所产生的边际效用较高，消费者愿意支付较高的价格。随着消费量的增加，所带来的边际效用递减，人们愿意支付的价格也逐渐降低。对于同样的一个产品，每个消费者会由于收入或偏好的不同而获得不同的效用，从而愿意支付不同的价格。但是消费者在市场上实际支付的价格并不因为产品带来的不同效用而有差别。不管消费者愿意支付多少，他们最终支付的都是由市场决定的同一价格。如果市场价格低于消费者愿意支付的价格，消费者则因省钱而获得额外的满足。这个“愿意支付”和“实际支付”的差价或额外的满足，在经济学中称为“消费者剩余”。在市场供求曲线的图形上，市场价格线之上需求曲线之下的区域就代表“消费

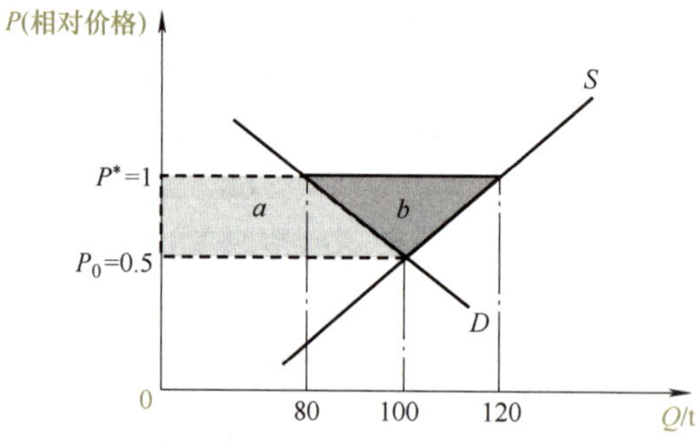

图2-8　出口大米所产生的利益变动

者剩余”。在图2-8中，由于大米价格的提高，“消费者剩余”减少了a部分。

但是对中国大米的生产者来说，出口则带来了很大的利益：既增加了产量，又提高了价格。我们将生产者愿意接受的价格（由供给曲线表示）与实际卖出价格（市场价格）的差别称之为“生产者剩余”，中国大米出口使“生产者剩余”增加了a和b。

从以上的分析中，我们可以看出，出口使本国消费者受害而生产者得益。如果我们把消费者和生产者都考虑进去的话，可以看到中国出口大米仍然获利。因为生产者所获的利益（$a+b$）总是大于消费者的损失（a），出口大米的纯利益是b。

2）进口市场。图2-9是中国的钢铁市场。贸易前，假设中国钢铁的生产和消费均为100t，市场价格为每吨2000元。开放市场的结果是进口增加，价格从每吨2000元跌到每吨1000元，国内生产减少至80t。从生产者的角度来讲，自由贸易并非一件好事，在廉价进口的冲击下，“生产者剩余”减少了c部分 。另一方面，正是由于廉价外国产品的进口，使得“消费者剩余”增加了$c+d$部分。如果我们把生产者的损失和消费者的收益加在一起，不难发现，中国也能从进口钢铁中获利，因为消费者从进口中得到的利益（$c+d$）总是大于生产者的损失（c），进口钢铁的纯收益是d。

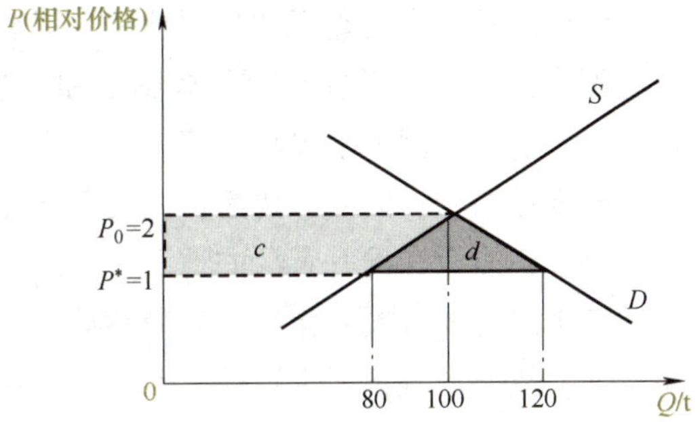

图2-9 进口钢铁所产生的利益变动

（5）贸易双方的利益分析

从以上的分析中我们可以看到，中国无论是出口大米还是进口钢铁，都有净利益。那么，这些利益是从哪里来的呢？是否是从跟中国进行贸易的国家那里获得的呢？换句话说，中国从向美国出口大米中获得了收益，是否意味着美国进口中国大米受到了损失呢？图2-10说明了美国进口中国大米的利益变动。在没有贸易时，美国国内的大米价格为每吨1500元，开放市场后，美国以每吨1000元的价格从中国进口了40t大米，并促使国内大米市场价格下降，生产削减，消费增加。生产者损失了e，但消费者获得$e+f$，净收益为f。

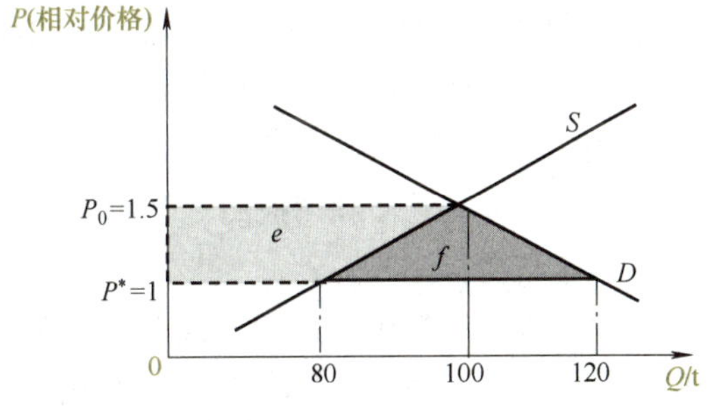

图2-10 美国进口大米所产生的利益变动

从分析中我们看到，中国与美国进行大米贸易，不仅出口国中国获得净利益b，进口国美国也获得净收益f。由此可见，在赫克歇尔–俄林理论中，一国不仅从扩大出口中获得利益，也同样从开放市场中提高了社会福利。国际贸易的结果不是“一赢一输”的“零和游戏”，而完全可以是一个双赢的局面。当然，各国收益的大小则取决于该国贸易后价格变动的幅度，以及本国供给与需求曲线的弹性。一般说来，价格变动幅度越大，供给和需求弹性越大，该国从贸易中得到的净收益越大。

2.3.2　要素禀赋理论的扩展

1. 要素价格均等化定理

要素价格均等化定理（The Factor Price Equalization Theorem）反映了自由贸易带给不同国家同种要素价格的长期影响。H－O定理认为自由贸易的结果不仅使贸易国之间商品价格均等化，而且使生产要素的绝对价格和相对价格趋于均等。萨缪尔森认为，在特定的条件下，国际要素价格均等是必然的，而不只是一种趋势。在规模报酬不变的生产条件下，只要本国与外国生产两种商品，只要商品的自由贸易得到充分发展，即使生产要素不具备国际流动的条件，商品的自由贸易将导致两国商品的相对价格均等化，同时它会导致两国生产要素的相对价格均等化，甚至导致两国商品与生产要素的绝对价格也均等化，以致无论两国的要素供给和需求格局如何，要素所有者将得到相同的报酬。萨缪尔森还详细阐述了多种要素和多种商品价格的均等化问题，发展了H－O定理，使其分析更加周密。因此，要素价格均等化定理也称H－O－S定理。

例如，假设在没有贸易的情况下，A、B两国同时生产X和Y两种产品，这两种产品具有不同的要素投入比例，X为劳动密集型产品，Y为资本密集型产品。由于A国劳动丰裕，故工资低，资本短缺、利率高。由于B国资本充裕，故利率低，劳动短缺、工资高，即有

$$(W/R)_A<(W/R)_B$$

式中，W为劳动力的价格工资率；R为资本的价格利率。

根据H－O定理，由于$(W/R)_A$和$(W/R)_B$之间存在差异，所以两国X产品和Y产品的相对价格之比Px/Py存在差异，从而发生贸易。A国出口劳动密集型产品X，进口资本密集型产品Y。B国出口资本密集型产品Y，进口劳动密集型产品X。贸易后，由于B国增加了对A国产品X的需求，所以X的价格将提高，导致A国生产X的厂商扩大生产，从而增加了对劳动的需求，并使工资提高。同样，由于A国增加了对B国产品Y的需求，故产品Y的价格将提高，导致B国生产Y的厂商扩大生产，从而增加了对资本的需求，并使利率提高。贸易的结果使两国的工资逐渐变得相等，而两国资本的利率也逐渐变得相等。

要素价格均等化定理试图说明，国际贸易不仅可以合理配置资源、调整经济结构，也可以改善各国的收入分配，缩小各国的经济发展差距。此外，该定理说明国际贸易与国际投资之间存在替代关系，自由贸易越发展，则国际投资与国际要素流动的必要性越减弱，这是因为国际贸易自由化使国家间同种要素的相对报酬甚至绝对报酬均等化。

2. 斯托尔珀–萨缪尔森定理

美国经济学家斯托尔珀和萨缪尔森1941年在《经济研究评论》上联名发表了《保护与实际工资》的论文，集中研究了诸如关税等保护主义政策对国内收入分配的影响。第一次运用两种要素、两种商品的一般均衡模型对H－O定理做了具体的拓展。他们的观点被称为“斯托尔珀–萨缪尔森定理”（Stopler-Samuelson Theorem），简称S－S定理。

斯托尔珀和萨缪尔森在研究了国际贸易对生产要素收益的影响后，得出结论：国际

贸易会使一国出口产品相对价格上升，进口产品相对价格下降。当一种产品的相对价格上升时，相应地会出现该产品中密集使用的生产要素报酬的提高；当一种产品的相对价格下降时，会出现该产品中密集使用的生产要素报酬的下降。所以自由贸易使在出口产品生产中密集使用的生产要素的报酬提高，在进口产品生产中密集使用的生产要素的报酬降低。

假定现有 A、B 两国，A 国土地充裕，出口大米，进口布；B 国劳动充裕，出口布，进口大米。假设 A 国生产 100 单位两种产品的要素投入比例为：大米的劳动/土地比率为30：2；布的劳动/土地比率为 50：1。开展贸易后，A 国因为出口大米，所以大米的相对价格上升，而布的相对价格下降。此时，A 国的生产者会减少布的生产，将资源转移到大米的生产上。但是，由于 A 国生产两种产品的要素比例不同，因此每多生产 100 单位大米就必须多用 1 单位土地而少用 20 单位劳动。再假定一国资源供给是有限的，因而生产要素市场的供求矛盾就出现了，土地因需求增加而价格上升，劳动则因需求减少价格下降。即土地要素的报酬增加，劳动要素的报酬减少。B 国的情况恰相反。这说明，由于产品相对价格的变动将影响要素报酬的变化。上例中，要素报酬增加的是出口产业中密集使用的生产要素，要素报酬减少的是进口产业中密集使用的生产要素。

斯托尔珀-萨缪尔森定理还指出了自由贸易会引发贸易利益分配不均的问题，也对传统自由贸易理论认为的只有自由贸易才能产生福利的观点提出了质疑。国际贸易会使一部分人的福利得到改善，另一部分人的福利恶化。如果因为自由贸易引起的贸易利益分配格局变得不合理，就会影响社会和谐，从而影响经济发展。当然，出口收入分配对经济发展的影响大多是间接的，需要通过产品的收入弹性、居民的边际消费倾向、居民的边际储蓄倾向等因素发挥作用。例如，如果是那些对国内产品具有较高边际消费倾向的人们或集团获得了较多出口收入的好处，他们就会有效提高对国内产品的需求，从而带动本国的生产和就业；如果是那些对进口产品具有较高边际消费倾向的人们或集团获得了较多进口收入的好处，他们就会有效提高对进口产品的需求，从而抑制本国的生产和就业；如果是那些具有较高边际储蓄倾向的人们或集团获得了较多出口收入的好处，他们会给其他部门的生产提供资金，从而提高投资率。斯托尔珀-萨缪尔森定理为贸易保护行为提供了一种解释，即保护进口竞争性产业可以提高该部门密集使用的生产要素所有者的收入。

3. 罗伯津斯基定理

英国经济学家塔德乌什·罗伯津斯基 1955 年在《要素禀赋与相对要素价格》中对一国生产要素增长与国际贸易关系问题进行了讨论。利用 2×2×2 模型[㊀]指出，若两种产品的相对价格不变，且生产这两种产品的相对要素密集度也不变，当其中一种生产要素供给增加、另一种生产要素供给不变时，密集使用该要素的产品产量将增加，密集使用另一种生产要素的产品产量将减少。该观点被称为罗伯津斯基定理（Rybczynski Theorem）。

㊀ 2×2×2 模型是 H－O 定理的基本分析框架，即假定世界上只有两个国家，生产两种产品，存在资本和劳动两种要素投入。

这是因为在产品相对价格不变时，如果产品的要素密集度不变，要素的相对价格也将保持不变。假如增加劳动这种要素，为了使增加的劳动充分就业，并使两种产品的要素比例不变的唯一方法就是：降低资本密集型产品的产量，以转移足够的资本以及小部分劳动，用来吸收增加的劳动，最终增加了劳动密集型产品的产量。

罗伯津斯基定理解释了一国生产要素的变化对该国产出和外贸的影响，它还可以解释国际贸易中的“贫困化增长”问题。所谓“贫困化增长”，是指一国由于出口的扩张所带来的贸易利益不能弥补其由于贸易条件恶化所带来的贸易利益减少的现象。根据罗伯津斯基定理，如果一国出口部门密集使用的要素增加，该要素密集型产品的产量增加，将导致出口增加。假设该国是此类产品世界出口的贸易“大国”，将会导致该国的贸易条件恶化，甚至出现贫困化增长问题；但是，如果该国是此类产品世界出口的贸易“小国”，则不会导致该国的贸易条件恶化，也不会出现贫困化增长问题。如果一国进口部门密集使用的要素增加，该要素密集型产品的产量增加，将导致进口替代产品的产量增加、进口产品的数量减少。如果该国是此类产品世界进口的贸易“大国”，会导致该国的贸易条件改善；如果该国是此类产品世界进口的贸易“小国”，则不会导致该国的贸易条件改善。

罗伯津斯基定理与斯托尔珀-萨缪尔森定理是一对互逆命题，分别从投入—产出关系的角度与商品价格—要素价格关系的角度来阐明国际贸易给贸易参与国带来的收入分配变化。上述“贫困化增长”也可以用斯托尔珀-萨缪尔森定理来解释，即当一国贸易条件恶化时，该国出口产品的相对价格下降，出口部门要素所有者的报酬将减少。可见，在一些特殊的条件下，不平衡的经济增长会给一国经济带来不利的影响。

2.3.3 “里昂惕夫之谜”及其解释

1. 里昂惕夫之谜

第二次世界大战之后，美国经济学家瓦西里·里昂惕夫（Wassily Leontief）根据H-O定理，用他创立的投入产出分析法，对美国的进出口商品结构进行验证，结果却得出了与H-O定理完全相反的结论，在西方引起了轰动，被称为“里昂惕夫之谜”。

H-O定理给人们建立了这样的思维定式：要素禀赋的差异是决定国际分工方向和建立贸易方式的充分且必要条件。即一个国家拥有较多的资本，就应该生产和输出资本密集型产品，而输入在本国生产中需要较多使用国内比较稀缺的劳动要素的劳动密集型产品。然而，里昂惕夫的检验结果彻底动摇人们的这个思维定式。里昂惕夫在1947年运用投入—产出分析法考察美国对外贸易商品结构，拟对H-O定理进行实践上的验证时，却发现美国出口的是劳动密集型产品，进口的却是资本密集型产品，而美国显然是一个资本雄厚而劳动相对不足的国家。这一结论与赫克歇尔、俄林的观点完全相反。里昂惕夫把生产要素分为资本和劳动两种，对200种商品进行统计分析，计算出每百万美元的出口商品和进口替代品所使用的资本和劳动的量，从而得出美国出口商品和进口替代品所包含的资本和劳动的密集程度。计算结果如表2-8所示。

表 2-8 1947 年和 1951 年美国出口商品和进口替代商品对国内资本和劳动力的需要量

需要量	1947 年		1951 年	
	出口	进口替代	出口	进口替代
资本[①]（美元）	2,550,780	3,091,339	2,256,800	2,303,400
劳动（人/年）	182.31	170.00	173.91	167.81
人均年资本量（美元）	13,991	18,184	12,977	13,726

① 资本采用 1947 年的价格。

从表 2-8 可以看出，1947 年进口替代商品的人均年资本量与出口商品的人均年资本量相比是 1.30，即 18184/13991，高出 30%；而 1951 年该比率为 1.06，即 13726/12977，高出 6%。尽管这两年的比率的具体数字不同。但结论基本相同。即这两个比率都说明美国出口商品与进口替代品相比，前者更为劳动密集型或劳动密集程度更高。因此，美国进出口商品的资本与劳动力所占比重与 H－O 定理预期的正好相反，即美国参与国际分工是建立在劳动密集型生产专业化的基础之上，并非建立在资本密集型专业化基础之上。继里昂惕夫之后，鲍德温（R. E. Baldwin）利用美国 1958 年和 1962 年的数据进行分析，得出了与里昂惕夫相似的结果：印度对美国、加拿大对美国的双边贸易都显示出“里昂惕夫之谜”。1979 年，鲍德温进一步证实了“里昂惕夫之谜”的普遍性，他计算了 20 世纪 60 年代初许多国家的全部贸易要素构成，发现英国的进口产品比其他出口产品包含更多的资本，而许多发展中国家则相反。“里昂惕夫之谜”作为西方国际贸易理论发展史上的一个重要转折点，引发了经济学家对第二次世界大战后国际贸易新现象、新问题的深入探索，于是围绕着“里昂惕夫之谜”的解开产生了多种解释与新的贸易理论。

2. 对“里昂惕夫之谜”的解释

（1）熟练劳动说

H－O 定理假定各国劳动具有相同的性质，熟练劳动说强调各国劳动不是同质的。里昂惕夫认为，美国工人的效率和技巧更高，是外国工人的 3 倍，这是因为美国工人所受的教育和培训较多、较好，美国管理水平更高。如果把美国的劳动量乘以 3，则美国就成为劳动要素相对丰富、资本要素相对稀缺的国家，因而美国出口劳动密集型产品、进口资本密集型产品是符合 H－O 定理的。这一解释是里昂惕夫自己提出来的，但并没有被广泛接受，后来连里昂惕夫自己也否定了它。

（2）人力资本说

该学说认为，里昂惕夫的统计检验存在明显的缺陷，它只考虑了物质资本，忽略了人力资本。人力资本主要是指一国在职业教育、技术培训等方面投入的资本。由于美国投入了较多的人力资本，拥有更多的熟练技术劳动力，因此美国出口的产品含有较多的熟练技术劳动。如果把熟练技术劳动的收入高出简单劳动的部分算作资本，并与物质资本相加，美国仍是出口资本密集型产品，因而以人力资本的差异来解释美国对外贸易商品结构，其结论仍然符合 H－O 定理。

与人力资本相关的另一个因素是科学研究对美国出口的影响。科学研究和进步带来的“知识”资本提高了从等量的资源中获得的产出水平。即使是最粗略的统计也会表明美国的大部分出口商品都是科研和技能密集型的。由此，人力资本和知识资本在决定美国的贸易模式上起着重要的作用，如果里昂惕夫在其研究中考虑这些，“里昂惕夫之谜”就会得到解释。

(3) 自然资源论

自然资源论仍是从里昂惕夫的统计检验方法上寻找突破口。其论点是里昂惕夫使用的是两要素（劳动、资本）模型，忽略了其他要素，如自然资源（土地、矿藏、森林、气候等）的影响。如果一种产品是自然资源型的，而在两要素模型中却将其简单地划分为资本密集型产品或劳动密集型产品，显然是不正确的。美国的出口产品中消耗了大量的自然资源，如采矿业、钢铁业、农业等，它们的开采、提炼与加工均投入了大量的资本，如果加入这部分资本投入量，那么“里昂惕夫之谜”就得以解释。

(4) 要素密集度逆转论

要素禀赋理论的基本模型曾假设：无论在什么情况下，X 与 Y 的要素密集度之间的关系是不会改变的，即对任何一组要素价格，X 永远都是资本密集型产品，Y 永远都是劳动密集型产品。反之，如果在某些要素价格下，X 是资本密集型产品，Y 是劳动密集型产品，但在另外一些要素价格下，X 变成劳动密集型产品，Y 变为资本密集型产品，那么这种现象就称为要素密集度逆转（Factor Intensity Reversal）。

在图 2-11 中，由于 X 的生产要素替代弹性比 Y 的生产要素替代弹性小，即 X 等产量曲线的弯曲程度小于 Y 等产量曲线的弯曲度，因此 X、Y 的等产量曲线有两个相交点。当要素相对价格如图中 ω_1 线所示时，$k_x > k_y$，即 X 的要素密集度大于 Y；但当要素相对价格如图中 ω_2 线所示时，$k_x' < k_y'$，即 X 的要素密集度小于 Y。所以当要素相对价格由 ω_1 变为 ω_2 时，两种产品的要素密度发生了逆转。

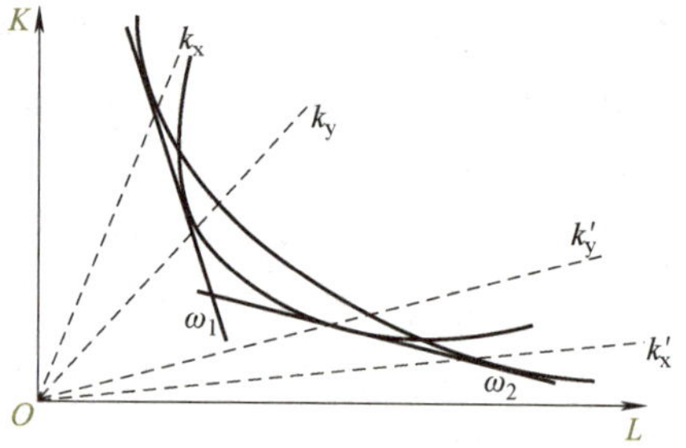

图 2-11 要素密集度逆转

如果放宽赫克歇尔–俄林理论的该假定条件，当劳动的相对价格提高（工资提高），美国进口替代部门会用相对便宜的资本替代相对昂贵的劳动，由于资本替代劳动的能力很大，或者说进口替代部门较之出口生产部门有很高的资本替代劳动的替代弹性，致使该部门生产的产品由劳动相对价格提高前的劳动密集型产品变成现在的资本密集型产品，从而会有美国出口劳动密集型产品、进口资本密集型产品的结果。

(5) 需求偏向论

该理论试图以国内的需求结构来解释里昂惕夫之谜。这种解释认为，H－O 定理成立的一个前提假定是，贸易国双方的需求偏好是无差异的，因此消费结构也是相同的，由此H－O 定理便忽略了需求偏好的差异对贸易模式的影响。实际上，各国人们的需求、偏好是不相同的，而且这种偏好会强烈地影响国际贸易模式。一个资本相对充裕的国家，如果国内需求偏向资本密集型产品，其贸易结构就有可能是出口劳动密集型产品、进口资本密集型产品。

根据该理论，“里昂惕夫之谜”之所以在美国发生，是因为美国人不喜好消费劳动密集型产品，而偏好消费资本密集型产品。因此，消费偏好的力量使美国将劳动密集型产品出口国外，而把资本密集型产品留在国内消费或进口具有资本密集型特征的产品。

（6）贸易保护论

该理论指出，H－O定理是假设以自由贸易、完全竞争为贸易政策取向的，但在现实中，贸易保护是最普遍的政策取向，美国也不例外。美国劳工代表在国会中有强大的影响力，从而会使美国政策倾向于保护与鼓励劳动密集型行业的生产与出口，限制外国同类产品的进口。克拉维斯（Kravis）在1954年的研究发现，美国受贸易保护最严格的产业就是劳动密集型产业。这就影响了美国的贸易模式，从而使美国出口劳动密集型产品、进口资本密集型产品。

上述关于“里昂惕夫之谜”的几种解释，实际上都是从不同侧面对生产要素禀赋理论一系列假定前提进行修正，这些修正或是重新审视立论前提的合理性，或是深入思考里昂惕夫统计检验的有效性，一方面努力捍卫H－O定理的崇高学术地位，另一方面也能在特定的条件和环境下对“里昂惕夫之谜”进行解释。这种对生产要素禀赋理论的补充，增强了生产要素禀赋理论的现实性和对第二次世界大战后国际贸易实践的解释能力。

2.3.4　理论评析

赫克歇尔、俄林提出的要素禀赋理论被认为是现代国际贸易的理论基础，是现代国际贸易理论的开端。该理论继承了传统的比较优势理论，但又有一些新的发展，有其自身的特点与一定的合理性。第一，要素禀赋理论强调在生产各种产品时，不是投入一种生产要素，而是投入两种甚至两种以上生产要素，进一步提出了生产要素的组合或技术配比问题，结果使抽象的理论分析更贴近经济运行的现实，从而增强了理论的实用性。第二，李嘉图的比较优势理论形成的基础是建立在各国生产者在生产同一产品时劳动生产率的差异上或生产技术的差异上，而要素禀赋理论假定各国生产同一产品的技术水平是相同的，进而推出各国比较优势的基础是生产要素的丰裕程度不同，由此产生的生产要素的价格差异是比较优势形成的原因。李嘉图的比较优势理论则是从贸易产品本身生产率的差异来说明比较优势的形成原因。要素禀赋理论根据贸易国最基本的经济情况，即从一国经济结构中各种生产要素的丰裕程度和相对比重来解释贸易分工的基础与贸易格局，从而正确地指出了在各国参与国际贸易分工中生产要素所处的重要地位。这种“靠山吃山，靠水吃水”的资源优势理论，用来解释19世纪直到第二次世界大战前的国际贸易格局，具有一定的时代特征和实际意义。

要素禀赋理论的局限性与比较优势理论一样，该理论建立在一系列假设基础上，是静态的，忽略了经济因素的动态变化，与现实有一定的距离，因而使得该理论在解释现实贸易时，只要其中任何一个假设前提不存在，就会导致悖论。这种“靠山吃山、靠水吃水”的贸易思想不利于一国总体经济结构的调整，要素价格均等化的趋势会使一国沦落到“山穷水尽”的地步。

2.4 产品生命周期理论

在现代国际贸易中，伴随着知识密集型产品贸易量不断上升的另一个现象是：作为技术创新产物的知识密集型产品均是在以美国为代表的西方发达国家里创造发明的，而且伴随着产品标准化程度的提高，该产品的生产与出口逐渐由原发明国家转向其他国家。人们不禁思考，形成这一贸易现象的原因究竟是什么？英国经济学家弗农·史密斯（Vernon L. Smith）在1966年出版的《产品生命周期中的国际投资与国际贸易》中提出了产品生命周期理论，试图用产品生命周期假说对上述现象进行解释。产品生命周期理论（Theory of Product Life Cycle）指出：由于技术的创新和扩散，凡制成品和生物一样都有一个生命周期。在这个生命周期中，产品的创新国在开始时出口这种产品，但随着产品的成熟与标准化，创新国逐渐丧失优势，最后变成这种产品的进口国。该理论是解释工业制成品贸易流向最有说服力的理论之一。

2.4.1 技术差距理论

产品生命周期理论是在技术差距理论的基础上发展起来的，技术差距理论（Theory of Technological Gap）认为，由于各国技术的投资和技术革新的进展不一致，因而存在一定的技术差距。这样就导致新产品总是在工业发达国家最早产生，然后进入世界市场。这时其他国家虽然想对新产品进行模仿，但由于同先进国家之间存在着技术差距，需要经过一段时间的努力才能实现。因而先进国家可以在这一段时间内垄断新产品，在国际贸易中获得比较利益。但是新技术会随着专利权转让、技术合作、对外投资、国际贸易等途径向国外转移，其他国家获得这一技术后就会开始模仿生产并不断加以扩大，创新国的比较优势就会逐渐丧失，出口下降，甚至可能从其他国家进口该创新产品。

波斯纳（Posner）在分析这一过程时，提出了需求滞后和模仿滞后的概念。所谓需求滞后，是指创新国出现新产品后，其他国家消费者从没有产生需求到逐步认识到新产品的价值而开始进口的时间间隔。它的长短取决于其他国家消费者对新产品的认识与了解。所谓模仿滞后，是指从创新国制造出新产品到模仿国能完全仿制这种产品的时间间隔。模仿滞后由反应滞后和掌握滞后所构成。反应滞后是指从创新国生产到模仿国决定自行生产的时间间隔。反应滞后的长短取决于模仿国的规模经济、产品价格、收入水平、需求弹性、关税、运输成本等多种因素。掌握滞后是指模仿国从开始生产到达到创新国的同一技术水平并停止进口的时间间隔。其长短取决于创新国技术转移的程度、模仿国的需求强度以及对新技术的消化吸收能力等因素。

在图2-12中，t_0 为创新国开始生产的时间，t_1 为模仿国开始进口的时间，t_2 为模仿国开始生产的时间，t_3 为模仿国开始出口的时间。$t_0 \rightarrow t_1$ 阶段是需求滞后阶段，模仿国对新产品没有需求，因而创新国不能将新产品出口到模仿国。过了 t_1，模仿国模仿创新国的消费，对新产品有了需求，创新国出口、模仿国进口新产品，且随着时间的推移，需求量逐渐增加，创新国的出口量、模仿国的进口量也逐渐扩大。由于新技术通过各种途径逐渐扩散到模仿国，到达 t_2，模仿国掌握新技术开始模仿生产新产品，反应滞后阶段结束，掌握滞后阶段开始，此时创新国的生产和出口量不断下降。到达 t_3，模仿国生产规模进一步扩大，新产品成本进一步下降，其产品不但可以满足国内市场的全部需求，而且可以用于出口。至此，技术差距消失，掌握滞后和模仿滞后阶段结束。可见创新国和模仿国两国的贸易发生于 $t_1 \rightarrow t_3$ 这段时间，即模仿国开始从创新国进口到创新国向模仿国出口为零这段时间。

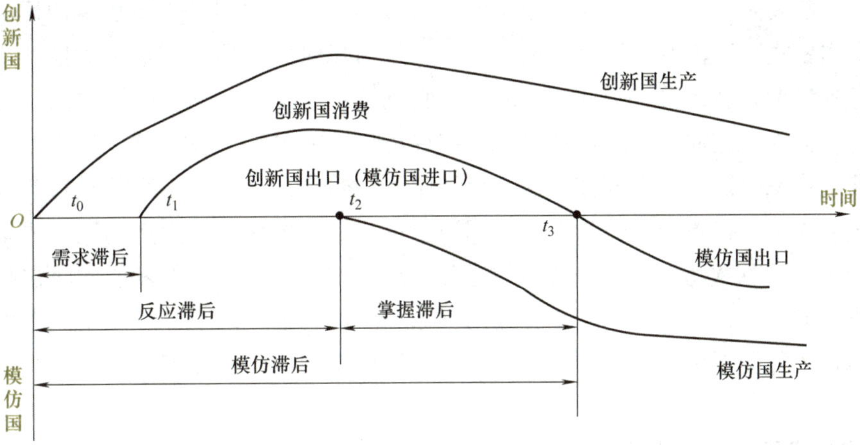

图 2-12　技术差距理论的解释

技术差距理论从技术创新出发，论述了产品贸易优势在创新国与模仿国之间的动态转移，这是富有创新意义的，而且也为研究一个具体产品创新过程的产品周期理论提供了坚实的基础。但技术差距理论只是解释了差距为何会消失，而无法充分说明贸易量的变动与贸易结构的改变。

2.4.2　基本观点

弗农假设参与贸易的国家分为三类：第一类是创新国家，主要是发明与出口新产品的工业发达国家，如美国等，它们是技术、知识与资本充裕型国家；第二类是发达国家，主要是一些比较小的工业发达国家，如西欧的一些国家，它们是资本与技术充裕型国家；第三类是发展中国家，它们是劳动充裕型国家。从技术创新的角度讲，产品有发生、成熟乃至衰落的生命周期，因此一般假设一个产品的生命周期有以下三个阶段。

1. 新产品导入期

新产品导入期是指新产品被技术领先国发明并在国内市场批量生产与销售的时期。一个新产品被技术领先国发明并销售的理由是：从供给角度讲，新产品在发明时属于知识与技术密集型产品，它要求有较高的研究与开发能力。在发达国家，良好的教育条件与雄厚的科技力量可以为企业提供鼓励发明的税收结构与产权制度，这些为产品的研究与开发提供了宽松的外部环境。此外，创新企业家对新机会的把握与利用能力，取决于其与市场沟通的难度。由于企业将新产品投入本国市场，这将使企业家能及时把握消费者的消费评价，从而积极调整产品的设计、改进产品的质量，使新产品尽早走向成熟。从需求角度讲，只有发明国的国内消费者才有能力购买该产品。因为新产品最初投入市场时，其需求的价格弹性较低、收入弹性较高，属于高档产品或奢侈产品，需要高收入的消费者来购买，而作为技术领先、收入丰厚的产品发明国，最具备高新产品的社会购买力。新产品在导入期属于知识密集型产品，成本条件对产品的制造起决定性作用，而生产区位因素则居次要地位。

2. 产品成熟期

产品成熟期是指新产品获得了稳定的国内市场支持，达到了一定程度的标准化，产品进入资本密集型阶段并由厂商逐渐出口到国外市场时的阶段。在这个时期，厂商开始寻求服务外国消费者的最好途径：一方面，它继续在本国生产新产品，并出口给外国消费者；另一方面，它向外国生产者出售生产许可证，或在外国设立分厂生产并销售新产品。在弗农看来，因国际专利技术交易市场是不完善的，采用许可证贸易较为无效，而采用跨国公司的直接投资则较为有效。即当单位产品中国内出口生产的边际成本加上运输成本和关税的总额超过国外子公司的边际生产成本时，新产品的发明国将选择跨国公司直接投资的方式，而发达国家是首选的国家。随着分公司的设立，发明国对发达国家的直接出口下降乃至消失，但它仍对发展中国家保持出口。成熟期的产品属于资本密集型产品。

3. 产品高级标准化阶段

当新产品由资本密集型产品变为劳动密集型产品时，该产品进入生命周期的第三个阶段，即产品高级标准化阶段。在该阶段，产品的品质差异逐渐消失，致使发明国初始的比较优势减弱，乃至消失。此时，生产成本的大小对企业的盈利能力有很大的影响。因此，产品在标准化初期将由资本充裕型国家生产并出口，在标准化晚期则细分为两个阶段：第一，技术扩散期，从西欧、日本等工业国家出口该产品时起到发展中国家出口该产品时止。第二，技术停止期，即从发展中国家出口该产品以后的阶段。高级标准化阶段的产品属于劳动密集型产品。

从创新国与模仿国的角度，将产品生命周期划分为五个阶段（图 2-13）：第一阶段为 $t_0 \rightarrow t_1$，即新产品阶段。在这一阶段，由于新产品刚刚问世，仅在创新国生产和消费，所以既无出口也无进口。第二阶段为 $t_1 \rightarrow t_3$，即产品成长阶段。在这一阶段，创新国对新产品进行了改进，使产量迅速提高。此时，国外还不能生产这种产品，故创新国在国内外市场都拥有垄断地位。在这一阶段，将有一定量的新产品出口到国外，主要是其他一些发达国家。第三阶段为 $t_3 \rightarrow t_4$，即产品成熟阶段。新产品在创新国已经标准化，创新厂商开始授权外国厂商生产这种产品。其他发达国家参与新产品的出口市场竞争。模仿国不仅为本国消费者生产，而且出口产品，并且成为该产品的主要出口国。第四阶段为 $t_4 \rightarrow t_5$，创新国成为该产品的进口国。由于外国的技术水平与创新国的技术水平逐渐接近，同时外国的工资水平仍低于创新国，因此该产品在其他一些发达国家生产和出口，而创新国逐渐成为该产品的净进口国。此外，由于技术日益陈旧，技术的转让费用越来越低，技术逐渐在发展中国家扩散，一些发展中国家开始引进该产品的技术进行生产和出口。t_5 以后发展中国家成为该产品的主要生产国和出口国。

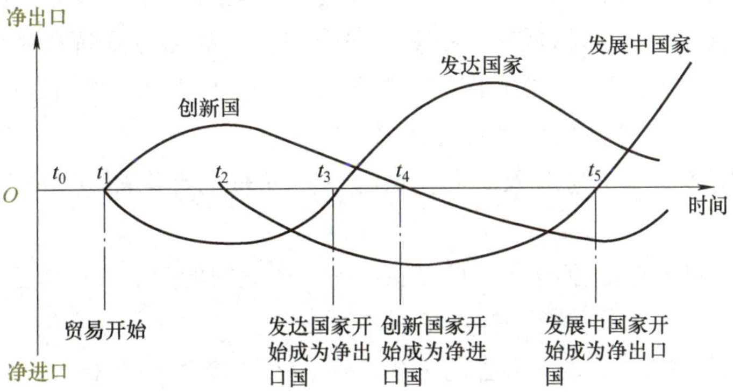

图 2-13 新产品生命周期在各类国家的表现

2.4.3 理论评析

产品生命周期理论具有一定的理论意义和实践价值。在理论上实现了比较优势理论由静态到动态演变的飞跃，揭示了比较优势在时间与空间上的转移。在实践上，该理论揭示了实现上述动态演变的客观条件是技术在商品的贸易过程不断向外传播，产品的技术密集度不断降低；主观条件是承接国在商品进口消费过程中能够吸收、消化产品的生产技术，具有与产品要素密集度相适应的要素禀赋优势。对解释产业内贸易、跨国公司跨国经营现象有一定的价值。对发展中国家的经济发展尤其是工业化的实现有一定启示，即发展中国家应该开放市场，分享经济全球化利益，处理好引进中吸收与创新的关系，抓住机遇，实现超常规发展。但该理论也存在一定的局限性：有些经济学家认为，由于经济中存在许多不确定因素，以及各国面临的影响工业发展方向的条件和环境各异，产品生命周期各阶段的循环未必会发生，不具有普遍性。该理论也难以说明当贸易双方不存在技术差异的情况下如何进行贸易。

2.5 产业内贸易理论

产业内贸易理论（Intra-industry Trade Theory）又称差异化产品理论（Differentiated Product Theory），是解释产业内同类产品贸易增长特点和原因的理论。所谓产业内贸易，是指一国同时存在进口和出口同类产品的贸易活动，如美国和日本相互进口对方的计算机就属于产业内贸易；而与之相对的是产业间贸易，产业间贸易是指一国进口和出口的产品属于不同的生产部门，如美国进口日本的汽车、日本进口美国的钢铁则属于产业间贸易。

2.5.1 产业内贸易的定义及特点

产业内贸易，是指同一产业部门具有相似的要素投入和消费替代性的产品通过外部或内部市场在不同国家或地区间的双向流动，简单地说，它是指一个国家或地区既进口又出口同一产业部门产品的现象，在某些研究中，又被称为双向贸易或重叠贸易。产业内贸易理论中所指的产业，必须具备两个条件：一是生产投入要素相近；二是产品在消费上可以相互替代。产业内贸易主要有以下四个特点：

1）与产业间贸易的贸易对象不同：产业内贸易是同类产品，产业间贸易是非同类产品。

2）产业内贸易的产品流向具有双向性：同一产业内的产品在两国互有进出口。

3）产业内贸易的产品具有多样性：资本密集型、技术密集型和劳动密集型。

4）产业内贸易的产品必须具备两个条件：消费上能够相互替代和生产中需要相近或相似的生产要素投入。

2.5.2 理论解释

1. 产业内贸易程度的测定

产业内贸易的计量方法有很多种，但经济学家最常使用的是格鲁贝尔与劳埃德的计量法。这种方法是1975年由格鲁贝尔（Grubel）与劳埃德（Lloyd）通过对产业内贸易进行探索后提出的。我们通常使用产业内贸易指数（Index of Intra-industry Trade，IIT）来测度产业内贸易程度，根据格鲁贝尔与劳埃德计量法，该指数的计算公式为

$$\mathrm{IIT}=1-\frac{|X-M|}{|X+M|}$$

式中，X 为某产业产品的出口量；M 为某产业产品的进口量。

IIT的值介于0和1之间，其数值的大小反映了产业贸易程度的高低。当IIT=0时，有 $M=0$，$X\neq0$ 或 $X=0$，$M\neq0$，说明该产业产品的贸易完全是产业间贸易。当IIT=1时，有 $X=M$，说明某种产业产品的进出口量完全相等，此时的贸易完全是产业内贸易。应当指出的是，产业部门的划分不同，计算出的产业内贸易程度也是不同的。一般来说，产业部门的划分越细致，产业内贸易指数一般越小，而产业部门的划分越粗略，计算出的产业内贸易指数就越大。

2. 同类产品的异质性

产品的同质性是指产品可以完全相互替代，也就是这些产品有很高的需求交叉弹性，消费者对这些产品的消费偏好完全一样。通常来说，这些产品的贸易形式都属于产业间贸易，但在下列几种情况下会发生产业内贸易：一是两国边境的交叉型产业内贸易；二是季节性贸易；三是大量的转口贸易；四是倾销；五是跨国公司的内部贸易。

产品的异质性与产品的同质性相对应，是指产品间不能完全替代，但要素投入具有相似性。大多数产业内贸易的产品都属于差异产品。差异产品可以分成水平差异产品、技术差异产品和垂直差异产品三种。不同类型的差异产品引起产业内贸易的动因也不相

同，可以分为水平差异、技术差异和垂直差异。水平差异是指由同类产品的相同属性进行不同组合而产生的差异。技术差异是指由于技术水平提高所带来的差异，也就是新产品的出现带来的差异。垂直差异就是产品在质量上的差异，汽车行业中普遍存在这种差异。

产品的差异化程度与产业内贸易之间有着紧密联系。在每一个产业部门内部，由于产品的外在特征、品牌、包装、质量、性能、规格、设计等方面的不同，每种产品在其中一个或几个方面的差异都会导致产品差异的形成。受财力、物力、人力、市场等要素的制约，任何一个国家都不可能在具有比较优势的部门生产所有的差别化产品，必须有所取舍，并专注于某些差别化产品的专业生产，以获取规模经济利益。因此，每一产业内部的系列产品常产自不同的国家。而消费者需求的多样化造成了市场需求的多样化，使各国对同种产品的不同类型产生了一定的需求，从而产生了产业内贸易。例如欧共体（现欧盟）建立以后，其内部贸易迅速扩大，各厂商得以专业化生产少数几种差异化产品，使单位成本大大下降，成员国之间的差异产品交换随之大量增加。与产业内差异产品贸易有关的是中间投入品贸易的增长。为了降低成本，一种产品的不同部分往往需要在成本最低的国家或地区进行生产，从而充分利用不同国家或地区的比较优势，进而达到生产成本的最小化。

3. 规模经济

发生产业内贸易的另一个原因是为了获取规模经济，规模经济效应导致生产成本的降低，这成为比较优势的一个重要来源，而规模生产形成的经济性也成为促进产业内贸易发展的重要因素。由于国际上企业之间的竞争非常激烈，为了降低成本、获得规模经济，工业化国家的企业会选择某些产业中的一种或几种产品来进行生产，而不是全部产品。国家间的要素禀赋没有规模就没有效益。假定生产 1 辆自行车投入的劳动为 10h，当生产扩大到 500 辆自行车时，投入的劳动为 3000h，即每辆自行车投入 6h；当生产扩大到 5 万辆自行车时，投入的劳动为 15 万 h，即每辆自行车投入 3h。由此可见，随着企业规模的扩大，产出的增加超过投入的增加，致使单位产品的成本下降、收益递增。正是有了规模经济优势，美国的波音公司和欧洲的空中客车公司才控制了全球商用飞机的生产。目前，世界各国形成产业规模的现象十分普遍。但规模并非越大越好，如果不顾客观条件的限制，主观上一味追求规模经济，其结果只能是规模不经济。规模不经济是当规模扩大到一定程度时再继续扩大规模，其产量的增加低于投入的增加，致使单位产品的成本上升、收益下降。

4. 经济发展水平

经济发展水平反映了一国的收入水平和最终的消费水平：收入水平越高，消费者对差异化产品的需求越大，产业内贸易产生的基础越牢固。经济发展水平还与产业结构密切相关。一般来说，经济发展水平越高的国家，工业制成品所占的比重越大，工业制成品中产业内贸易的比重是很高的，所以这类国家的产业内贸易也活跃。经济发展水平越高，产业内异质性产品的生产规模越大，产业部门的内部分工就越发达，从而形成异质性产品的供给市场。

2.5.3 理论评析

产业内贸易理论是对传统贸易理论的批判。如果产业内贸易的利益能够长期存在，那么其他的厂商就不能自由进入这一行业，这就说明了不存在自由竞争的市场。另外，产业内贸易理论强调同时考察供给和需求两方面。这种理论还认为，产业内贸易的利益来源于规模经济的利益，这种分析比较符合实际。产业内贸易理论是对比较优势理论的补充，它揭示了李嘉图的比较优势理论和传统的赫克歇尔–俄林理论用于解释初级产品和标准化产品的合理性，但这种理论仍是用一种静态的观点进行分析，这也是它的不足之处。

2.6 国家竞争优势理论

国家竞争优势理论，又称"国家竞争优势钻石理论""钻石理论"，由哈佛大学商学院教授迈克尔·波特（Michael E. Porter）在其代表作《国家竞争优势》（*The Competitive Advantage of Nations*）中提出。国家竞争优势理论从企业参与国际竞争的微观角度解释了国际贸易现象，诠释企业如何才能造就并保持可持续的相对优势。因此，国家竞争优势理论既是基于国家的理论，也是基于企业的理论。

2.6.1 主要内容

迈克尔·波特的国家竞争优势理论认为，一国的国内经济环境对企业开发其自身的竞争能力有很大影响，其中影响最大、最直接的因素是以下四项（见图2-14）：生产要素；需求因素；相关和支持产业；企业战略、组织结构、竞争状态。在一国的许多行业中，最有可能在国际竞争中取胜的是那些国内"四因素"环境对其特别有利的行业。因此，"四因素"环境是产业国际竞争力的最重要来源。这四种因素由此构成企业竞争环境框架，因而通常被称为"钻石理论"。

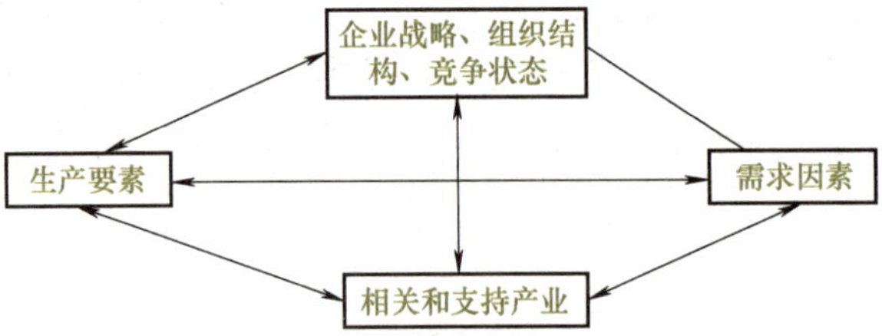

图2-14 国家竞争优势理论的决定因素

资料来源：Michael E. Porter, The Competitive Advantage of Nations, Harvard Business Review, March-April 1990, p72。

1. 生产要素

波特把生产要素分为基本要素（Basic Factors）和高等要素（Advanced Factors）两类。基本要素包括自然资源、气候、地理位置、非熟练劳动力、债务资本等一国先天拥有或不需要太大代价便能得到的要素，高等要素包括现代化电信网络、高科技人才、高精尖技术等需要通过长期投资和后天开发才能创造出来的要素。对于国家竞争优势的形成而言，后者更为重要。在特定条件下，一国某些基本要素上的劣势反而可能刺激创新，使企业在可见的瓶颈、明显的威胁面前为提高自己的竞争地位而奋发努力，最终使国家在高等要素上更具竞争力，从而创造出动态竞争优势。但这种转化需要条件：一是要素劣势刺激创新要有一定限度，因为若在各方面都处于劣势，则会被市场淘汰；二是企业必须从环境中接收到正确的信息；三是企业要面对有利的市场需求、国家政策及相关产业。

2. 需求因素

国内需求条件是特定产业是否具有国际竞争力的另一个重要影响因素。波特认为，国内需求对竞争优势的影响主要是通过三个方面进行的：一是本国市场上有关产业的产品需求若大于海外市场，则拥有规模经济，有利于该国建立该产业的国际竞争优势。二是若本国市场消费者需求层次高，则对相关产业取得国际竞争优势有利。因为老练、挑剔的消费者会对本国企业产生一种促进改进产品质量、性能和服务等方面的压力。三是如果本国需求具有超前性，那么为它服务的本国厂商也就相应地走在了世界其他厂商的前面。

3. 相关和支持产业

对一国某一行业的国际竞争力有重要影响的另一个因素是该国该行业的上游产业及其相关产业的国际竞争力。相关和支持产业的水平之所以对某一行业的竞争优势有重要影响，其原因包括：有可能发挥群体优势，有可能产生对互补产品的需求拉动，有可能构成有利的外在经济和信息环境。是否具有发达而完善的相关产业关系到主导产业能否降低产品成本、提高产品质量，从而建立自己的优势。更重要的是，它们与主导产业在地域范围上的邻近，将使得企业互相之间频繁而迅速地传递信息、交流创新思路成为可能，从而极大地促进企业的技术分级，形成良性互动的既竞争又合作的环境。

4. 企业战略、组织结构、竞争状态

良好的企业管理体制，不仅与企业内部条件和所处的产业有关，而且取决于企业所面临的外部环境。因此，各种竞争优势能否被恰当匹配在企业中，很大程度上取决于国家环境的影响。国家环境对人才流向、企业战略和企业组织结构形成的影响都决定了该行业是否具有竞争能力。波特强调，强大的本地、本国竞争对手是企业竞争优势产生并得以长久保持的最强有力的刺激。正是因为国内竞争对手的存在，会直接削弱企业相对于国外竞争对手所可能享有的一些优势，从而促使企业苦练内功，争取更为持久、独特的优势地位；也正因为国内激烈的竞争，迫使企业向外部扩张，力求达到国际水平，占领国际市场。

除上述四项因素外，波特还认为，一国所面临的机遇和政府因素对国家整体竞争优势的形成也具有辅助作用。其中，机遇包括重要发明、技术突破、生产要素供求状况的重大变动（如石油危机）以及其他突发事件；政府因素是指政府通过政策调节来创造竞争优势。四种本国决定因素和两种外部力量共同发生作用，促进或阻碍一个国家竞争优势的形成。

2.6.2 理论评价

波特提出的竞争优势理论，是对传统的国际贸易理论的一个超越，是对当代国际贸易现实的接近。波特第一次明确地阐述了竞争优势的内涵。他关于竞争优势来源的论述、关于取得或保持竞争优势途径的探讨，对任何一个国家、行业和企业都具有重大的借鉴意义。但是，波特的竞争优势理论也存在一定的局限性，这表现在竞争优势理论中对产业的选择是基于已经存在的产业而言的，是对已结构化或未完全结构化产业进行的选择，这样使企业在所选择的产业中取得领先地位相当困难。在一个已结构化的产业中，企业生存发展的空间十分有限。因为产业结构化程度越高，产业内的竞争强度就越大，企业选择的余地也越小，且边际产出递减。此外，波特的竞争优势理论过多地强调了企业和市场的作用，而对政府在当代国际贸易中所扮演的角色的重要性认识不足，仅把政府的作用作为一个辅助性的因素来对待。

2.7 异质性企业贸易理论

从传统贸易理论到新新贸易理论，研究视角上的一个重大转变就在于研究的重点和前沿已经从国家和产业的层面转移到企业和产品的层面。传统贸易理论认为各个国家的要素禀赋差异和各自产业的技术差别形成了自身的比较优势，从而成为国际贸易的动因。20世纪70年代末，以克鲁格曼（Krugman）为代表的学者们提出了新的贸易思想，即规模经济和不完全竞争可以成为国际贸易产生的独立动因。然而，这两种贸易理论有一个共同的假设，即企业是同质的。现实中，企业之间的差异十分显著，同质化企业的假设显然越来越不能符合实际。由此研究的视角转移到企业差异性的层面，继而产生了异质性企业贸易理论（Theory of Heterogeneity Firm Trade）。该理论认为企业是异质的，即企业的生产率是存在差异的，从微观企业行为视角重新分析和解释了国际贸易与投资以及跨国企业全球组织生产的抉择。这一理论的出现与发展，更好地解释了企业进入海外市场的方式，特别是为企业选择贸易还是投资、选择对外直接投资还是外包方面提供了更好的解释。

2.7.1 企业异质性的基本含义

现实世界中，个体企业存在特性差异是一个不争的事实。福斯特和梅特卡夫（Foster and Metcalfe，2005）指出，从经济学一般理论的角度看，异质性表示所考察对象之间的差异化程度，不论是家庭、厂商、部门还是地区或者国家，都会因为它们在产品消费或生产、生产方式选择、创新活动和组织环境上所做出的决策，形成其努力、行为和成功方面的差异。因此，无论从经济增长理论假设的现实性角度，还是从探究经济增长的微观机制来说，企业异质性是一个基准概念。根据国内学者杨瑞龙、刘刚（2002）的研究，企业异质性的基本内涵为：第一，企业是一个历史不断内生成长和演化的有机体，企业在成长中所积累的核心知识和能力是独特的和有价值的。第二，企业的核心知识和能力作为企业的关键性生产要素是非竞争性和难以模仿与替代的，既无法通过市场公开定价来获得，又使其他企业的模仿和替代行为面临成本约束。在企业异质性假设的基础上，企业通过核心知识和能力的积累及其相应的竞争行为或战略获得持续的竞争优势或超额利润，企业的利润或竞争优势是内生的。

总之，企业异质性主要表现为企业生产率、产品质量以及工人技能方面的差异，而当前对这种差异性的研究主要集中于贸易自由化对于产业内部结构变化所产生的重要影响上。贸易自由化可以促使企业“质量”提升，这里的“质量”主要是指企业生产率或产品质量。在自由贸易条件下，由于企业进入出口市场需要支付一定的固定成本，通常只有生产率较高的企业才能承担，因此，有些企业则只在国内市场上销售其产品，这就形成了国际贸易中的企业异质性。因此，所谓国际贸易中的企业异质性，就是指出口企业与非出口企业在一系列企业特性上的差异，以及由此所引发的关于出口与企业生产率之间因果关系的探讨。由此，国际贸易中的企业异质性和出口进入沉没成本是在企业异质性视野下研究贸易自由化与生产率增长的两个关键要素。

2.7.2　关于国际贸易的动因及影响

企业异质性贸易理论从微观层面考察企业的差异与国际贸易行为之间的关系，重新阐释了国际贸易的动因和福利影响。在研究国际贸易的起因及其影响时，早期的经济学家们大多强调的是比较优势、规模报酬递增以及消费者偏好的多样性，但是却很少关注现实中直接从事贸易的企业。事实上，国际贸易是一种相对稀少的企业行为，出口又高度集中于某些类型的企业。

20 世纪 90 年代中期以来，大量的经验研究显示：出口与企业生产率增长之间存在着必然的联系，而“自选择机制”和“出口中学”成为解释这种因果关系的两个重要假说。

第一，沉没成本和企业异质性的存在构成了“自选择机制”的基础。在经济学和商业决策制定过程中的沉没成本代指已经付出且不可收回的成本。众所周知，企业进入出口市场会产生一定的沉没成本，如市场搜寻、消费者信息的收集、国外新的销售网络的建立等。克莱里季斯等（Clerides et al.，1998）认为，拥有较低边际成本的高生产率企业可以从出口生产中获得更加丰厚的总利润，但是并非所有的企业都能出口，只有那些收益高得足以抵补沉没成本的企业才愿意出口。可见，只有当企业已经达到某一必要的生产率临界值时，它们才有能力克服进入海外市场的出口壁垒，这时它们才会考虑出口。因此，高生产率特征在企业进入出口市场之前就已经存在了，“自选择机制”成为企业是否出口的重要作用机制，即沉没成本与异质性生产率之间相互影响，通过充分有序的市场竞争筛选出优质企业、生产率最高的企业最终进入出口市场。事实上，这种自选择很可能是企业一种有意识的决策行为，即为了实现进入出口市场的发展战略，企业有目的地增加投入，提高自身生产率水平。洛佩兹（Lopez，2004）指出，目光长远的企业为了成为出口商需要在技术上进行投资，而采用和吸收这一技术也需要它们事先具有更高的生产率，这无疑导致企业必须在进入出口市场之前提高生产率。因此，生产率和出口之间存在着直接的因果关系。

第二，生产率的提升也有可能是企业进入到出口市场后，产生“出口中学”效应的结果。国际市场上更加激烈的竞争提高了企业的绩效，从而推动增长率进一步增长。在现实中，学习效应来源于三条途径：一是与国外竞争对手和消费者之间的互动可以为出口企业提供有关降低产品成本、提高产品质量以及改进技术的信息；二是出口有利于企业扩大生产规模，获得规模经济效益；三是国外市场激烈的竞争也会促使企业推动产品技术创新。这里，学习导致了企业商务流程的再造。总之，进入出口市场后，竞争加剧、知识积累、技术转移等因素都有助于企业生产率的进一步提升。但是，在实证分析中，“出口中学”效应并未得到广泛的支持。一些研究认为，目前只是一些特殊群体才存在显著的学习效应，如缺乏经验的进出口商、在高度开放的出口导向型小国经济体中的出口商，或者服务于发达的高工资出口市场的企业。

2.7.3 关于国际贸易利益的来源

在传统贸易理论中，贸易利益主要来源于各国按照比较优势原则实行的专业化分工；而在新贸易理论中，贸易利益则来源于规模经济与消费者偏好的多样化产品种类的扩张。当前，对企业经营行为的经验研究显示，在企业层面上，贸易利益源于低生产率企业收缩并且退出以及高生产率企业扩张并且进入出口市场所推动的总体生产率水平增长，资源从低生产率企业到高生产率企业的重新配置提高了产业的平均生产率。如果贸易自由化实施之后，产品市场竞争加剧，并因此压低了高于边际成本的价格加成，那么贸易利益还有可能进一步扩大。在这种情况下，加成价格的下降与平均生产率的上升都有助于降低产品价格，并且提高要素实际收入水平。因此，企业出口对产业内部或产业之间资源的转移以及总体生产率增长必然产生重要的影响。

梅里兹（Melitz，2003）指出，贸易自由化增加了一国的进口并因此损害了国内的销售和利润。但是，那些在生产率分布中处于更高端的企业扩大的出口销售总额远远超出了其收缩的国内销量，而那些处于生产率分布中最低端的非出口商则不得不收缩或退出市场。具体来看，在贸易开放条件下，最具有效率的企业成长壮大，它增加其市场份额，但是却要承受利润的减少；而生产效率更低的企业继续存在于这一产业内，但是却不再出口，并且要承受市场份额和利润的双重损失。最终，生产效率最低的企业被迫退出这一产业。因此，贸易自由化促使低生产效率的边际企业退出，并且使市场份额向着更具有效率的企业集中。资源从低生产率向高生产率的企业转移导致产业总体生产率水平的增进，通过资源的重新配置，出口商在规模和就业上比非出口商增长得更快。这充分表明，出口市场动力对整个产业总体生产率水平的提高起到了关键的推动作用。

尽管在梅里兹的模型中，贸易自由化导致产业内部资源的重新配置并且提高了所有产业的总体生产率水平，但是，在具有比较优势的产业中，生产率增长得更为迅猛。在这些产业中，更多的出口机会使得企业要素需求比在比较劣势产业中有着更大的增长，这就抬高了在比较优势产业中所密集使用的要素的相对价格，从而导致这一产业中的低生产率企业大量退出。这种跨产业呈现出的不同生产率增长状况也促成了平均产业生产率的差异，扩大了以要素丰裕度为基础的比较优势，为国际贸易的利益源泉提供了新的解释。

2.7.4 关于企业出口与对外直接投资的选择

企业异质性贸易理论认为，当国外市场的规模扩大并且出口成本也相应提高时，与出口相比，在国外直接从事生产活动，即开展对外直接投资则更为有利可图；反之，当建立国外生产设施的成本增加时，在国外进行生产则相对不利。换言之，如果企业选择开展对外直接投资替代出口的话，那么，它就会放弃增加固定成本，并且有可能节省单位生产成本。在同一产业内部，不断增加的异质性使得企业在国际化经营方式的选择上存在差异，从而也就决定了哪些企业出口，而哪些企业从事跨国生产。一般而言，最具有生产效率的企业才能够成为跨国企业，生产率居于中等水平的企业出口产品，而最低生产效率的企业则只能服务于国内市场。可见，企业的出口经营与海外直接投资的选择，主要取决于这两类活动单位生产成本的比较。不同生产效率的企业，其各自的经营活动和服务的市场范围是有所不同的。

2.7.5 理论评析

异质性企业贸易理论认为，出口和非出口企业同时存在于同一产业中，但是却表现出截然不同的特性。这些研究成果大致可以分为互为补充的两个方面：一方面，主要的理论突破与梅里兹（Melitz，2003）、赫尔普曼等（Helpman et al.，2004）、贝纳德（Bernard）和伊顿等（Eaton et al.，2003）的研究相关，他们率先发现企业异质性和参与国际化经营之间的互动关系；另一方面，微观层面上数据的采集又促进了不同国家、产业之间实证分析的深入发展。异质性企业贸易理论将国际贸易问题的研究视角从传统的国家和产业层面转向了企业和产品层面，贸易与非贸易企业之间在生产率、规模乃至于要素密集度等方面存在着差异，因而异质性在这些理论模型的建立中扮演着重要角色，一方面，异质性作为产业内企业之间生产率水平上差异的结果存在；另一方面，企业组织形式上也存在着异质性，而这两者之间是彼此相关的，因为生产率的差异导致了企业在生产和销售的组织形式上的不同选择。总之，上述研究成果既补充和完善了传统贸易理论，解释了当前国际贸易领域内的一些新现象、新特点，同时为推进国际贸易理论与实践的进一步发展做出了重要贡献。

本章小结

1. 绝对优势理论表明，各国应该集中生产并出口其具有劳动生产率和生产成本绝对优势的产品，进口其不具有绝对优势的产品。贸易的双方都会从贸易中获利。

2. 李嘉图的比较优势理论认为贸易的基础是生产技术的相对差别。每个国家应该集中生产并出口其具有比较优势的产品，进口其具有比较劣势的产品。比较优势理论在更普遍的基础上解释了贸易产生的基础和贸易所得。

3. 赫克歇尔和俄林认为国家贸易的基础是生产要素的禀赋和使用比例的相对差别，各国倾向于集中生产并出口那些密集使用本国充裕资源的产品，进口那些密集使用本国稀缺资源的产品。

4. 在一系列假设前提下，要素禀赋理论指出，产生比较成本差异的原因在于各国要素禀赋比率的差异，要素禀赋理论不仅分析了要素禀赋对国际贸易的影响，反过来也分析了国际贸易对要素供求及要素价格的影响。

5. 产品生命周期理论在技术差距理论的基础上发展起来，从产品生产的技术变化出发分析产品生命周期阶段的循环以及对贸易格局的影响，从动态的角度说明产业领先优势的转移与贸易格局的变化。

6. 产业内贸易理论主要从市场结构的角度，用规模经济、产品差别、需求差别分析了产业内贸易的现象。

7. 国家竞争优势理论从生产要素，需求因素，相关和支持产业，以及企业战略、组织结构、竞争状态四个方面分析了一国国家竞争优势的形成及其变化。

8. 异质性企业贸易理论是国际贸易的理论前沿，将企业异质性引入原有模型框架，从微观企业行为视角重新分析和解释了国际贸易与投资以及跨国企业全球组织生产的抉择。

关键术语

绝对优势理论　比较优势理论　要素禀赋理论　要素密集度　产品生命周期理论　技术差距理论　产业内贸易　国家竞争优势理论　异质性企业贸易理论

本章思考题

1. 单选题

(1) 主张一国应集中生产优势最大或劣势最小的产品的国际分工理论是(　　)。

A. 绝对优势理论　B. 比较优势理论　C. 异质性企业贸易理论　D. 产业内贸易理论

(2) 提出各国应按照生产要素禀赋进行国际分工的经济学家是(　　)。

A. 亚当·斯密　B. 瓦西里·里昂惕夫　C. 赫克歇尔和俄林　D. 大卫·李嘉图

(3) 主张各国按绝对有利的生产条件进行国际分工的理论是(　　)。

A. 绝对优势理论　B. 比较优势理论　C. 产品生命周期理论　D. 产业内贸易理论

(4) 要素禀赋理论认为，国际贸易将会使各国生产要素价格的差别(　　)。

A. 变大　B. 变小　C. 不变　D. 无法确定

(5) 一国拥有的资本要素充裕，就应专门生产并出口资本密集型产品，这一说法来自(　　)。

A. 绝对优势理论　B. 比较优势理论　C. 要素禀赋理论　D. 产业内贸易理论

2. 多选题

(1) 广义的要素禀赋理论包括(　　)。

A. 罗伯津斯基定理　B. 要素价格均等化定理

C. H-O 理论　D. 产业内贸易理论

(2) 产业内贸易的商品必须具备的两个条件是(　　)。

A. 消费上能够相互替代　B. 劳动密集型产品

C. 生产中需要相近或相似的生产要素投入　D. 资本密集型产品

(3) 对里昂惕夫之谜进行解释的理论有(　　)。

A. 劳动熟练说　B. 自然资源说　C. 技术差距说　D. 人力资本说

(4) 英国生产 1 单位酒需要 120 人/年，生产 1 单位毛呢需要 100 人/年；葡萄牙生产 1 单位酒需要 80 人/年，生产 1 单位毛呢需要 90 人/年，根据比较优势理论，(　　)。

A. 英国应该生产和出口酒　B. 英国应该生产和出口毛呢

C. 葡萄牙应该生产和出口酒　D. 葡萄牙应该生产和出口毛呢

(5) 动态的国际贸易的理论有(　　)。

A. 要素禀赋理论　B. 产品生命周期理论

C. 技术差距理论　D. 异质性企业贸易理论

3. 简答题

(1) 绝对优势理论的基本观点是什么？

(2) 比较优势理论的核心思想是什么？与绝对优势理论有什么区别？

(3) 要素禀赋理论的基本内容是什么？

(4) 基于局部均衡分析要素禀赋理论下贸易影响和贸易所得。

(5) 什么是里昂惕夫之谜？西方学者对此做了哪些解释？

(6) 什么是产业内贸易？其产生的原因是什么？

(7) 简述产品生命周期理论的主要内容。

(8) 简述国家竞争优势理论的主要内容。

本章参考文献

[1] 柴忠东，施慧家．新新贸易理论“新”在何处——异质性企业理论剖析［J］．国际经贸探索，2008 (12)．

[2] 傅龙海．国际贸易理论与实务［M］．4 版．北京：对外经济贸易大学出版社，2015.

[3] 海闻，林德特，王新奎．国际贸易［M］．上海：上海人民出版社，2005.

[4] 金泽虎．国际贸易学［M］．2 版．北京：中国人民大学出版社，2015.

[5] 刘立平．国际贸易理论与政策［M］．合肥：中国科学技术大学出版社，2014.

[6] 缪东玲．国际贸易理论与实务［M］．3 版．北京：北京大学出版社，2013.

[7] 宋德勇，许广月．演化理论视角下现代经济增长理论的批判与重建［J］．经济学家，2009 (1)．

[8] 王秋红．国际贸易学［M］．北京：清华大学出版社，2010.

[9] 杨瑞龙，刘刚．企业的异质性假设和企业竞争优势的内生性分析［J］．中国工业经济，2002 (1)．

[10] 薛敬孝，李坤望，张伯伟．国际经济学［M］．北京：高等教育出版社，2005.

[11] 克鲁格曼，奥伯斯法尔德，梅里兹．国际经济学：理论与政策：第 11 版［M］．丁凯，等译．北京：中国人民大学出版社，2021.

[12] 余淼杰．国际贸易学：理论、政策与实证［M］．2 版．北京：北京大学出版社，2021.

第 3 章 国际直接投资理论

本章目标

通过本章学习，应能：

1. 了解国际直接投资的基本理论及其优缺点。
2. 了解国际直接投资理论的发展脉络。
3. 掌握垄断优势理论、内部化理论、国际生产折衷理论、对外直接投资发展阶段理论以及投资诱发要素组合理论的基本观点。

3.1 垄断优势理论

3.1.1 垄断优势理论的形成

垄断优势理论（Theory of Monopolistic Advantage），又称所有权优势理论或公司特有优势理论，最早于1960年由斯蒂芬·海默（Stephanf Hymer）提出，后经金德尔伯格（C. P. Kindleberger）的补充和完善，系统地形成了阐明国际直接投资动因的理论，标志着国际直接投资理论的开端。

海默通过对美国跨国公司1914年—1956年对外直接投资的实证分析，发现对外直接投资与对外证券投资存在不同的行为表现，传统国际资本流动理论只能说明证券资本的国际流动，而不能有效解释第二次世界大战后美国跨国公司的对外直接投资以及与投资相联系的企业技术和管理才能的转移。传统理论建立在各国产品和生产要素市场完全竞争的基本假定之上，资本由资本禀赋丰裕因而利率较低的国家流向资本禀赋稀缺因而利率较高的国家，国际资本流动的根本原因在于各国利率的差异，国际投资的目的是追求东道国的高利率。海默的研究则发现，现实中国内和国际市场都是不完全竞争的，跨国公司的垄断优势才是其开展国际直接投资的决定性因素，原因在于：第一，国际直接投资包括一揽子资源的转移，而不是纯粹的金融资本的移动，公司到国外生产的目的是通过对资源的不同组织方式获得高于在本国投资的收益。第二，各种市场障碍，如外汇风险、关税壁垒以及外汇交易的不确定性等，导致市场的不完全性，进而改变公司的行为模式。总的来说，海默的垄断优势理论第一次论证了国际直接投资不同于金融资产投资的独特产业组织模式，开创了以国际直接投资为研究对象的新的研究领域。

3.1.2 垄断优势理论的基本观点

在传统国际资本流动理论无法合理解释跨国公司对外投资活动的背景下，海默提出了垄断优势理论以弥补传统理论的局限性，此理论的前提假设为不完全竞争。他认为，在完全竞争的市场条件下，国际贸易是跨国企业进入国际市场的唯一方式，并根据比较优势原则从事进出口活动；而市场不完全性的存在使得一些企业取得了垄断优势，这些垄断优势则成为企业对外直接投资的根本动力和决定性因素。

1. 市场不完全竞争是垄断优势的前提

（1）产品和生产要素市场的不完全竞争

少数卖家或买家可以通过控制产量或购买量来影响市场价格。从产品市场来看，公司生产的产品具有差异性而非完全同质，商品商标的差异、公司市场营销能力、价格联盟等形成了公司的自然垄断力，进而成为跨国公司在海外生产的垄断力量；从生产要素市场来看，跨国公司的特殊管理技能、知识产权保护等也会成为其在要素市场的垄断力量。

（2）规模经济引起的不完全竞争

规模经济，即同类产品企业规模递增会引起成本递减或收益递增。跨国公司可以利用专业化和大规模生产技术实现规模经济，进而在市场竞争中获得垄断优势。

（3）政府干预经济导致的市场不完全竞争

各国政府实施的各种经济贸易政策，如贸易保护政策、贸易促进政策、货币政策和关税壁垒等都会由于对某些行业、企业的政策倾斜而产生一定的市场障碍，导致市场竞争的不完全。

2. 垄断优势是企业对外直接投资的条件

（1）技术优势

跨国公司拥有专利、信息、专有技术、无形资产等先进技术成为其最重要的垄断优势。大型跨国公司拥有极强的科研力量和雄厚的资金，可以不断开发新产品、新技术、新工艺，使得生产效率成倍甚至成几十倍提高，并且通过知识产权对技术优势加以充分保护。这些垄断的技术只在跨国公司内部进行转让，不仅可以限制竞争者进入市场，而且增加了竞争对手的交易成本。

（2）资本筹集优势

跨国公司具有筹集和调度资金方面的垄断优势，经营成本降低，从而有能力克服对外直接投资的高风险，获得大大高于国内投资的高利润。一方面，跨国公司本身具有雄厚的资金实力，且公司总部可以在公司内部的各子公司之间灵活调度数额庞大的资金；另一方面，跨国公司可以在国际金融市场上利用其庞大的规模和良好的信誉获得更多贷款。

（3）规模经济优势

第一，跨国公司可以利用各国生产要素的差异，通过水平一体化扩大公司规模，降低单位产品成本，提高边际收益，即形成内部规模经济优势；第二，内部规模经济会进一步导致同行业在地域上集中，促进专业化供应商队伍形成，跨国公司则可以通过纵向一体化获得高技术劳动力市场的共享和知识外溢带来的收益，即外部规模经济优势。

（4）管理优势

优秀的管理人才、统一的管理体系和具有良好市场反应的组织结构，以及快速、全面获取全球市场的能力，使得跨国公司拥有普通企业不具备的组织管理优势。其分布在不同国家或地区的子公司、分公司及各类销售机构能够连为一体，可以在总体利益一致的前提下互相交流各自获得的信息和情报。

（5）信誉与商标优势

信誉与商标是跨国公司所拥有的重要的无形资产，也是其垄断优势的重要方面。大型跨国公司凭借其悠久的历史和显赫的信誉，能够比其他企业更为容易地巩固老市场和开拓新市场。

3.1.3 垄断优势理论的发展

在20世纪六七十年代，众多西方经济学家在海默与金德尔伯格研究的基础上进一步对垄断优势理论进行了发展与完善。

1. 约翰逊的知识资产垄断优势理论

约翰逊（H. G. Johnson）认为，跨国公司的垄断优势主要源于其对知识资产的占有和使用。这种知识资产包括从专有技术到管理经验在内的一切无形资产，其研发成本相当高昂。跨国公司可以通过直接投资让子公司直接使用母公司的知识资产，而对于东道国本地企业来说，想要获得同样的知识资产就必须付出更高的代价。因此，跨国公司相比东道国企业在知识资产方面存在显著的垄断优势。

2. 凯夫斯的产品异质化垄断优势理论

凯夫斯（R. E. Caves）从产品异质化角度对垄断优势理论进行了完善和补充。他认为，跨国公司所具有的垄断优势体现为其能够使产品异质化的能力，即利用先进的技术优势对产品进行研发改造，使其产品与其他生产者的产品产生差异，并根据不同消费人群有针对性地设计差异性的产品，再进一步通过强有力的销售技巧和营销手段吸引消费者购买其产品。因此，跨国公司在产品异质化方面存在垄断优势。

3. 尼克博克的寡占反应垄断优势理论

尼克博克（F. T. Knickerbocker）认为，寡占反应是第二次世界大战后美国跨国公司对外直接投资的最重要原因。寡占反应是指：在寡占市场中，每个企业都对竞争对手的一举一动很敏感，一旦某个企业做出某项决策，其他企业将随即跟上并采取相应措施。其目的在于尽量避免竞争对手先行所带来的风险，从而保持原有的市场份额或占领与自身实力相当的市场份额。因此，这种寡占反应所导致的跨国公司投资行为，使寡头企业相继走向海外市场。尼克博克认为，寡占反应必然导致对外直接投资的成批性，因为只有盈利率高的行业的跨国公司才拥有足够雄厚的资金实力，进而迅速做出防御性反应。尼克博克通过分析美国 1948 年—1967 年对外直接投资的状况，发现美国跨国公司的海外子公司有一半集中在三年内建立，且其集中程度也非常高。

4. 阿哈罗奈的生产技术垄断优势理论

阿哈罗奈（Y. Aharoni）认为生产和技术因素也是促使对外直接投资产生的原因，跨国公司对外直接投资源于公司内部或外部一系列刺激因素引发的投资机会。这些刺激因素包括战略因素、公司拥有的技术优势、分摊研发巨额成本的需要、公司在国内外市场的竞争以及东道国的贸易政策等。

3.1.4　垄断优势理论的评价

垄断优势理论作为国际直接投资领域的奠基理论，既有其不可磨灭的贡献，也存在研究上的局限和不足。

从贡献的角度来看：第一，垄断优势理论对企业国际直接投资的条件和原因做了科学的分析和说明，将研究从流通领域转入生产领域，突破了新古典贸易和金融理论的思想束缚，使以国际直接投资为研究对象的新研究领域成为一门独立的学科。第二，这一理论既解释了跨国公司为了在更大范围内发挥垄断优势而进行的横向投资，也解释了跨国公司为了维护垄断地位而将部分工序，尤其是劳动密集型工序，转移到国外生产的纵向投资，因而对跨国公司国际直接投资理论发展产生很大影响。第三，垄断优势理论提出了直接投资与证券投资的区别，即直接投资注重对国外企业经营管理的控制权，而证券投资不涉及企业控制权。

从局限性的角度来看：第一，垄断优势理论立足于美国国际直接投资的研究，难以解释发展中国家企业的国际直接投资行为，尤其是发展中国家向发达国家直接投资的行为。第二，垄断优势理论无助于解释经常出现的“防御性投资”现象，即跨国公司为了阻止其主要竞争者占领国外市场而进行的直接投资，在这种情况下建立的海外子公司往往只有微利。第三，垄断优势理论不能很好地解释国际直接投资流向的产业分布或地理分布。

3.2　内部化理论

3.2.1　内部化理论的形成

内部化理论（The Theory of Internalization），又称为市场内部化理论，是解释国际直接投资动因的一种较为流行的理论，也称为对外直接投资的一般理论。该理论的出发点是解释跨国公司为何不利用既存的外部市场实现国际分工，而是通过对外直接投资建立企业内部市场进行交易。

内部化理论的思想渊源最早可追溯到1937年，美国经济学家科斯（R. H. Coase）在《企业的性质》中提出了内部化定理。他的基本观点为：在市场进行交易是需要支付成本的，由于各种障碍的存在，外部市场的交易成本高昂且交易效率低下，因此当企业内部组织交易的成本低于通过外部市场交易的成本时，企业就会倾向于内部化交易。

第二次世界大战以后，以英国经济学家巴克利（P. J. Buckley）、卡森（M. Casson）以及加拿大经济学家拉格曼（A. M. Rugman）为代表的西方学者将科斯定理引入国际直接投资理论中来解释国际直接投资的动因。1976年，巴克利与卡森合作完成的著作《跨国公司的未来》中系统地阐述了内部化理论，标志着内部化理论的形成。1981年拉格曼出版的《跨国公司的内幕》一书又进一步发展了这一理论。

3.2.2 内部化理论的基本观点

同垄断优势理论类似，内部化理论的假设前提也是市场的不完全性，不同的是内部化理论在市场不完全的基础上进一步研究了跨国公司的性质，并将其通过内部化以较低成本转移知识产权优势作为对外直接投资的动因。

1. 基本假设

内部化理论认为，中间产品市场的不完全竞争是导致企业内部化的根本原因，这种市场不完全性主要体现在以下三个假设：第一，企业在不完全竞争市场中从事各种贸易活动的目的是追求利润最大化。第二，由于中间产品市场的不完全，企业可以建立企业内部市场代替外部市场，以克服外部市场缺陷。第三，企业通过对外直接投资实施不完全市场的内部化来降低生产成本，而跨国公司就是这种跨越国界的市场内部化的产物。

根据上述三个假设进一步研究得出，市场内部化过程应取决于四个因素：第一，企业特定因素，如企业管理能力、组织能力和规模大小等。第二，产业特定因素，即与产品性质、外部市场结构和规模经济有关的因素，这也是最为重要的因素。第三，国家特定因素，包括国家的政治制度、财政制度、外交理念等。第四，区位特定因素，如区位地理距离、文化差异和社会特点等。在上述因素中，产业特定因素和企业特定因素是影响内部化行为的关键因素。

2. 市场内部化的条件和动机

内部化交易相对于外部市场而言，存在五个方面的优势：第一，在交易条件不稳定的情况下，企业经营活动不确定性较大，通过内部化交易可以统一协调不同生产阶段的长期供需关系，从而获得稳定性收益。第二，跨国公司对外直接投资可以利用差别定价、转移定价等策略，维持其在中间产品市场上的市场势力，从而提高企业的整体经营效率。第三，当买卖双方因交易对象的特殊性质产生信息不对称、交易成本过高等交易障碍时，通过市场内部化可以有效消除交易障碍，降低交易成本。第四，跨国公司如果将其拥有的知识、技术在外部市场转让，一方面无法合理定价，另一方面会产生知识外溢，削弱自身的优势和竞争能力。反之，如果跨国公司通过内部市场进行知识、技术转让，就可以有效控制这些优势不被他人利用，长期保持对先进知识、技术的独占优势。第五，通过市场内部化，跨国公司可以逃避赋税、转移资金，回避各国政府在关税、利润汇回和汇率政策等方面对外部市场的干预。

当然，市场内部化也会带来一定的成本：第一，资源成本。市场内部化后会将完整的市场分割为若干个独立的小市场，因而从社会角度来看，市场内部化无法实现资源的最优配置，企业会在低于最优经济规模的水平上从事生产，进而造成资源浪费。第二，通信联络成本。为避免技术泄露，企业将建立独立的通信系统，必然增加通信联络成本。另外，不同企业建立不同的通信网络，往往因缺少统一性而加大跨国企业间的通信成本。第三，国家风险成本。跨国公司在当地市场形成垄断或者损害当地企业生产经营活动时，往往导致东道国政府的干预。东道国政府可能会采取限制外资股权份额、实行国有化等歧视性政策，使得跨国公司面临严峻的国家风险成本。第四，管理成本。市场内部化以后，跨国公司要对遍布全球的子公司进行监督管理，则必然增加企业的监督管理成本。

因为市场内部化的目的是利润最大化，所以只有当内部化的收益大于内部化的成本时，市场内部化才是切实可行的。内部化理论强调企业通过内部组织体系以较低成本转移知识产权优势的能力，并以此作为企业对外直接投资的真正动因。

3.2.3　内部化理论的评价

内部化理论从一个新的角度解释了 20 世纪 70 年代跨国公司进行对外直接投资的动机，是国际直接投资理论的一个重要转折点，开创了与垄断优势理论不同的研究思路。

内部化理论的主要贡献体现在以下四点：第一，内部化理论区分了中间产品市场与最终产品市场的不完全性，认为中间产品市场的不完全性是企业内部化的动机，而这种内部化动机也正是企业对外直接投资的根本原因。第二，内部化理论解释了跨国公司在出口、对外直接投资与技术许可证安排三种方式之间选择的依据。普遍而言，对外直接投资会在三种方式中占据主导地位，因为对外直接投资可以使得跨国公司在世界范围内利用内部化市场维持知识技术优势，从而获得最大化利润，出口则会受到关税、非关税壁垒的影响而不利于收益最大化，许可证方式则会面临技术扩散的风险，只有在技术进入技术周期最后阶段时才可实行。第三，内部化理论不仅较好地解释了发达国家对发展中国家的直接投资行为，并且同样能够解释发达国家之间以及发展中国家的对外直接投资行为。第四，内部化理论从企业国际分工、不同国家企业之间的产品交换形式以及国际生产组织形式等角度研究国际直接投资的动机和行为，认为跨国公司才是企业国际分工的组织形式。

内部化理论仍然存在许多缺陷：第一，内部化理论忽略了对跨国公司这一典型国际化垄断组织行为特征的研究，未能科学解释国际直接投资的地理方向和区位分布。第二，只强调了市场竞争不完全对国际直接投资的消极影响，忽视了其积极影响，同时未能考虑到非生产要素和非经济要素对跨国公司国际直接投资动机和发展的影响。第三，内部化理论仅说明了跨国公司是国际市场的替代，而没有进一步分析企业管理层级制度形成与发展的原因，也没有讨论跨国公司在替代国际市场后其内部分工体系形成与发育的过程。

3.3 国际生产折衷理论

3.3.1 国际生产折衷理论的形成

国际生产折衷理论（The Eclectic Theory of International Production）由英国经济学家邓宁（J. H. Dunning）在 1977 年刊发的论文《贸易、经济活动的区位与跨国企业：折衷理论探索》中首次提出，并在 1981 年出版的《国际产业和跨国企业》一书中得到了重新阐述和发展。邓宁的国际生产折衷理论融合了自海默以来的多家国际直接投资理论学派，具有高度的概括性和综合性，用以评价在国际直接投资的起因和发展方面影响重大的一系列因素，较为全面准确地解释了跨国公司的国际生产活动，成为国际直接投资理论中影响最大、最为深远的理论框架，被称为对外直接投资的"通论"。

3.3.2 国际生产折衷理论的基本观点

邓宁的国际生产折衷理论是从西方跨国公司理论的主流思潮中进行总结、归纳得出的。20 世纪 60 年代之后，国际直接投资理论主要存在四个研究方向：一是根据产业组织理论，研究跨国公司发展对外直接投资所拥有的净优势，集中表现为海默的垄断优势理论；二是采用动态分析法，将对外直接投资与对外贸易结合研究，主要表现为弗农的产品生产周期理论；三是根据生产区位理论研究跨国公司在某国进行直接投资的原因；四是针对厂商理论，强调市场不完全对跨国公司对外直接投资行为的影响，集中表现为内部化理论。邓宁认为，这些理论各有所长但缺乏全面性，只能解释国际直接投资中的部分行为，因此他提出了更广泛适用的理论范式"国际生产折衷理论"，用以全面解释对外直接投资的动因和条件。

邓宁理论体系内容的分析前提是国际市场的不完全性，核心为"三优势模式"（O. I. L. Paradigm），即跨国公司经营决策是由所有权优势、内部化优势和区位优势三组变量决定的。邓宁认为，所有权优势是企业从事国际经济活动，尤其是对外直接投资的必要条件；所有权优势内部化才可能获得最大收益，尤其是技术优势的内部化；而区位优势是对外直接投资的充分条件，它不仅决定着企业从事国际生产的倾向，而且决定对外直接投资的部门结构、地区结构和国际生产的类型。一国企业是否应从事国际生产和对外直接投资，应当全面研究和评价它是否具备所有权优势、内部化优势和区位优势，三类优势是相互结合、缺一不可的，任何一类优势都不能单独用来解释国际生产和对外直接投资的倾向，只有同时具备这三类优势才能进行对外直接投资。

1. 所有权优势

所有权优势（Ownership Advantage），又称竞争优势（Competitive Advantage）或垄断优势（Monopolistic advantage），是指一国企业独有的或在相同成本下别国企业没有或难以得到的特有优势。跨国公司的所有权优势主要包括两类：①资产性所有权优势，是指在有形资产与无形资产上的优势，前者是指对生产设备、厂房、资金、能源及原材料等的垄断优势，后者是指在专利、专有技术、商标与商誉、技术开发创新能力、管理以及营销技术等方面的优势。②交易性所有权优势，是指企业在全球范围内跨国经营、合理调配各种资源、规避各种风险，从而全面降低企业的交易成本所获得的优势。

邓宁认为，企业开展对外直接投资必然具备上述所有权特定优势，但具有这些优势并不一定会导致企业进行对外直接投资，也就是说，所有权特定优势只是企业对外直接投资的必要条件，而不是充分条件。当企业仅仅具有所有权特定优势，而不具备内部化优势和区位优势时，国内生产出口销售或许可证合同也是企业实现其优势的可行途径。

2. 内部化优势

内部化优势（Internalization Advantage）是指企业在内部运用自己的所有权优势达到降低交易成本、交易风险的能力。企业通过内部化的管理、控制和协调来替代市场机制的作用，缓和或克服中间产品特性与外部市场机制矛盾，使其生产经营活动保持稳定并从中获取收益。内部化理论以垄断优势和市场不完全作为理论分析的前提，以交易成本理论为基础，分析中间产品市场的不完全对跨国公司行为的影响，中间产品市场的不完全竞争是导致企业内部化的根本原因，主要包括以下三种具体形式：第一，跨国企业所需的中间投入品的外部市场供求存在着风险和不确定性，迫使跨国企业贸易内部化。第二，跨国企业可以通过内部化达到规模经济，降低成本。第三，跨国企业的中间产品外部市场贸易可以产生外在的成本和收益。

然而，邓宁认为内部化优势与所有权优势一样，也只是企业对外直接投资的必要条件而不是充分条件。同时具有所有权特定优势和内部化优势的企业也不一定选择进行对外直接投资，因为它也可以在国内扩大生产规模再行出口。

3. 区位优势

区位优势（Location Advantage）包括直接区位优势和间接区位优势。直接区位优势是指跨国公司国际投资的引进国所拥有的要素禀赋和政策及市场环境优势，前者包括自然资源、地理位置等，这类因素从长期来看相对稳定，能够直接影响跨国企业在东道国投资的生产成本和运输成本；后者包括政治经济制度、市场需求、劳动力成本、基础设施环境等，这类因素从中短期来看相对稳定，也会影响在东道国投资的成本和收益。间接区位优势是指由于投资国某些不利因素所形成的区位优势，如商品出口运输费用过高、商品出口受东道国贸易保护主义限制、生产要素成本高昂等。

邓宁认为，所有权优势、内部化优势和区位优势作为形成国际直接投资的三个最关键因素，可以用公式表示为：国际直接投资=所有权优势+内部化优势+区位优势。而这三个因素的组合，不仅可以确定各种类型的直接投资，而且可以解释企业对于国际直接投资、出口贸易和许可证合同三种经济活动的选择行为：若只拥有所有权优势而无力将其内部化，同时也不能利用国外的区位优势，则最好采用许可证合同的方式转让技术；若具备所有权优势且能够将其内部化，但仍然不具备区位优势，则其最优选择为国内生产然后出口；若同时具备所有权优势、内部化优势和区位优势，则企业应当选择国际直接投资。三种优势的组合见表3-1。

表3-1 企业优势与国际经济活动选择

经济活动	所有权优势	内部化优势	区位优势
国际直接投资	具有	具有	具有
出口贸易	具有	具有	不具有
许可证合同	具有	不具有	不具有

3.3.3 与三优势相关的特点因素

1981年，邓宁从宏观、中观和微观三个层次，分别对国家、产业和企业进行分析，进而提出了影响国际直接投资的一系列特点因素。

1. 宏观因素——国家的特点

东道国与母国的直接生产要素禀赋、市场规模、外资政策、汇率、地理位置以及民族之间文化的差异等，都是影响对外直接投资的宏观因素，它们反映了东道国和母国各自的国家特点。从汇率的角度来看，对国外企业的收购和兼并与国际金融市场的汇率变动有着紧密的关系，东道国货币贬值将提高本地企业的融资成本，降低外资企业的融资成本；从文化差异的角度来看，跨国企业更倾向于在与本国文化差异较小的国家或地区进行投资。风俗习惯、宗教信仰、生活方式等文化差异不仅会影响东道国消费者的消费习惯，而且会间接影响跨国企业的内部管理。

2. 中观因素——产业的特点

跨国企业对外投资的产业，相对集中在资本密集型和技术密集型领域，如化工、石油、机械、冶金、汽车、电子仪器、家用电器、计算机等。这些产业具有以下两个特点：第一，产业的生产经营规模普遍较大，多进行批量化生产和销售，进而能够取得规模经济效益，降低生产成本。第二，产业的生产经营活动需要对特殊投入物进行投资，不仅需要投资机器设备等有形资产，也需要对专利、商标、销售网络、售后服务等无形资产进行投资。

3. 微观因素——企业的特点

从事跨国经营的企业通常具有以下三个特点：第一，企业的发展战略具有外向性。如果一家企业仅满足于国内市场，缺乏外向型发展战略，就不会对外投资。以韩国、日本等国土面积狭小、国内资源有限的国家为例，他们的国内市场不足以支撑其进一步发展，只有跻身国际市场才能为扩大生产寻求出路。所以，这些国家和地区的中、小企业发展战略一般以出口导向或对外投资为主。第二，企业拥有丰富的资源。企业拥有的资源包括企业在技术、市场经验、资本、专业人员等方面的数量和质量。只有那些在人、财、物等各方面资源都相对丰富的企业才具有对外直接投资的能力。第三，企业的管理人员需具有开创精神。对外直接投资不仅意味着资本、技术的转移，也包括企业经营战略、企业文化的移植。在国际市场上，只有勇于创新的管理人员才能迎接激烈的国际竞争的挑战。

3.3.4 国际生产折衷理论的评价

邓宁的国际生产折衷理论是对国际直接投资各理论的综合吸收和系统融合，从跨国公司国际生产的角度讨论了对外直接投资各个决定因素的作用，成为目前国际上有关跨国公司研究中最具影响力的理论。

从贡献的角度来看：第一，国际生产折衷理论并非对以往国际直接投资理论所分析变量的简单总结，而是融合了以往各种学说的精华，克服了其片面性，形成了一个具有普遍性的理论体系。第二，邓宁将三种优势视为动态的，会随各国经济发展水平及经济结构的变化而变化，从而影响跨国公司国际直接投资的决策，较以往的理论更加系统、全面地解释了跨国公司直接投资影响因素及其动态变化对其国际直接投资行为的影响。第三，相比传统国际直接投资理论，该理论能指导企业用整体的观点去考虑与所有权优势、内部化优势以及区位优势相联系的各种因素，具有较强的适用性和实用性，为跨国公司国际投资决策提供了理论依据。

从不足的角度来看：第一，国际生产折衷理论的研究对象是发达国家的跨国公司，很难解释那些并不具备独占性技术优势的发展中国家企业的国际直接投资行为，对发展中国家企业的国际直接投资行为无法做出科学、全面的解释。第二，该理论主要解释了为什么会产生跨国公司以及为什么会发生国际直接投资，而并未探讨跨国公司如何形成优势和利用优势。第三，该理论仍局限于从微观角度对企业跨国投资行为进行分析，过于注重对企业内部要素的研究，缺乏从国家利益角度来分析不同国家企业进行国际直接投资的动机，忽视了企业所处的特定社会、政治、经济条件对企业经营决策的影响。第四，该理论将利润最大化作为跨国公司国际直接投资的主要目标，与近年来跨国公司国际直接投资目标多元化的现实不符。

3.4 对外直接投资发展阶段理论

3.4.1 对外直接投资发展阶段理论的形成

为了进一步发展和完善国际生产折衷理论，形成一个对发达国家和发展中国家普遍适用的国际直接投资理论框架，邓宁在 20 世纪 80 年代初期提出了对外直接投资发展阶段理论，又称为投资发展周期理论。在这一理论中，邓宁通过研究 67 个国家在 1967 年—1978 年直接投资与经济发展水平之间的关系，发现一个国家投资发展路径及该国在国际直接投资中所处的位置与本国的经济发展水平密切相关，即处于不同经济发展水平的国家拥有不同的所有权优势、内部化优势和区位优势，一国利用外资或对外投资战略地位的变动与该国以人均国民生产总值（Gross National Product，GNP）衡量的经济发展水平存在正相关关系。对外直接投资的一部分是国家特定优势或企业特定优势的函数，另一部分是该国经济发展阶段的函数。

3.4.2 对外直接投资发展阶段理论的基本观点

对外直接投资发展阶段理论的核心是，一个国家的对外直接投资倾向取决于其经济发展水平和所拥有的所有权优势、内部化优势以及区位优势，具有周期性规律，呈现出阶段性特征。邓宁根据人均国民生产总值将一国经济发展水平分为四个阶段，不同阶段的经济发展水平不同，其所有权优势、内部化优势和区位优势也存在差异，进而导致其国际直接投资流入流出水平发生变化，最终改变国家的国际直接投资地位。

处于第一阶段的是人均国民生产总值在400美元以下的国家。处于该阶段的国家一方面国内市场狭小，投资环境较差，工业、商业、法律、运输和通信等基础设施薄弱，因而其区位优势对外国投资者的吸引力较小，资本流入较少；另一方面因为缺少所有权优势和内部化优势，无力进行对外直接投资，最多只能选择许可证贸易和出口的方式。总的来说，这些国家外资流入很少，对外直接投资处于空白状态，净对外直接投资为负且绝对值很小。

处于第二阶段的是人均国民生产总值在400~2000美元的国家。处于这个阶段的国家国内经济发展水平提高，国内市场规模扩大，投资环境逐步改善，因而区位优势凸显，外资流入迅速增加，但由于这些国家企业的所有权和内部化优势仍然十分有限，对外直接投资刚起步且处于较低水平。总的来说，这些国家吸引外资能力增强，但对外直接投资仍然较少，净对外直接投资为负值但绝对值在变大。

处于第三阶段的是人均国民生产总值在2000~4000美元的国家。处于这个阶段的国家经济实力大幅提高，国内部分企业开始拥有所有权和内部化优势，对外直接投资迅速增长，同时外国直接投资者的所有权优势和区位优势相对下降，外国企业的进入相对困难程度增加。总的来说，这一阶段外资流入量和流出量都达到较大规模，其净对外直接投资虽仍为负值但绝对值在变小，大多数新兴经济体都处于这一阶段。

处于第四阶段的是人均国民生产总值在4000美元以上的国家。处于这个阶段的国家均为发达国家，由于它们拥有强大的所有权和内部化优势，并且能够从全球战略的高度来利用东道国的区位优势，其对外直接投资达到了相当大的规模，因而其对外直接投资的规模大于吸收外商直接投资的规模，净对外直接投资为正且绝对值在增大。

对外直接投资发展阶段分析见表3-2。

表3-2 对外直接投资（FDI）发展阶段分析

经济发展阶段	吸引FDI流入能力	FDI流出能力	FDI流入量	FDI流出量	对外投资净额
第一阶段（人均GNP400美元以下）	外国所有权优势、内部化优势显著；本国无区位优势	本国缺乏所有权优势、内部化优势；难以利用外国区位优势	低	无	负
第二阶段（人均GNP 400~2000美元）	外国所有权有优势、内部化优势显著；本国区位优势开始形成	本国所有权优势、内部化优势开始形成但较少；开始利用外国区位优势	增加	低	负
第三阶段（人均GNP 2000~4000美元）	外国所有权优势、区位优势下降；本国区位优势下降	本国所有权优势上升，内部化优势仍受限；利用外国区位优势能力上升	增加	增加	负

（续）

经济发展阶段	吸引 FDI 流入能力	FDI 流出能力	FDI 流入量	FDI 流出量	对外投资净额
第四阶段（人均 GNP4000 美元以上）	外国所有权优势下降	本国具备了较强的所有权优势、内部化优势和利用外国区位优势的能力	增速下降	增加	正

3.4.3　对外直接投资发展阶段理论的评价

对外直接投资发展阶段理论是国际生产折衷理论的延伸与发展，将一国经济发展周期与企业竞争优势结合分析，论证了一国国际投资地位随其竞争优势的消长而变化的过程。

从贡献的角度来说：第一，对外直接投资发展阶段理论从微观和宏观两个角度发展了国际生产折衷理论，并且从动态的角度描述了跨国公司对外直接投资与国家经济发展的辩证关系，扩大了国际直接投资理论的解释范围。第二，该理论为发展中国家的对外直接投资决策起到了重要的指导作用，实践中企业和政府可以根据投资发展路径和阶段特征来判断本国所处的投资发展阶段，进而做出合理的政策、经营活动安排。

当然，对外直接投资发展阶段理论也存在一定的缺陷和不足：第一，仅用人均国民生产总值这一指标来衡量一国经济发展水平存在局限性。第二，该理论无法科学、合理地解释处于相同经济发展水平的国家为何会出现直接投资流入与流出趋势不一致的情况。

3.5　投资诱发要素组合理论

3.5.1　投资诱发要素组合理论的形成

20 世纪 80 年代末到 90 年代初，现代意义上的跨国公司出现，对世界范围内的资源配置和经济增长特别是世界经济一体化的进程产生了极其深远的影响。顺应着跨国公司在世界范围内经营与发展的趋势和变化，众多学者开始将国际直接投资研究的重点由跨国公司本身转移到外部因素对跨国公司行为的影响，进而提出了投资诱发要素组合理论（The Theory of Investment Inducing Factor），又称为综合动因理论。该理论全面分析了影响国际投资决策的内、外部因素，突出了东道国的需求以及国际环境的影响，从新的角度重新阐述了国际直接投资的决定因素，克服了以往国际直接投资理论的片面性和局限性，成为国际直接投资理论一个新的研究方向。

3.5.2　投资诱发要素组合理论的基本观点

投资诱发要素组合理论认为，任何形式的对外直接投资都是在投资直接诱发要素和间接诱发要素的组合作用下发生的。

所谓直接诱发要素，主要是指各类生产要素，包括劳动、资本、资源、技术、管理及信息知识等。直接诱发要素既可存在于投资国，也可存在于东道国。如果投资国拥有技术上的相对优势，则可以诱发其对外直接投资，将该要素转移出去；反之，如果投资国没有直接诱发要素的优势，而东道国却有这种要素的优势，那么投资国可以通过对外直接投资来利用东道国的这种要素。一些发展中国家通过向技术先进的国家投资，在当地建立高技术分公司或研究开发机构，将其作为科研开发和引进新技术、新工艺和新产品设计的前沿阵地；或者与东道国联合投资创办企业，在实际生产经营过程中直接学习别国先进技术和管理经验，从而获得一般的技术贸易和技术转让方式得不到的高新技术。因此，东道国的直接诱发要素同样也能诱发和刺激投资国的对外直接投资。

间接诱发要素是指除直接诱发要素以外的其他诱发对外直接投资的因素，主要包括三个方面：①投资国政府诱发和影响对外直接投资的因素，如鼓励性投资政策和法规、政府与东道国的协议和合作关系等。②东道国诱发和影响对外直接投资的因素，如东道国政局稳定、吸引外资政策优惠、基础设施完善、涉外法规健全等。③全球性诱发和影响对外直接投资的因素，如经济生活国际化以及经济一体化、区域化、集团化的发展，科技革命的发展及影响，国际金融市场利率和汇率波动等。

对外直接投资就是建立在直接诱发要素和间接诱发要素组合基础上的。在对外直接投资两组诱发要素中，如何具体分析和解释对外直接投资的诱因类型以及哪种要素起主要作用，要看投资者本身的情况以及他们的投资目的。发达国家对外直接投资主要是直接诱发要素在起作用，这与它们拥有某种要素优势有关，如资本、技术、管理等。而发展中国家则相反，由于它们相对于发达国家缺乏明显的直接诱发要素优势，对外直接投资很大程度上受间接诱发要素影响。值得注意的是，间接诱发要素对当代国际直接投资起着越来越重要的作用。

3.5.3 投资诱发要素组合理论的评价

从贡献的角度来看：第一，投资诱发要素组合理论从投资国与东道国双方需求、双方所具备条件以及国际环境的角度全面分析了影响对外投资决策的内、外部因素，克服了以往理论中片面强调投资目的、动机以及跨国公司自身优势条件的缺陷。第二，投资诱发要素组合理论的观点把吸引发展中国家开展国际投资的动因分解为直接诱发要素和间接诱发要素，从而有力地解释了当前发展中国家跨国企业的发展趋势与经营实践。

从不足的角度来看：第一，该理论仍然局限于对国际直接投资决定因素的静态分析，而没有从动态上对直接投资的发展过程及发展规划进行分析，因此其解释能力相对有限。第二，把诱发要素截然划分为直接诱发要素和间接诱发要素是否妥当还有一定争议，有些要素，如市场要素，对当今国际直接投资的作用越来越重要，但将其看作直接诱因还是间接诱因要素仍需商榷。第三，该理论在解释发展中国家如何有效地吸引和利用国际直接投资方面也有欠缺，政策环境的因素虽然重要但还不是引导资金流入的唯一决定因素，在有效利用外资和把他国比较优势与本国资源禀赋相结合的过程中还有很多重要的因素需要考察。

本章小结

1. 第二次世界大战后，西方跨国公司大量涌现，国际直接投资迅猛增长，以生产要素无法实现国际流动为前提假设的西方古典贸易理论无法解释国际经济领域出现的新问题，因而众多学者对此进行了大量探讨和研究，形成了派别众多的新理论。

2. 国际直接投资理论是研究跨国公司对外直接投资的决定因素、发展条件及行为方式的理论，其核心内容体现在生产要素的跨国流动以及投资方取得经营管理权等方面，而追求投资收益的长期最大化则是其经营的根本性目标。

3. 国际直接投资的代表性理论主要包括海默的垄断优势理论、巴克利的内部化理论、邓宁的国际生产折衷理论等。

4. 随着发展中国家对外直接投资的迅猛发展，旨在解释发展中国家对外投资行为的发展中国家投资理论也开始形成，其中最为著名的是邓宁的对外直接投资发展阶段理论。

5. 近年来，虽然没有出现如垄断优势理论一般有影响力的国际直接投资理论，但也有学者针对新时期现实情况对已有理论进行发展和补充，同时形成了部分新的投资理论，如投资诱发要素组合理论。

关键术语

垄断优势理论　内部化理论　国际生产折衷理论　对外直接投资发展阶段理论　投资诱发要素组合理论

本章思考题

1. 国际直接投资的基本理论有哪些？
2. 简述垄断优势理论的主要内容及其重要发展。
3. 目前跨国公司内部贸易增长较快，请以内部化理论解释该现象。
4. 国际生产折衷理论的主要内容有哪些？如何评价？
5. 对外直接投资发展阶段理论与国际生产折衷理论的区别在哪里？
6. 简述投资诱发要素组合理论的基本内容。

本章参考文献

[1] 陈本昌．中国企业海外并购的动因——基于投资诱发要素组合理论的一种解释［J］．东北财经大学学报，2009（02）：19-21.

[2] 陈湛匀．国际投资学［M］．上海：复旦大学出版社，2008.

[3] 戴志敏，王义中．国际投资学［M］．杭州：浙江大学出版社，2012.

[4] 赖世胜，杨巧敏．用寡占反应论评析通用丰田在中国市场的“龙虎斗”［J］．特区经济，2006（09）：351-352.

[5] 李习平．邓宁国际生产折衷理论思想及拓展研究［J］．全国商情（理论研究），2013（03）：67-69.

[6] 唐彬，唐小明．关于国际生产折衷理论发展的新思考及对我国对外直接投资的启示［J］．知识经

济，2011（03）：7-8.
[7] 章昌裕．国际投资学［M］. 大连：东北财经大学出版社，2009.
[8] 张涵冰，周健．简评跨国公司直接投资的诱发要素组合理论［J］. 社会科学论坛，2005（04）：215-217.
[9] 张晓虹，郭波，施小蕾．新编国际投资学［M］. 大连：东北财经大学出版社，2005.
[10] 卢进勇，郜志雄，彭静．国际投资学［M］. 2 版．北京：中国人民大学出版社，2023.
[11] 綦建红．国际投资学教程［M］. 5 版．北京：清华大学出版社，2021.
[12] 杨晔，汪若君．国际投资学［M］. 6 版．上海：上海财经大学出版社，2021.
[13] 赵春明．跨国公司与国际直接投资［M］. 3 版．北京：机械工业出版社，2020.

第 4 章 国际收支与汇率决定理论

本章目标

通过本章学习，应能：

1. 了解汇率决定理论的发展过程。

2. 理解一价定律、绝对购买力平价、相对购买力平价，并能熟练运用它们分析国际汇率的变动。

3. 利用购买力平价理论分析商品套购方向。

4. 掌握利率平价方程，并用其来判断商品套购方向。

5. 理解并掌握远期汇率理论，并用其来分析和解释相关的经济现象。

6. 理解并掌握资产组合平衡模型。

4.1 购买力平价理论

购买力平价理论的基本思想最早由英国经济学家桑顿（H. Thornton）提出，之后成为李嘉图古典经济理论的一个组成部分。1922 年，瑞典经济学家卡塞尔（G. Cassel）在《1914 年以后的货币与外汇》一书中首次对购买力平价理论做了系统阐述。该理论从人们为满足经济需要的交易动机出发，研究外汇的供求与汇率的决定，认为国内外货币之间的汇率主要取决于两国货币购买力的比较。

4.1.1 一价定律

购买力平价的基本形式可看作一价定律的一般化。一价定律认为，在没有运输费用和官方贸易壁垒（例如关税）的自由竞争市场上，同样的货物在不同国家按同一货币计量的价格相同。假设澳元/美元的汇率为1澳元兑1.5美元，一件羊毛衫在纽约卖45美元，那么在悉尼就应该卖30澳元，即悉尼羊毛衫的美元价格应该是1.5美元/澳元×30澳元=45美元，与纽约价格一样。

一价定律成立的驱动力是商品的套利行为，套利者在价格低廉的市场上买进商品，在价格较高的市场上卖出该商品。例如，在无运输费用和其他贸易壁垒时，如果澳元/美元汇率为1澳元兑1.45美元，通过外汇市场把43.50美元（=1.45美元/澳元×30澳元）兑换成30澳元，可以在悉尼买到一件羊毛衫。因此，悉尼羊毛衫的美元价格就应该是43.50美元；如果同样的羊毛衫在纽约卖45美元，那么美国的进口商和澳大利亚的出口商就会在悉尼购买羊毛衫并运到纽约去卖。这将导致悉尼羊毛衫价格的上升和纽约羊毛衫价格的下降，直到两地价格相等为止。类似地，如果汇率是1.55美元/澳元，那么悉尼羊毛衫的美元价格应是46.50美元（=1.55美元/澳元×30澳元），比纽约高1.5美元。此时，羊毛衫就会从纽约运往悉尼，直至两个市场上的价格完全一致。

一价定律可表述为，当贸易是开放的且交易费用为零时，同样的货物无论在何地销售，其价格都必然相同。即

$$P_i = SP_i^*$$

式中，P_i 表示商品的国内价格；P_i^* 表示商品的国外价格；S 为两国间的汇率。

需要注意的是，一价定律的成立需要满足严格的限制条件，额外交易成本为零的假设在现实生活中往往难以满足。非贸易品的存在意味着一价定律并不适用于世界上所有的商品和服务，同时各国的消费习惯、经济发展阶段与产业结构的差异也会扭曲一价定律。这些因素影响了一价定律的解释力，限制了一价定律的理论表现。尽管一价定律所描述的均衡状态在现实环境中很难实现，但其经济分析的逻辑依然成立。

4.1.2 购买力平价理论

购买力平价理论成立的假设条件为：不考虑国际贸易中的交易费用，忽略套利行为过程中产生的交易费用和信息不完全对等问题；两国间的贸易条件相同，不存在关税、配额及出口退税等贸易条件的差异；没有外汇管制；所有商品都是可贸易的，不同国家的同一种商品和劳务是可以完全替代的；不同国家间生产与消费结构大体相似，劳动生产率相同。购买力平价理论可分为以下两种表现形式：绝对购买力平价和相对购买力平价。

1. 绝对购买力平价

绝对购买力平价是购买力平价理论的古典形式。绝对购买力平价理论认为，一国货币的价值由单位货币在国内所能购买的商品和服务的数量（即货币的购买力）决定，两国货币之间的汇率可由其购买力之比来表示，货币购买力的大小通过物价水平体现。如果用一般物价指数的倒数来表示各自的货币购买力，那么两国货币的汇率取决于两国一般物价水平之比。绝对购买力平价用公式可表示为

$$e = \frac{p_a}{p_b}$$

式中，e 为汇率，是指 1 单位 B 国货币以 A 国货币表示的价格；p_a 为 A 国的一般物价水平；p_b 为 B 国的一般物价水平。

假设某一综合商品在美国售价 10 美元，在澳大利亚售价 5 澳元，绝对购买力平价为 1 澳元兑 2 美元，否则就会存在有利的国际商品套购机会，这类综合商品国际套购行为最终将驱使现实汇率调整到与购买力平价相等的水平。例如，汇率为 1 澳元兑 5 美元，此时美元定值过低，澳元定值过高。贸易商在美国以 10 美元的价格买入这类商品，运到澳大利亚出售，获得 5 澳元，再以 1 澳元兑 5 美元的汇率换回 25 美元，净赚 15 美元。随着套购活动的不断重复，在此过程中，贸易商不断卖出澳元买进美元，促使澳元贬值美元升值，直至绝对购买力平价成立，套购活动停止，现实汇率得以在绝对购买力平价的水平上处于均衡状态。

2. 相对购买力平价

相对购买力平价是指两国间货币汇率在一定时期的变化，反映着同一时期两国物价指数的对比关系。用公式表示即为

$$R_1 = R_0 \frac{p_a(t)/p_a(0)}{p_b(t)/p_b(0)}$$

式中，R_0、R_1 分别表示基期汇率和当期汇率；$p_a(t)$、$p_a(0)$ 分别表示 A 国当期物价水平和基期物价水平，$p_b(t)$、$p_b(0)$ 分别表示 B 国当期物价水平和基期物价水平。

汇率在一段时间内的变动是由两个国家在这一段时期中的物价水平和货币购买力的变化所导致的。具体来说，在一定时期内，汇率变化与同一时期两国物价水平的相对变化成正比。假如一种综合性商品在澳大利亚由原来的 5 澳元上升为 6 澳元，在美国由原先的 10 美元上升至 15 美元，那么澳元兑美元的汇率就会上升 25%，由原先 1 澳元兑 2 美元上升至 1 澳元兑 2. 5 美元。

相对购买力平价反映的是汇率变化百分比与通货膨胀差异之间的关系，即使两个国家在计算价格水平时，所选取商品篮子的构成和范围不同。相对购买力平价之所以重要且更富有意义，是因为它在理论上避开了一价定律的严格假设。同时，如果相对形式是正确的，绝对形式并不一定正确；但如果绝对形式成立的话，那么，相对形式也一定是成立的。

3. 购买力平价和一价定律之间的关系

购买力平价和一价定律紧密相连又相互区别，它们之间的差异是一价定律适用于单个商品（例如商品 i）的情况，而购买力平价理论则适用于普遍的价格水平，即商品篮子中所有基准商品价格的组合。

如果一价定律对所有商品都成立，那么只要用于计算不同国家价格水平的基准商品相同，购买力平价理论就成立。然而，一些学者认为，这个理论的正确性（特别是它作为一种长期理论的正确性）并不要求一价定律一定成立。即使对单个商品而言一价定律并不成立，价格和汇率也不会与购买力平价所预测的关系偏离太远。因为当一国的商品或劳务的价格暂时比其他国家高时，对此货币和产品的需求就会下降。类似地，当出现相反的情况，即当一国的产品相对便宜时，就会引起货币升值和价格上升。因此，购买

力平价理论认为，即使一价定律不成立，其背后所隐藏的经济实力最终也会使各国货币的购买力一致。

4.1.3 购买力平价理论评述

购买力平价理论作为影响深远的汇率理论，是各国中央银行确定其货币平价最重要的准则之一，在外汇理论中占据着重要的地位。购买力平价理论提出了纸币制度下决定汇率的基础，可以判断一国货币币值是否被高估或低估，为制定正确的汇率政策提供依据。同时，它还可以作为换算工具，用来比较各国的主要国民经济指标，避免按照市场汇率转换而产生的偏差。

但这一理论也存在一定缺陷，例如，在现实经济生活中，各国国内都存在一些不进入国际贸易领域、不参与国际交易的商品和劳务，但购买力平价理论的基础是国内外一般物价水平，一般物价水平既包括贸易商品的价格指数，也包括非贸易商品的价格指数。所以，只要所使用的物价指数包括非贸易的商品和劳务，使购买力平价关系得以实现和维持的一价定律机制就不能顺利运行，完全的价格趋同就不可实现。此时若仅采用贸易商品的价格指数来决定汇率，将有失偏颇。当采用购买力平价理论预测长期均衡汇率时，也会因为所选取基期汇率的不同而发生变化。这一缺陷使得汇率平价理论的适用性受到了限制。

购买力平价理论要求不同市场上的同类、同质商品的价格通过国际贸易趋向相等。但这一条件存在的前提是国家间的自由贸易和交易成本为零。在国际贸易的实践中，存在种种人为障碍（如关税壁垒、进口配额、进口许可证制、外汇管制以及市场上存在的垄断力量等）和自然障碍（如贸易本身所涉及的运输成本和保险费用等），因此，贸易商品的价格是不可能完全趋向相等的。

此外，在购买力平价理论的框架中，消费者偏好的变化、生产技术的进步、资本货物或生产资料的积累、市场结构的改变以及国民收入的增长等实际因素对汇率的影响被简化，该理论仅仅在货币性经济变量之上进行分析，将实际性经济变量以及人们的预期心理因素排斥在外。政府实施的管制及其他干预措施、市场参与者的预期心理变化等因素，也会阻碍货币汇率对通货膨胀率差异做出充分的调整，从而使得购买力平价难以成立。

在实践上，购买力平价的应用也存在诸如计算困难、价格资料收集处理不唯一、代表性商品选择标准不同等问题。尽管购买力平价理论存在一定缺陷，但不可否认的是，它仍然是目前估计均衡汇率最简便的方法。

4.2 利率平价理论

生产与资本国际化的不断发展，扩大了国际资本移动的规模，使之成为影响货币汇率（尤其是短期汇率）的一个重要因素，利率平价理论应运而生。利率平价理论的主要内容可分为抛补利率平价理论和非抛补利率平价理论，其假设前提为：国际金融市场发育程度较高，跨国资本流动不存在任何障碍，套利活动可以自由地进行；套利活动没有交易成本，即不考虑信息费、手续费和经纪人佣金等费用；不考虑各种金融资产在收益率、期限和流动性等方面的差异，国际金融资产具有充分的可替代性；不考虑逃离成本、信用风险、流动性偏好、货币政策等因素对套利资金供给的影响，套利资金的供给弹性无穷大。

4.2.1　抛补利率平价理论

抛补利率平价理论的基本观点是，当各国利率存在差异时，投资者为获得较高的收益，愿意将资本投向利率较高的国家。具体而言，当本国利率低于他国时，投资者为获得较高收益，会将其资本从本国转移到他国，以套取利息差额。此时，如果汇率发生对其不利的变动，那么投资者不仅不能获得收益，还会遭受损失。为避免这种损失，投资者会在远期外汇市场，按远期汇率将其在他国投资所获得的收益兑换成本国货币，并将此收益同在本国投资所得收益进行比较，以此确定投资方向。两国投资收益的差异形成了国际资本流动，通过利率调整，直至两国的投资收益相等时，这种国际资本流动才会结束。抛补利率平价理论又可分为无价差利率抛补和有价差利率抛补。

1. 无价差利率抛补

假定只考虑一期投资，本国利率水平为 i，外国同期利率水平为 i^*。E、F 分别为直接标价法下的即期汇率和远期汇率。投资者用 1 单位本国货币在本国投资，到期即可收入 $(1+i)$。若在国外投资，则首先需要将 1 单位本币兑换成外币，投资到期即收回 $(1+i^*)/E$。这一投资本利若为外币单位，按原来约定的远期汇率可收回本币 $(1+i^*)F/E$。

若 $(1+i)>(1+i^*)F/E$，则投资者选择在本国的投资收益更大，资本将从国外转移至国内，即本币即期汇率将因购买而上涨，远期汇率将因出售而下跌。

若 $(1+i)<(1+i^*)F/E$，则投资者在国外的投资收益更大，资本将从国内转移至国外，即本币即期汇率将因出售而下跌，远期汇率将因购买而上涨。

最终，两国的投资收益趋于相等，即 $(1+i)=(1+i^*)F/E$。

整理得

$$\frac{1+i}{1+i^*}=\frac{F}{E}$$

从上式可以看出，若 $i>i^*$，则远期外汇出现升水；若 $i<i^*$，则远期外汇出现贴水。

将上式进一步整理，可得

$$\frac{i-i^*}{1+i^*}=\frac{F-E}{E}$$

该式可近似写为

$$i-i^*=\frac{F-E}{E}$$

以上两式被称为利率平价方程，它表明：如果国内利率高于国外利率，远期外汇将升水；反之则贴水，而且升（贴）水率等于两国利率差异。

2. 有价差利率抛补

在外汇市场上，当利率和汇率都存在买卖价差时，在货币市场上，套利者以做市商较高的卖出利率借入资金和以较低的买进利率贷出资金。

假定只考虑一期，套利者以本国卖出利率 i_a 借入本国货币资金。并以即期卖出汇率 S_a 把借入的本国货币转换成外国货币，获得 $1/S_a$ 单位的外国货币。这一数量以国外买入利率 i_b^* 进行投资。在投资结束时投资的外国货币价值为 $(1/S_a)(1+i_b^*)$。再以远期买入汇率 F_b 把这一数量再转换成本国货币，为 $(F_b/S_a)(1+i_b^*)$。

此时，抛补利润为

$$\pi=\frac{F_b}{S_a}(1+i_b^*)-(1+i_a)$$

若 $\pi<0$，则投资者选择在本国的投资收益更大，资本将从国外转移至国内，即本币即期汇率将因购买而上涨，远期汇率将因出售而下跌；若 $\pi>0$，则相反。最终，两国的投资收益趋于相等。

4.2.2 非抛补利率平价理论

假定投资者风险中立，其投资策略是在承担一定的汇率风险情况下，根据自己对未来汇率变动的预期所计算的预期收益，进行投资活动。如果预期一年后的汇率为 E_{ei}，当下式成立时，套利活动停止：

$$1+i=\frac{E_{ei}}{e}(1+i^*)$$

假定 E_ρ 表示预期的远期汇率变动率，对之进行上述类似的整理，得

$$E_\rho=i-i^*$$

非抛补利率平价的经济含义是：预期汇率远期变动率等于两国货币利率之差。在非抛补利率平价成立时，若本国利率高于外国利率意味着市场预期本币在远期将贬值。若本国政府提高利率，则当市场预期未来的即期汇率不变时，本币的即期汇率将升值。

非抛补利率平价理论有助于理解即期汇率、汇率预期、国内外利率、资本流动之间的关系，但它也存在着明显的缺陷，即严格假设非抛补套利者为风险中立者。与抛补套利赚取的无风险收益不同，投资者在进行非抛补套利时承担着汇率风险。如果未来即期汇率与原先的预测发生差异，投资者将承受额外的汇兑损益。如果投资者为风险中立，对此额外的风险持无谓态度，非抛补利率平价自然容易成立。但如果投资者为风险厌恶者的话，那么对于所承受的这一额外风险，往往要求在持有外币资产时有一个额外的收益补偿，即所谓的“风险补贴”的存在，显然会导致非抛补利率平价的不成立。

4.2.3 抛补利率平价与非抛补利率平价的统一

虽然抛补利率平价与非抛补利率平价的成立由不同类型的套利活动促成，但外汇市

场上套利者的存在，使得两种利率平价的作用机制统一起来，对远期汇率的形成起到了决定性的作用。

外汇市场对未来即期汇率的预测值是一个主观指标，往往不易被直接察觉。但远期汇率却是一个客观指标，人们可以将远期汇率作为相对应的未来即期汇率预测值的替代物。如 90 天期的远期汇率就代表着外汇市场对 3 个月后的即期汇率的预测。当然，3 个月后，即期汇率的实际值会与以前 90 天期的远期汇率不同，但当前 90 天期的远期汇率无疑是对 3 个月后即期汇率值的最好预测。

套利者总是试图在汇率的变动中谋利，当预期的未来汇率与相应的远期汇率出现不一致时，套利者认为有利可图。假定预期的未来汇率高于相应的远期汇率，此时套利者认为远期汇率高估了未来的本币币值，他会选择购买远期外汇，并在汇率变动到预期水平时，将远期合约进行交割时获得的外币以这一预期汇率水平卖出，从而获得这一差价形成的利润。套利者在远期市场的交易将会使远期汇率值增大，直至与预期的未来汇率相等。可见，套利者的活动将使远期汇率完全由预期的未来汇率所确定，此时抛补利率平价与非抛补利率平价同时成立。远期汇率是未来即期汇率的无偏预测。

4.2.4　利率平价理论评述

利率平价理论将利差作为汇率变动的主要原因，认为汇率取决于两国货币资产的相对收益，揭示了外汇市场上即期与远期汇率之间的关系，说明了汇率和利率之间的内在联系。对于微观参与主体的投资行为、政府预测远期汇率趋势等均具有较强的指导意义。

1）与购买力平价理论相比，利率平价理论更贴近于外汇市场和金融市场的运行情况。它以国际资本流动为视角阐述了远期汇率的决定及其与即期汇率、利率之间的关系。当各国利率存在差异时，套利行为使投资者通常将资本投向收益率较高的国家，由此导致资本的跨国界、跨市场流动，投资收益同时取决于利率水平和汇率水平的预期变动。

2）利率平价理论对当代国际资本流动的成因具有较强的解释力。利差的相对变化、利率与汇率之间的联动影响等都是导致资本跨国流动的主要因素，除此之外，汇率状况导致的本币预期贬值率的变化，即本币面临的贬值压力的上升（下降）会导致资本从本币（外币）向外币（本币）的转移，发生资本流出（流入）。

3）利率是政府货币当局主要的货币政策工具。利率与汇率之间的紧密联系，使中央银行可以通过利率工具对外汇市场进行灵活调节。通过利率平价公式计算而得的远期汇率，为外汇市场上确定远期汇率的报价提供了重要的参考依据。

4）利率平价理论对新兴经济体防范货币危机具有重要的政策意义。新兴经济体货币危机的导火索是短期国际游资的投机性炒作。然而，投资商决定资本投向的依据实际上是利率、汇率以及利率平价之间的联动关系。利率平价理论的分析结论有助于新兴经济体采取适当的利率、汇率与资本管制政策，防范或减少货币危机的发生或冲击。

实践上，利率平价理论并非总是成立，它本身也存在一定缺陷，主要表现为：

1）交易成本及佣金构成。当交易成本和佣金存在时，国际抛补套利活动在达到利率平价之前就会停止，并且存在一定程度的国际资本流动障碍。

2）政治风险。政治风险是指当投资者把资金投向国外时可能遇到的不确定风险，包括被冻结、不可兑换以及被没收。另外，在一些极端情况下，会被征收一种新税或重复征税。因此如果发现涉及政治风险，在进行抛补套利前要求存在最小的抛补利润。

3）流动性差别和资金的有限性。利率平价理论假定套利资金规模无限，故套利者能不断进行抛补套利，直至利率平价成立。但事实上，从事抛补套利的资金并不是无限的。随着套利资金的递增，其风险也会递增。此外，在资本完全流动的前提下，无法区分外部冲击的长期反应与短期反应的本质差异。同时，短期融资的可选择来源与未来需求的不确定性因素越多，在采取外币的抛补头寸行动之前应该得到的溢价就越高。

4）利率平价理论仅分析了汇率与利率间的相互关系，只是一种短期的市场汇率分析，对货币危机的解释力有限。例如，利率平价通常考虑两个国家的利差及汇率的预期变动，对于多国汇率变动的关联性的解释能力不足，因此无力解释货币危机的大面积蔓延。

但利率平价理论将汇率决定问题从商品市场（主要变量的物价）转移到金融市场上来，明确指出了汇率与利率之间存在着联动关系，说明了外汇市场上即期汇率与远期汇率的关系，对于预测远期汇率走势、调整汇率政策有着深远的意义，推动了汇率问题研究方向的改进。

4.3 远期汇率理论

远期汇率理论与利率平价理论的基本假设基本一致。除此之外，它还假定了投资者是规避风险的，用一条向下倾斜的外汇市场套利者超额需求曲线代替了传统利率平价理论中具有完全弹性的需求曲线。远期汇率理论把远期外汇市场上所有的交易活动抽象为三种情况：对冲者进行的商业套汇活动、投机者进行的投机活动、套利者进行的套利活动。

4.3.1 交易者分类

在外汇市场上，所有的交易者可分为以下三类：对冲者、投机者和套利者。

1. 对冲者

对冲者，又称套期保值者。在进行外汇交易之前，若对冲者已经拥有一定数量外币标价的远期资产或者负债头寸，此时，为防止外汇汇率发生变化导致上述资产或负债在折算成本币后发生不利变化，则需要采取一定措施，减少风险，固定这笔远期资产或负债的本币价格。例如，某出口商有一笔3个月以后到期的100万美元收入，由于本币出现显著的升值趋势，他担心这笔外汇资产在将来出现缩水，因此事先卖出这笔远期外汇资产，以固定这笔外汇资产到期时的本币价格。但在现实生活中，假设外汇汇率急转直下，本币由升值转为贬值。此时，如果出口商未事先卖出外汇资产，而是选择到期后再卖出，可能会获利更多。但这并不意味着出口商没有必要进行远期外汇交易。相反，出口商通过远期外汇交易，可以使其外汇净头寸为零，消除外汇风险。如果不进行远期外汇交易，则必定存在外汇头寸，外汇汇率的波动又会进一步增加其折算成本币的风险。因此，如果用方差的概念来度量风险，对冲操作后的风险为零，而没有进行对冲操作的风险必定不为零，此时，出口商既可能盈利，也可能亏损。对于风险厌恶的对冲者来说，通过外汇市场进行对冲，降低收益的方差是最优选择。在实际的外汇市场中，对冲者一般包括贸易商或者事先已有相应外汇头寸的交易者。

2. 投机者

以风险增加为代价来获取盈利的操作就是投机。投机者是指通过主动增加外汇头寸（既可以是外汇资产，也可以是外汇负债）的操作来获取收益的经济主体。如果外汇投机者预测外汇升值，事先买进外汇，就可以因此盈利；反之，如果其预测出现失误，事先买进的外汇则会出现缩水。

投机操作可以分为稳定性投机和非稳定性投机。稳定性投机是指当外汇贬值时买入外币，期待外汇在不久之后升值而获利；或者当外汇升值时卖出外汇，到外汇贬值时再买回外汇而从中获利。稳定性投机可以抑制汇率的过度波动。非稳定性投机是指当外汇贬值时继续卖出外汇，或者当外汇升值时继续买入外汇。非稳定性投机会加剧汇率的波动，从而对国际贸易和国际投资产生破坏性的影响。

不存在投机的情况下，汇率伴随着经济周期而产生波动，稳定性投机使得汇率波动变小，非稳定性投机使得汇率波动增大。投机者是外汇市场的重要参与者，对外汇市场具有以下作用：

1）平衡价格。适度的投机能够调节外汇市场的供需矛盾，减缓价格波动，起到平衡价格的作用。

2）提供流动性及增加市场活跃度。投机者的参与为其他类型的交易者提供了很大的便利，长期来看，适当的投机可以促进外汇市场的发展。

3）分散风险。外汇市场的交易对象是外汇的波动即外汇风险，投机者恰好承担这部分价格波动的风险，使外汇市场的交易有序、活跃地进行。

3. 套利者

套利者在外汇市场上主要进行套利活动，套利包括地点套利和时间套利两种。前者是指考虑到某一外汇的汇价在两个或两个以上的市场上的报价存在差异，套利者采取“低买高卖”的方式获得无风险的差价收益。后者是指由于国内外利差与远期外汇升贬值率存在差异，将资金从一国转移至另一国获得无风险收益的操作，其原因是两种货币的盈利率（利率和汇率升贴水率之和）存在差异。与前两种交易者在外汇市场中进行交易不同，套利者在交易时需同时持有两个相反的外汇头寸，即在购入头寸的同时还要大量卖出头寸。只购入头寸或只卖出头寸，都不能称之为套利交易。套利者的存在有助于将扭曲的市场价格重新拉回至正常水平，促进价格平稳、合理地运行。

4.3.2 不同交易者行为及均衡远期外汇

对冲者对远期外汇的需求数量是远期汇率 F_e 的减函数，用公式表示为

$$Q=a_0-a_1F_e$$

式中，a_0、a_1 均大于0；F_e 为远期汇率的预期。

对冲者行为可由图4-1中的 TT' 曲线表示。其中，F_0 为能使抛补利率平价成立的远期汇率。当 $F_e<F_0$ 时，为避免外汇风险，对冲者应选择买入远期外汇，远期外汇的超额需求增加。具体到图4-1中，例如在点 C，当远期汇率为 F_2 时，应选择买入 Q_2 数量的远期外汇。相反，当 $F_e>F_0$ 时，对冲者应选择卖出远期外汇，远期外汇的超额需求减少。如在图4-1中的点 B，当远期汇率为 F_1 时，对冲者可选择卖出 Q_1 数量的远期外汇。图4-1中 e_0 为即期均衡汇率。

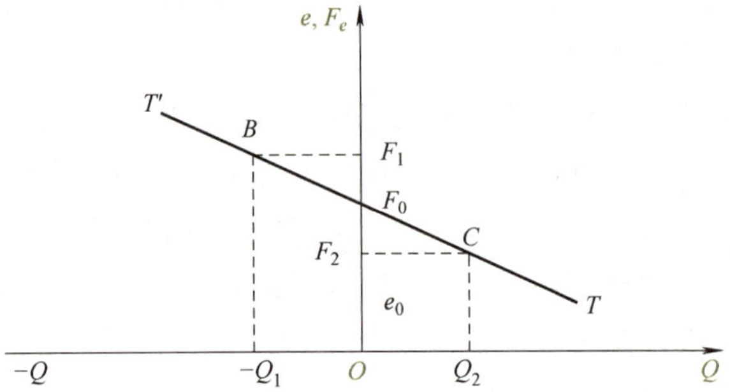

图4-1 对冲者行为

投机者对远期外汇的超额需求是投机者未来即期汇率预期 e^e 与远期汇率预期 F_e 之差的增函数，用公式表示为

$$Q=Q(F_e-e^e),\mathrm{d}Q/\mathrm{d}(F_e-e^e)>0$$

投机者行为可由图4-2表示。当 $F_e>e^e$，表示远期汇率高于投机者预计未来的即期汇率，投机者将购买远期外汇，远期外汇的超额需求增加。当 $F_e<e^e$，表示远期汇率低于投机者预计未来的即期汇率，投机者将卖出远期外汇，远期外汇的超额需求减少。

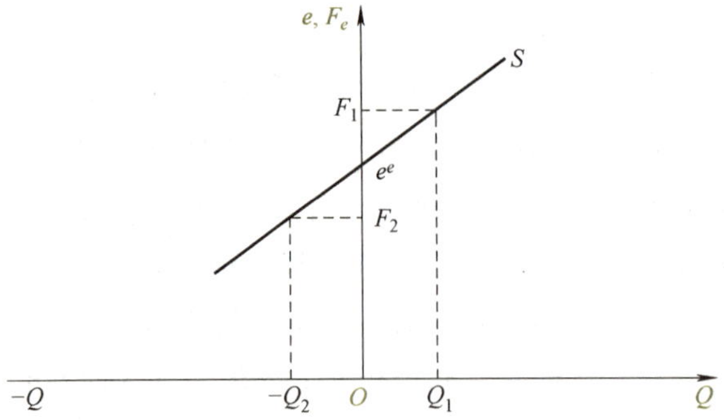

图4-2 投机者行为

套利者对远期外汇的超额需求为 F_0、F_e 之差的增函数。用公式表示为

$$Q=a_2(F_0-F_e)$$

式中，a_2 大于 0；F_e 与 F_0 之差越大，套利者对远期外汇的超额需求越多。

套利者行为如图 4-3 所示，为由左上方向下倾斜的曲线。当 $F_e<F_0$ 时，套利者选择买入远期外汇，远期外汇的超额需求增加。当 $F_e>F_0$ 时，套利者应选择卖出远期外汇，远期外汇的超额需求减少。以点 B 为例，当远期汇率为 F_1 时，由于 $F_1>F_0$ 应选择卖出 Q_1 数量的远期外汇。

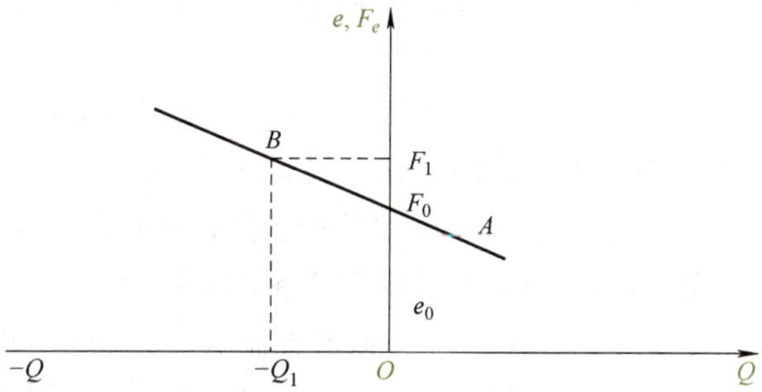

图 4-3 套利者行为

根据市场出清条件，在均衡条件下，远期外汇市场上对冲者、投机者、套利者的超额需求之和为零。综合以上三式，远期均衡汇率由两部分组成：一部分是由抛补利率平价决定的汇率，另一部分是市场对即期汇率的预期 e^e，这不仅显示了套利在远期汇率决定中的作用，还体现了投机者在远期汇率决定中所起的作用。

4.3.3 远期汇率理论评述

传统的利息平价理论只根据套利行为来预测远期汇率，忽视了投机者和对冲者行为，使其理论说服力被削弱。远期汇率理论从三类交易者的交易动机出发，分析了远期汇率的决定过程和决定因素，不仅更加贴近现实生活的运行状况，还对于微观经济主体的行为选择具有很强的指导意义，例如，进出口贸易商可以充分利用期汇市场的特点进行保值避险。套利者和投机者也可以以当代远期汇率理论为依据，更加准确地预测远期汇率的变动趋势，以增加获利的可能性。

4.4 资产组合平衡理论

资产组合平衡理论形成于 20 世纪 70 年代，由美国经济学家勃莱逊（W. Branson）、霍尔特纳（H. Halttune）和梅森（P. Masson）等经济学家创立并发展，是汇率货币论的进一步拓展。资产组合平衡理论的基本思想是用“收益—风险”分析法取代通过套利和商品套购机制的分析，用以探讨国内外资产市场（包括货币和证券市场）的失衡对汇率的影响。同时，该理论接受了多恩布什（R. Dornbusch）关于短期内存在价格黏性的看法，认为在短期内资产市场的失衡是通过资产市场上国内外各种资产的迅速调整来加以消除的，而汇率正是使资产市场供求存量保持和恢复均衡的关键变量。

4.4.1 资产组合平衡理论

资产组合平衡理论的基本假定如下：分析对象是一个小国，国外利率给定；本国居

民持有三种资产：本国货币、本国政府发行的以本币为面值的债券、外国发行的以外币为面值的资产。外币资产的供给仅在短期内被看作固定的。本币资产与外币资产之间不可完全替代，风险等因素使无套补的利率平价不成立。

一国资产总量分布在本国货币、本国债券、外币资产之中。财富总量可表示为如下形式：

$$W=M+B_p+e^* F_p$$

式中，W 是私人部门持有的财富净额；M 是私人部门持有的本国货币；B_p 是私人部门持有的本国证券；e^* 是以本币表示外币价格的汇率；F_p 是私人部门持有的外国资产。私人部门以预期收益率为标准将净财富在本国资产和外国资产之间进行分配。

在本国货币市场上，政府控制货币供给，货币需求是本国利率、外国利率和资产总量的函数。在本国债券市场上，本国债券供给同样由政府控制，当本国利率水平提高时，投资者倾向于更多地持有本国债券。

在外币资产市场上，外币资产的供给通过经常账户的盈余获得。短期内，假定经常账户状况不发生变动，外币资产供给是外生的固定值。对外币资产的需求是本国利率 i 的减函数、外国利率 i_f 的增函数。不同资产的供求不平衡都会带来相应变量的调整。

各类资产之间的关系可用以下的方程式表示：

$$\begin{cases} M=\alpha(i,i_f)W \\ B_p=\beta(i,i_f)W \\ eF_p=\lambda(i,i_f)W \end{cases}$$

式中，α、β、λ 分别表示私人部门愿意以本国货币、本国证券和外国资产形式持有的财富比例。总财富中各种资产的比例应与其本身的预期收益率为正比，与其他替代性资产预期收益率成反比。

4.4.2　短期汇率决定及长期调整机制

当货币市场、本国债券市场、外币资产市场同时达到均衡时，经济将处于短期平衡状态。在短期内，资产供给的变动会对汇率、利率产生影响。资产供给的变动包括相对量变动和绝对量变动两种情况。

资产供给相对量的变动是指两种不同资产之间的互换，一种资产的供给量增加使另一种资产的供给量相应减少，投资者持有的各种资产的总量保持不变。假定政府以公开市场业务操作形式增加货币供给，即可以分别在本国债券市场和外币资产市场上进行。当政府在本国债券市场上进行公开市场操作时，政府买入国债，本国债券供给减少，此时本国货币供给增加，本币贬值，本国利率水平下降；若政府在外币资产市场上进行公开市场操作，买入外币资产，则外币资产供给减少，本国货币供给增加，本币贬值，本国利率水平下降。

资产供给绝对量的变动是指一种或两种资产的供给量增加或减少而其他资产的供给量不变，从而使资产总量增加或减少。以资产总量增加为例，如果中央银行为财政赤字融资，导致本国货币供给增加，则本币贬值，本国利率水平下降；如果中央银行出现经常账户盈余，此时外币资产供给增加，由于本国货币和本国债券的供给没有增加，则本币会升值，本国利率水平保持不变。

资产组合平衡理论中汇率的长期调整机制如下：利率和汇率在某一时点达到短期均衡状态时，经常账户既可能为顺差，也可能为逆差。在浮动汇率制度和政府不干预外汇市场的情况下，经常账户的失衡会引起汇率的动态调节。如果经常账户为顺差，则会引起外币贬值，本币升值，进而降低外币资产供给增加的速度，但只要外币资产供给仍然在增加（经常账户差额不为零），则外币就会继续贬值，直到经常账户差额为零，外币资产供给不再增加，外币不再贬值为止，由此形成汇率的动态调节过程（经常账户为逆差的情形则相反）。

4.4.3 资产组合均衡的比较静态分析

1. 外国利息率

当外国资产市场失衡致使外国利率上升时，私人部门愿意持有的外国资产占总资产的比例 λ 提高，α、β 相应下降。在原先的资产组合上，本国货币和债券出现超额供给，外国净资产 F_p 出现超额需求。当公众重新平衡其资产组合时，会通过本国货币和债券去置换外国资产，由此导致外汇汇率上升，使外国净资产额 e^*F_p 上升，直到资产组合重新符合公众意愿。反之，当外国利率下降到引起公众资产组合调整时，汇率下降。

2. 私人部门拥有的外国净资产

当一国经常账户出现盈余时，私人部门持有的外国净资产增加，使 F_p/W 大于意愿比率 λ。在重新平衡资产组合时，人们就会拿超额的净外汇资产去换本国货币和债券，结果是汇率下降，直到外国净资产额 e^*F_p 意愿为私人部门所拥有；反之，当经常账户赤字时，汇率上升。

3. 政府债券发行

当发行政府债券时，本国债券增加会导致货币供给增加，使私人部门拿出新增的一部分货币购买外国资产。对外国资产需求的增加，会引起汇率上升。但同时，由于债券供给增加提高了本国利息率，会诱使公众将一部分对资产的需求由本国债券转向货币供给，由此又造成汇率下降。净影响取决于外国资产的需求财富弹性与外国资产对本国利率的交叉弹性的大小关系。

4. 中央银行增减货币供给

当中央银行增加货币供给时，货币市场供过于求，债券供不应求。当私人部门用超额货币去置换本国债券时，利率下降，对外国资产的需求扩张，从而导致汇率上升。反之，当中央银行减少货币供给时，则造成利率上升和汇率下降。

5. 私人部门的预期

当各种因素引起私人部门预期汇率将上升（下降）时，他们就会愿意提高（降低）λ，相应降低（提高）α、β。当重新平衡资产组合时，私人部门会用本国货币和债券去替换外国资产，或用外国资产去替换本国货币和债券，由此导致外汇汇率上升或下降。汇率变动后，以本币表示的外国资产额就调整到与新的需求额相一致的水平。

4.4.4 资产组合平衡理论评述

资产组合平衡理论综合了传统的汇率理论和货币主义的分析方法，把汇率水平的决定看作由货币供求和经济实体等因素诱发的资产调节与资产评价过程。资产组合平衡理论认为，国际金融市场的一体化和各国资产之间的高度替代性，使一国居民既可持有本国货币和各种证券作为资产，又可持有外国的各种资产。当利率、货币供给量以及居民愿意持有的资产种类等发生变化时，居民原有的资产组合失衡，持有的各国资产发生替换，促使资本在国际流动。

资产组合平衡理论的主要贡献在于克服了国内外资产完全替代的假定，并将传统理论所强调的经常账户收支也纳入了分析的范畴，可用来解释短期内汇率变动偏离长期均衡汇率水平的现象。它比货币分析法更易适应经常项目和预期因素。资产组合平衡理论允许资产间存在不完全替代性，比货币分析法更具有普遍性。但这一理论也存在一定的缺陷：

1）在论述经常项目失衡对汇率的影响时，只注意到资产组合变化所产生的作用，而忽略了商品和劳务流量变化所产生的作用。

2）只考虑目前的汇率水平对金融资产实际收益产生的影响，未考虑汇率未来变动对金融资产的实际收益产生的影响。

3）实践性存在一定程度的局限，因为各国居民持有的财富数量及构成的相关资料有限且不易获取。

但资产组合平衡理论对原有汇率理论的研究方法进行了重大变革，如运用了一般均衡分析代替局部均衡分析，用动态分析代替静态分析，并将长短期结合起来，令人耳目一新，为今后的汇率研究创造了条件。

本 章 小 结

1. 购买力平价的基本形式可看作一价定律的一般化。一价定律认为，在没有运输费用和官方贸易壁垒（例如关税）的自由竞争市场上，同样的货物在不同国家按同一货币计量的价格相同。其成立的驱动力是商品的套利行为，套利者在价格低廉的市场上买进商品，在价格较高的市场上卖出该商品。

2. 购买力平价理论可分为绝对购买力平价和相对购买力平价。绝对购买力平价是购买力平价理论的古典形式。绝对购买力平价理论认为，一国货币的价值由单位货币在国内所能购买的商品和服务的数量（即货币的购买力）决定，两国货币之间的汇率可由其购买力之比来表示，货币购买力的大小通过物价水平体现。相对购买力平价用于解释汇率的波动，反映着同一时期两国物价指数的对比关系。

3. 抛补利率平价理论的基本观点是，当各国利率存在差异时，投资者为获得较高的收益，愿意将资本投向利率较高的国家。抛补利率平价理论又可分为无价差的利率抛补和有价差的利率抛补。

4. 非抛补利率平价的经济含义是，预期汇率远期变动率等于两国货币利率之差。在非抛补利率平价成立时，若本国利率高于外国利率意味着市场预期本币在远期将贬值。若本国政府提高利率，则当市场预期未来的即期汇率不变时，本币的即期汇率将升值。

5. 远期汇率理论把远期外汇市场上所有的交易活动抽象为三种情况：对冲者进行的商业套汇活动、投机者进行的投机活动、套利者进行的套利活动，从他们的交易动机出发，分析了远期汇率的决定过程和决定因素。

6. 资产组合平衡理论综合了传统的汇率理论和货币主义的分析方法，特别强调金融资产均衡对汇率变动的影响，将商品市场、货币市场和证券市场结合起来进行分析，把汇率水平的决定看作由货币供求和经济实体等因素诱发的资产调节与资产评价过程。

关键术语

一价定律　　绝对购买力平价　　相对购买力平价　　抛补利率平价　　非抛补利率平价　　远期汇率理论　　对冲者　　投机者　　套利者　　资产组合平衡理论

本章思考题

1. 什么是一价定律？它有什么假设？使用范围是什么？

2. 购买力平价理论的贡献有哪些？有哪些缺陷？能否真实反映一国的汇率水平？

3. 利率平价方程说明了什么？如何理解现实中对利率平价的偏离？

4. 西方发达国家的学者们根据购买力平价计算的结果，认为中国经济发展水平目前已经位居世界前列，并据此对中国以发展中国家的身份加入世界贸易组织的要求设置种种障碍。试根据购买力平价的缺陷谈谈你的看法。

5. 如果 i、i^* 分别代表本国和外国利率水平，E、F 分别代表以间接标价法表示的即期汇率与远期汇率。假如远期期限与利率期限相同，试推导利率平价条件并解释它为什么会成立。

6. 假定美国与瑞士的利率分别为 10%、12%，即期汇率为 1 美元等于 1.1314 瑞士法郎，试计算瑞士法郎三个月的远期汇率。

本章参考文献

[1] A 穆萨．国际金融［M］. 北京：中国人民大学出版社，2008.

[2] 迟国泰．国际金融［M］. 5 版．大连：大连理工大学出版社，2011.

[3] 都红雯．国际金融［M］. 北京：高等教育出版社，2013.

[4] 管同伟．国际金融：基于宏观视角的分析框架［M］. 北京：北京大学出版社，2015.

[5] 克鲁格曼，奥伯斯法尔德，等．国际金融［M］. 10 版．丁凯，等译．北京：中国人民大学出版社，2016.

[6] 冷丽莲．国际金融学［M］. 北京：中国金融出版社，2014.

[7] 刘园．国际金融［M］. 2 版．北京：北京大学出版社，2012.

[8] 吕随启．国际金融学［M］. 北京：中国发展出版社，2007.

[9] 于波涛．国际金融［M］. 北京：清华大学出版社，2008.

[10] 克鲁格曼，奥伯斯法尔德，梅里兹. 国际经济学：理论与政策：第 11 版［M］. 丁凯，等译．北京：中国人民大学出版社，2021.

[11] 陈雨露．国际金融［M］. 7 版．北京：中国人民大学出版社，2023.

第 5 章 国际贸易与世界市场

本章目标

通过学习本章，应能：

1. 定义区域经济一体化，并指出区域经济一体化的六种形式。
2. 讨论区域经济一体化所带来的利弊。
3. 定义国际经济组织，了解世界三大经济组织。
4. 掌握世界贸易组织的规则框架。
5. 了解区域经济一体化组织的状况和历史沿革。

5.1 区域经济一体化的含义及形式

5.1.1 区域经济一体化的含义

经济一体化（Economic Integration）的英文原意，是经济结成一个整体的意思。经济一体化活动的实践由来已久，早在 15 世纪欧洲资本主义萌芽时期，欧洲商人到其他大陆去经商时就开始了。作为一体化重要形式之一的关税同盟，也有数百年的历史。

位于某一地理区域内的各个国家通过相互合作，削减或消除国与国之间的商品、劳务和资本的流通壁垒的过程被称为区域经济一体化（地区主义）。在该地理区域内实行经济一体化的国家集团被称为区域贸易集团。

各国实行经济一体化的目标不仅仅是增加跨国贸易和投资，也是提高各国的国民生活水平。例如，专业化分工和贸易能够通过降低价格、提高生产率、为消费者提供更多的选择而带来利益。制定区域贸易协定的目的就是使其成员国实现这一目标。各成员国实行区域经济一体化有时还会有一些其他的目标，如保护知识产权、保护环境，甚至最终建立政治同盟。

5.1.2　区域经济一体化的形式

国际贸易理论的不断发展证实了通过贸易可以获得潜在利益，因此许多国家都通过各种方式来获得这些利益。根据由低级到高级、国家间经济联合由松散到紧密的发展过程，区域经济一体化可以划分为以下六种形式，其中每一种经济一体化形式都包含了比它更低层次的一体化形式的所有特点。

1. 特惠贸易安排

特惠贸易安排（Preferential Trade Arrangements），是指在成员国之间通过签署特惠贸易协定或其他形式，对其全部商品或部分商品互相提供特别的关税是一体化最低级和最松散的一种形式，商品流动的障碍并没有完全消除。最典型的例子是英国与加拿大、澳大利亚等国在 1932 年建立的英联邦特惠制。另外，印度尼西亚、马来西亚、菲律宾、新加坡和泰国等东南亚国家联盟（ASEAN）成员从 1977 年起在成员国间实施的特惠贸易安排协议也属于这种形式。

2. 自由贸易区

自由贸易区（Free Trade Area）是指签订有自由贸易协定的国家所组成的经济贸易集团，成员国相互取消关税和数量限定，使区域内各成员国的商品可以自由流动，但各成员国仍保留独立的对非成员国的关税和其他贸易壁垒，以及保持其内外经济政策的独立性。

自由贸易区的一个重要特征是在该一体化组织参与者之间消除了商品贸易的障碍，成员国内的厂商可以将商品自由地输入和输出，真正实现了商品的自由贸易，但它严格地将这种贸易待遇限制在参与国或成员国之间。自由贸易区的另一个重要特征是成员国之间没有共同对外关税。各成员国之间的自由贸易并不妨碍各成员国针对非自由贸易成员国（或第三国）采取其他的贸易政策。自由贸易区最典型的例子是 1960 年形成的欧洲自由贸易联盟、1993 年形成的北美自由贸易协定及拉丁美洲自由贸易协会。

3. 关税同盟

关税同盟（Customs Union）是指成员国根据缔结的协定，将各自的关税合并为一个统一的关税，成员国之间取消关税和进口数量限制，对从同盟以外的国家进口的货物实行统一的关税和进口数量限制。关税同盟规定成员国之间共同、统一的对外关税，实际上是将关税的制定权让渡给经济一体化组织。它不像自由贸易区那样，只是相互之间取消关税，而不做权利让渡。因此，关税同盟对成员国的约束力比自由贸易区大。

从经济一体化的角度看，关税同盟也具有某种局限性。随着成员国之间相互取消关税，各成员国的市场将完全暴露在其他成员国厂商的竞争之下。各成员国为保护本国的某些产业需要采取更加隐蔽的措施，如非关税壁垒。尽管关税同盟成立之初已经明确规定了取消非关税壁垒，然而非关税壁垒措施没有一个统一的判断标准。因此，关税同盟包含着鼓励成员国增加非关税壁垒的倾向。同时，关税同盟只解决了成员国之间边境上的商品流动自由化问题。当某一成员国商品进入另一个成员国境内后，各种国内限制措施仍然会构成自由贸易的障碍。属于这种形式的经济一体化组织有：德意志关税同盟、中美洲共同市场、非洲的东非共同市场等。

4. 共同市场

共同市场（Common Market）是指两个或两个以上的国家完全取消关税与进口数量限制，建立对非成员国的统一关税，在实现商品自由流动的同时，还实现生产要素的自由移动。与关税同盟一样，在理论上最理想的共同市场里，成员国之间没有贸易壁垒，它们实行共同的对外贸易政策。但与关税同盟不同，在共同市场内部，生产要素在成员国之间也是可以自由流动的，因此，劳动力和资本在成员国之间可以自由流动，人员的流入和流出及资本的跨国界移动不受任何限制，成员国之间联合的密切程度远大于关税同盟。

5. 经济同盟

经济同盟（Economic Union）是指成员国除了实行商品与资本、劳动等生产要素的自由流动和对外统一的关税政策外，还要求成员国制定并执行一些共同的经济政策和社会政策，逐步取消各国在政策方面的差异，形成一个庞大的超国家的经济实体。实现经济同盟的国家不仅实现商品、生产要素的自由流动，建立共同对外的关税，而且制定和执行对外统一的经济政策和社会政策，逐步废除政策方面的差异，使一体化的程度从商品交换扩展到生产、分配乃至整个国民经济，形成一个有机的经济实体。

经济同盟的主要特点是成员国之间在形成共同市场的基础上，进一步协调它们之间的财政政策、货币政策和汇率政策。当汇率政策的协调达到一定的程度，以致建立了成员国共同使用的货币或统一的货币体系时，这种经济联盟便成为经济货币同盟。经济同盟意味着各成员国让渡了建立共同市场所需要的权利，更重要的是成员国让渡了使用宏观经济政策干预本国经济运行的权利。

6. 完全的经济一体化

完全的经济一体化（Perfectly Economic Integration）是指成员国之间经济和政治制度上高度协调一致的经济和政治一体化形式。政治同盟要求成员国以相同的经济和政治立场来对待非成员国，当然，成员国在本国领土上也拥有一定程度的制定某些政治和经济政策的权力。就单个国家而言，加拿大和美国就是早期政治同盟的一个典型例子。在这两个国家中，一些较小的州和省联合起来形成更大的实体。目前正在朝这个方向迈进的一个国家集团的例子就是欧盟。

上述除特惠贸易安排外，五种区域经济一体化形式的基本特征可以用表 5-1 反映出来。

表 5-1　区域经济一体化形式的基本特征

特　征	自由贸易区	关税同盟	共同市场	经济同盟	完全的经济一体化
商品自由流动	是	是	是	是	是
共同对外关税	否	是	是	是	是

（续）

特　征	自由贸易区	关税同盟	共同市场	经济同盟	完全的经济一体化
要素自由流动	否	否	是	是	是
协调经济政策	否	否	否	是	是
统一经济政策	否	否	否	否	是

5.1.3 区域经济一体化的影响

1. 区域经济一体化的益处

许多国家为了获得产出和消费方面的利益，都参与了专业化分工和贸易活动。国家之间贸易水平的上升必然导致专业化分工程度、生产效率、生活水平和消费水平的提高。

（1）贸易创造

经济一体化消除了同一贸易集团内各成员国之间的贸易和投资壁垒。区域经济一体化所带来的各成员国之间贸易水平的提高就称为**贸易创造**。贸易创造的结果是使来自不同国家的消费者和行业采购商在商品和服务方面拥有比以往更多的选择。例如，美国有许多备受欢迎的瓶装水品牌，包括可口可乐的达萨尼和百事可乐的纯水乐。但是，美国国内的杂货店和便利店里还有很多加拿大进口的各种各样的不太知名的瓶装水品牌。毫无疑问，加拿大、墨西哥和美国之间的北美自由贸易协定为这些加拿大品牌的出口提供了更有利的机会。

贸易创造不仅提升了经济体内的总需求，而且使得产品的价格下降、商品的种类增加。人们在以更低的价格购买某种商品以后，可以留出更多的钱去购买其他商品和服务。

（2）更容易达成共识

我们了解世界贸易组织是如何在全球范围内降低贸易壁垒的，而区域经济一体化与世界贸易组织的不同之处则在于它所涉及的是更小规模的国家（地区）集团，其成员数量从几个到三十几个或者更多。在更小的国家（地区）集团内消除贸易壁垒的好处就是，由于成员数量较少，各方更容易达成一致。与之相对照的是，世界贸易组织是由160个国家（地区）组成的，这就导致达成一致非常困难。

（3）政治合作

区域经济一体化同样可以给成员国带来政治利益。由几个国家组成的国家集团会比单个国家具有更重要的世界政治地位，这些国家作为一个整体，在与其他国家进行谈判时具有更多的发言权。此外，实现政治合作一体化还可以避免成员之间潜在的军事冲突。实际上，和平是20世纪50年代欧洲各国在早期进行一体化努力时的中心目标。20世纪前半叶的两次世界大战所带来的灾难让欧洲各国认识到，加强一体化可以避免进一步的武装冲突。

（4）创造就业机会

区域一体化使人们能够从一个国家到另一个国家寻找工作，从而扩大了就业机会，提高了人们的工资水平。区域经济一体化已经为欧洲的年轻人开辟了一条新的道路。年轻人们已经摒弃了极端的国家主义，他们更多地视自己为“欧洲人”并接受共同的欧洲历史和文化。那些既懂得他国语言又有意愿去欧洲其他国家的人，能在养活自己的同时探索新文化的生活方式。因此，欧洲企业在寻找未来的领导者时，一般会雇用能够从跨国和跨文化角度来思考问题的人。

2. 区域经济一体化的不利之处

尽管区域经济一体化会给国家带来很多利益，但是它也存在着一些重要的负面效应。

（1）贸易转移

贸易创造的反面也就是贸易转移，即贸易从不属于某一贸易集团的国家向其成员国转移的过程。贸易转移是由贸易集团形成后成员国之间设置的低关税引起的。实际上，这样会减少与生产率较高的非成员国之间的贸易，增加与生产率较低的成员国之间的贸易。从这种意义上来说，区域经济一体化无形中扶持了贸易集团内部效率较低的生产商。除非贸易集团内部的商品或劳务存在其他形式的内部竞争，否则贸易转移会使消费者为低效率的生产方式而花费更多的支出。

然而，贸易转移并非必然。世界银行的一份报告引起了人们的关注，它是关于南美洲几个大国之间成立的自由贸易区即南方共同市场的影响。报告指出，区域经济一体化不仅促进了区域内部低价值产品的贸易，同时抑制了来自区域外部高价值制成品的进入。但是，进一步的分析表明，调查期间成员国之间的进口增长了3倍，而来自外部市场的进口也增加了3倍。也就是说，贸易协定的净效应并非像批评家指责的那样是贸易转移，而是贸易创造。同样，澳大利亚外交和外贸部公布的一项关于北美自由贸易协定对澳大利亚贸易及其北美投资量影响的调查结果，也未发现协定签署后存在明显的贸易转移。

（2）就业转移

区域经济一体化最具争议的一面可能是它对就业的影响。区域贸易集团通过大幅度降低或消除成员国之间的贸易壁垒提高了经济效率。在区域贸易集团内部竞争中存活下来的某个特定商品或服务的供应商往往是该区域经济效率最高的。而那些对劳动和技术要求较低的企业便会转向集团内部工资水平较低的国家投资建厂。

但是，由于资料来源的不同，有关就业增加或减少的统计数据也参差不齐。美国政府认为，美国对墨西哥和加拿大出口的增加至少创造了90万个就业岗位。但是美国的工会组织劳联—产联却对这一数字提出了异议，而且声称北美自由贸易协定导致了就业岗位的流失。贸易协定确实会造成劳动力市场的新格局——有些工作岗位增加了，有些却减少了。

一旦贸易和投资壁垒被取消，那些保护国内低工资产业的国家就会发现这些岗位有可能流向劳动力更为廉价的其他国家，但它也给失业工人提供了一个提高自身技术和参加更多职业培训的机会。这样也可以提高国家的竞争力，因为高素质工人比低素质工人更容易争取到一份高收入的工作。

（3）国家主权的丧失

更深层次的一体化要求各国放弃更多的主权。在自由贸易区内，成员国交给贸易集团的主权最少，各国可以自行向非成员国设定贸易壁垒。相反，政治同盟要求各成员国在更大程度上放弃外交主权，这也是政治同盟很难建立的原因。由于各国之间的长期合作或摩擦并不会因国家同盟的形成而消失，一个成员国可能和某个非成员国关系一般，但另一个成员国则与之关系很好，因此一项共同对外政策的制定可能会变得非常复杂。

5.2 国际经济组织

国际经济组织是指两个或两个以上国家（地区）政府或民间团体为了实现共同的经济目标，通过一定的协议形式建立的具有常设组织机构和经济职能的组织。狭义的国际经济组织是指限于国家（地区）政府间组织，不包括非政府间组织。

全球性的国际经济组织是对全球性的经济发展进行调节并产生影响的国际经济组织。这种组织一般都属于联合国系统，是联合国的机构或专门机构，如作为联合国主要机构之一的经济及社会理事会，作为联合国专门机构的国际货币基金组织、世界银行等。非政府间的全球性国际经济组织往往也与联合国有固定的联系。但也有部分不属于联合国系统，如世界贸易组织建立时，其成员极力使它避免受到联合国的影响。

5.2.1 世界贸易组织

世界贸易组织于 1995 年 1 月 1 日成立，截至 2023 年年底已有成员 164 个。世界贸易组织是约束各成员之间贸易规范和贸易政策的国际性贸易组织，它建立的协定是国际贸易制度运行和各成员贸易政策制定的法律基础。要了解世界贸易组织，首先要从其前身关税与贸易总协定（关贸总协定）谈起。

1. 关贸总协定

早在第二次世界大战结束之前，美国和英国在商讨建立战后国际经济新秩序时就设想重建国际贸易秩序。它们认为贸易保护是导致 20 世纪 30 年代初期经济“大萧条”的原因之一。因此它们迫切希望建立一个调整各个国家和地区贸易关系的国际组织，以此来保障良好的国际贸易环境，降低贸易壁垒，促使国家经济恢复和发展。

第二次世界大战后，在 1945 年 11 月，美国政府向联合国经济和社会理事会提出一个建议，主张缔结一个制约和减少国际贸易限制的多边公约，以重建国际贸易秩序。1946 年 2 月，联合国经济和社会理事会接受美国建议，决定召开国际贸易与就业会议，着手成立筹备委员会，筹建国际贸易组织。同年 10 月和 1947 年 1 月，各个国家和地区经过伦敦和纽约两次国际贸易与就业会议的讨论和审议，建立了《国际贸易组织宪章草案》，其宗旨是：“通过促进国际贸易的发展，稳定生产和就业，鼓励落后地区的经济发展，为在世界范围内提高生活水平做出贡献。”

1947 年 4 月至 10 月，美国、英国、中国、法国等 23 个国家和地区在日内瓦召开了国际贸易与就业筹备委员会第二次会议。会议期间进行了首轮关税减让谈判，这次谈判后来被称为关税与贸易总协定第一轮多边贸易谈判，并签订了一个《关贸总协定临时议定书》。

1947 年 11 月至 1948 年 3 月，在古巴首都哈瓦那举行的联合国贸易与就业会议上，由英美等 23 个国家和地区代表审议并通过了《国际贸易组织宪章》（又称《哈瓦那宪章》）。但该宪章在交由各缔约方境内法律批准时遇到阻碍，因而拟议中的国际贸易组织破产。

尽管建立国际贸易组织的努力就此中止，但由于各个国家和地区仍然希望有一个比较自由的贸易环境，因此在临时协定缔约方讨论并修改之后，1947 年 10 月 30 日签署的《关贸总协定临时议定书》得以继续执行，并于 1948 年 1 月 1 日临时生效。这样关贸总协定也就“临时”了 47 年之久，并演变为一个代替国际贸易组织行使组织多边贸易谈判、管辖多边贸易协议、解决国际贸易争端等职能的机构。

（1）关贸总协定的宗旨

关贸总协定最重要的是它的契约性，契约的目的在于为商界创造一个有保障的和可预见的国际贸易环境，并使投资、创造就业和贸易繁荣的贸易自由化持续进行，使多边贸易体制在世界范围内促进经济增长和发展。

关贸总协定明确指出，缔约方政府在处理它们的贸易和经济事务的关系方面，应以提高生活水平，保证充分就业、保证实际收入和有效需求的巨大增长、扩大世界资源的充分利用、发展生产和交换为目的，并希望达成互惠互利的贸易协议促进进口关税和其他贸易壁垒的大幅度削减、取消国际贸易中的歧视待遇。因此，关贸总协定积极倡导贸易自由化的趋向是十分突出的。

（2）关贸总协定的基本原则

关贸总协定主要有八个方面的原则，即自由贸易原则、非歧视原则、关税减让原则、一般禁止数量限制原则、公平贸易原则、自我保护原则、透明度原则和磋商调解原则。

其中**非歧视原则**是关贸总协定的重要原则，它规定每个缔约方在双边贸易中要平等互惠，避免歧视和差别待遇，主要体现在最惠国待遇原则和国民待遇原则中。**最惠国待遇原则**是指，某一缔约方给予任何另一缔约方的一切贸易优惠和特权，都必须无条件地给予其他缔约方。例如，一旦某一缔约方与贸易伙伴签订了一项削减关税的贸易协定，该关税减免自动适用于关贸总协定的其他缔约方。**国民待遇原则**是最惠国待遇原则的补充，要求某缔约方保证另一缔约方的公民、企业、船舶和产品在本方境内享受与本方公民、企业、船舶和产品的同等待遇。例如，在大型项目的招标中，对境内外的竞标者要一视同仁。

关税减让原则主要由三项原则组成：①关税保护原则。关贸总协定规定，缔约方只能用关税作为保护境内工业的唯一手段，而不能用关税以外的办法来保护。②关税减让原则。关贸总协定规定，在确定关税作为唯一手段的基础上，各缔约方要逐步降低本地区的关税水平。③关税稳定原则。关贸总协定规定，在各方制定了关税水平后，不能借故重新提高关税。

在自我保护原则方面，关贸总协定指出，各缔约方如果因为加入关贸总协定、执行关贸总协定的各项条款和原则而给它们带来损失，它们可以实施自我保护。这主要指以下六种例外条款：

1）幼稚工业保护例外。关贸总协定允许发展中经济体对某些幼稚工业实施保护，以利于其经济发展。

2）保障条款例外。关贸总协定规定，当一缔约方承担了总协定的义务而导致某一产品进口激增时，受到严重伤害或威胁的境内同类产品的生产者可以要求政府采取紧急措施撤销或修改已经承诺的进口减让。

3）国际收支平衡例外。当一缔约方出现国际收支失衡时，可以进行进口限制，但应由关贸总协定成立工作组定期审查，并要求在收支状况改善时立即取消。

4）关税同盟和自由贸易区例外。关贸总协定允许缔约方建立关税同盟与自由贸易区，其成员方之间相互给予的贸易优惠和特权不必给予缔约方中的非成员方。

5）国家（地区）安全例外。缔约方可以不提供为维护国家（地区）基本安全而不能公布的资料，可以根据《联合国宪章》为维护国家（地区）和平和安全采取任何行动；可以禁止进口关系到国家（地区）安全和社会公德的武器、弹药、毒品和淫秽出版物等。

6）对发展中经济体例外。发展中缔约方可以享受普遍优惠制，可以在一定范围内对出口品给予补贴，发展中缔约方之间的关税减让不必同时给予发达缔约方。

1947 年 10 月 30 日，在美国的倡议下，23 个国家和地区在瑞士日内瓦签订了有关关税和贸易政策的国际性多边协定，简称关贸总协定。总协定于 1948 年 1 月 1 日正式生效，并于 1996 年 1 月 1 日由世界贸易组织正式取代。

2. 关贸总协定的不足和世界贸易组织的成立

关贸总协定自 1947 年制定以来，其缔约成员方从最初的 23 个发展到 1994 年年底的 128 个，在 47 年的历程中，它主持召开了八轮多边贸易谈判，通过历次关税相互减让的谈判，发达经济体的平均关税从 1947 年的 40%左右下降到 4%左右，发展中经济体的平均关税也下降到 13%左右。这就保证了战后的国际贸易能够在一个比较自由的贸易环境下展开。

然而，关贸总协定主要是针对货物贸易及其相关产业部门的贸易问题而设定的规则协议，这就制约着缔约方之间贸易范围的发展扩大，如服务贸易和知识产权等贸易问题。1986 年 9 月，关贸总协定在乌拉圭启动第八轮谈判（又称“乌拉圭回合”），谈判议题中涉及了服务贸易和与贸易有关的知识产权等非货物贸易问题。这些重大议题的谈判成果很难在关税与贸易总协定的框架内付诸实施，使得创立一个正式的国际贸易组织的必要性日益突出。鉴于关贸总协定存在的不足，欧洲共同体于 1990 年年初首先提出建立一个多边贸易组织的倡议，这个倡议后来得到了美国、加拿大等国的支持。

从 1990 年 12 月至 1991 年 12 月，经过一年的紧张谈判，形成了一份关于“建立多边贸易组织协定”的草案。1993 年 12 月，根据美国的提议，把“多边贸易组织”改为

“世界贸易组织”。

1994年4月15日，“乌拉圭回合”参加方在摩洛哥马拉喀什通过了《建立世界贸易组织的马拉喀什协定》，简称《世界贸易组织协定》。根据该协定，1995年1月1日世界贸易组织正式成立。

3. 世界贸易组织体系的基本原则

《世界贸易组织协定》是国际贸易制度运行和各成员贸易政策制定的法律基础，它继承了关贸总协定的主要原则，比关贸总协定约束的范围更加广泛，它是一个真正意义上的国际贸易体系。

在《世界贸易组织协定》中，明确指出了五个基本原则，即非歧视原则、通过谈判逐渐推行贸易自由化原则、可预见性原则、促进公平竞争原则和鼓励发展与改革原则。

世界贸易组织继承了关贸总协定中的非歧视原则，即贯彻最惠国待遇和国民待遇原则。在世界贸易体系建立的基本原则中重申这重要原则的意义，不仅在于其原则本身的重要性，还在于它的适用范围更广。它不仅适用于成员之间的商品贸易，还适用于服务贸易以及与贸易有关的知识产权问题。当然，世贸组织还是为成员规定了一些例外情况，这些例外基本继承了关贸总协定的例外原则。

贸易自由化原则是指通过减少贸易障碍来促进贸易的扩大。这些贸易障碍不仅指进口关税，还包括各种数量限制、政府的某些限制进口的规定以及汇率政策等限制措施。这就要求世界贸易组织的成员根据组织的要求加以调整。世界贸易组织允许各成员采取渐进的方法实现贸易自由化，而且发展中成员可能需要更长的时间。实际情况也基本是按照此原则进行的。例如，中国作为发展中国家加入世贸组织时，其关税总水平从2000年的15.6%逐渐减少到2008年的10%。

可预见性原则是指各成员在其贸易政策或规定执行以前，要对成员公开并通知世界贸易组织。世界贸易组织认为，各成员不应重新人为地增加贸易障碍，以保证国际贸易环境的稳定。

促进公平竞争原则是指世界贸易要在公开、公正和不受干预的情况下开展，因而该体系反对倾销、补贴及政府的歧视性采购等。

鼓励发展与改革原则是指对发展中成员的经济发展和改革采取鼓励原则。世界贸易组织规定，发展中成员在执行规定的内容和时间方面应该具有某种灵活性，即允许它们经过较长的时间达到世界贸易组织的要求。建立世界贸易组织协定给了发展中成员调整与世界贸易组织不相适应方面的过渡期。

4. 世界贸易组织的工作职责与机构设置

（1）世界贸易组织的工作职责

世界贸易组织是取代关贸总协定而建立的一个国际性贸易管理机构，它具有法人资格。其主要的工作职责是：促进世界贸易组织协定和多边贸易协定的执行、管理、运作以及进一步实现各协议的目标；为成员提供谈判的场所和谈判成果执行的机构；实施管理有关争端解决的规则与程序的谅解；管理贸易政策的评审机制；为达到全球经济政策的一致性，以适当方式与国际货币基金组织和世界银行及其附属机构进行合作；为发展中经济体和最不发达经济体提供技术援助和培训。

(2) 世界贸易组织的机构设置

《世界贸易组织协定》为世界贸易组织（WTO）的组织机构设置提供了组织法规：

部长级会议是各成员方最重要的谈判场合，是世界贸易组织的最高权力和决策机构，至少每两年举行一次，所有世界贸易组织成员都有资格参加。其职责是履行世界贸易组织的职能，并为此采取必要的行动，如有成员要求，部长会议有权按照协定及有关多边贸易协定中关于决策的规定，对各多边贸易协议中的任何事项做出决定。

总理事会是世界贸易组织的日常事务执行机构。它由世界贸易组织所有成员方代表组成，向部长级会议报告工作，在部长级会议休会期间，执行部长会议的各项职能，并监督和指导下设机构的各项工作，处理世界贸易组织的重要紧急事务。

理事会是设置在总理事会下的三个主要机构：货物贸易理事会、服务贸易理事会和与贸易有关的知识产权理事会。它们分别负责监督相应协议的实施，实施相应协议规定的职能以及总理事会赋予的其他职能。

总理事会下还设置了一些委员会，负责处理三个理事会的共同事务以及三个理事会管辖范围之外的事务。主要设置有：贸易与环境委员会，贸易与发展委员会，区域贸易协定委员会，国际收支平衡限制委员会，以及预算、财务和行政委员会。

工作小组是世界贸易组织根据需要设置的一些临时性机构。这些工作组有的向总理事会负责，如加入世界贸易组织工作组，贸易、债务和金融工作小组，贸易和技术转让工作小组等；有的向三个理事会负责，如国有贸易企业工作组，国内法规工作组等。工作小组的任务是研究和报告有关专门事项，并提交相关理事会做出决定。

世界贸易组织设置一个由总干事领导的秘书处，向各理事会、委员会提供技术和专业服务，向发展中成员提供技术援助，监测和分析世界贸易发展状况，发布信息，组织部长级会议，为争端解决提供法律服务，向申请加入的经济体政府提供必要的技术援助和建议。秘书处工作人员由总干事指派，并按部长级会议通过的规定决定他们的职责和服务条件。

5. 世界贸易组织的争端解决机制

争端解决机制是保障多边贸易体制的可靠性和可预见性的核心因素，为促进 WTO 稳定全球经贸关系做出了独特贡献。如果没有解决争端的手段，以规则为基础的系统将不那么有效，因为规则无法强制执行。世界贸易组织各成员承诺，不应该采取单边行动以对抗其发现的违反贸易规则的事件，而应寻求多边争端解决制度下的明确规则，通过协商来解决争端。

如果某一世界贸易组织成员采取的贸易政策措施或某种行动使其他成员认为其违反了《世界贸易组织协定》或认为其不履行义务，因而引发纠纷或争端，在采取任何其他行动之前，成员之间应就争端事件进行必要的沟通，看看能否自行解决分歧。如果失败了，可以向世界贸易组织争端解决机制专家组提起诉讼。世界贸易组织总理事会作为争端解决机构（Dispute Sttlement Body，DSB）具有独断的权力召集会议，建立专家小组，通过专家小组做出上诉报告，保持对裁决和建议的执行和监督，在裁决和建议得不到执行时授权受害方可以采取反制裁或报复措施。

世界贸易组织争端解决机制的原则是公平、快速有效、双方都能接受。贸易争端的迅速解决对于世界贸易组织的有效运作是至关重要的，因此，《关于争端解决规则与程序的谅解》详细规定了解决成员方之间贸易争端应遵循的程序和时间表，以便迅速、有效地解决争端。

5.2.2　世界银行

世界银行仅指国际复兴开发银行（IBRD）和国际开发协会（IDA）。世界银行集团则包括IBRD、IDA及三个其他机构，即国际金融公司（IFC）、多边投资担保机构（MIGA）和解决投资争端国际中心（ICSID）。这五个机构密切联系，相互配合，以实现世界银行集团的减贫目标。世界银行的两个直属机构（国际复兴开发银行和国际开发协会）向不能获得优惠国际信贷市场准入或无法获得国际信贷市场准入的国家提供低息或无息贷款及赠款。同其他金融机构不同的是，世界银行不以营利为目的。国家复兴开发银行以市场为依据，并利用其较高的信用等级将低息资金借给发展中国家借款国。世界银行的经营成本由自己承担，因此世界银行不求助外部资金来源来提供经常性开支。

1. 世界银行的宗旨及成绩

世界银行的宗旨是：①对用于生产目的的投资提供便利，以协助成员国的复兴与开发；鼓励较不发达国家生产与资源的开发。②利用担保或参加私人贷款及其他私人投资的方式，促进成员国的外国私人投资。当外国私人投资不能获得时，如条件合适，运用本身资本或筹集的资金及其他资金，为成员国生产提供资金，以补充外国私人投资的不足，促进成员国外国私人投资的增加。③用鼓励国际投资以开发成员国生产资源的方法，促进国际贸易的长期平衡发展，并维持国际收支的平衡。④在贷款、担保或组织其他渠道的资金中，保证重要项目或在时间上紧迫的项目，不管大小都能优先安排。⑤在业务中适当照顾各成员国国内工商业，使其免受国际投资的影响。

对于世界银行来说，最根本的是取得减贫成果，对减贫产生积极的影响。虽然贫困问题仍然存在，但相关工作已取得了显著成就，主要表现为：世界银行多次上调国际贫困线，这一数值在1990年为每天1.01美元（1985年购买力平价，简称1985年PPP），先后上调至2001年的1.08美元（1993年PPP），2009年1.25美元（2005年PPP），2015年1.90美元（2011年PPP），并于2022年再次更新为每天2.15美元（2017年PPP）。这种定义下，极端贫困人口从1998年的18.7亿人，占世界人口的31%，下降至2023年的预计6.9亿人，占世界人口的9%。

2. 世界银行的运作机制及结构

世界银行目前拥有189个成员国。《国际复兴开发银行协定条款》规定，一国成为世界银行成员，必须首先加入国际货币基金组织。国际开发协会、国际金融公司和多边投资担保机构的成员资格取决于国际复兴开发银行的成员资格。世界银行董事会和世界银行行长（兼任董事会主席）主管世界银行的一般性业务，监督世界银行日常工作，行使理事会赋予的职责。执行董事每周在华盛顿召开两次会议，审批新贷款项目，审查世界银行业务与政策。董事会包括 189 个成员国股东，他们是世界银行的最终决策者。一般而言，理事由各成员国财政部长或发展部长兼任，他们每年集中一次，参加世界银行集团和国际货币基金组织理事会年会，目的是制定世界银行集团总体政策，审查成员国资格，同时履行其他职责。由于所有理事每年只集中一次，具体工作将委派给 24 名执行董事，后者在世界银行总部办公。《国际复兴开发银行协定条款》规定，五个最大的股东国法国、德国、日本、英国和美国，每个国家均任命一名执行董事，而其他成员国则由 19 名执行董事代表，他们分别代表由几个国家组成的不同选区。每位执行董事均由一个或一组国家通过两年一度的选举产生。选举通常能够保证维持董事会中广泛的地域平衡。根据传统，行长为世界银行最大股东美国的公民，并由美国执行董事提名。一项长期非正式协定也规定，世界银行行长为美国人，而国际货币基金组织总裁则为欧洲人。

5.2.3 国际货币基金组织

1944 年 7 月，来自 44 个国家/地区的代表团在美国新罕布什尔州布雷顿森林召开会议，商议成立机构处理第二次世界大战后的国际经济关系。当时，他们决意避免重蹈第一次世界大战后巴黎和会的覆辙，成立国际复兴开发银行以恢复经济活动，成立国际货币基金组织以恢复货币的可兑换性和多边贸易。对于英国代表团团长、经济学家约翰·梅纳德·凯恩斯和美国代表团基金组织章程主要起草人哈里·德克斯特·怀特来说，设立基金组织的动因不仅仅是避免再次出现“大萧条”，而是通过设立这样一个机构，防止各国家/地区重新陷入闭关自守和保护主义，从而促成战后经济增长。1947 年 3 月 1 日，国际货币基金组织（IMF）正式开始营业。

1. 宗旨

IMF 宗旨如下：①为成员在国际货币问题上进行磋商与协作提供所需的机构，借此来促进国际合作。②促进国际贸易的均衡发展，扩大生产能力，借此达到高水平的就业与实际收入。③促进汇率的稳定，避免各成员竞争性的通货贬值。④为经常性交易建立一项多边支付和汇兑制度，并设法消除对世界贸易发展形成障碍的外汇管制。⑤在临时性的基础上和具有保障的条件下，为成员提供金融资金，使它们在无须采取有损于本国家/地区和国际繁荣措施的情况下，纠正国际收支的不平衡。⑥争取缩短和减轻国际收支不平衡的持续时间和程度。

2. 运作机制及组织结构

IMF 虽然是联合国的一个专门机构并参加联合国经济与社会理事会，但它独立运作，有着自己的章程、治理结构、规定和资金来源。IMF 目前有 189 个成员，比联合国少六个，这六个国家是古巴、朝鲜、安道尔、列支敦士登、摩纳哥、瑙鲁。古巴是 IMF 最初的成员，但于 1964 年退出；其他五个都没有申请加入。要成为 IMF 成员，必须提出申请并得到大多数现有成员的接受。对 IMF 进行政治监督主要是国际货币与金融委员会的责任，该委员会的 24 位成员是在执行董事会派有代表的那些国家和选区的财政部长或中央银行行长。国际货币与金融委员会每年召开两次会议并就主要政策方向对 IMF 提供咨询。国际货币与金融委员会的大多数成员也是理事会的成员，每个成员在理事会都有一位理事。理事会每年召开一次会议并就主要机构进行决策（例如，是否增加 IMF 的资金或是否接纳新成员）投票。与国际货币与金融委员会一样，发展委员会也有 24 位部长级成员，它就发展中国家/地区面临的问题向 IMF 理事会和世界银行理事会提供咨询。发展委员会每年召开两次会议。

IMF 的负责人是总裁，由执行董事会（总裁担任主席）遴选，任期五年。总裁一直都是欧洲人。三位副总裁协助总裁工作，包括第一副总裁（一直都是美国人）和其他两位副总裁（来自其他成员国）。执行董事会制定政策并负责大多数决策，由 24 位执行董事组成。在 IMF 的份额最大的五个国家（美国、日本、德国、法国和英国）任命执行董事。另有三个国家（中国、俄罗斯和沙特阿拉伯）有足够的份额选举自己的执行董事。其他国家/地区分为 16 个选区，每个选区选举一位执行董事。选区由利益相似并通常来自相同地区的国家/地区组成，例如非洲法语国家。

3. 资金来源

IMF 以非优惠条件向其成员提供贷款的资金是由成员提供的，主要是它们支付的配额，多边借款和双边借款分别作为第二大和第三大资金来源，为配额资金提供临时补充。这些资金为 IMF 在全球经济危机期间支持其成员方面发挥了关键作用。IMF 目前约有为 9730 亿特别提款权（SDR），约 7070 亿特别提款权（约 1 万亿美元）的贷款能力。

（1）配额

配额是 IMF 的主要资金来源。IMF 会定期对配额进行一般性审查，以评估总配额是否充足以及在成员之间的分配状况。最近一次的配额增加到 4770 亿特别提款权（6510 亿美元），这是在第 14 次审查中达成的（2010 年 12 月结束，从 2016 年 1 月开始生效）。IMF 的每个成员都被分配到一定的配额，大致基于其在世界经济中的相对地位。

（2）多边借款

多边借款是补充 IMF 资源的第二大资金来源，以防止或应对国际货币体系资金不足带来的损害。通过多边借款，一些成员国和机构可以随时向 IMF 借出额外的资金。2021 年 1 月，在国家银行参与者的同意下，国家银行的改革生效，在 2021 年至 2025 年期间，国家银行的规模几乎翻了一番，达到 3610 亿特别提款权（5210 亿美元）。

（3）双边借款

双边借款是继配额和国家银行之后 IMF 的第三大资金来源。自全球融资危机爆发以来，IMF 已经签订了几轮双边借款协议（BBAs），以确保它能够满足其成员的融资需求。2021 年 1 月，新一轮的“2020 年双边借款协议”开始生效，取代了在 2020 年年底到期的上一轮双边借款协议。到目前为止，与 40 个债权人签订的，总金额为 1350 亿特别提款权的协议已经生效，与其他几个潜在债权人的协议也将很快生效。

5.3 区域经济一体化组织

区域性的国际经济组织是在一定地域范围内对经济发展进行调节并产生影响的国际

经济组织，如欧洲联盟、北美自由贸易区等。它接收成员时一般只对特定区域的国家开放，关注的问题主要是本区域内的经济合作与发展。有的区域性经济组织涉及本区域的贸易、投资等经济活动的各领域，以促进本地区的全面经济合作为目标，这种组织被称为区域经济一体化组织。

5.3.1 欧洲联盟

拥有实现欧洲统一的梦想是欧洲人的一个重要的文化传统。在欧洲的历史上，用武力将欧洲人强行统一在一起，或由某一个国家出面将欧洲统一在一个旗帜下的战争随处可举。但是最成功的还是第二次世界大战后欧洲的经济一体化之路。

1. 欧盟的前身——欧洲共同体的建立

第二次世界大战在重新承认各国主权的基础上，为欧洲的统一创造了两个有利的条件。一是欧洲人开始意识到，在武力面前，小国的主权几乎是虚无的；二是欧洲的繁荣需要各国的联合。

第二次世界大战后，主要有三股力量推动欧洲一体化的发展。首先，是欧洲内部的德法问题。在 20 世纪的两次世界大战中，德、法之间的矛盾是战争激化的重要因素。为了避免此类事件的再度发生，当时法国的外交部部长罗伯特·舒曼和德国的让·莫耐提出建议，将德、法两国的战略物资——煤钢的生产置于一个超国家的委员会管理之下，并且成立一个组织，允许其他国家参与。其次，美国的鼓励和默许也是一个非常重要的因素。第二次世界大战结束之后，美国在欧洲实行了“马歇尔计划”。美国认为由一个个小国组成的欧洲太杂乱，难以管理，因而美国希望欧洲建立一个联合组织。最后，是苏联的威胁。苏联对西柏林的封锁促成了欧洲的联合。

因此，在罗伯特·舒曼和让·莫耐计划的推动下，1951 年 4 月 18 日，比利时、联邦德国、法国、意大利、卢森堡和荷兰等六国在法国巴黎签订了为期 50 年的《欧洲煤钢共同体条约》(又称《巴黎条约》)，并于 1952 年 7 月建立欧洲煤钢共同体组织，正式实施此条约。

此后，各国寻求更大程度上的合作，并决定优先在经济领域而不是政治领域加强合作。各国经济可以通过建立共同参加的经济组织而联系得更加紧密。因此，1957 年六国又在罗马签订了无期限的《建立欧洲经济共同体条约》和《建立欧洲原子能共同体条约》(统称为《罗马条约》)，并根据条约于 1958 年 1 月创建了欧洲经济共同体（EEC）和欧洲原子能共同体（EAEC)。1965 年 4 月 8 日，六国签订了《关于建立欧洲共同体单一理事会和单一委员会的条约》（即《布鲁塞尔条约》)，决定将煤钢共同体、经济共同体和原子能共同体联合组成一个统一的管理机构，归并机构领导，总称为欧洲共同体(简称欧共体)。《布鲁塞尔条约》于 1967 年 7 月 1 日正式生效以后，三个共同体仍各自存在，以独立的名义活动。但从欧共体成立以来的实践看，欧洲经济共同体处于核心地位。

欧洲共同体成立以后，其成员国有过三次扩大：1973 年，英国、爱尔兰和丹麦加入，从客观上加强了共同体在世界上的地位，增强了其在贸易和其他经济领域的讨价还价能力。1981年，希腊加入。1986年，西班牙和葡萄牙加入，使共同体成员国达到12个。到1990年，欧共体的生产总值达6.2万亿美元，超过美国（5.39万亿美元）和日本（2.94万亿美元），出口贸易额占世界贸易总额的40%，成为当时最大、一体化程度最高的区域经济组织。

2. 欧盟的建立与扩张

由于欧共体的巨大作用，到20世纪80年代末，欧洲统一市场建立在即，欧洲经济共同体成员国的商品、劳务、人员、资本在一个内部没有边界的大市场内自由流动。这一欧洲经济一体化的强大动力促使欧共体在“欧洲联盟”的建议上采取新的措施。同时，经济一体化和政治一体化是两个不可分割的有机整体。当时的国际环境也在一定程度上推动了欧洲一体化进程。鉴于以上情况，欧共体成员国决心推进“欧洲联盟”的建立。也可以说，欧共体的卓越成就直接促进了欧洲联盟的建立。

1991年12月，欧共体12国国家元首云集荷兰马斯特里赫特城，讨论和修改了主席国荷兰提出的经济货币联盟和政治联盟条约草案，并于1992年2月7日签订了《欧洲经济与货币联盟条约》（统称为《欧洲联盟条约》，又称《马斯特里赫特条约》）。至此，欧洲联盟（EU）成立，简称为欧盟。该条约于1993年11月1日正式生效。

欧盟取代了原来的欧洲共同体并有所发展。欧盟的宗旨是：“促进平衡和持久的经济与社会发展，促进欧洲一体化，把欧洲共同体建设成政治联盟和经济货币联盟，在欧洲发行统一货币，实现联盟公民权，扩大共同体和欧洲议会的权力范围，统一各成员国的外交和安全政策，在国内事务和司法领域发展密切的合作关系，充分保持欧共体已取得的成果，并且将欧盟建立在这一成果的基础之上。”在世界格局多极化趋势的今天，欧盟对世界经济和政治格局有着重要的影响。

1994年，随着瑞典、芬兰和奥地利的加入，欧洲联盟的成员国达到了15个，成为拥有3.7亿消费人口、占全球贸易43%的巨大自由贸易区。

欧盟在确定了其建立经济和政治联盟目标的同时，也在向外扩展方面做好了准备。另一方面，“冷战”结束后，许多东欧的原中央计划经济国家选择了市场经济的发展方向，为了比较迅速地恢复经济，纷纷向欧盟靠拢。与此同时，欧盟也制订了“东扩”的计划。

2004年4月进行的扩张是有史以来最大的一次，塞浦路斯、捷克、爱沙尼亚、匈牙利、拉脱维亚、立陶宛、马耳他、波兰、斯洛伐克和斯洛文尼亚10国加入欧盟。罗马尼亚和保加利亚也在2007年加入欧盟。经历长达12年的等待，克罗地亚于2013年7月1日正式成为欧盟第28个成员国。

欧盟还与当时和欧洲共同体同时发展起来的“欧洲自由贸易联盟”成员国达成了一项协议，组成欧洲经济区，规定欧洲自由联盟遵守欧盟所提出的四个自由准则，即货物流通自由、人员流通自由、服务流通自由和资金流通自由。在欧洲自由贸易联盟成员国里，还有挪威、瑞士、冰岛和列支敦士登尚未加入欧盟，而英国也于2020年正式“脱欧”。

3. 欧洲联盟的一体化进程

（1）从关税同盟到共同市场（《单一欧洲法案》的实施）

欧洲经济共同体起步于关税同盟，根据1957年的《罗马条约》，关税同盟的主要内容是：1958 年—1969 年，成员国之间逐步取消关税壁垒和贸易限额，废除成员国之间在公路、铁路和水路运费费率方面的歧视待遇，以使商品可以在成员国内部自由流通，并逐步实行统一的关税率。实际情况是，1961 年年底，各成员国全部取消了对内部贸易的限额，1968 年 7 月 1 日，共同体内部的关税全部削减完毕，在取消贸易限额和内部关税的同时，逐步实现统一的对外关税税率，提前一年实现《罗马条约》原定于 1969 年 12 月 31 日撤除成员国间的全部关税的目标。但在这时，人员、劳务和资本自由流动的目标没有任何进展。

自 1968 年共同对外关税建立以来，它们经历了多次调整。从 1975 年开始，共同体的关税收入全部归共同体支配。共同对外关税的建立标志着关税同盟的完成，并进入了经济一体化的第一个阶段。

在 1985 年 3 月欧洲议会举行的会议上，时任欧共体执行主席雅克·德洛尔提出了建立单一欧洲大市场的宏伟蓝图。此后，执行委员会发表了建立欧洲统一大市场的《白皮书》，规定了建立统一大市场的详细内容和从当时到 1992 年年底的时间表。

为推进《白皮书》的实施，1986 年 2 月 17 日和 28 日共同体分别在卢森堡和海牙举行首脑会议，并签署了《单一欧洲法案》（SEA），提出了实施《白皮书》282 项措施的具体计划和时间表，明确提出了要在 1992 年 12 月 31 日前完成内部统一市场的建设，并规定实现商品、人员、服务和资本的自由流通，取消共同市场内所有的自由贸易障碍，如海关通关手续、不同的认证手续、不同增值税和消费税等的废除。同时，《单一欧洲法案》对经济货币、社会政策、科技发展、环境保护以及外交政策领域的合作也做出了明确的规定，促进了欧洲内部更加紧密的合作。

1992 年年底，欧洲统一大市场由理想变成了现实。在成员国内部基本实现了商品、人员、劳务和资本的自由流动。2001 年，在司法和内政事务方面，许多成员国之间根据申根协定取消了护照管制。在对外政策上，欧盟代表其成员在世界贸易组织、八国集团首脑会议和联合国会议上发言，维护其成员国的利益。欧盟也以一个贸易集团的身份和欧洲以外的很多国家签订双边自由贸易协议，如欧盟与墨西哥就签订了 26 项双边协议。

（2）从共同市场到经济与货币联盟

在欧洲共同体成立之初，一些人深刻认识到，建立一个共同市场以及执行共同经济政策，成员国需要协调它们之间的经济与货币政策。

1969 年，在共同体成员国首脑会议上，政治领导人们提出了建立欧洲经济与货币同盟的动议。直至 1979 年，当成员国所面临的经济形势向好的方面转化以后，共同体提出建立欧洲货币体系的设想，通过建立一个稳定的货币区，使欧洲共同体免除国际金融动荡的干扰。

欧洲货币体系强调，成员国之间的货币保持可调整的钉住汇率，对外则采取联合浮动汇率；为了稳定各成员国之间的汇率，货币体系和成员国要联合干预外汇市场，同时建立一个信贷机制，为成员国稳定汇率提供信贷。作为货币体系的成员国，需要协调它们之间的经济和货币政策。从总体上看，欧洲货币体系是比较成功的。

1988 年 6 月，成员国政府首脑启动了新一轮推进经济和货币联盟的行动，以便真正完成建立单一市场的目标。1989 年 4 月，由执行主席雅克·德洛尔主持的高级委员会完成了关于实现经济和货币联盟的报告，该报告（《德洛尔报告》）详细论证了实现经济和货币联盟的条件，以及实现该目标的三个阶段。

第一阶段是从 1990 年 1 月 1 日至 1993 年 12 月 31 日，在此阶段，成员国要取消所有的货币和资本流动的障碍。成员国之间要实行更紧密的经济政策方面的协调与相互监督。第二阶段从 1994 年至 1996 年，要实现成员国之间经济政策的广泛趋同。由于多数成员国未达到趋同要求，进入经济和货币联盟的第三阶段推迟到 1999 年 1 月 1 日。第三阶段是建立欧洲中央银行，主要职能是管理欧洲货币的供应和负责维持货币的稳定。

1995 年 12 月，欧盟在西班牙召开首脑会议，再次讨论了经济和货币联盟的问题。会议决定统一欧洲货币，并将欧洲单一货币定名为“欧元”。1999 年 1 月 1 日欧元正式启用。欧洲中央银行正式代替各国中央银行确定利率并锁定了首批加入欧元区的 11 个成员国的汇率。

2002 年，有形的欧元纸币和硬币取代各欧元区成员国的货币，单一货币正式开始流通。截至 2023 年 1 月 1 日，欧元区共拥有 20 个成员国。

4. 欧盟的问题与前景

欧盟“东扩计划”实施后，13 个新成员国的加入使得欧盟的人口从原来的 4 亿人猛增至 5.1 亿人，同时也使欧盟的总产出从 15 亿美元左右增加至 16.6 亿美元。巨大的市场规模与发展潜力，使其对各个成员国以及跨国公司和其他在欧盟经营的公司充满吸引力。不过，欧盟的这一扩张也带来了一系列的问题。

相对于西欧国家来说，东欧和中欧国家比较贫困，民主政权基础不牢，而且其经济非常依赖农业——这些国家国民收入的 10% 来自农业，而欧盟的平均水平仅为 2.6%。这些国家加剧了欧盟的资源紧张。新加入成员国的工资水平和税收水平都较低，但经济增长速度却是欧盟原来 15 个成员国的 2~4 倍。尽管欧盟接受这些成员国的初衷是能为原欧盟区注入一些新的经济活力，但必须承认的是，这些新的成员国正影响着欧盟的稳定。尽管新成员国的国内经济高速增长，但是由于种种原因，它们的国民不断涌向那些高收入的欧盟成员国，这带来了很多实际问题。

另外，这些新加入国家的贸易也主要依赖于欧盟。举例来说，捷克和波兰向欧盟成员国的出口量分别占到其出口总额的 85% 和 78.8%。相比较而言，法国、德国、意大利和英国的这一比例要低些，分别是 65.6%、64.7%、63.8% 和 57.5%。但是，所有这些数据同时表明，欧盟各成员国对欧盟的依赖性还是很高的。这些再次说明了区域贸易组织对其成员国的重要性，以及对跨国公司和其他在欧盟经营的企业在投资战略上的重要影响。欧盟的扩张使得其市场规模继续扩大（2023 年 GDP 总量为 18.34 万亿美元）。

5. 英国脱欧

2013 年 1 月 23 日，英国首相卡梅伦首次提及脱欧公投。2015 年 1 月 4 日，英国首相卡梅伦表示，如果有可能，将原计划于 2017 年进行的公投提前举行。2015 年 5 月 28 日报道，英国政府向下议院提交并公布了有关“脱欧公投”的议案，并承诺将在 2017 年年底之前举行投票。2017 年 3 月 16 日，英国女王伊丽莎白二世批准“脱欧”法案，授权英国首相特雷莎·梅正式启动“脱欧”程序。英国首相特雷莎·梅定于当地时间 2017 年 3 月 29 日启动《里斯本条约》第 50 条，正式启动“脱欧”程序，英国经济将接受“脱欧”带来的全面挑战。2017 年 11 月 10 日，为期两天的欧盟和英国第六轮“脱欧”谈判在布鲁塞尔结束，双方未就“分手费”、公民权利和英国与爱尔兰边界等核心议题取得实质性进展。欧盟方面向英国下达“最后通牒”，要求英国在两周时间内就“分手费”问题做出明确回复，否则无法“解锁”包括贸易协议在内的第二阶段谈判。虽然第六轮“脱欧”谈判无果而终，但双方在幕后保持密切接触，取得了一些进展。2018 年 6 月 26 日，英国女王签署了英国《退出欧盟法案》，允许英国退出欧洲联盟 。2018 年 7 月 12 日，英国发布“脱欧”白皮书 。同年 11 月 25 日，欧洲联盟除英国外的 27 国领导人一致通过了英国“脱欧”协议草案 。2020 年 1 月 30 日，英国正式“脱欧”。

5.3.2 北美自由贸易区

北美自由贸易区（NAFTA），包括加拿大、墨西哥和美国，于 1994 年开始正式运行。早在 1989 年，美国和加拿大之间就已经签署了《美加自由贸易协定》，这使身为发展中国家的墨西哥在北美经济大格局中面临边缘化的危险。1991 年 2 月 5 日，美、加、墨三国总统同时宣布，三国政府代表从同年 6 月开始就一项三边自由贸易协定正式展开谈判。经过 14 个月的艰苦谈判，在 1992 年 8 月 12 日，美国、加拿大和墨西哥三国签署了一项三边自由贸易协定——《北美自由贸易协定》。1994 年 1 月 1 日，该协定正式生效。该协定规定，自生效之日起 15 年内三国应逐步消除他们之间的贸易壁垒，实现商品和劳务的自由流通，从而形成一个世界上最大的自由贸易集团。

成立之初，北美自由贸易区拥有 3.6 亿消费者，其国民生产总值总计超过 6 万亿美元。它力图以自由贸易为理论基础，以自由贸易区的形式来实现贸易、投资等多方面的全面自由化，进而带动整个北美地区的经济贸易发展。

1. 建立北美自由贸易区的原因

促使北美自由贸易区成立的原因主要有三个方面：

1）美国、加拿大、墨西哥三国具有实行经济一体化的可能性。三国地理位置紧紧相连，语言文字、价值观念和风俗习惯等都具有相似性。三国的经济互补性加强且依存度很高。

美国和加拿大互为对方的第一贸易大国，在经济贸易方面有着异常密切的联系，而且双方的跨国投资也相当可观，70%的加拿大外来投资来自美国，尤其在汽车、机械、通信设备等制造业领域，由于跨国公司经营，两国间的生产 体化程度很高。美国与墨西哥两国在经济上有很大的互补性。美国的跨国公司在邻近美国的墨西哥一方开设机械、汽车的加工装配厂，主要利用墨西哥较低廉的劳动力，以增强其国际竞争力。墨西哥向美国的出口商品主要是机械、运输设备、汽车及零件以及石油。墨西哥发展经济也需要进口美国的先进设备，这对于美国机械设备寻求外国市场也很重要。美国与墨西哥之间也有着密切的经济贸易联系，美国是墨西哥的最大投资国和贸易国，墨西哥则是美国的第三大贸易国。

2）来自欧洲经济一体化的压力。20世纪80年代以来，世界经济一体化成为世界经济的一个突出现象。为了适应激烈的竞争，更多的国家组成新的区域经济一体化组织或者加入到原有的一体化组织中。当时欧共体的发展引人注目。在实现贸易自由化和关税同盟后，欧共体又签订了《单一欧洲法案》等一系列重要文件，不断加速欧洲共同市场建设。在1989年的《德洛尔报告》中，对欧洲统一大市场的内容和实施步骤做了具体规定，并确定到1992年年底实现统一大市场的目标。

不断扩大和深化的欧洲一体化使美国倍感压力。美国清楚地认识到，统一大市场将使自己面临一系列的难题。单靠自己的力量，不足以应付来自欧共体和其他区域经济体的挑战，建立以美国为首的区域经济一体化组织，以整体力量与其他一体化组织对抗，才可以保持在世界经济中的主导地位。

3）符合北美各成员国发展经济的需要。建立北美自由贸易区，实行美国、加拿大、墨西哥三国经济一体化，对美国而言，既可以扩大商品出口和资本输出市场，有利于经济结构的调整，加快经济增长，还可以为建立由其主导的美洲经济圈奠定基础；对加拿大而言，既可以有效抑制美国日益高涨的贸易保护主义，严格限制美国的反补贴税、反倾销税调查申请等，巩固和扩大美国市场，又可以扩大对墨西哥的商品出口，开发墨西哥市场，并且使三国企业在同等条件下参与竞争，仍然能保持自己的相对优势；对墨西哥而言，既可获得更多的美国和加拿大的先进技术和资本投资，提高经济质量和总量，又可以增加对美、加的出口，获得外汇，解决长期存在的债务问题。

2.《北美自由贸易协定》的宗旨和主要内容

（1）《北美自由贸易协定》的宗旨

《北美自由贸易协定》(以下简称《协定》)是为改善成员国在进行贸易时所涉及的各个方面而签订的贸易协定。它取消所有的关税，去除大多的非关税壁垒，如进口许可证，帮助一成员国的产品进入另外两个成员国的市场。

《北美自由贸易协定》保证投资不受政府政策的限制，美国的投资者可以得到加拿大和墨西哥投资者同等的待遇；知识产权条款可以使美国在高技术方面的竞争优势得到保证；而加拿大和墨西哥企业可以得到有利的美国政府采购合同等。这些都是由《北美自由贸易协定》来规定和保证的。

《北美自由贸易协定》的宗旨是：取消贸易壁垒，创造公平竞争的条件，增加投资机会，对知识产权提供适当的保护，建立执行协定、解决争端的有效程序，以及促进三边的、地区的和多边的合作。《协定》成员国将通过执行协定规定的原则和规则，如国民待遇、最惠国待遇和程序上的透明等来实现这些宗旨。

（2）《北美自由贸易协定》的主要内容

《协定》主要涉及以下三个方面的内容：

1）成员国之间贸易壁垒的降低和消除。根据《协定》，三国将在10~15年的时间内逐步取消进口关税和其他非关税壁垒。

《协定》涉及汽车、纺织、农业、计算机与电子产品等的贸易、市场进入、投资和金融服务业方面的问题。例如，三国间的工农业产品进口关税的 65%将立即免除或在 6 年内免除；墨西哥将在 4~8 年内取消汽车及轻型卡车的进口贸易障碍。但是，《协定》规定只有符合原产地规则的商品才可以享受优惠关税待遇。

2）服务、资本和人员的流动。服务贸易方面，《协定》采取了“消极清单”的做法，即各国承诺对所有服务行业实施国民待遇和最惠国待遇原则，但是在《协定》中被列明的例外原则除外。根据《协定》，墨西哥将开放金融市场，允许美国、加拿大银行和证券公司在墨西哥建立独资分行或子公司。到 1995 年，美国、加拿大公司可以自由进入潜力巨大的墨西哥电信市场。

在投资方面，《协定》也规定成员国的任何一方在其他两国的投资均享受国民待遇和最惠国待遇，除非在国别附件中另有规定。《协定》规定将取消重要的投资壁垒，给予成员国投资者以基本保障，并建立一个解决投资者和成员国之间可能发生争端的机制。

《协定》还对商业人员、贸易商、投资商以及公司企业专业人员的临时入境问题做了自由化的规定；为方便三国间跨边境的劳务贸易对权利义务做了规定，规定各成员国给予其他成员国的劳务提供者国民待遇和最惠国待遇。三国将互相承认专业劳务人员的许可证和证书，《协定》生效两年后，各成员国对在其领土上工作的专业劳务人员签发许可证和证书时将取消国籍和居住的限制条件。但墨西哥根据宪法将继续对某些部门限定其政府或墨西哥公民经营。

3）国内措施和法规的统一协调。《协定》在补贴、反倾销法和竞争政策以及采购与环保措施等方面做了较有原则的规定，如在反倾销和竞争方面，专业规定了垄断和限制性商业惯例，并相应成立了一个工作组来审查三国的反倾销法规和竞争政策。

《协定》签订后，收到美国国会议员、环保组织和工会等的不断批评。1993 年 3 月，三国在华盛顿就劳工、环境和贸易纠纷开始谈判，8 月结束谈判，签订了《北美环境合作协议》和《北美劳工合作协议》，并经三国议会分别批准后，这些协议于 1994 年 1 月 1 日正式生效。

3. 原产地规则

《协定》规定将在一个过渡期内取消三国所生产商品的所有关税，为确定哪些商品可享受优惠关税待遇，必须制定原产地规则，以确保优惠只给予北美地区生产的商品，而不给予那些全部或大部分在成员国以外国家生产加工的商品。这主要是因为北美自由贸易区各成员国自行规定对区域外非成员国的关税和非关税壁垒，为了避免区域外非成员国从区域内低关税的成员国进入自由贸易区，制定了区域内商品的原产地规则。相比较而言，欧盟作为关税同盟，各成员国采取一致的对外关税，就无须区分非成员国的商品从哪个成员国进入欧盟。

原产地规则规定，全部在北美国家生产的商品将被视为该地区生产的产品。对含有外地区材料的产品，当这些材料或组件在协定的任何成员国内加工成最终产成品时，这种方式应足以改变其根据协定有关条款规定的关税类目，即因为在区域内加工，其关税类目发生了改变，也被视为本地区生产的产品。例如，在《北美自由贸易协定》中，陶瓷在协调的关税体系中关税编码为6901-6914，如果生产陶瓷的材料陶土有不同的编码，如其协调的关税编码为2507，则用从区域外进口的陶土生产的陶瓷也为北美自由贸易区原产，即使进口陶土成本超过了陶瓷总成本一半以上。

当产品不符合此种关税类目的改变，即当最终产品和其零部件被列为同一个关税类目时，要求此产品的成本中必须有一半以上是来自北美自由贸易区内的，或者此产品的区域内价值必须超过最终产品总价值的60%，这时该产品也被视为本地生产。

对产品成分的规定也有一些例外。例如，鞋类产品的区域内成分的价值不得小于总价值的55%。汽车按净成本计算方式确定的地区成分含量比例为：小汽车、轻型卡车以及此类车的发动机和传动装置为62.5%，其他类汽车和零部件为60%。

本地区成分的专门比例将按照贸易价值或净成本额计算。贸易价值计算方式的基础是对某种商品已付或应付的价格，以避免使用复杂的会计制度。按净成本计算，即从商品的总成本中扣除特许权、促销和运输的成本。一般来说，生产者可以任意选择计算方式。但是要求根据世界贸易组织的《海关估价法》中不接受贸易价值计算的除外。

4. 北美自由贸易协定的附属协议

《北美劳工合作协议》为改善北美的工作条件和生活水平提供了独特的三国之间的机制，目的是促进基本的劳工标准与美国的劳动法保持一致。由于墨西哥的工资标准低，在劳动密集型产品上相对于美国有较强的竞争优势，来自美国的反对者担心北部的工作机会都转移到墨西哥去。因此，通过建立劳工合作机制监督墨西哥劳工法的执行，以逐步提高墨西哥的劳工标准，来符合美国的利益。

《北美环境合作协议》的签订响应了与《协定》有关的对环境问题的关注。其中美国最关注的问题是：①担心由于将生产转移到保护标准较低的国家以降低成本而使美国的环境保护标准降低。②墨西哥环境标准执行不力导致墨西哥成为污染的天堂，将影响美国制造业的竞争力。③外溢到美国的污染将随着墨西哥的生产，尤其是美国、墨西哥边界地区的生产活动而增加。《北美环境合作协议》为北美三国长期的环境合作增加了动力。该协议促进了区域内政府间的合作来协调紧迫的环境问题，包括边界污染、有害废物的贸易、气候改变和濒危物种的保护。同时，该协议要求各成员国承诺采取高的环境保护标准。有效执行环境法，保证北美不会以环境为代价取得经济发展的利益。

然而，美国、加拿大、墨西哥之间的环境问题由来已久，尤其是美国和墨西哥的边界问题。这些问题不是由北美自由贸易区的建立而出现的，有些问题在短期内难以解决。美国、加拿大之间长期以来就致力于解决边界大湖区的清洁问题，已经取得许多成绩，但工作仍然继续并且有很多要做的工作。

5.《北美自由贸易协定》的影响

（1）有利影响

自从1994年正式实施《北美自由贸易协定》以来，为区域内三个成员国取得了较大的宏观经济利益。第一，规模经济效益。北美自由贸易区是世界上最大的自由贸易区，很容易从其规模经济中获益，降低平均成本，并在此基础上取得竞争优势。第二，实现优势互补。三国的经济水平、文化背景、资源禀赋等方面的差异，使得区域内经济的互补性很强，能提供更多的专业化生产和协作的机会，促进了三国的经济发展。第三，改善了投资环境。《协定》在行业惯例、服务贸易、投资规则和争议解决等方面均有详细规定，这些规定具有稳定性和可预测性，有利于在法律制度层面上增强北美地区投资人的信心并保障他们的利益。这种宏观经济利益的直接表现是，北美自由贸易区无论在商品进口总额还是在出口总额方面都保持国际贸易地区份额上的首位，远高于排名第二位的欧盟的相应总额，占到世界进出口总额的 1/4 左右。

同时，北美自由贸易区的建立，对美国、加拿大、墨西哥三国各自的经济发展也产生了积极影响。美国扩大了对加拿大、墨西哥两国的出口，并充分利用墨西哥的廉价劳动力，使得美国公司降低成本，增强了国际竞争力。由于墨西哥的劳动力成本较低，当跨国公司评估设立工厂的地点时，这些工资水平是重要的决策因素。例如，《北美自由贸易协定》签订之后，IBM 和佳能等很多企业都将原来在亚洲生产的几种配件转移到墨西哥建厂生产。

加拿大获得的利益主要包括：扩大对美国和墨西哥的出口；促进了对美国、墨西哥两国的投资；提高了劳动生产率等。加拿大的出口商品中 79%都出口到美国，有 54. 2%的进口商品来自美国。

作为发展中国家的墨西哥是《协定》的最大受益者，北美自由贸易区促进了其国内的经济增长，吸引了大量外资，并引进了先进技术和管理经验。墨西哥已成为世界上最具发展潜力和发展最快的国家之一。

（2）产生的问题

墨西哥与美国和加拿大之间的差异比西欧任何类似的差异都大，《协定》可能要付出很大的代价。在《协定》下，美国和墨西哥的关系不仅仅是贸易和投资方面的，政治上以及其他方面的原因使移民和毒品成为棘手的问题。

由于从美国进口的农产品从 1994 年以来增长了 726%，墨西哥国内的小农经济几乎消失殆尽，损失的工作机会达到 130 万个之多。这使得墨西哥人偷渡去美国寻找工作的情况愈演愈烈。这与原来的期望相差甚远。这些移民向墨西哥的汇款成为墨西哥仅次于石油收入的第二大外汇来源，使得墨西哥的经济过分依赖于美国。美国方面也正努力尝试如何禁止非法移民的流入以及怎样应对已经流入美国境内的非法移民。

6. 北美自由贸易区新进展

2020 年 7 月 1 日，《美国—墨西哥—加拿大协定》（以下简称《美墨加协定》）正式生效，取代已实施 20 多年之久的《北美自由贸易协定》。美国政府将《美墨加协定》标榜为“21 世纪最高标准的贸易协定”。

《美墨加协定》简称 USMCA，是美国、加拿大和墨西哥达成的三方贸易协议。美国总统特朗普上任后，曾多次批评《北美自由贸易协定》造成美国制造业岗位流失，要求重新谈判。经过一年多马拉松式的谈判后，美墨加三国于 2018 年 9 月就更新《北美自由贸易协定》达成一致，新协定更名为《美墨加协定》。2020 年 1 月，美国国会最终批准了修订后的《美墨加协定》，并递交特朗普签署成法。

简单来说，《美墨加协定》是“《北美自由贸易协定》2. 0”，保留了《北美自由贸易协定》中的大部分内容，但在以下几个方面有所变化。

其一，产业布局转变。《美墨加协定》在汽车、乳制品等条款上有较大更新。《美墨加协定》将原先的原产地规则标准进一步提升，即汽车零部件的75%必须在三国生产，才能享受零关税，高于此前62.5%的标准；到2023年，零关税汽车40%~45%的零部件必须由时薪最低16美元的工人所生产。同时，墨西哥和加拿大获得美国对两国汽车关税豁免的“单边保证”。此外，加拿大在乳制品条款上做出让步，同意取消“7级”的乳品定价协议，向美国开放约3.5%的乳品市场份额。

其二，对非市场经济国家具有排他性。《美墨加协定》中有一项“毒丸条款”，即第32章第10条规定，若三方中任何一方与非市场经济国家达成自贸协定，另外两方可将其“踢”出协定。分析认为，美国意在借此条款来约束墨、加两国与第三方非市场经济国家进行自贸合作，有意针对中国。

其三，争端解决机制。争端解决机制（ISDS）允许第三方投资者直接对东道国提起仲裁，该机制将投资者与东道国置于平等地位，可以保护投资者利益。但《美墨加协定》对三国之间的争端解决机制进行了实质性限缩，也是一种排他性的体现。

其四，“公平贸易”原则。美方认为，《美墨加协定》充分体现了特朗普政府“自由、公平且对等”的国际贸易价值导向。

此外，《美墨加协定》也被认为是目前涵盖面最广的贸易协定。除了20世纪90年代就存在的劳工、环境、竞争政策等议题，该协定还包括了21世纪开始进入讨论范围的数字贸易、国有企业、中小企业等议题。

《美墨加协定》共包含34章内容，对国民待遇与市场准入、原产地原则、海关管理与贸易便利化、贸易救济、投资、跨境贸易服务、数字贸易、知识产权、劳工标准、环境标准、监管实践、争端解决等多个领域的标准与实施做出了细致的规定，其中有约2/3的章节与《跨太平洋伙伴关系协定》（TPP）重合。除了增加了数字贸易等章节外，《美墨加协定》还增加了诸多排他性条款，具有浓重的贸易保护主义色彩。

与《北美自由贸易协定》相比，《美墨加协定》的名称中已删除了“自由”二字，整体内容并没有进一步降低双边贸易壁垒。《美墨加协定》是建立以美国为主导的国际双边贸易体系的开端，它将中国等西方社会认定的非市场经济体排除在这一体系外。美国贸易代表罗伯特·莱特希泽在演讲中称，当初特朗普布置任务时，希望达成的目标是：保护美国工人，为我们的农民和牧场主而战，维护美国的竞争创新优势，确保我们的企业获得更大的准入，最重要的是，为美国带回就业机会。这些目标在协定中都有体现。

美国是《美墨加协定》的最大受益方，其实现了特朗普政府所谓的“公平、对等”“让美国获益”的贸易准则。《美墨加协定》是特朗普政府利用墨、加经济依赖美国市场的软肋，以威胁退出《北美自由贸易协定》重启谈判为开端，以加征钢铝、汽车关税为手段不断施压，和墨、加方做出妥协的产物。《美墨加协定》使得加拿大对美国进一步开放乳制品和酒类市场（加拿大已同意对美国开放约3.5%），缓解了美国农产品出口的困境，为特朗普赢得了农业州的选票。作为交换，加拿大和墨西哥换来了美国汽车关税的豁免、延长至16年的“日落条款”、以及与加拿大保留的争端解决机制等条款。《美墨加协定》通过实施汽车产业苛刻的原产地规定以及高工资劳动含量要求，力图培育产业链相关技术人员，提振美国汽车业的同时保证相当部分的制造业生产回流至美国、增加美国本土就业机会。此外，《美墨加协定》在延长生物制药数据保护期、版权等方面提高原来加拿大主张的标准，有利于对美国医药行业和知识产权的保护。

7.《美墨加协定》排他性条款的三个表现

第一，《美墨加协定》对汽车原产地规定的区域内价值比例高于《北美自由贸易协定》，在促使汽车供应链逐步转移至美墨加三国的同时，具有明显的排他性。当前，各国汽车产业依赖于复杂的跨境供应链，但是《美墨加协定》规定，在五年过渡期内，一辆汽车零部件的北美原产地占比须从目前的62.5%逐步提高到75%，并且要求汽车制造商至少70%的钢铁和铝原料必须来自美、墨、加三国，这将促使汽车供应链逐步转移到这三个国家。同时，《美墨加协定》在原产地规则中规定，乘用车高工资劳动占比（每小时工资16美元以上的工人生产）需要从2020年以前的30%，逐步增加到2023年的40%。

《美墨加协定》下，美国提高了加、墨两国的汽车出口量，但同时设定了排他条款，即75%的汽车和配件必须由北美制造，这一规定将很大一部分中国、日本、欧盟等汽车制造商排除在外。《美墨加协定》通过实施苛刻的原产地规定，力图培育产业链相关技术人员，保证相当多的制造业生产回流至美国以及加拿大的高工资地区，同时支持配套的北美钢铝产业。这一原产地规定在帮助美国实现制造业回流、增加就业机会目的的同时，使得全球其他国家的汽车制造商更难在墨西哥廉价生产汽车。

第二，美、墨两国间取消投资争端解决机制（ISDS），这意味着第三方投资者将无法利用这一机制提起仲裁。墨西哥与美国间取消了投资争端解决机制（ISDS），而加拿大与美国间依然保留这一机制。在投资争端解决机制中，如果投资者来自美、墨以外的第三方，而该方被美或墨认定为非市场经济体，那么这一投资者不能成为申诉方提起投资仲裁。也就是说，如果中国在墨西哥拥有或控制的企业在美国投资，该企业不能作为申诉方对美方提起诉讼。

第三，《美墨加协定》关于非市场经济国家的相关规定具有明确的针对性和歧视性，美国意在通过《美墨加协定》来约束墨、加两国与第三方非市场经济国家签署自由贸易协定。《美墨加协定》中引入了前所未有的排他性条款。第32章第10条规定：如果美墨加三国正在与非市场经济国家谈判自贸协议事宜，则缔约方不仅应在启动谈判前提前三个月通知其他缔约方，而且应该尽早将缔约目标应尽可能告知其他缔约方；还需要在签署前至少30天将拟签署文本提交给各缔约方审阅，以评估该文本对《美墨加协定》的影响；在与非市场经济国家签署自贸协议后的六个月内，允许其他缔约方终止《美墨加协定》，并以缔约方的双边协议取代。

5.3.3　亚太经济合作组织

亚太经济合作组织（APFC）是继欧洲联盟和北美自由贸易区之后又一大区域经济

合作组织。然而就世界贸易组织的标准来说，亚太经济合作组织不能算是个正式的区域贸易组织，所以它在WTO的名单上并没有作为一个正式的区域贸易组织出现。亚太经济合作组织从产生、发展及其运作模式军、均有别于欧盟和北美自由贸易区，有其自身的特点。

1. 亚太经济合作组织的建立与发展

首先，20世纪70年代以后，亚太地区，特别是东亚各国和地区的对外开放经济政策和经济迅速的发展为亚太地区经济合作创造了条件。中国台湾、韩国已从国际负债中解脱出来；泰国、新加坡积极调整国内政策，经济发展战略已从进口替代型转变为出口导向型；中国也从1978年开始实施经济开放政策等。对外开放促进了各国和地区的经济发展。

其次，欧共体统一市场和北美自由贸易区的建立，刺激了亚太向区域经济合作的方向发展。由于欧共体和北美自由贸易区内成员国之间消除了关税，使区域内进出口商品价格下降了2%~5%，其结果使区域外成员国的产品处于竞争的不利地位。另外，欧共体统一大市场还协调区域内的对外经济政策，使非成员国的商品进入共同体受到某种限制。原来与欧共体和北美自由贸易区的经贸关系越深的国家，所受的影响越大。出于国际经济格局变动和对本国经济利益的考虑，亚太主要国家谋求经济合作的态度很积极。

然而，亚太地区，尤其是东亚地区与欧共体和北美自由贸易区相比，存在诸多不利条件。亚太各国和地区经济发展水平的差距较大，虽然东亚经济发展迅速，但与发达国家相比仍然相对落后。另外，由于日本在第二次世界大战中的对外侵略，东亚其他国家对日本的戒心比较明显，尤其是东盟国家强调，即便参加亚太区域经济合作，也要保持东盟组织的特性，继续发挥东盟的作用。部分亚太发展中国家支持美国参加亚太区域经济合作，主要目的是想使美国成为日本亚太经济霸主企图的制约力量。另外，亚太经济合作区域的社会和自然条件也远不如欧共体和北美自由贸易区，它在地理、政治、文化、语言、生活习惯、宗教等方面的巨大差异为合作增添了困难。

尽管如此，从当时的经济利益分析，建立区域经济合作组织、加强经济技术合作，对各国和地区的经济发展是有利的。因此，亚太经济合作组织应运而生。1989年11月，亚太地区12个国家（包括澳大利亚、美国、加拿大、文莱、印度尼西亚、日本、韩国、马来西亚、新西兰、菲律宾、新加坡和泰国）在澳大利亚首都堪培拉召开了首次部长级会议，宣告亚太经济合作组织已经接纳了12个成员。

亚太经济合作组织不仅成员的数量发展较快，其合作的深度和广度发展也很快。在1991年11月的第三届部长级会议上确定了亚太经济合作组织今后的宗旨，即推动全球贸易自由化，促进成员间的贸易、投资自由化、便利化和经济技术合作。同时确定了亚太经济合作组织的活动范围和合作方式，开始向具体经济技术合作领域迈进。1994年11月的会议确定了实现贸易和投资自由化的时间表（即“茂物目标”）：发达经济体成员在2010年前、发展中经济体成员在2020年前，实现亚太地区自由与开放的贸易及投资。据一项研究表明，从1996年各成员提出的单边行动计划看，大多数成员会提前实现茂物目标。

目前，亚太经济合作组织 21 个成员的总人口占世界人口的 45%，国内生产总值占世界的 56%，贸易额也占世界总贸易额的 49%。这一组织在全球经济活动中具有举足轻重的地位。

2. 亚太经济合作组织的特征

亚太经济合作组织是在一个各国历史、文化、宗教、政治和经济制度以及价值观有很大差别的地区建立的。其 21 个成员中，有六个发达国家，包括美国、加拿大、日本、澳大利亚、新西兰和俄罗斯，其余均为发展中国家和地区。亚太地区贸易增长并不是建立在内向发展和对区外贸易的歧视上，而是建立在全方位的、包括区内区外降低贸易壁垒的基础上的。因此，亚太经济合作组织具有如下几方面的特征：

（1）开放性

亚太经济合作组织是一个不同于关贸总协定、北美自由贸易组织和其他各类国际经济集团的组织。它推行开放的多边贸易体制，力图不使亚太经济合作组织朝着组成一个贸易集团的方向发展，而是建立一个实行“开放的经济联合体”的新型国际经济组织。主要体现在，亚太经济合作组织主张对区域外的非成员开放，各成员可以在自愿的基础上有条件地或无条件地给予非成员优惠待遇。

（2）协商性和平等互利

协商一致的原则使亚太经济合作组织有别于其他区域经济组织和世界贸易组织。亚太经济合作组织不是靠谈判达成条约规定，而是靠成员的协商和领导人的承诺来行事。承诺与协商虽不具有法律意义上的强制性，但作为一种国际信誉，也有很强的约束力。亚太经济合作组织不存在超国家决策，从而也不存在国家管理权力的让渡，体现了平等原则；协商加自主行动，在协商一致的基础上，各成员达到同一目标可采取自主行动。

（3）单边行动计划和集体行动计划相结合

上述的协商一致原则的具体体现就是集体行动计划，自主自愿原则的具体体现就是单边行动计划。单边行动计划与集体行动计划的相互促进和补充是亚太经济合作组织独特合作方式的具体内容。

3. 亚太经济合作组织存在的问题与前景

亚太经济合作组织成员对“开放的地区主义”的观点存在分歧。美国等亚太经济合作组织成员认为，对其他区域外的非成员的贸易政策应是基于谈判的“互惠的自由贸易协定”，而其他成员则认为对其他非成员可以采取“无条件的最惠国待遇”，即亚太经济合作组织内部贸易与投资自由化的协商成果也适应于外部非成员。

另外，由于成员之间的经济水平差距巨大，形成了亚太经济合作组织的离心力和松散性。主要表现在发达经济体与发展中经济体在以下几方面的冲突上：一是自主自愿的非约束性原则，发展中经济体成员强调政策的自愿性和非约束性，而发达经济体成员则希望贸易投资自由化制度化；二是贸易投资自由化的速度问题，发展中经济体成员希望根据各自的实际情况和承受能力，逐步开放市场，而发达经济体成员要求全面、快速地推动自由化，而且要超越世界贸易组织的进程；三是成员的经济技术合作的地位问题，发展中经济体成员希望将经济技术合作放在与投资贸易自由化同等重要的地位，这样他们能在处于贸易自由化劣势的情况下，能够通过技术援助获得确定的利益作为补偿，而发达经济体成员则认为经济技术合作是服务于贸易投资自由化的，处于辅助地位。

上述问题的存在，使得亚太经济合作组织的目标和理想与现实产生了矛盾。随着亚太经济合作组织合作进程的深入，这些深层次的矛盾将影响亚太经济合作组织合作进程。因此，亚太经济合作组织成员所面临的艰巨任务是如何使亚太经济合作组织仍能够继续遵循共同发展这一初衷，增强对成员的吸引力和凝聚力。为此，所有成员在合作中都必须遵守一些必要的规则，尤其要处理好区域共同利益与自身利益的关系，建立长远的利害得失观念，在争取自己利益的同时，尊重和顾全伙伴的利益。

5.3.4 东盟自由贸易区

1. 东南亚国家联盟与东盟自由贸易区的建立

1967年8月8日，马来西亚、菲律宾、新加坡、泰国和印度尼西亚和文莱六国（原东盟六国）外交部部长在泰国曼谷举行会议，决定成立东南亚国家联盟，简称“东盟”，发表了《东盟宣言》，其目的是通过共同努力，促进本地区经济增长、社会进步和文化发展。成立初期，东盟的政治意义大于经济意义，采取“一个声音说话，否则就会在国际上被别的声音淹没”的策略，突出东盟的国际存在。其后，随着国际形势的变化，东盟逐步向经济合作领域转移。

1992年1月，原东盟六国参加的贸易部长会议在新加坡举行，会议签署了设立东盟自由贸易区的协议。会议确定在未来15年内，即在2008年前实现成立东盟自由贸易区。

1995年的东盟首脑会议决定加速东盟自由贸易区的设立，将原定的15年计划缩短为10年，即在2003年前设立东盟自由贸易区。

随后，东南亚较为落后的国家在1995年开始相继加入东盟。越南（1995年）、老挝（1997年）、缅甸（1997年）和柬埔寨（1999年）四国的加入，使这一组织覆盖了整个东南亚地区，形成一个人口超过5亿、面积达450万km^2的10国集团。东盟各国加强了政治、经济和军事领域的合作，并采取了切实可行的经济发展战略，推动经济迅速增长，逐步成为一个有一定国际影响力的区域性组织。

为了早日实现东盟内部的经济一体化，东盟自由贸易区于2002年1月1日正式启动。自由贸易区的目标是促进东盟成为一个具有竞争力的基地，以吸引外资，消除成员国之间的关税与非关税障碍，促进本区域的贸易自由化；扩大成员国之间互惠贸易的范围，促进区域内贸易；建立内部市场。

2. 东盟自由贸易区的影响

原东盟六国已于2002年将绝大多数产品的关税降至0~5%。越南、老挝、缅甸和柬埔寨四国于2015年实现这一目标，东盟国家吸收的外国直接投资（FDI流入）在2010年达到794亿美元，2014年，东盟吸收外商直接投资总额连续第三年实现增长，流入东盟的投资额从2013的1177亿美元增长至1362亿美元，成为发展中国家和地区最大的外商直接投资目的地。另外，中国生产成本的上升，导致一些东盟国家如印度尼西亚和越南，已经在作为低成本生产基地方面取得了进展。东盟最不发达的国家越南的吸引力也在增加，2011 年—2015 年，越南的外国直接投资资金到位年均增长率为 20%，2015 年达 145 亿美元。

3. 东盟自由贸易区的远景

2007 年 1 月，第 12 届东盟首脑会议决定在 2015 年建成以安全、经济和社会文化共同体为支柱的东盟共同体。同年 11 月，东盟 10 国领导人在新加坡举行的第 13 届首脑会议上签署了《东盟宪章》和《东盟经济共同体蓝图宣言》等重要文件。这是东盟经济一体化建设的总体规划，也是一份指导性文件。2008 年 12 月 15 日，《东盟宪章》正式生效。

《东盟宪章》涵盖了政治、经济、社会安全、文化等各个领域的规范与目标。就联盟内经济贸易方面的目标而言，包括以下三个方面：

1）通过加强政治、安全、经济和社会文化合作，提升地区活力。

2）建立一个稳定、繁荣、极具竞争力和一体化的共同市场和制造基地，实现货物、服务、投资、人员资金自由流动。

3）在一个开放、透明和包容的地区架构内，发展与域外伙伴的关系与合作，维护东盟的主导力量、中心地位和积极作用。

2011 年 11 月，东盟提出区域全面经济伙伴关系（RCEP）倡议，旨在构建以东盟为核心的地区自由贸易安排，试图通过区域内全面合作增强东盟在世界经济中的核心地位。2012 年 11 月，在第七届东亚峰会上，东盟国家与中国、日本、韩国、印度、澳大利亚、新西兰六国领导人同意启动 RCEP 谈判，迄今已举行 16 轮谈判和 4 次经贸部长会议。2016 年 9 月，东亚合作领导人系列会议期间，各方发表《RCEP 领导人联合声明》，要求谈判团队加紧工作，尽快结束谈判。

5.3.5 中国—东盟自由贸易区

随着世界范围内的经济全球化浪潮，各种区域贸易组织也迅速发展，这使得东盟各国普遍感到必须通过建立更具竞争力的区域经济一体化组织来拓展国际市场。同时，1997 年亚洲金融危机使东盟国家的经济受到严重冲击；2000 年下半年，美国，日本与欧盟经济相继陷入衰退等。这些因素使东盟成员国确信，只有加强自身与东亚区域的合作才能快速发展自己。

为此，在 20 世纪 90 年代中后期，东盟与东亚三国（中国、日本与韩国），先后建立对话伙伴关系。2003 年，中国与东盟的关系发展到战略协作伙伴关系，中国成为第一个加入《东南亚友好合作条约》的非东盟国家。日本与韩国也自 2005 年开始与东盟 10 国协商自由贸易区谈判，作为成立东亚自由贸易区（“10+3”）的起步。

1. 中国—东盟自由贸易区的建立

中国—东盟自由贸易区的构想提出时间是 2001 年，2001 年 11 月在文莱举行的东盟首脑会议上，中国与东盟 10 个成员国宣布了在未来 10 年内建设自由贸易区的目标。2002 年 11 月 4 日，在柬埔寨首都金边举行的东盟与中国领导人会议上，签署了《中国与东盟新全面经济合作框架协议》，宣布 2010 年建成中国—东盟自由贸易区。对东盟新成员四国，计划在2015年建成自由贸易区。中国—东盟自由贸易区是中国对外商谈的第一个自由贸易区，也是东盟作为整体对外商谈的第一个自由贸易区。

根据《中国与东盟新全面经济合作框架协议》所确定的内容和时间表，中国与东盟稳步推进自贸区建设进程，相继签署了《货物贸易协议》《争端解决机制协议》《服务贸易协议》《投资协议》和有关议定书，并实施全面降税。

2010年1月1日，中国—东盟自由贸易区如期建成。建成后该自由贸易区是一个拥有19亿人口、国内生产总值接近6万亿美元、贸易总额达4.5万亿美元、由发展中国家组成的自由贸易区。

2. 中国—东盟自由贸易区的发展目标与措施

中国与东盟全面经济合作的目标：加强和增进各缔约方之间的经济、贸易和投资合作；促进货物和服务贸易，逐步实现货物和服务贸易自由化，并创造透明、自由和便利的投资机制；为缔约方之间开展更加紧密的经济合作开辟新领域，制定适当措施；为东盟新成员国更有效地参与经济一体化提供便利，缩小各成员国经济发展水平的差距。

实现中国—东盟自由贸易区的具体措施有：

1）逐步取消所有货物贸易的关税与非关税壁垒，逐步实现涵盖众多部门的服务贸易自由化。2004年1月1日起，中国—东盟自由贸易区对600多种产品实行降税，产品范围包括畜产品、乳制品、植物产品、植物油、水果和蔬菜等。自2010年1月自由贸易区建立之时，中国对东盟10国进口的90%以上的产品实现了零关税，东盟成员国也对自中国进口的90%以上的产品实现了零关税。

2）建立开放和竞争的投资机制，便利和促进中国—东盟自由贸易区内的投资；对东盟新成员提供特殊和差别待遇。投资合作是中国—东盟自由贸易区建设的强大推动力。中国政府积极推动以东盟国家为重点的“走出去”战略，鼓励中国企业到东盟进行投资。投资领域从原来的加工装配和生产小型项目扩大到金融、通信、旅游、环境、能源、矿产资源开发贸易以及大湄公河流域开发等领域。走进东盟、投资东盟将成为未来中国企业跨国发展的方向。

3. 中国—东盟自贸区对中国贸易的影响

（1）积极影响

1）有利于自贸区内各国间的贸易发展。自2010年1月1日中国—东盟自由贸易区正式建成后，中国对东盟10国91.5%以上产品实行零关税，对东盟平均关税从9.8%降到0.1%；同时，东盟六个老成员国（文莱、印度尼西亚、马来西亚、菲律宾、新加坡和泰国）对90%以上的中国产品实行零关税，对中国平均关税从12.8%降为0.6%，东盟四个新成员国（越南、老挝、柬埔寨和缅甸）在2015年实现这一目标。自由贸易区建成后关税壁垒的逐渐消除，使各个国家的出口成本大大降低，区内将会获得更大的贸易创造效应。

据中国—东盟经济合作小组专家利用全球贸易分析项目和计算的一般均衡模型分析得出结论显示，中国—东盟自由贸易区的建立能产生正的贸易创造效应，拉动中国和东盟的出口总量分别增长2.73%和0.95%，社会福利分别增长17.87亿美元和29.86亿美元。

2）有利于产生规模经济效益和竞争效应。倘若按照人口数量来计算的话，中国—东盟自由贸易区是全球最大的贸易区，其贸易规模仅次于欧盟和北美自由贸易区，有着充足的市场潜力，各成员国的国内市场迈向统一的大市场，使双方的经济发展空间进一步拓展。在这个大市场内，每个国家都可以充分发挥自己的优势进行专业化生产，各自生产自己具有比较优势的产品，将每件产品的生产规模扩大。从长期来看，这种市场规模的扩大，必将带来规模经济效益。

3）有利于提高中国在国际经济贸易谈判中的地位。作为一种地缘经济与政治，中国和东盟各国可以通过开展经济领域合作来推动贸易区中其他领域合作的发展；双方需要通过共同努力克服各种在巩固自由贸易区中存在的问题，对内创造出更好的关系和发展环境，对外形成协调一致的利益与声音。这样就会在国际事务中为本贸易区争取更多的利益，推动地区经济的进一步发展，最终造福于本地区人民。

4）使中国占有亚洲经济区域一体化先机。随着区域经济一体化的不断发展，新区域主义在逐渐影响着目前世界经济的发展，并逐步取代了国际经济贸易中的双边关系。此次与东盟的合作，其实可以看作对其他区域经济合作的反应。随着中国经济的不断发展，中国国际地位的提升，中国已被外界认为是有利于推动亚洲经济合作的国家。在中国与东盟签订自由贸易区协议后，日本与东盟、韩国与东盟成立自由贸易区的谈判以及中、日、韩之间的经贸谈判也随之有了实质性的进展。同时，中国—东盟自由贸易区的建立可以为中国更高以及更广层次的区域经济一体化合作积累经验并奠定坚实基础。

（2）消极影响

1）关税降低和部分市场开放将冲击国内产业并带来持续的贸易逆差。随着自由贸易区的建立，关税逐渐降低乃至完全取消，大量的东盟国家的优势产业将不断进入中国市场，无论是对中国与东盟国家的同类产业，还是对中国国内发展尚不成熟、缺乏竞争力的产业都会造成冲击。比如为了尽快使区域内消费者享受到自贸区带来的好处，中国—东盟自由贸易区建设过程中确定了早期收获计划，规定从2004年1月1日起对500多种农产品实行降税，2006年这部分产品的关税降为零，计划中一些是双边互免关税，但更多的是中国单方面的关税减让，这就对中国的农产品造成了冲击。

2）东盟经济波动和外贸运作成本的增加将对中国贸易发展产生不利影响。随着自由贸易区的逐步建立，中国与东盟的关系将会紧密地联系到一起，双方之间的依赖程度也必然会进一步加深。一旦东盟内部出现轻微的波动，中国的相关产业必然会受到牵连，遭到相同的冲击，从而影响中国本身的正常发展。

3）中国与东盟之间的短期竞争对中国贸易发展产生消极影响。在出口市场结构方面，中国与东盟的主要贸易伙伴都是美国、欧盟、日本、韩国；在出口商品结构方面，中国与东盟均以向欧美日等发达国家出口初级产品和低附加值的劳动密集型制成品为主，特别集中在服装、组装类电子产品以及日用品等品种上。基于各成员国在出口产品结构和出口市场结构等方面都存在的竞争，加上由于自贸区的建立造成的市场开放，中国在出口市场上来自东盟的竞争会越来越激烈，而且在短期内可能形成竞争大于合作的局面。

5.3.6 区域全面经济伙伴关系（RCEP）

RCEP是Regional Comprehensive Economic Partnership的缩写，即区域全面经济伙伴关系，RCEP由东盟10国于2012年发起，邀请中国、日本、韩国、澳大利亚、新西兰，通过削减关税及非关税壁垒，建立15国统一市场的自由贸易协定。经批准生效后，各成员之间关税减让以立即降至零关税、10年内降至零关税的承诺为主。

RCEP于2020年11月15日正式签署，其签署是地区国家以实际行动维护多边贸易体制、建设开放型世界经济的重要一步，对深化区域经济一体化、稳定全球经济具有标志性意义。RCEP是世界上参与人口最多、经贸规模最大、成员结构最多元、发展潜力最大的自由贸易协定。

1. RCEP的背景和发展进程

RCEP的渊源可以追溯到21世纪初。2001年，刚刚遭受亚洲金融危机的东亚各国，开始寻求通过加强对外经济合作推动经济复苏，谋划以东盟10国及中、日、韩三国为基础建立东盟"10+3"模式，这是RCEP的最早构想。随后，经历近10年的推进，2011年，RCEP进入实质性构建阶段。再次经过近10年的谈判，2020年11月RCEP正式签署。经过近20年的漫长历程，RCEP不仅凝聚了各方对于自贸协定的共识，还进一步激发了东南亚国家深化与中、日、韩等国家经贸合作的行动自觉。随着RCEP的生效，将带来多米诺骨牌似的连锁反应。

2020年11月15日，第四次区域全面经济伙伴关系协定领导人会议以视频方式举行，会后东盟10国和中国、日本、韩国、澳大利亚、新西兰共15个亚太国家正式签署了《区域全面经济伙伴关系协定》。

2021年3月22日，中国完成RCEP核准，成为率先批准该协定的国家。同年4月15日，中国向东盟秘书长正式交存《区域全面经济伙伴关系协定》核准书。同年11月2日，《区域全面经济伙伴关系协定》保管机构东盟秘书处发布通知，宣布文莱、柬埔寨、老挝、新加坡、泰国、越南等六个东盟成员和中国、日本、新西兰、澳大利亚等四个非东盟成员已向东盟秘书长正式提交核准书，达到协定生效门槛。

2022年1月1日，《区域全面经济伙伴关系协定》正式生效，首批生效的国家包括文莱、柬埔寨、老挝、新加坡、泰国、越南等东盟六国和中国、日本、新西兰、澳大利亚等非东盟四国。这意味着全球最大自由贸易区正式启航。

2022年2月1日，RCEP对韩国生效。

RCEP是一个全面、现代、高质量、互利互惠的自贸协定。在当前经济全球化遭遇逆流、贸易保护主义抬头的环境下，高举贸易投资自由化、便利化大旗的RCEP达成和生效显得弥足珍贵。中国作为RCEP的关键成员，为谈判的顺利完成做出了重要贡献，有力推动了亚太区域经济一体化。

RCEP涵盖人口超过35亿，占全球47.4%，国内生产总值占全球32.2%，外贸总额占全球29.1%，是全球涵盖人口最多、最具潜力的自贸区谈判。协议生效后，将进一步促进本地区产业和价值链的融合，为区域经济一体化注入强劲动力。

2. RCEP 的主要内容

RCEP 共有 20 个章节，涵盖货物贸易、服务贸易、投资和自然人临时移动四方面的市场开放。核心在于增强货物贸易、服务贸易、投资以及人员流动方面的市场开放，尤其在关税上取得重大突破，给予“渐进式”零关税政策。

RCEP 共涉及 701 条约束性义务和 170 条鼓励性义务。其中，约束性义务是指须确保执行到位以符合协定规定的义务，鼓励性义务是要求各方努力做到的义务。约束性义务主要体现在降低或取消贸易壁垒与进一步开放市场两方面，涵盖除协定第一章（初始条款和一般定义）、第十九章（争端解决）和第二十章（最终条款）的所有章节和附件。

（1）关于货物贸易

第一，RCEP 各成员普遍实现了较高的自由化水平。协定生效后，区域内 90% 以上的货物贸易将最终实现零关税，协定中的生效立刻降税到零和 10 年内降税到零有望在较短时间内惠及各国企业和消费者。

从成员间的零关税水平来看，中国对东盟 10 国、澳大利亚、新西兰承诺的最终零关税税目比例均为 90% 左右。除老挝、柬埔寨、缅甸三个最不发达国家外，其余东盟成员、澳大利亚、新西兰对中国承诺的相应比例均略高于中国承诺比例。中国对日本、韩国承诺的最终零关税税目比例均为 86%，日、韩对中国承诺的比例则分别为 88%、86%。

第二，RCEP 在货物贸易领域的另一大亮点是原产地累积规则。如果说 RCEP 货物关税减让承诺是规划了国家层面的降税安排，那么 RCEP 原产地累积规则就是对企业层面如何享惠制定了新指南。原产地累积被广泛称为 RCEP 货物贸易领域最亮眼的成果。

根据原产地累积规则，在确定产品原产资格时，可将各 RCEP 其他成员的原产材料累积计算，来满足最终出口产品增值 40% 的原产地标准，从而更容易享受到优惠关税。

总之，原产地累积规则有利于中国进一步扩大出口，有利于促进中间产品贸易，有利于稳定和强化区域供应链，是企业必须要认真掌握的。

第三，在货物贸易便利化方面，RCEP 各成员还就海关程序、检验检疫、技术标准等达成了一系列高水平的规则。随着这些便利化规则的落地，RCEP 将显著降低区域内贸易成本，提升区域的产品竞争力，逐步发挥贸易创造效应，给企业带来更多商业机遇，也给消费者带来更多选择和实惠。

（2）关于服务贸易和投资

服务贸易和投资同样是 RCEP 市场准入领域的重点内容，各成员服务贸易和投资开放水平显著高于各自“10+1”协定，显著提升了区域内服务贸易和投资的自由化和便利化水平。

1）在服务贸易开放方面，中国服务贸易开放承诺达到了已有自贸协定的最高水平，承诺的服务部门数量在中国“入世”承诺约 100 个部门的基础上，新增了管理咨询、制造业研发等相关服务、空运等 22 个部门，并提高了金融、法律、建筑、海运等 37 个部门的承诺水平。其他 RCEP 成员也承诺提供更大市场准入，有些国家还承诺对部分服务部门做出全面开放。从中国重点关注的服务部门来看，RCEP 其他各方在建筑、工程、旅游、金融、房地产、运输等部门均承诺较大程度的开放，为中国企业“走出去”、扩展区域产业链布局提供了广阔的市场空间。

2）在投资方面，RCEP 投资章对原“10+1”协定投资规则进行整合升级，在投资市场准入和投资保护等方面做出了全面、平衡的投资安排，实质上形成了当前亚洲地区规模最大的投资协定，有助于营造更加稳定、开放、便利的区域投资环境，为本区域吸引外资、促进发展注入强劲动力。

投资市场准入上，各成员均采用负面清单模式做出承诺。对中国来说，这是我们首次在国际协定中纳入非服务业投资负面清单，对制造业、农业、林业、渔业、采矿业五个领域做出高水平自由化承诺，大大扩展了清单内涵，提升了投资政策透明度。其他各方也均采用负面清单方式做出较高水平开放承诺。在制造业方面，日本、澳大利亚和新西兰除少数敏感领域外，基本全面开放。在农、林、渔和采矿业方面，在符合一定条件或要求的情况下，各成员的企业也被允许进入彼此市场，上述安排将为各成员投资者带来更多的机遇。

3）在自然人临时移动方面，为促进各类贸易投资活动，各方承诺对于区域内各成员的投资者、公司内部流动人员、合同服务提供者、随行配偶及家属等各类商业人员，在符合条件的情况下，可获得一定居留期限，享受签证便利。与以往协定相比，RCEP 将承诺适用范围扩展至所有可能跨境流动的自然人类别，总体水平均基本超过各成员在现有自贸协定中的承诺水平，具有很高的政策透明度。对中国这样的贸易投资大国而言，签证便利、入境居留等长期是企业的重点关注内容，RCEP 高水平自然人流动章的达成将打通区域内有关规则，进一步为中国企业“走出去”和外国人才“引进来”提供更多政策优惠和确定性。

（3）关于各领域规则

RCEP 拓展了原有多个“10+1”自贸协定的规则领域，对标国际高水平自贸规则纳入了知识产权、电子商务、贸易救济、竞争、政府采购等议题，做出符合区域特点和需要的规定。

关于知识产权，RCEP 涵盖著作权、商标、地理标志、专利、外观设计、遗传资源、传统知识和民间文艺等广泛内容，在兼顾各成员不同发展水平的同时，显著提高了区域知识产权保护水平。例如，我国通过 RCEP 谈判，对接国际高标准规则，修改了《中华人民共和国著作权法》，使得法院有权责令销毁侵权产品和侵权产品的制造材料与工具，这对于加强知识产权保护，营造更好的营商环境，具有积极意义。关于电子商务，RCEP 除规定了电子认证和签名、在线消费者保护、在线个人信息保护、网络安全、跨境电子方式信息传输等条款，我国还首次在符合我国法律法规的前提下在自贸协定中纳入数据流动、信息存储等规定。例如，协定规定 RCEP 成员应承认电子签名的法律效力，认可电子认证技术，这使得在线合同的签署、电子支付的授权、网络交易的达成得到协定的全面保护和认可，为在本地区电子商务和数字贸易的发展繁荣提供了重要保证。

此外，RCEP 纳入了贸易救济、竞争、政府采购等方面的具体规定，确保成员之间开展公平贸易，反对市场垄断，保护消费者权益，并开展政府采购领域的合作。

3. RCEP 的主要成就

总体而言，RCEP 的主要成就可简要概括为以下四方面：

1）规定成员之间 90%的货物贸易将实现零关税。

2）全面提升区域内知识产权整体保护水平，为本区域知识产权的保护和促进提供了平衡、包容的方案。

3）拓宽了对服务贸易和跨国投资的准入；实施统一的原产地规则，允许在整个 RCEP 范围内计算产品增加值。

4）增加了电子商务便利化的新规则。

4. RCEP 整体关税减让承诺

RCEP 关税减让的基准税率是每一缔约方于 2014 年 1 月 1 日生效的最惠国关税税率。RCEP 各缔约方适用的关税承诺分为两大类，具体见图 5-1。

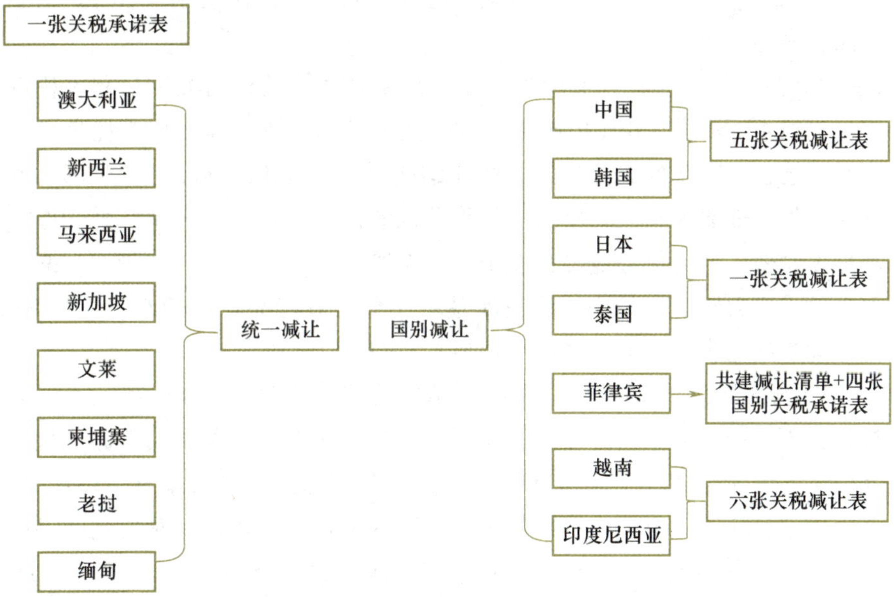

图 5-1　RCEP 关税减让承诺示意图

一类是“统一减让”，即同一产品对其他缔约方适用相同的降税安排，澳大利亚、新西兰、马来西亚、新加坡、文莱、柬埔寨、老挝、缅甸等八个缔约方都是这种模式，这些缔约方只有一张关税承诺表，即 RCEP 项下原产于不同于缔约方的同一产品，在上述缔约方进口时，都将适用相同的税率。

另一类是“国别减让”，对其他缔约方适用不同的降税安排，采用这种模式的国家包括韩国、日本、印度尼西亚、越南、泰国、菲律宾和中国，这意味着“原产于不同缔约方的同一产品，在进口时适用不同的 RCEP 协定税率”。其中，中国分别与日本、韩国、澳大利亚、新西兰以及东盟两两达成货物贸易关税承诺，共有五张关税承诺表。

5. RCEP 降税模式

RCEP 主要有以下四种降税模式：

1）协定对一缔约方生效的第一年，原产货物立即执行零关税，如中国对日本出口的纺织品、中国进口的日产电气设备及机械产品等。

2）自协定对一缔约方生效之日起，原产货物的关税税率按承诺逐年削减，关税削减期多为10~20年，期满后最终降为零，如中国对日本的“塑料制的管子附件”关税从第一年的10%、第二年的9.1%，逐步到第11年降至零。

3）原产货物的关税税率有部分削减但不降为零，如“香水和花露水”的基准税率由10%降至3%，之后不再削减。

4）例外产品，如“鲜、冷牛肉”免除任何削减或取消关税的承诺，在RCEP的关税承诺表中，这类商品的协定税率都以字母“U”表示。

6. RCEP 的深远影响

RCEP 中所含的议题十分广泛，不仅涵盖货物贸易、争端解决、服务贸易、投资等议题，还涉及知识产权、数字贸易、金融、电信等新议题，这意味着RCEP对中国的影响是多方面、多层次的。

RCEP 将促进区域贸易和投资增长。无论是从其降低贸易的关税与非关税壁垒还是增加合作对象的角度而言，RCEP均能显著降低贸易和投资成本，从而促进贸易和投资增长。同时，结合RCEP各成员内部的产业结构分析，RCEP成员在多个部门的产业链上的互补性较强，如澳大利亚、新西兰是重要的农产品出口国，日本、韩国在高端、特色农产品加工制造上处于优势地位，而中国、东盟人口众多，农业体量大，既是农产品进口大国也是出口大国。这是中、日首次达成了包括农产品在内的双边关税减让安排，势必会为中国农产品生产优势地区创造贸易新空间。

RCEP 将促进区域产业链、供应链和价值链的融合发展。RCEP纳入了区域内原产地累积规则，极大地扩大了原产货物的范围，一方面使得进口能够获得原产地证明从而享受优惠关税的可能性大幅增高，进而在从国内购买和进口之间调整策略；另一方面，原产地证明更容易获得，也会使得部分企业在贸易和投资、在贸易对象之间进行相互替代和转换，不仅为各缔约方企业布局跨境产业链提供灵活性，还会更大程度地加强RCEP缔约方整体的跨境产业链融合。值得注意的是，RCEP的生效与实施意味着中、日首次达成自由贸易安排，由于日本是全球高精尖制造业中心，RCEP的生效不仅为中、日经贸合作提供了历史性机遇，也将进一步增强中国与日、韩等发达国家技术合作与制造业产业链的优势互补，共同打造开放的供应链合作网络，为第三方市场合作提供更广阔的空间。例如，在汽车产业，RCEP带来的汽车零部件关税降低将极大整合东亚地区汽车供应链产业链，有效帮助汽车整车生产企业降低生产成本，进一步释放中国汽车企业在产业链层面的优势。

RCEP 将推进区域和中国服务贸易与电子商务的发展。在服务贸易方面，相对于单个RCEP成员和中国签署的自由贸易协定（FTA），各缔约方在RCEP中对于服务贸易的开放水平大幅提升，区域内服务贸易自由化水平显著上升，这将会是中国扩大相应服务贸易的机会。同时服务贸易规则的内容也将使得区域服务贸易获得更多的制度性保障，从而促进中国服务贸易跨境发展。在电子商务方面，RCEP 是中国首次在自贸协定中对数据跨境流动做出承诺，也是区域内达成的范围全面、水平较高的多边电子商务规则，通过对电子信息的认证、保护、存储与传输等进行规范，同时结合贸易便利化条款提升通关和物流效率，有利于增强成员间电子商务政策的协调与规制合作，为区域内数据自由流动提供制度保障，便于电子商务企业在区域内开展业务。同时 RCEP 通过推动区域电商政策的一致性，降低跨境电商的经营风险和不确定性。

本章小结

1. 区域经济一体化已成为当今国际经济关系中最引人注目的趋势之一。

2. 区域经济一体化包括特惠贸易安排、自由贸易区、关税同盟、共同市场、经济同盟和完全的经济一体化等形式。

3. 区域经济一体化有利有弊，不仅会带来贸易创造效应，而且会给成员国带来贸易转移和福利效应。

4. 关贸总协定通过八轮贸易谈判，削减了世界各国的关税和非关税壁垒，对世界经贸的发展起了重要的作用。

5. 世界贸易组织继承了关贸总协定的大部分原则和制度，但世贸组织无论在组织的正式性，还是在管辖范围和法律制度等方面，都具有更高的优越性，对世界经贸产生了深远的影响。

6. 当前主要的区域经济一体化组织主要有欧盟、北美自由贸易区、亚太经济合作组织等。

关键术语

经济一体化　特惠贸易安排　自由贸易区　关税同盟　共同市场　经济同盟　完全的经济一体化　贸易创造　贸易转移　世界贸易组织　非歧视原则　最惠国待遇原则　国民待遇原则　世界银行　国际货币基金组织　欧洲联盟　北美自由贸易区　亚太经济合作组织

本章思考题

1. 什么是区域经济一体化？它有哪些形式？

2. 试分析自由贸易区与关税同盟的区别。

3. 简述 WTO 的基本原则。

4. 关贸总协定通过八轮谈判成功地降低了各成员方货物贸易中的关税和非关税壁垒，为什么还要成立 WTO？

5. 分析北美自由贸易区设立的原因。

6. 有人说亚太经济合作组织是世界三大自由贸易区之一，你如何评价？

7. 简述中国—东盟自由贸易区的建立对中国贸易的影响。

8. RCEP全面生效有什么深远影响？

本章参考文献

[1] 李练军．国际贸易学［M］．武汉：华中科技大学出版社，2012.
[2] 怀尔德．国际商务［M］．7版．陈焰，译．北京：北京大学出版社，2015.
[3] 吴晓云．国际商务［M］．北京：清华大学出版社，2015.
[4] 魏浩．世界经济学［M］．北京：北京大学出版社，2014.
[5] 赵春明，陈昊，李宏兵，等．国际贸易［M］．4版．北京：高等教育出版社，2021.
[6] 冷柏军，张玮．国际贸易理论与实务［M］．3版．北京：中国人民大学出版社，2022.
[7] 张峰华．国际贸易理论与实务［M］．北京：中国财政经济出版社，2022.
[8] 张燕芳．国际贸易理论与实务［M］．北京：人民邮电出版社，2018.

第 6 章 国际金融市场

本章目标

通过本章学习，应能：

1. 了解国际金融市场的主要参与者。
2. 理解国际金融市场对经济所产生的影响。
3. 了解中国国际金融市场的发展建议。

6.1 外汇市场

6.1.1 外汇市场的概念

由于各国货币制度的不同，为了使不同货币间的清算得以顺利进行，就必须解决各国货币之间的兑换问题，即进行外汇买卖。进行外汇买卖要有一定的场所，这就形成了外汇市场（Foreign Exchange Market）。随着全球经济一体化的发展，各国间的金融联系越来越密切，外汇市场逐渐成为国际金融市场中最活跃、最开放的组成部分。外汇市场是在西方国家放松外汇管制的情况下，随着商品经济、货币信用和国际贸易的发展而逐步形成的，它在实际购买力的国际转移、防止外汇风险以及提供国际性的资金融通和国际结算等方面都发挥着重要的作用。

6.1.2 外汇市场的内涵

1. 外汇市场的组织形态

外汇市场的组织形态包括两种：一种是以外汇交易所为依托的有形外汇交易市场；

另一种是依托电话、电报、电传和计算机终端等远程通信设备进行交易的无形的外汇市场，是指没有具体的交易场所的外汇市场，是外汇银行与外汇银行之间、外汇银行与外汇经纪商之间、客户与外汇银行之间、客户与外汇经纪商之间通过电信工具来达成交易的市场。其中，无形外汇市场又分为两种形式：一种是通过外汇经纪商来达成交易的外汇市场；另一种是外汇银行之间达成外汇交易的外汇市场。这两种无形外汇市场交易方式各有利弊，前者的优点是外汇经纪商熟悉各外汇银行的报价，因而可以帮助交易者以最有利的价格成交，不利之处在于交易者必须向外汇经纪商支付佣金。后者的优点在于交易者不需要支付佣金，缺点则表现为交易者需要与多家外汇银行联系才能成交，而且成交的价格不一定是最优的。目前，随着通信技术的迅速发展，除了个别国家的一部分银行与顾客之间的外汇交易还在外汇交易所进行外，世界各国的外汇交易均以无形外汇市场方式进行。

2. 外汇市场的参与者

外汇市场的主要参与者包括中央银行、外汇银行、外汇经纪商、顾客。其中，中央银行（Central Bank）既是外汇市场的管理者，也是外汇市场的交易者。一方面，作为外汇市场的管理者，中央银行会颁布各种法令和制度对外汇市场进行控制，或者通过各种手段和措施来调节外汇市场，保证外汇市场的交易稳定、有序地进行。另一方面，作为外汇市场的参与者，中央银行也会参与外汇市场的外汇买卖，以此来调节外汇储备。外汇银行（Foreign Exchange Bank）是被政府和中央银行批准进行外汇交易的金融机构，它从顾客处买进后又向顾客卖出外汇，通过差价来获取收益。外汇经纪商（Foreign Exchange Broker）本身不买卖外汇，他们协助顾客购买外汇，然后从中收取佣金。公司和个人是外汇市场的顾客（Customer），他们出于国际贸易、国际金融和国际投资的需要，或者出于私人赠予、清偿债务、金融投资和投机的需要，在外汇市场买卖外汇。

3. 外汇市场的外汇种类

在外汇市场上买卖的外汇主要有美元、欧元、英镑、日元、加元和瑞士法郎。在外汇市场上的外汇交易可以24小时连续进行。当纽约外汇市场即将停止营业的时候，新西兰的外汇市场开始营业。两三个小时之后，东京外汇市场开始营业。接着依次是香港、马尼拉、阿布扎比、瑞典、巴黎、法兰克福、伦敦的外汇市场逐次营业。

6.1.3 外汇市场的结构

外汇市场包括三种交易类型：第一种发生在银行之间的市场或批发外汇市场，即外汇银行和外汇银行之间，或外汇银行和外汇经纪商之间的外汇交易；第二种发生在客户和银行之间的市场，也称零售外汇市场，即各个公司或投资者和外汇银行之间的外汇交易；第三种是银行和中央银行之间进行的外汇交易。这三个层次交易的功能是不同的，接下来我们分别对这三种交易类型进行简要论述。

1. 银行同业间的外汇交易

银行在为顾客提供外汇买卖的中介服务中，难免会在营业日内出现各种外汇头寸的“多头”（Long Position）或“空头”（Short Position），统称为“敞口头寸”（Open

Position)，即一些币种的出售额低于购入额，另一些币种的出售额多于购入额。为了避免汇率变动的风险，银行就需要借助同业间的交易及时进行外汇头寸调拨，轧平各币种的头寸，即将多头抛出，将空头补进。更重要的是银行出于投机、套利、套汇的目的，会从事同业间的外汇交易。

银行同业间的外汇交易构成了绝大部分的外汇交易，其聚集了外汇市场的巨额供求流量，由此决定着外汇汇率的高低。零售外汇市场的买卖价正是在批发外汇市场买卖价的基础上加减一定的点数形成的。从表面上来看，批发外汇市场上的汇率是由作为做市商的大银行主观决定的，但其实质上仍客观地反映了市场的供求关系。只要报价银行对某种货币的价格报得偏高，其他银行向其出售该货币的数额就会多于向其购买的数额，由此形成这种货币头寸的多头。如果仍维持这一汇率，多头还会增加。除非银行具有很大的吞吐能力，并愿意对这种货币进行多头投机，否则就必须降低该货币的报价，直到头寸额达到期望持有的水平。同样，如果价格报得偏低，就会出现空头的不断增加，促使银行调高报价，直到外汇买卖净额达到所期望的水平上。

2. 银行和顾客之间的外汇交易

顾客出于各种各样的动机，需要向外汇银行买卖外汇。其中，交易性外汇买卖经常与国际结算联系在一起，主要是本币与外汇之间的相互买卖。银行在与顾客的外汇交易中，一方面从顾客手中买入外汇，另一方面又将外汇卖给顾客，实际上是在外汇的终极需求者之间起中介作用，赚取外汇的买卖差价。这一层次的外汇交易构成了零售外汇市场。

3. 银行与中央银行之间的外汇交易

中央银行在外汇市场上买卖外汇的行为，称为外汇干预行为。中央银行干预外汇市场所进行的交易是在它进入批发外汇市场后，与外汇银行之间进行的。通过这种交易，中央银行可以使由外汇市场自发供求关系所决定的汇率相对稳定地维持在某一期望的水平之上。如果某种外币兑本币的汇率低于期望值，中央银行就会向外汇银行购入这种外币，增加市场对该外币的需求量，促使银行调高其汇率；反之，如果中央银行认为该外币的汇率偏高，就向银行出售该外汇的储备，促成其汇率下降。

6.1.4　外汇市场的特征

1. 全球外汇市场进行 24 小时不间断外汇交易

由于现代通信设备的发展，遍及世界的电话、电报、电传线路和计算机终端等已经形成庞大的通信网络，全球各地区外汇市场能够按世界时区的差异相互衔接，出现全球性的、星期一至星期五 24 小时不间断的外汇交易。各国外汇市场分别处于不同的世界时区，伦敦等西欧的外汇市场每日营业开始，先和中国香港地区、新加坡等远东市场的尾市衔接，几个小时以后，纽约市场便开业。伦敦市场与纽约市场同时营业的几个小时是一天中外汇交易的高峰期。东京市场又在美国最后一个外汇市场旧金山市场闭市前一个小时开始营业。

2. 有市无场

欧洲等西方国家的金融业通常有两套系统，即集中买卖的中央操作系统和没有统一固定场所的行商网络系统。例如，纽约证券交易所、伦敦证券交易所、东京证券交易所，分别是美国、英国、日本股票主要交易的场所，集中买卖的金融商品，其报价、交易时间和交收程序都有统一的规定，并成立了同业协会，制定了同业守则，投资者则通过经纪公司买卖所需的商品，这就是“有市有场”。而外汇买卖则是通过没有统一操作市场的行商网络进行的，它不像股票交易有集中统一的地点。但是，外汇交易的网络却是全球性的，并且形成了没有组织的组织，市场是由大家认同的方式和先进的信息系统所联系，交易商也不具有任何组织的会员资格，但必须获得同行业的信任和认可。这种没有统一场地的外汇交易市场被称之为“有市无场”。全球外汇市场每天进行平均上万亿美元的交易。如此庞大的巨额资金，就是在这种既无集中的场所又无中央清算系统的管制，以及没有政府的监督下完成清算和转移的。

3. 零和游戏

在外汇市场上，汇价的波动所表示的价值量的变化和股票价值量的变化完全不一样，这是由于汇率是指两国货币的交换比率，汇率的变化也就是一种货币价值的减少与另一种货币价值的增加。例如，曾经1美元可以兑换360日元，而2023年年末，1美元兑换约150日元，这说明日元币值上升，而美元币值下降，从总的价值量来说，变来变去，不会增加价值，也不会减少价值。因此，有人形容外汇交易是“零和游戏”，更确切地说是财富的转移。

6.2 国际借贷市场

6.2.1 国际借贷市场的概念

国际借贷市场是国际资金借贷活动的场所或机制，它以金融机构为媒介，为各国资金需求者提供资金融通。国际借贷的主要形式有国际金融机构贷款、政府贷款和国际银行贷款。其中，国际金融机构贷款具有以下六大特征：①国际金融机构贷款的贷款人为特定的国际金融机构，而其借款人通常也受到特定范围的限制；②国际金融机构贷款的资金主要来源于各成员国缴纳的股金、捐款以及国际金融机构从资本市场的筹资，不完全等同于仅以营利为目的的商业贷款；③国际金融机构贷款的条件通常较为优惠，其利息率普遍低于商业银行贷款；④国际金融机构贷款通常为中长期贷款，其期限较长，贷款期一般为10~30年（最长可达50年），宽限期多为五年左右；⑤国际金融机构贷款大多为开发性贷款，主要用于经济复兴或开发性项目；⑥国际金融机构贷款对贷款用途往往设有严格的限制。政府贷款的特点是期限长、利率低，并附有一定的条件。政府贷款的期限最长可达30年，其利率之低可达到零利率。政府贷款的附加条件一般有限制贷款的使用范围，规定贷款只能用于购买授贷国的商品，规定受贷国必须在经济政策或外交政策方面做出某种承诺或调整。因此，政府贷款属于一种约束性贷款。国际银行贷款一般是没有约束条件的贷款，贷款利率视市场行情和贷款人的信誉决定。对于数额较大的贷款，银行一般采用联合贷款或者辛迪加贷款的形式来降低风险。联合贷款是指几家甚至十几家银行联合向同一客户提供贷款，由一家银行作为牵头行，若干银行作为管理行，其他银行作为参与行，牵头行通常也是管理行，收取牵头费和管理费，并与其他管理行一起承担贷款的管理工作。

6.2.2　国际借贷市场的特点

国际借贷市场是国际金融市场的一部分，但是由于该市场的货币功能独特，资本运动的形式也与众不同，再加上另外的一些因素与条件，国际借贷市场与其他的市场有以下不同之处：

1）该市场上货币具有独特的功能，即货币具有信用手段的功能。

2）该市场上资本的形态是货币资本，且信贷货币种类较多。

3）资金来源与资金流向多元化。

4）借贷手续简便，资金使用较灵活。

5）借贷条件严格，融资成本较高。

6）国际借贷风险较高，且以国家风险占主要地位。

6.2.3　国际借贷市场的分类

国际借贷市场的种类较多，主要有以下五种分类方法。

1. 按贷款的期限分类

按照国际借贷的期限进行分类，国际借贷市场可分为短期贷款（不超过1年）市场、中期贷款市场（一年以上，一般2~5年）、长期贷款市场（5年以上，10年、20年甚至更长）。

2. 按贷款的利率分类

按照国际借贷的利率来分，国际借贷市场可分为无息贷款市场、低息贷款市场、中息贷款市场和高息贷款市场。

3. 按贷款使用的货币和优惠情况分类

按照国际借贷使用的货币和优惠情况来分，可将国际借贷市场分为硬贷款市场和软贷款市场。

4. 按借款和还款的方式分类

按照国际借贷市场的借款和还款方式来分，可将国际借贷市场分为统借统还贷款市场、统借自还贷款市场和自借自还贷款市场等。

5. 按贷款的来源和性质分类

按照国际借贷的来源和性质来分，可将国际借贷市场分为政府贷款市场、国际金融组织贷款市场、国际银行贷款市场、私人银行贷款市场、联合（混合）贷款市场等。

6.2.4　国际借贷市场的作用

利用国际借贷间接投资，国际借贷市场具有下列作用和优点：

1）在国际借贷业务中，可以利用世界货币资金市场丰富的资金来源和灵活方便的特点，筹措资金来发展本国的经济建设。

2）在国际借贷中，各国政府间和国际金融组织的贷款，利率比较优惠，贷款期限也比较长，而且有一定的援助性质。这就为一些发展中国家提供了有利的贷款条件。

3）借款国可以通过国际银行、各国政府、国际金融机构或非金融机构等多种途径，不受约束地多方面筹措巨额资金。

4）借款国利用国际借贷引进先进技术和设备，提高本国产品的质量，加强出口商品的竞争力，进一步促进出口贸易的发展。

5）发达国家利用向发展中国家借贷的机会，实现了商品和资本的输出，调整了国内的生产和就业等经济问题。贷款国通过借贷方式达到对其所投资资产保值与增值的目的。

但是，因国际借贷要支付利息，所以受债权国财政与货币政策变化的制约和国际金融市场动荡的影响，而且利率风险大，借贷也会加重借款国的财政负担。

6.3 黄金市场

黄金自古以来就是货币。形成世界经济体系以后，在金本位体制下，黄金是国际货币。在布雷顿森林体系中，黄金和美元共同执行国际储备的职能。1973年美元脱离黄金后，黄金的国际储备地位继续下降。1976年，国际货币基金组织在牙买加首都金斯敦召开的会议上决定，废除黄金官价，用特别提款权逐步代替黄金作为国际货币制度的主要储备资产，宣布黄金非货币化。但是从那以后，黄金仍然被世界上绝大多数国家作为国际储备资产、价值的最终储藏手段。在通货膨胀严重、政治经济危机时期，黄金的价值更会增加。目前，各国仍然重视黄金储备的持有，IMF、欧洲货币合作基金、国际清算银行等金融机构也持有黄金储备。从1978年6月到1980年5月，IMF根据《牙买加协议》共进行了45次售金活动。1999年，英格兰银行的大规模售金活动使黄金市场价格大幅下降，也对黄金的非货币化进程有一定的推动作用。总的来说，黄金的国际储备功能一直在弱化，但是目前还不能说黄金已经还原为普通商品。各国中央银行仍然持有大量的黄金储备，因为黄金还有重要的保值作用，并且黄金还可以被视为一种二级储备资产，各国持有的黄金储备可以在紧急情况下迅速变现，作为最后支付手段偿付国际债务。

6.3.1 黄金市场的概念

黄金市场是指专门进行黄金买卖的交易场所。黄金市场的参与者主要包括五大主体：一是黄金交易商；二是银行，包括各国的外汇银行、中央银行等；三是对冲基金；四是各种法人机构和私人投资者，包括出售黄金的企业或个人，以及需要以黄金作为原料的工商企业等；五是经纪公司，又称经纪行。黄金买卖既是调节国际储备的重要手段，也是居民调整个人财富储藏形式的一种方式。黄金交易又分为现货交易和期货交易。目前，国际上的黄金交易主要集中在伦敦、苏黎世、纽约、新加坡及中国香港等地。

6.3.2 黄金市场的类型

黄金市场可根据其性质和影响、交易方式、交易管制程度以及交易场所等进行不同的分类。

1. 按性质和影响划分

按照黄金市场的性质和对世界的影响来划分，黄金市场可以分为主导性市场和区域性市场。主导性市场是指其价格的形成及交易量的变化对其他黄金市场起主导性作用的市场。这类市场主要有伦敦、纽约、苏黎世、芝加哥、香港等。区域性市场指的是交易规模有限，且交易大多集中在本地区且对世界影响不大的市场，这类市场主要包括巴黎、法兰克福、布鲁塞尔、卢森堡、新加坡、东京等。

2. 按交易方式划分

按照黄金市场的交易方式划分，可以将其分为现货交易和期货交易。现货交易是指交易双方成交后两个营业日内交割的一种交易方式，现货交易在交易双方达成协议后，立即进行资金结算。金条和金币是交易的主要对象，除此之外还包括各种珠宝饰品等。期货交易是指交易双方按签订的合约在未来的某一时间交割的一种交易方式。二者相比，后者的优势在于不需要大量资金便可将大量期货掌握手中。期货交易签订的合约具有流动性，可自由选择营业日变现，也可随时结算和买进，灵活性高，弹性大。两种交易类型可单独存在，但大部分情况是二者并存。在同业间通过电话联系进行交易的欧洲型市场，如伦敦、苏黎世等以现货交易为主；设有具体交易场所的美国型市场，如纽约、芝加哥、香港等，以期货交易为主。

3. 按交易管制程度划分

按照对黄金市场的交易管制程度进行划分，可以将黄金市场分为自由交易市场和限制交易市场。其中，自由交易市场是指黄金可以自由地出入境，居民和非居民均可自由地买卖黄金的市场，如苏黎世。限制交易市场又可以分为两种情况：一种是黄金的输出、输入一般要受管制，只准非居民自由买卖，而不准居民进行自由交易的黄金市场，如 1979 年 10 月英国撤销的全部外汇管制前的伦敦市场；另一种是对黄金的输出、输入进行管制，只准许居民自由买卖的国内黄金市场，如巴黎市场。但这并不意味着它同国际黄金市场没有联系，事实上黄金也可以流入，且在黄金的交易价格上是相互影响的。

4. 按交易场所划分

按照是否存在固定的交易场所进行划分，没有固定场所的为无形黄金市场，有固定场所的为有形黄金市场。目前，有形黄金市场和无形黄金市场广泛存在于世界各个国家之中。例如，伦敦黄金市场就是无形黄金市场，主要通过销售联络网形成；苏黎世黄金市场是以银行为主的买卖交易市场。无形黄金市场的特点是交易场所具有流动性，并不是固定不变的。而有形黄金市场是在专门的场所进行交易，其又可分为专门进行黄金交易的市场和设在交易所之内的黄金市场。

6.3.3 主要的国际黄金市场

1. 伦敦黄金市场

伦敦黄金市场是典型的无形黄金市场，没有任何的固定交易场所，但它是世界上最大的黄金市场，其悠久的发展历史可追溯到300多年前。在19世纪20年代初，荷兰阿姆斯特丹不再为黄金交易中心，取而代之的是英国的伦敦黄金市场。地处伦敦的黄金市场开始进行交易，黄金定价的时间为每天上午10时30分和下午3时，黄金价格的决定权在世界五大金商，价格的多少直接影响伦敦市场及香港市场的交易。南非是伦敦黄金市场的主要供应商。1982年以前，伦敦黄金市场主要是黄金现货交易；1982年4月，伦敦黄金期货市场开业。

2. 苏黎世黄金市场

苏黎世黄金市场是在伦敦黄金市场停止营业期间发展起来的，它没有正式组织结构，由瑞士国家银行代替完成相关结算任务。由于瑞士银行拥有为黄金交易提供保密安全环境的特殊体系，加上瑞士与南非存在优惠协议，其一半以上的交易量为南非供应的黄金；除此之外，苏联的黄金也在此聚集。因此，瑞士不仅在世界黄金存储的地位大大提高，同时在国际黄金交易中起到衔接的作用。苏黎世黄金市场的地位也居高不下，是国际主要黄金市场之一。

3. 美国黄金市场

美国黄金市场是在1960年左右发展起来的，其期货交易中心主要在纽约商品交易所和芝加哥商品交易所，并在国际黄金交易中占有重要作用。在对黄金的定价过程中，二者均起到十分重要的作用。纽约商品交易所的主要职能在于提供场所及设施，并规定交易制度，从而保证双方交易的公平性及合理性。该交易所对黄金交易的质量、形状、成色、交易时间等都有极为详细的描述。芝加哥商品交易所的职能在于为客户提供透明及流通的合约市场，并通过在期货市场持有相等但相反的款项对冲掉现货市场款项的内在价格风险的操作过程来管理价格、利率和汇率风险。

6.3.4 黄金市场的参与者

1. 金商

金商中最典型的就是伦敦黄金市场上的五大金商，其自身就是一个黄金交易商，由于其与世界上各大金矿和许多金商有广泛的联系，而且其下属的各个公司又与许多商店和黄金顾客联系，因此，五大金商会根据自身掌握的情况不断报出黄金的买价和卖价。当然，金商要负责金价波动的风险。

2. 银行

银行又可以分两类。一类是仅为客户代行买卖和结算，自身并不参加黄金买卖，以苏黎世的三大银行为代表，它们充当生产者和投资者之间的经纪人，在市场上起到中介作用。另一类是做自营业务的，其自身参与黄金买卖，例如在新加坡黄金交易所里，就有多家自营商会员是银行。

3. 对冲基金

国际对冲基金尤其是美国的对冲基金活跃在国际金融市场的各个角落。在黄金市场上，几乎每次大的下跌，都与基金公司借入短期黄金在即期黄金市场抛售，以及在纽约商品交易所黄金期货交易所构筑大量的淡仓有关。一些规模庞大的对冲基金，利用与各国政治、工商和金融界千丝万缕的联系，往往较先捕捉到经济基本面的变化，利用管理的庞大资金进行买空和卖空从而加速黄金市场价格的变化，从中渔利。

4. 各种法人机构和私人投资者

参与黄金市场交易的法人机构和私人投资者既包括专门出售黄金的公司，如各大金矿、黄金生产商，专门购买黄金消费的（如各种工业企业）黄金制品商、首饰行以及私人购金收藏者等，也包括专门从事黄金买卖业务的投资公司、个人投资者等。从这些法人机构和私人投资者对市场风险的喜好程度分，又可以分为风险厌恶者和风险喜好者。前者希望回避风险，将市场价格波动的风险降低到最低程度，包括黄金生产商、黄金消费者等，后者就是各种对冲基金等投资公司，希望从价格涨跌中获取利益。前者希望对黄金保值，而转嫁风险；后者希望获利而愿意承担市场风险。

5. 经纪公司

经纪公司（Broker's Firm）是专门从事代理非交易所会员进行黄金交易，并收取佣金的经纪组织。有的交易所将经纪公司称为经纪行（Commission House）。在纽约、芝加哥、香港等黄金市场里，活跃着许多的经纪公司，他们本身并不拥有黄金，只是派场内代表在交易厅里为客户代理黄金买卖，收取客户的佣金。

6.4 国际证券市场

6.4.1 国际证券市场的概念

广义上的证券市场是指所有证券发行和交易的场所，是包括证券投资活动全过程在内的证券供求交易网络和体系，有着广泛的外部联系和复杂的内部结构，以其独特的方式和活力对经济发展起着重要的作用；在筹集资金、积累财富、合理配置资源、转换企业经营机制、分散风险、促进产业结构调整和为政府提供经济信息等方面有着不可替代的作用。总的来说，国际证券市场由长期债券市场和股票市场组成，因此，可以将国际证券市场划分为国际债券市场和国际股票市场。

1. 国际债券市场

世界债券市场从总体上来说可以划分为本国债券市场、外国债券市场和欧洲债券市场三大部分。其中，外国债券市场和欧洲债券市场可以统称为国际债券市场。国际债券是借款者在国际金融市场上发行的长期的债务凭证，国际债券融资是一种重要的国际化融资方式。

2. 国际股票市场

国际股票是指外国公司在某个国家的股票市场发行的以该国货币或以第三国货币表

示的股票，它是股票发行者在国际资本市场上筹措长期资金的工具。一般来说，外国公司的股票在一个国家的股票市场上市交易都有一个特殊的标识代码。例如，外国公司在美国股票市场上发行的股票称为N股，在英国伦敦股票市场上发行的股票称为L股，在日本东京股票市场上发行的股票称为T股，在新加坡股票市场上发行的股票称为S股，在中国香港股票市场发行的股票称为H股。

6.4.2 国际债券市场

国际债券市场包括外国债券市场和欧洲债券市场。其中，外国债券市场是指外国借款人（政府、私人公司或国际金融机构）在某个国家发行的以这一国家货币为面值的货币债券的市场；欧洲债券市场是指发行欧洲债券进行筹资而形成的一种长期资金市场。外国债券市场的典型代表为美国的外国债券市场和日本的外国债券市场；欧洲债券市场又可以分为欧洲美元债券市场、欧洲日元债券市场和以多种货币为面值的欧洲债券市场。

1. 美国的外国债券市场

美国的外国债券叫“扬基债券”，它由非美国的借款人通过美国投资银行在证券交易委员会登记后在美国发行，它有以下特点：①发行额大，流动性强。20世纪90年代以来，平均每笔扬基债券的发行额大体都在7500万~15000万美元之间。扬基债券的发行地虽在纽约证券交易所，但实际发行区域遍及美国各地，能够吸引美国各地的资金。同时，又因欧洲货币市场是扬基债券的转手流通市场，因此，实际上扬基债券的交易遍及世界各地。②发行期限长。扬基债券的期限通常为5~7年，一些信誉好的大机构发行的扬基债券期限甚至可达20~25年。③债券的发行者为机构投资者，如各国政府、国际机构、外国银行等。购买者主要是美国的商业银行、储蓄银行和人寿保险公司等。④无担保发行的数量比有担保发行数量多。⑤由于评级结果与销售有密切的关系，因此非常重视信用评级。

2. 日本的外国债券市场

日本的外国债券叫“武士债券”，是日本以外的政府、金融机构、公司企业或国际组织在日本国内市场发行的以日元计价的债券。日本公募债券缺乏流动性和灵活性，不容易操作美元互换业务，发行成本高，不如欧洲日元债券便利。目前，发行日元债券的筹资者多是需要在东京市场融资的国际机构和一些发行期限在10年以上的长期筹资者，以及在欧洲市场上信用不好的发展中国家的企业或机构。发展中国家发行日元债券的数量占所有国家发行日元债券总量的60%以上。

3. 欧洲债券市场

（1）欧洲美元债券市场

欧洲美元债券是指在美国境外发行的以美元为面额的债券。欧洲美元债券在欧洲债券中所占的比例最大。欧洲美元债券市场不受美国政府的控制和监督，是一个完全自由的市场。欧洲美元债券的发行主要受汇率、利率等经济因素的影响。欧洲美元债券没有发行额和标准限制，只需根据各国交易所的上市规定，编制发行说明书等书面资料。和美国的国内债券相比，欧洲美元债券具有发行手续简便、发行数额较大的优点。欧洲美元债券的发行由世界各国知名的公司组成大规模的辛迪加认购团完成，因而较容易在世界各地筹措资金。

（2）欧洲日元债券市场

欧洲日元债券是指在日本境外发行的以日元为面额的债券。欧洲日元债券的发行不需经过层层机构的审批，但需得到日本大藏省的批准。发行欧洲日元债券不必准备大量的文件，发行费用也较低。

（3）以多种货币为面值的欧洲债券市场

欧洲债券多数以美元、日元、英镑等货币单独表示面值，但也有以多种货币共同表示面值的。由于单一通货的汇率经常变动，风险较大，所以用多种货币表示面值的欧洲债券呈增加趋势。

6.4.3　国际股票市场

1. 国际股票的种类

（1）直接海外上市的股票

直接海外上市的股票主要包括两种类型：一种是在外国发行的、直接以当地货币为面值，并在当地上市交易的股票，如中国在新加坡发行的S股，在纽约发行的N股；另一种是以外国货币为面值发行的，但却在国内上市流通的，以供境内外国投资者以外币交易买卖的股票，中国上市公司发行上市的B股就是这类股票。

（2）存托凭证

存托凭证是指在一国证券市场上流通的代表外国公司有价证券的可转让凭证，主要有美国存托凭证和环球存托凭证。其中，美国存托凭证是一种契约型票据，是由美国存托银行发行的一种类似股权证书的可转让票据，它代表美国投资者对非美国公司的股票拥有所有权，而非美国公司的股票则留存在原存托银行保管。美国存托凭证给发行公司带来的好处是：投入迅速，有利于提高公司形象，促使公司更深入地进入资本市场，拥有更广泛的股东基础，居于有利的收购与兼并地位，同时便于美国投资者投资。美国存托凭证解决了美国与国外证券交易制度、惯例、语言、外汇管理等不尽相同所造成的交易上的困难，是外国公司在美国市场上筹资的重要金融工具，同时是美国投资者最广泛接受的外国证券形式。美国法律为了保护国内投资者的利益，规定法人机构以及私人企业的退休基金不能投资美国以外的公司股票，但对于外国企业在美国发行的存托凭证，则视同美国的证券，可以投资。另一种存托凭证是环球存托凭证，环球存托凭证是继美国存托凭证之后在亚洲地区兴起的新型金融工具。环球存托凭证与美国存托凭证在实质上并无区别，都是为国际投资者难以进入的外国证券市场提供的外国股权替代物。环球存托凭证只不过是美国存托凭证在国际范围的推广，在美国之外的国家进行流通交易。

（3）欧洲股权

欧洲股权是20世纪80年代产生于欧洲的国际股票形式，也是直接在国际金融市场上发行并流通的股票。与直接海外上市的国际股票相比，欧洲股权的发行具有自己的特点，即它是在多个国家市场上同时发行的，这一点不同于直接海外上市的企业，这些企业往往先在国内上市；另外，欧洲股权采用国际市场上的竞价发行的方式。

2. 国际股票的发行过程

（1）海外上市的股票的发行过程

在世界各国，对外国股票的发行都有明确的规定。以美国为例，外国公司在美国发行股票需要符合美国联邦证券法规的要求。与外国发行人有关的联邦证券法主要有以下几种：《1933 年证券法》《1934 年证券交易法》《1939 年信托契约法》《1940 年投资公司法》。

美国对外国发行者上市登记的过程有如下要求：

1）申请上市的公司应该按照美国公认的会计准则的规定，重新审核公司账目和记录。

2）选聘承销商，签订意向书，正式确立公司与承销商的关系。

3）委任律师和会计师。

4）必须向证券交易委员会登记注册，注册时必须填写 20-F 申请上市登记表，全面填报公司的业务情况和财务成绩；对公开发售的部分证券进行注册时，一般外国私营发行人需要填报证券交易委员会的 F-1 表格，列出发售价、证券类别和分销方法，以及上市公司和公司的各主管、管理人员以及主要股东等的相关财务资料，并提供该上市股票的具体说明。

5）申请上市的公司的申请除需经过证券交易委员会的审核外，还需经过全国证券交易者协会的审核。前者重在审核信息披露，后者重在检查承销费用、条款和安排等是否公平，以保护上市公司的利益。只有在全国证券交易者协会完成审核并出具意见书，对所谈费用和安排没有异议，证券交易委员会才会宣布有关登记及承销事项生效。

（2）存托凭证的发行过程

外国公司在美国资本市场发行存托凭证融资的基本程序一般是：

1）准备资料，对拟上市的公司提供的财务资料进行确认，准备招股说明书。

2）向美国证券交易委员会和有关证券交易所申报。

3）经批准后，做市商根据当天或规定的前若干天平均市价为存托凭证定价。

6.4.4 世界各国的证券市场体系

目前，美国、英国、德国、日本、澳大利亚、韩国、中国等国家都拥有各自的证券市场。下面分别介绍美国、韩国证券市场体系的发展历程与市场结构。

1. 美国的证券市场体系

（1）美国证券市场的发展历程

美国证券市场是从经营政府债券开始的。在独立战争中，美国发行了各种各样的中期和临时债券，战争结束后，美国政府以发行联邦债券的形式承担了这笔债务，共达 8000 多万美元。这项巨额债券的发行依靠大量证券经纪人兜售，没有集中的场所，交易都是在露天广场和咖啡馆等场所进行，全美出现了大量的类似交易形式，由此产生了早期的场外市场。后来证券交易从费城和纽约兴起，其后在芝加哥、波士顿等大城市蔓延开来。1754 年，一批从事证券买卖的商人在费城成立了经纪人会，于 1790 年成立了美国第一个证券交易所——费城证券交易所。1792 年 5 月 17 日，24 名经纪人在纽约华尔街一棵梧桐树下聚会，商订一项协定，即“梧桐树协定”，这成了美国最早的股票市场，也是现在纽约证券交易所的前身。1863 年“纽约证券交易所”正式命名。

1968 年，自动报价系统问世，之后美国证券交易委员会明确表示，希望有一个全国范围的电子计算机系统，确保更准确、快速地反映价格和市场情况的变化，同时希望借助自动化的交易系统改善当时的场外市场过于分散的状况。1968 年，场外交易系统自动化工程开始启动。纳斯达克于 1971 年诞生，通过自动报价系统使分布全美的 6000 个办事处的证券商有了直接联系，而它的起点是来自粉红单市场（American Pinksheet Market）的 2500 种场外股票。

1975 年，纳斯达克规定了上市标准，使纳斯达克证券与其他场外交易证券分离开来，自此有了纳斯达克这一高级市场。1982 年，纳斯达克上市公司中的佼佼者按照更高的上市标准组成全美市场体系，余下的公司则组成小型股市场体系，于是公开交易市场分出两个层次。1990 年，为便于交易，提高场外市场的透明度，同时进行市场结构改革，美国证券交易委员会责成全美证券商协会为场外交易设立电子公告栏，向投资者提供未上市公司的股票信息，并将一部分粉红单市场的优质股票转到电子公告栏上来，这就是场外公告栏市场，即 OTCBB。1999 年 1 月 4 日，为了促进柜台交易市场信息的及时公开，美国证券交易委员会批准了在 OTCBB 的上市标准。

（2）美国证券市场的结构

作为发达的证券市场，美国的证券市场一直为其他国家效仿，而且是部分新兴经济体证券市场建设的样板。美国证券市场历经了 200 多年的发展，已经形成了世界上最为完备的证券市场分层结构。在其分层结构中，场内交易与场外交易相互补、全国性与区域性市场相配合、集中与分散交易相协调。就证券市场的层次结构而言，美国证券市场结构上的分层在金融工具风险特征、交易组织形式以及地理空间这三个维度上同时展开，形成了一个层次分明、结构合理、风险分散以及多重覆盖的金字塔型的多层次证券市场。根据各市场面向对象、影响范围以及服务条件的不同，可将美国证券市场体系分为以下四个层次。

第一层次是主板市场，以纽约证券交易所为代表，也包括纳斯达克全球证券市场。这一层次主要为治理完善、规模较大、盈利模式稳定以及已有较长时间盈利业绩的企业提供上市融资服务。主板市场的证券交易所制定了较为严格的上市标准及信息披露制度，保证其服务成熟优质企业的主板功能定位，满足稳健型投资者的投资需求。截至 2024 年 2 月，在纽约证券交易所挂牌进行股票交易的企业有 2000 多家，总市值达到 25 万亿美元。纽约证券交易所作为全球性的证券市场，吸引了许多国家的企业来此上市融资。纳斯达克全国证券市场作为美国证券市场后发展起来的交易所，呈现出后来居上的态势，截至 2024 年 2 月，在此上市的企业数量和市值规模发展迅速，拥有上市公司 3000 多家，总市值约 25 万亿美元。

第二层次是创业板市场，其主体包括纳斯达克小型证券市场和美国证券交易所。相对主板市场的纽约证券交易所和纳斯达克全国证券市场而言，纳斯达克小型证券市场的企业标准较低，其主要服务对象为规模较小的、尚在成长期的公司。值得一提的是，创业板市场针对处于创业初期的企业的经营业绩具有一定不确定性的特点，制定了转板机制和摘牌机制。创业板的企业如果经过一段时间的发展，经营业绩良好，公司治理完善，在符合主板市场相关标准的情况下，可以顺利地进入主板市场。对于经过一段时间的发展，经营业绩下滑、不能满足市场要求的企业，制定了被迫摘牌机制，退入更低一级的区域性市场。

第三层次是区域性证券交易所，包括芝加哥证券交易所、太平洋交易所、费城股票交易所、波士顿股票交易所等。目前，区域性证券交易所已经日益成为全国性市场的附属甚至是地方性代理机构。

第四层次是 OTCBB 市场、粉红单市场、私募产权交易市场以及地方性柜台交易市场。第四层次市场并不具备实质的融资功能，主要为未在证券市场挂牌上市的证券和股票提供交易和流通。OTCBB 市场由于其标准较低、交易产品品种较多，因此拥有较多的交易者，也因此培育了大量的可在证券交易所挂牌上市的企业资源，同时为退市企业提供了交易场所。OTCBB 市场也具有和主板市场、创业板市场之间的转板机制。在 OTCBB 市场上进行交易的企业，如果达到纳斯达克小型交易市场和或全国市场的相关财务标准、公司治理以及信息披露要求，就可以在纳斯达克小型证券市场或全国市场挂牌上市交易。粉红单市场仅提供报价服务，为投资者提供大量的信息和投资机会。第四层次证券市场范围广阔，完善了证券市场体系，为上市融资等高层次资本运作提供了有力的支撑。

由上述四个层次构成的证券市场体系，具有极其明显的金字塔型特征。美国证券市场体系能够为全美三万家左右的企业提供差异化的融资、股权交易服务。

2. 韩国的证券市场体系

（1）韩国证券市场的发展历程

韩国证券市场是由债务市场发展起来的。1956 年 2 月，大韩证券交易所在汉城（现首尔）建立，标志着韩国证券业开始启动。不过当时，该交易所的交易活动以政府债券交易为主，股票交易很少。此后，随着经济发展，韩国资本市场也得到了较快发展。1963 年政府对大韩证券交易所进行了重组，使之成为政府所有的非营利公司，并更名为韩国证券交易所。此后，韩国政府又颁布了一系列政策措施促进证券市场发展。1987 年的股灾严重影响了韩国证券市场，韩国决意建立自己的期货市场。1990 年 1 月，韩国证券交易所编制了由 200 个大企业股票组成的 KOSPI 200 指数。1996 年 5 月，韩国证券交易所开始正式进行 KOSPI 200 指数期货交易，次年 6 月又推出了 KOSPI 200 指数期权交易。1996 年 7 月，旨在为风险企业募集资金的科斯达克市场建立。2000 年 3 月，又创建了韩国第三市场。此后，为了进一步整合资源，韩国政府对证券市场采取了一系列的整合措施。2005 年 1 月，韩国证券交易所与韩国期货交易所、韩国创业板合并，成立韩国证券期货交易所，有 1600 多家企业上市，标志着整合的最终完成。

（2）韩国证券市场的结构

韩国的证券交易市场主要分为以下三个层次。

第一层次是韩国证券交易所。2007 年，韩国证券交易所已有 1600 多家企业上市。根据世界主要交易所联盟 2004 年的统计资料表明，韩国证交所市价总值为 3985.6 亿美元，排名第 15 位，成交金额 4887.2 亿美元，排名第 12 位。

第二层次是韩国的二板市场，又称科斯达克（KOSDAQ），是为高新技术产业，特别是中小型企业提供直接融资的市场。自成立以来，科斯达克累计为企业筹集资金约 200 亿美元。2000 年—2006 年，有 691 家企业选择在科斯达克上市。2005 年末，其上市公司总数已达 918 家，位居全球第 5 位，在亚洲是仅次于日本 JASDAQ 的第二全球性新市场，其年交易额达 440 亿美元，在新市场中仅次于美国 NASDAQ 市场。在科斯达克的示范、激励机制下，韩国的信息技术等高科技产业得到迅速发展，并极大地促进了其经济的增长。2005 年 1 月，韩国证券交易所（KSE）与韩国期货交易所（KOFES）、科斯达克（KOSDAQ）合并，成立韩国证券期货交易所（KRX），有 1600 多家企业上市。2024 年，韩国证券期货交易所累计拥有上市公司 2694 家，市价总额达 2604 万亿韩元，其中科斯达克上市企业 1729 家，市价 410 万亿韩元。

第三层次：第三市场（K-OTCBB），是为达不到韩国证券交易所和科斯达克上市标准以及从这两个市场退市的股票提供交易的场所。韩国场外交易（OTC）市场成立于 1987 年，旨在为中小规模的非上市公司提供交易的场所。至 1995 年 6 月，共有 321 家公司在场外交易市场注册，股本金总值达 37330 亿韩元。为了活跃场外交易市场的交易，韩国 KDSA 在 2000 年 3 月创建了 K-OTCBB。

6.5 欧洲货币市场

6.5.1 欧洲货币市场的概念

欧洲货币（Eurocurrency）最初是指在发行国境外存与贷的货币。例如，在美国境外存与贷的货币叫作欧洲美元，在英国境外存与贷的货币叫作欧洲英镑。欧洲货币并不一定是在欧洲存与贷的，因为发行国境外的货币最早出现在欧洲，所以它被称为欧洲货币。后来，随着发行国境外的货币在世界各大洲出现，人们把在欧洲存与贷的发行国境外的货币叫作欧洲货币，把在亚洲存与贷的发行国境外的货币称为亚洲货币，但是，亚洲货币是欧洲货币在亚洲的延伸而产生的。欧洲货币市场是指在货币发行国境外进行的该国货币存储与贷放的市场。欧洲货币市场是目前国际金融市场的核心。

6.5.2 欧洲货币市场的发展历程

1. 欧洲货币市场初现雏形

20 世纪 50 年代，东西方正处于“冷战”时期，苏联及东欧国家政府鉴于美国在朝鲜战争期间冻结了朝鲜在美国的全部资产，便将其国家银行持有的美元资金转存美国境外的其他银行，主要是存放在巴黎的一家法国银行中，欧洲美元市场的雏形就此出现。

2. 西方国家的资本流动控制

在1957年，英镑发生了危机。英国政府为了维持英镑的稳定而加强了外汇管制，禁止英国的商业银行向第二次世界大战前英镑区以外的居民发放英镑贷款。于是英国的各大商业银行为了逃避外汇管制和维持其在国际金融领域中的地位，纷纷转向经营美元业务，吸收美元存款并向海外客户贷放，从而一个在美国境外大规模经营美元存款和放款业务的短期资金市场开始在伦敦出现了。自1958年起，西欧一些国家逐步放松外汇管制，恢复其货币的自由兑换和资金的自由流动，这也为欧洲美元和其他欧洲货币市场的顺利发展，提供了不可缺少的条件。进入20世纪60年代以后，不断增加的国际收支赤字使美国政府被迫采取一系列措施来限制资金的外流，而这些限制性的措施却使美国的商业银行加强其海外分行的经营活动，以逃避政府的金融法令管制。

3. 汇率的波动和金融市场动荡

20世纪60年代末至70年代，一些主要西方国家国内通货膨胀严重，货币疲软，同时，美国的国际收支赤字又使国际金融市场上资金充斥，于是投机性的国际游资流向原联邦德国和瑞士，原联邦德国、瑞士的中央银行为了维持外汇市场的稳定，采取了一些限制资本流动的措施。于是各国的商业银行和跨国公司纷纷把手中的德国马克、瑞士法郎等硬通货投向欧洲货币市场，从而也推动了欧洲货币市场的发展。

4. 美国当局对国内银行活动的管制

20世纪60年代初，美国资金不断外流，国际收支逆差逐渐扩大，为了限制资金外流，美国采取了多样措施，规定银行对储蓄存款和定期存款支付利息的最高限额，政府征收利息平衡税，颁布了《资源限制对外贷款指导方针》《国外直接投资规则》等法令法规。这些措施一方面限制了美国银行对外贷款能力，另一方面却又加强了美国银行海外分行的活动。在众多的政策限制下，美国国内外的金融机构都不愿把资金投入美国国内，只能选择到欧洲市场进行投融资活动。

6.5.3 欧洲货币市场的特点

1. 欧洲货币市场的资金来源

欧洲货币产生的渠道主要有两个：某种货币以支付商品或劳务的形式流到该货币发行国境外；某种货币被直接转移到该货币发行国境外。事实上，后者对欧洲货币市场的出现发挥了实质性作用。在欧洲货币市场的发展过程中，直接转移的资金一直是市场的主要资金来源。然而，在欧洲货币市场迅速扩张的20世纪70年代，两次石油提价形成的巨额石油美元回流是最主要资金来源，1974年—1981年投入欧洲货币市场的石油美元累计达1330亿美元。欧洲货币市场在整个20世纪70年代年增长率在20%以上，个别年份甚至达50%，而美元始终占据欧洲货币市场货币构成的主要部分，反映了与石油美元回流相关的美元移动一直是主要的国际资金移动这一事实。20世纪80年代以来，由于石油价格疲软和发展中国家债务危机的影响，旧的资金来源受到影响，但来自日本等国际收支盈余国的资金转移构成欧洲货币市场新的资金来源。20世纪90年代由各国资本自由化带来的资本国际流动，使欧洲货币市场的资金来源得以进一步拓宽。正是有了充裕的资金来源，欧洲货币市场一直在国际融资中占有重要地位。

2. 欧洲货币市场的资金利用

随着世界经济的发展和变化，欧洲货币市场的资金运用在不同时期各有侧重。在 20 世纪 60 年代和 70 年代初，欧洲货币市场主要是对进出口商提供短期贸易融资；20 世纪 70 年代，世界经济进入高速发展时期，工商企业尤其是一些跨国公司对资金的需求旺盛，纷纷求助于欧洲货币市场，1973 年石油危机发生后，许多国家政府为弥补国际收支逆差，开始大量从欧洲货币市场借款；到 20 世纪 70 年代末，由于石油美元的回流，欧洲货币市场资金充裕，一些国家开始利用欧洲货币市场借款兴建国内的大型投资项目。

传统上，发展中国家由于资信不高，主要利用欧洲货币市场的中长期信贷——辛迪加贷款，而欧洲债券融资主要用于发达国家的举债人。20 世纪 80 年代由于债务危机和融资证券化，有越来越多的欧洲货币市场资金流向日本和欧美等发达国家，其中西欧各国就占市场近一半左右。20 世纪 90 年代由于德国统一，其资金需求庞大，另外一些新兴经济体也更多地进入欧洲债券市场，成为新的主力需求者。

3. 欧洲货币市场的信用创造机制

欧洲美元在储蓄者和借款者之间的中介作用的增长，主要原因是具有竞争性的欧洲银行从低效率的美国国内金融机构获得了部分金融中介业务。欧洲美元业务的增长体现了从受管制的、效率不太高的环境到较少受管制、更有效率的环境下的业务转变。所以制约欧洲美元信用扩张能力的主要因素就是欧洲货币市场的效率，尤其是欧洲美元利率与美国国内美元利率的高低比较。欧洲货币市场的效率越高，美元在离岸对手间使用的次数越多，则欧洲美元倍数就可能越大。欧洲美元倍数的估计值不相同，大致在 1.05～7 之间。

这里需要说明的是欧洲银行基本上是金融中介机构，只有美国银行制度创造美元，欧洲银行创造存款，但并不是支付工具，欧洲银行作为金融中介，它们接受存款并把这些资金贷放出去。美国银行制度创造出新货币，欧洲货币市场并不负责创造额外的美元。

6.5.4 欧洲货币市场的作用

从 20 世纪 60 年代到 70 年代初，欧洲货币市场的主要功能是向进出口商提供短期资金融通。1973 年石油危机之后，欧洲货币市场对回流石油美元、调节国际收支的大范围失衡起了重要的作用，西方各国政府和非产油发展中国家政府也开始在欧洲货币市场大量举债，用于平衡国际收支，或用于支持国内长期建设项目；同时，跨国公司对欧洲货币市场的资金需求也急剧增加。目前，欧洲货币市场的参与者可以说是非常广泛的，并且其功能和业务种类也是十分齐全的，但是跨国银行等金融机构仍然是市场的组织者和核心力量。

1. 欧洲货币市场的积极作用

（1）欧洲货币市场促使国际金融市场的联系更加密切

欧洲货币市场在很大程度上打破了各国间货币金融关系的相互隔绝状态，它将大西洋两岸的金融市场与外汇市场联系在一起，从而促进了国际资金流动。因为欧洲银行的套利套汇活动，使两种欧洲货币之间的利率差别等于其远期外汇的升水或贴水，超过这个限度的微小利率差别都会引起大量资金的流动，于是这个市场所形成的国际利率，使各国国内利率更加相互依赖。它促进了国际金融的一体化，这是符合世界经济发展基本趋势的。

（2）欧洲货币市场促进了一些国家的经济发展

欧洲货币市场在很大程度上帮助西欧和日本恢复经济并迅速发展。欧洲货币市场是日本20世纪60年代以来经济高速发展所需巨额资金的重要补充来源。发展中国家也从这个市场获得了大量资金。据世界银行统计，从1973年到1978年6月底，发展中国家从国际货币市场上借入621亿美元，其中绝大部分是从欧洲货币市场上借来的。第三世界运用这些资金加速了经济建设，扩大了出口贸易。因此，它加强了第三世界和第二世界的经济力量。

（3）欧洲货币市场加速了国际贸易的发展

在不少国家，对外贸易是刺激经济增长的重要途径。20世纪60年代中期以来，如果没有欧洲货币市场，西方国家对外贸易的迅速增长是不可能的。

（4）欧洲货币市场帮助一些国家解决了国际收支逆差问题

欧洲货币市场方便了短期资金的国际流动，特别是促进了石油美元的回流。据国际货币基金组织估计，1974年—1981年，世界各国的国际收支经常项目逆差总额高达8100亿美元，但各国通过国际金融市场筹集的资金总额即达7530亿美元，这在很大程度上缓和了世界性的国际收支失调问题。在这期间，欧洲货币市场所吸收的石油出口国的存款就达1330亿美元，发挥了重要的媒介作用。

2. 欧洲货币市场的消极影响

（1）加剧了主要储备货币之间汇率的波动幅度

欧洲货币市场交易是与外汇市场交易连在一起的，在浮动汇率制度条件下，一体化的金融市场给跨国银行、企业以及证券投资者的经营活动增加了汇率波动的风险，但是风险与防范的手段同时产生，他们也有利用市场波动从中盈利的机会。于是，巨额资金在不同金融中心之间，以及在不同储备货币之间频繁地进行套汇套利交易。这反过来又可能加剧有关货币汇率的波动幅度，从而进一步助长外汇市场上的投机性交易，这就加剧了外汇市场的动荡，同时增大了外汇交易的风险。

（2）增大了国际贷款的风险

欧洲货币市场国际信贷的主要方式是银行借短放长，欧洲货币存款以及定期存单（CD）等来源主要是短期的资金，然而自20世纪70年代以来，长期贷款资金的需求增长很快，这就增加了金融市场的脆弱性。如果发生金融风潮，储户提存，银行将难以应付。另外，欧洲货币市场上长期巨额的信贷牵涉众多的辛迪加成员银行，而银行之间的借贷关系连锁网络又遍及全世界各个主要国际金融中心。这样，虽然国际银行贷款的风险分散了，但是其影响必然是极其广泛深远的。例如20世纪80年代初，几个南美洲国家宣布无力偿还到期债务，立刻在全世界范围形成深刻的国际债务危机。

（3）使储备货币国家国内的货币政策难以顺利贯彻执行

由于欧洲货币市场的存在，各主要西方国家的跨国银行、跨国公司和其他机构都可以在世界范围取得贷款资金和选择投放场所，这就增加了贯彻货币政策的难度。例如，当国内为抑制通货膨胀而采取紧缩的货币政策使国内金融市场利率提高时，国内的银行和企业可以方便地从欧洲货币市场获得低成本的资金来源。同时，欧洲货币市场上的国际游资也会因国内的高利率而大量涌入，这就削弱了国内紧缩货币政策的效力。反之，当国内为刺激经济增长而放松银根降低利率水平时，国内资金又会因国内利率相对低而流向欧洲货币市场，这也会使放松货币的政策难以顺利达到目的。这方面的不利因素对那些小型开放经济的国家影响尤为明显。

由此可见，欧洲货币市场的消极影响也是极其广泛的，所以自 20 世纪 70 年代以来，各主要西方国家之间一直在进行协调，试图对欧洲货币市场进行管理和监控。1975 年，总部设在瑞士巴塞尔的国际清算银行主持成立了银行管制和监督常设委员会，这个组织也被称为巴塞尔委员会，研究如何协调对国际银行业的监督。1975 年 12 月，十国集团的中央银行对国际银行业的监督手段、信息交流以及各自的责任提出了若干具体的指导性原则。1979 年，各主要西方国家又先后提出了进一步管制欧洲货币市场的具体措施，主要包括：通过国际协定来限制各国中央银行在欧洲货币市场的活动；建立欧洲货币银行存款准备金制度；规定欧洲银行的资本充足性比率；建立有关国际金融机构采取公开市场业务；调节欧洲货币市场的信贷规模；协调各国有关当局对欧洲银行的管制措施；建立情报中心以交流信息等。1983 年 5 月，巴塞尔委员会又进一步明确了各国对欧洲货币市场的监督责任，并要求各主要国家加强政策上的协调。

本章小结

1. 外汇市场（Forcign Exchange Market）是金融市场的重要组成部分，是指从事外汇买卖交易和外汇投机的场所，或者说是各种不同货币彼此进行交换的场所。

2. 外汇交易的参与者主要有四类，即中央银行（Central Bank）、外汇银行（Foreign Exchange Bank）、外汇经纪商（Foreign Exchange Broker）和顾客（Customer）。和外汇市场的交易可以分为三个层次：银行同业之间，银行与顾客之间，银行与中央银行之间。

3. 黄金市场的参与者主要有：金商、银行、对冲基金、各种法人机构和私人投资者以及经纪公司。黄金买卖既是调节国际储备的重要手段，也是居民调整个人财富储藏形式的一种方式。

4. 国际债券市场可以分为两大部分：外国债券市场和欧洲债券市场。外国债券是由外国借款人在一国国内资本市场发行的以这一国国家货币标价的债券。欧洲债券是境外货币债券，它是指在某货币发行国以外，以该国货币为面值发行的债券。面值为美元的欧洲债券称为欧洲美元债券，欧洲债券市场已经成为国际资本市场的一个重要组成部分，发挥着越来越重要的作用。

5. 欧洲货币最初是指在货币发行国境外存与贷的货币。欧洲货币市场则是指在货币发行国境外进行的该国货币存储与贷放的市场。其最早发源于 20 世纪 50 年代末的伦敦，而后逐步扩散到世界其他地方。由于欧洲货币市场发展迅速，其交易量远超过传统的国际金融市场，因此，从某种意义上讲，它已成为当代国际金融市场的代表。

关键术语

外汇市场　国际借贷市场　黄金市场　证券市场　欧洲货币市场

本章思考题

1. 国际黄金市场上都有哪些参与者？
2. 简述外国债券市场和欧洲债券市场的概念。
3. 简述美国证券市场的结构。
4. 什么是欧洲货币市场？其主要优势是什么？
5. 阐述欧洲货币市场的影响。

本章参考文献

[1] 陈乐怡. 国际外汇市场的最新发展及启示 [J]. 新金融，2006（01）：43-45.
[2] 郭世贤. 当代国际信贷市场及其前景 [J]. 世界经济，1991（01）.
[3] 李翀. 国际金融市场 [M]. 广州：中山大学出版社，2006.
[4] 李学峰. 国际金融市场学 [M]. 北京：首都经济贸易大学出版社，2009.
[5] 梁立群. 美国证券市场结构的演进与发展 [D]. 吉林大学，2013.
[6] 刘杰. 国际黄金市场分析与中国黄金市场发展研究 [J]. 黄金市场，2016（9）.
[7] 马君潞，陈平，范小云. 国际金融学 [M]. 北京：科学出版社，2005.
[8] 王申强. 黄金市场分析与中国黄金行业可持续发展 [D]. 中国地质大学，2009.
[9] 王应贵. 国际视角下我国外汇市场现状与新思考 [J]. 技术经济与管理研究，2014（05）.
[10] 史燕平，王倩. 国际金融市场 [M]. 3版. 北京：中国人民大学出版社，2020.
[11] 李学峰. 国际金融市场学 [M]. 4版. 北京：首都经济贸易大学出版社，2021.
[12] 王光伟. 国际金融 [M]. 苏州：苏州大学出版社，2022.

第 7 章 国际资本流动

本章目标

通过本章学习，应能：

1. 掌握国际资本流动的定义与分类，知晓不同类别国际资本流动的定义和对应经济内容。

2. 掌握国际账户体系的概念及其组成部分，理解国际收支平衡表、国际投资头寸表以及金融资产和负债其他变化账户之间的关系。

3. 熟练掌握国际收支平衡表的结构、所包含子项反映的经济活动内容以及记账方式。

4. 了解从 2008 年国际金融危机发生后到目前为止，国际资本流动的发展趋势和特征。

5. 了解近年来我国国际收支和国际资本流动的主要特点，以及我国非储备性金融账户的结构特点和发展趋势。

6. 熟悉有关国际资本流动驱动因素的理论发展过程，掌握流量理论、资产组合理论、货币分析理论等主流理论。

7.1 国际资本流动的相关概念

7.1.1 国际资本流动的定义与分类

国际资本流动（Global Capital Flow），是指资本从一个国家向另一个国家的跨国流动，在资本输出国的国际收支平衡表（Balance of Payments）中表现为该国私人、企业、团体或政府在海外拥有债券、股票、银行存款等金融资产以及土地、建筑、设备等实物资产的所有权。

国际资本流动按期限可以分为长期资本流动和短期资本流动。长期资本流动是指期限在一年以上的资本跨国流动，包括外国直接投资、国际间接投资和国际信贷。短期资本流动是指期限在一年以内的资本跨国流动，包括短期信贷、短期金融资产等。

按照投资主体或国际资本所有者性质的不同，国际资本流动还可以分为官方资本流动和私人资本流动。官方资本流动主要包括国际金融组织贷款、政府间贷款和政府无偿援助、主权基金等；私人资本流动则指除上述形式以外的其他资本流动。

7.1.2 外国直接投资的定义

外国直接投资（Foreign Direct Investment）是指一国居民或企业在国外投资开办企业，并取得该企业的经营管理权。

外国直接投资的主要形式包括：收购外国企业股份达到拥有实质控制权的比例；在国外新设企业，又称为绿地投资（Greenfield Investment）；海外企业所获利润的再投资，这种方式实质上不产生资本流动。

世界各国对于构成外国直接投资的持股比例存在不同要求。某些国家规定在海外企业拥有10%以上股权即视为直接投资，有的国家则要求持股比例不低于25%，还有的国家规定，若持股比例低于25%，但符合以下条件之一，也可视为直接投资：向所投企业派出管理或技术人员；提供生产技术；提供生产原料；给予资金支持等。

7.1.3 国际间接投资的定义

国际间接投资即国际组合投资（Portfolio Investment），是指在国际证券市场上买卖证券形成的国际资本流动，包括一国个人、企业、金融机构、政府等购买其他国家政府或企业发行的股权、债券等行为。组合投资与直接投资的区别在于，组合投资的目的在于谋取投资收益，而非获得海外企业经营活动的控制权。

7.1.4 短期国际资本流动的定义

短期国际资本流动是指流入与流出时间间隔短于一年的资本流动。短期资本流动包括贸易融资、银行间资本流动、保值性资本流动和投机性资本流动等类型。其中，贸易融资主要是指出口方为进口方提供的商业或银行信贷；银行间资本流动是指银行间的跨国短期同业拆借、套汇、套利交易等；保值性资本流动是指为对冲实体商品贸易的商品价格或汇率变化风险，利用期货、期权等金融衍生品进行的反向套期保值交易；投机性资本流动是指出于货币贬值预期或者受国际利差收益明显高于汇率风险的驱动，为获取投机收益不采取反向对冲交易等保值措施而承担相应风险的资本流动，具有波动性强、流动规模变化较大、流动方向容易逆转、对一国金融市场和实体经济可能造成显著负面冲击等特点，又被称为热钱（Hot Money）或者国际游资。

7.2 国际资本流动的历史发展阶段

国际资本流动在历史上经历了六个发展阶段，不同阶段国际资本流动的方向、方式呈现出不同的特点。最初，国际资本流动主要为国际贸易服务，是国际贸易的附属，后来逐渐脱离国际贸易单独成为一种重要的国际经济关系。

1. 第一阶段：1870 年—1914 年

在这个阶段中，资本主义国家实体经济快速增长，金本位制成为占主导地位的汇率制度，各国间汇率波动较小，国际政治环境处于第一次世界大战以前的相对稳定期。在这种有利条件推动下，国际资本流动经历了约半个世纪的快速增长，资本主要从以英国、法国为代表的传统资本主义国家流向以美国、日本为代表的新兴资本主义国家。资本流入使美国快速实现了工业化，经济迅猛增长，同期经历大规模资本流入的日本、德国、加拿大也发展成为世界经济强国。该阶段资本流动的主要形式为间接投资，直接投资占比较小。

2. 第二阶段：1918 年—1939 年

第一次世界大战结束后，国际资本流动逐渐复苏。德国、法国等在第一次世界大战中遭受重创的国家因收到大量国际援助而成了国际资本流动的主要目的地，在第一次世界大战中巩固了自己世界经济第一强国地位的美国则成了主要资本输出国。间接投资仍是该阶段国际资本流动的主要形式。1929 年，美国经济“大萧条”引发的世界经济危机使得国际资本流动迅速萎缩。1930 年—1939 年间，美国对外净投资规模下降了 50 亿美元。

3. 第三阶段：1945 年—1973 年

第二次世界大战后，随着世界各国政治经济格局的重新洗牌，国际资本流动也呈现出了新特点。战后初期，随着美国“马歇尔计划”的推行，国际资本从受战争影响较小的美国，流向迫切需要战后重建的欧洲和日本等国。随着受援国实体经济逐渐恢复，国际资本开始在美国与这些国家之间流动，规模也显著扩大。这一阶段直接投资在资本流动中所占的比例明显上升。

4. 第四阶段：1973 年—1989 年

1973 年第一次石油危机爆发，石油价格大涨，石油输出国组织（OPEC，以下简称欧佩克）国家通过石油出口积累了大规模贸易盈余。由于欧佩克国家自身经济无法吸收如此大规模的资金流入，这些资金中的很大一部分又流回了西方发达经济体；而西方发达经济体因石油价格上涨引发的经济危机导致缺少投资机会，这些资金最终以国际资本的形式流向了欧佩克国家以外的其他发展中国家，推动了“亚洲四小龙”和巴西等亚洲与南美洲发展中国家的经济腾飞。这些资金中也有很大一部分形成了投机性资本流动，在国际资本市场上兴风作浪，加剧各国经济波动。该阶段的特点是国际资本流动开始涉及发展中国家，而发展中国家因为经济结构不合理、外汇储备有限、经济金融领域管理能力较弱而成为国际投机性资本流动的攻击对象，在实现经济增长的同时经济波动性也加大。

5. 第五阶段：1990年—2007年

随着经济全球化和金融自由化、一体化程度的快速提升，国际资本流动规模也迅速扩大，资本在债务危机后重新流向发展中国家。但在宽松的金融管制氛围下，国际资本流动常因经济环境的改变而骤然逆转，除直接投资以外的其他类型国际资本流动都呈现出不稳定性。这一阶段国际资本流动规模显著扩大，次贷危机爆发前的2007年，国际资本流动总规模达到12.4万亿美元，占全球GDP比重超过20%，创历史最高点；跨国资本流动与实体经济严重脱节，资本流动规模增速远快于实体经济增速，全球金融市场波动加剧。这一阶段直接投资和间接投资开始取代国际贷款成为国际资本流动的主导形式，跨国公司、机构投资者成为推动国际资本流动的主要力量，私人资本逐渐取代官方资本成为国际资本流动的主流。

6. 第六阶段：2008年至今

受国际金融危机爆发影响，2008年国际资本流动规模断崖式萎缩，不足2007年时的1/5。2010年的国际资本流动总规模虽扩大至6.9万亿美元，但其后受欧债危机的影响再次收缩，目前国际资本流动规模仍远低于2008年金融危机爆发前的峰值。导致这种萎缩的主要原因在于银行间资金拆借规模的下降，尤其是欧元区内部银行之间以及与欧元区其他地区的银行之间，因银行通过降杠杆清理平复了金融危机前积累起来的大量跨境拆借头寸。这一阶段国际资本流动的特点为发达经济体（尤其是欧洲国家）之间的资本流动规模缩小，流向新兴经济体的国际资本总体而言则有所增长，尤其是外国直接投资和国际间接投资等形式；新兴经济体的国际资本流动（特别是债务形式的国际资本流动）受发达国家货币政策的外溢影响较大。

7.3 国际资本流动的统计指标

7.3.1 国际资本流动统计的基础：国际账户体系

根据国际货币基金组织的定义，国际账户体系反映了一个经济体的居民与非居民之间的经济关系，由国际收支、国际投资头寸以及金融资产和负债其他变化账户三部分组成。其中金融资产和负债其他变化账户反映的是用以协调特定时期国际收支和国际投资头寸的其他流量（如估值变化等），即除居民与非居民交易以外的经济事件引起的变化，在此不做详细介绍。

1. 国际收支平衡表

根据国际货币基金组织的定义，国际收支（Balance of Payments，简称BOP）平衡表是指某个时期居民与非居民之间的交易汇总统计表。国际收支的组成部分包括经常账户（包含货物与服务账户、初次收入账户、二次收入账户）、资本和金融账户（包含资本账户、金融账户）、误差与遗漏净额。相关情况见表7-1。国际收支的不同账户根据提供和获得经济资源的性质加以区分。

表 7-1　国际收支平衡表的基本框架

国际收支平衡表	贷方	借方	差额
经常账户			
货物与服务			
货物			
服务			
初次收入			
雇员报酬			
利息			
企业的已分配收益			
再投资收益			
租金			
二次收入			
对所得、财富等征收的经常性税收			
非寿险费净保费			
非寿险索赔			
经常性国际转移			
其他经常转移			
养老金权益变化调整			
经常账户差额			
资本账户			
非生产非金融资产的取得/处置			
资本转移			
资本账户差额			
净贷出（+）/净借入（-）（来自经常账户与资本账户差额之和）			
金融账户（按职能类别）	金融资产净获得	负债净产生	差额
直接投资			
证券投资			
金融衍生品（非储备资产）和雇员认股权			
其他投资			
储备资产			
资产/负债变化总额			
净贷出（+）/净借入（-）（来自金融账户差额）			
误差与遗漏净额			

数据来源：国际货币基金组织 BPM6。

经常账户 显示的是居民与非居民之间货物、服务、初次收入和二次收入的流量。经常账户差额等于出口和应收收入之和与进口和应付收入之和的差额，反映了经济体的储蓄—投资缺口。

资本账户 显示的是，居民与非居民之间的资本转移以及非生产非金融资产的取得和处置。资本转移是指提供资源的一方没有得到任何直接经济价值回报。

金融账户 显示的是，金融资产和负债的获得和处置净额。经常账户差额与资本账户差额之和为经济体与世界其他地方之间的净贷款（顺差）和净借款（逆差），从概念上说应等于金融账户的净差额。金融账户按职能类别划分包括直接投资、证券投资、金融衍生品（非储备资产）和雇员认股权、其他投资和储备资产。金融账户下的直接投资，包括不同经济体居民的关联实体之间大多数的金融交易和头寸。一家企业的关联实体包括子公司（直接投资者具有控制权的直接投资企业）、联营企业（能够施加重大影响而无控制权的直接投资企业）及联营企业的子公司等。证券投资是指未被列入直接投资或储备资产的、有关债权或股权证券的跨境交易和头寸，主要包括在有组织市场或其他金融市场上的证券交易。其他投资为剩余类别，是指没有列入直接投资、证券投资以及储备资产的交易和头寸，主要包括：银行贷款，贸易信贷和预付款，其他应收/应付款，外商投资企业的未分配利润、已分配未汇出利润、盈余公积、股东贷款，金融机构吸收外资，非居民购买不动产等。

误差与遗漏净额 项是为配平国际收支数据人为计算的残差项，由金融账户差额[表示为净贷出（+）/净借入（-）]减去经常账户和资本账户差额之和得到的，该指标常被用于度量资本外逃规模。当误差与遗漏净额项为负值时，通常代表经常账户贷方金额的高估（如高报出口，可骗取更多出口退税）、借方金额的低估（如低报进口，可逃避进口关税），以及金融项目的贷方金额高估、借方金额低估，其体现的是经常项目顺差中未能转化为外汇储备和合法外国净资产增加值的部分。按照国际货币基金组织的标准，误差与遗漏净额项的绝对值在正常情况下不应该超过一国当年进出口总额的5%，超过这一上限则表明存在明显的资本外逃或资本涌入倾向。由于走私、低报出口、高报进口（以更多持有外汇）等未被经常账户记录的外汇收支并不会反映在误差与遗漏账户之中，实际的资本外逃/流入超出净误差与遗漏的度量范围。

目前全球大多数国家都按照国际货币基金组织颁布的《国际收支手册》（*Balance of Payments Manual*，简称BPM）编制BOP，以保证各国BOP数据的一致性和可比性。从1948年第1版BPM面世至今，国际货币基金组织总共发布了六个版本的BPM，其中1977年的第4版BPM全面阐述了国际收支统计的基本原则，所提出的“资本账户”概念沿用至今；1993年的第5版BPM与同期的国民账户体系（System of National Accounts，简称SNA）进行了协调；2008年的第6版BPM（简称BPM6）作为目前为止的最新版本，在第5版BPM框架的基础上进一步拓展细化，与2008版国民账户体系更加协调一致，名称也改为《国际收支与国际投资头寸手册第6版》（*Sixth Edition of the IMF's Balance of Payments and International Investment Position Manual*）。BPM6相对于上一版本的特点在于，更加重视资产负债表分析以及资产负债表脆弱性问题，为随全球经济一体化而出现的移民工及其汇款流量、生产流程全球化提供了处理指南，修订了对金融衍生品、证券化产品、指数挂钩证券、黄金账户等金融创新工具和安排的处理原则。随着BPM的不断修订，以其为基础编制的BOP的账户结构也相应不断调整。

2. 国际投资头寸表

按照国际货币基金组织的定义，国际投资头寸（International Investment Position，简称 IIP）表反映某一时点上金融资产与负债的价值，包括一经济体居民对非居民的债权或作为储备资产持有的金块等金融资产，以及一经济体居民对非居民的负债。资产负债的差额为净国际投资头寸，反映了一经济体相对于世界其他地方的净债权或净负债。

国际投资头寸与某个时点有关，完整的国际投资头寸表则反映了不同时点的情况，即有一个期初值和一个期末值。完整的国际投资头寸表通过金融账户（各种交易引起的流量）以及金融资产和负债其他变化项目（重新定值等其他数量变化）来协调国际投资头寸的期初值和期末值。

国际投资头寸的最高层分类为职能分类，具体包括直接投资、证券投资、金融衍生品（储备资产除外）和雇员认股权、其他投资以及储备资产。相关情况见表 7-2 和表 7-3。

表 7-2 国际投资头寸表的基本框架（按职能分类）

国际投资头寸	期初头寸	交易（金融账户）	其他数量变化	重新定值	期末头寸
资产（按职能分类）					
直接投资					
证券投资					
金融衍生品（储备除外）和雇员认股权					
其他投资					
储备资产					
资产总额					
负债（按职能分类）					
直接投资					
证券投资					
金融衍生品（储备除外）和雇员认股权					
其他投资					
负债总额					
国际投资头寸净额					

数据来源：国际货币基金组织 BPM6。

表 7-3 国际投资头寸表的基本框架（按金融工具分类）

国际投资头寸	期初头寸	交易（金融账户）	其他数量变化	重新定值	期末头寸
资产（按金融工具分类）					
特别提款权					
货币和存款					
债务证券					

（续）

国际投资头寸	期初头寸	交易（金融账户）	其他数量变化	重新定值	期末头寸
贷款					
保险、养老金和标准化担保计划					
其他应收/应付款					
货币黄金					
金融衍生产品和雇员认股权					
合计					
负债（按金融工具分类）					
特别提款权					
货币和存款					
债务证券					
贷款					
保险、养老金和标准化担保计划					
其他应收/应付款					
货币黄金					
金融衍生产品和雇员认股权					
合计					
净国际投资头寸					

数据来源：国际货币基金组织 BPM6。

国际投资头寸表与国际收支平衡表的相同点在于：都以权责发生制为记录原则，对居民与非居民、记账单位以及折算方法等基本要素的界定保持一致。两者的不同之处在于：国际收支平衡表反映一段时间内的经济流量，国际投资头寸表反映某一时点对外资产负债的存量；国际收支平衡表采用复式记账法，对同一笔交易做相反方向两条记录，故国际收支平衡表余额通常为零；而国际投资头寸表记录的某一时点对外资产和对外负债的差额，通常不为零。两者的联系在于：国际收支平衡表中的金融账户和国际投资头寸表的子项框架完全一致，是国际投资头寸表的主要数据来源，但国际收支平衡表金融账户只反映一国对外资产与负债通过交易发生的所有权变更，而国际投资头寸表除反映金融交易外，还反映汇率、价格波动以及期限变化导致的头寸重估；国际收支平衡表经常项目中的再投资收益结合国际投资头寸表中的相关项目，可以计算一国或某类资产的直接投资收益率。

7.3.2 国际资本流动的统计口径

国际资本流动对应国际收支平衡表的金融账户差额，表示一经济体的资金净贷出（差额为正）或净流入（差额为负）。国际资本流动包括金融账户下的直接投资、证券投资、金融衍生品（非储备资产）和雇员认股权、其他投资的资产净获得和负债净产生，以及储备资产的净积累。国际资本流动的常用统计指标包括国际资本流入总额（Gross

Capital Inflows，简称 GKFI）、国际资本流出总额（Gross Capital Outflows，简称 GKFO）以及国际资本流动净额（Net Capital Flow，简称 NKF）。其中，国际资本流入总额为非居民买入的国内资产规模与非居民卖出的国内资产规模之差，对应国际收支平衡表金融账户各子项的负债净产生之和；国际资本流出总额为居民买入的海外资产规模与居民卖出的海外资产规模之差，对应国际收支平衡表金融账户各子项的金融资产净获得之和；国际资本流动净额为国际资本流入总额与国际资本流出总额之差。由于世界各国的国际资本流入总额之和等于国际资本流出总额之和，可在国际资本流入和流出总额中二选一，来统计多个国家的国际资本流动总额。此外还常用一经济体的国际资本流动总额与其 GDP 之比来反映国际资本流动对经济活动影响的重要程度。

除了 GKFI、GKFO、NKF 等总量指标外，统计国际资本流动的方法还包括：①按照国际资本流动的性质统计，即通过金融账户下的直接投资、证券投资、其他投资等项目来统计不同类型的国际资本流动。②按照国际资本流动期限统计，即按照资本流动在流入国的停留期限是否长于一年，分别统计国际资本流动中的长期资本流动（主要包括直接投资、长期政府债券和银行贷款）与短期资本流动（主要包括商业票据、短期贸易信贷、银行承兑汇票、活期存单等）。

7.3.3 2008 年国际金融危机后的国际资本流动特征

2008 年国际金融危机后的国际资本流动呈现出两大特征：其一是发展中国家在国际资本流动中所占比重显著提升，其二是按职能划分的其他投资在国际资本流动中所占比重明显萎缩。虽然金融危机爆发前发达国家间的资本流动是推动国际资本流动总额增长的主要力量，近年来发展中国家已经开始在国际资本流动中占据越来越重要的地位，2000 年流入发展中国家的资本总额仅占全球资本流动总额的 7%，2010 年这一比重已经增至 26%；金融危机期间，发展中国家的资本流动总额相对于发达国家所受负面的影响较小；在金融危机局势最严峻的 2008 年—2009 年，发展中国家的资本流动总额甚至撑起了全球资本流动总额的半壁江山。总体而言，发展中国家在全球资本流动中所占比重提升不是短期现象，而是长期发展趋势，得益于发展中国家在政府治理、政策透明度方面的进步以及发展中国家金融市场与全球市场一体化程度的加深。但发展中国家在全球资本流动中所占比重仍与其在商品生产、经济增长以及国际贸易方面的地位不相匹配。

图 7-1 显示了 2010 年—2022 年的国际资本流动总额㊀，按照流入地将全球资本流动分为了发达国家资本流入总额和发展中国家资本流入总额两大类。从图 7-1 中可见，在 2010 年—2022 年这个较长时段里，国际资本流动总额保持波动趋势，并于 2021 年突破 8 万亿美元，相当于全球 GDP 的 15%。2021 年流入发达国家的资本总额相对于 2018 年增长 311%。2018 年—2019 年，由于一系列多边贸易争端的影响，全球经济中的贸易政策不稳定性较高，全球资本流动总规模呈现出由增长转向收缩的变化趋势。

图 7-2 显示了 2010 年—2022 年的全球资本流动规模（按职能分）占 GDP 的比重。

㊀ 此处选择用资本流入总额来近似表示资本流动总额。

金融危机爆发后的2010年以来，其他投资占全球GDP的比重远低于金融危机爆发前的水平。2000年—2007年，其他投资占全球GDP比重的年平均值为5%，而2008年—2022年间则降为1.5%。由于国际环境和形势的不确定性加剧，银行间跨境资金拆借急剧萎缩是导致其他投资占GDP比重在金融危机后显著下降的主要原因。一方面，经济基本面走弱、私人部门风险偏好下降等因素导致了资金需求下降；另一方面，为了修复资产负债表、充实资本金，这种降杠杆操作对银行间跨境资金拆借造成了尤为严重的影响。

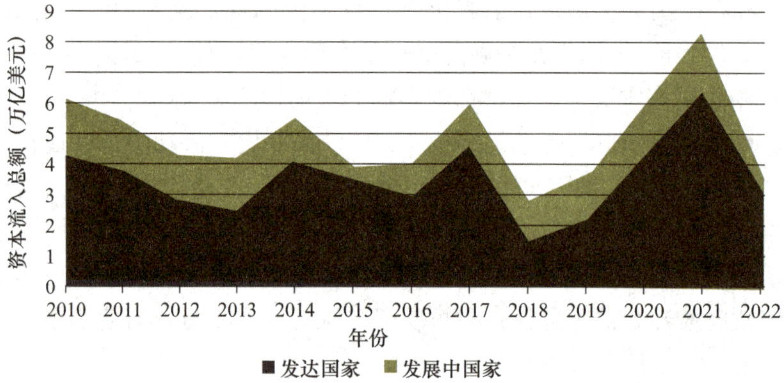

图7-1 2010年—2022年的国际资本流动总额

数据来源：国际货币基金组织。

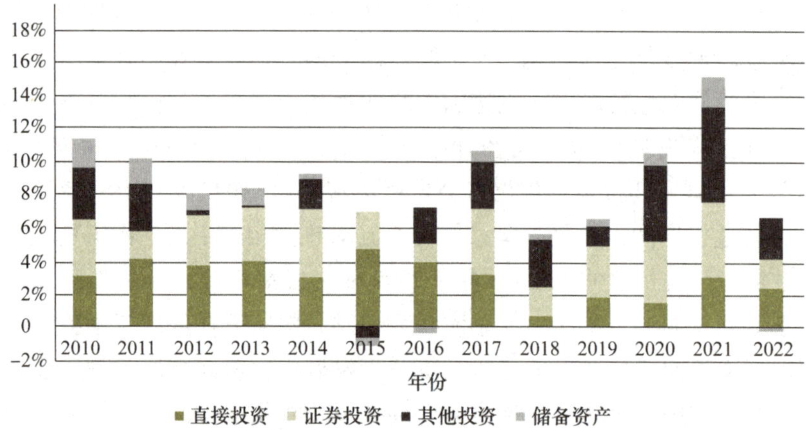

图7-2 2010年—2022年全球资本流动规模（按职能分）占GDP的比重

数据来源：国际货币基金组织。

7.3.4 近年来我国国际收支和国际资本流动的主要特点

21世纪以来，我国国际收支与其主要分项的变化可被划分为五个阶段，其中2008年金融危机、2014年与2017年的两次汇率预期变化和2019年新冠疫情暴发是关键的划分节点。

第一阶段（2000年—2007年）：我国经常账户与非储备性金融账户双顺差持续扩大，储备资产规模不断积累。2001年我国加入世界贸易组织以后，广阔的海外市场需求推动我国出口贸易快速发展壮大；与此同时，人口红利的爆发也使我国劳动力占人口比例上升、劳动力成本低廉，吸引了大规模的外国直接投资。我国居民部门的高储蓄率特征和当时施行的资本外流管制也有助于双顺差局面的出现。

第二阶段（2008 年—2013 年）：我国经常账户顺差持续缩窄，非储备性金融账户顺差持续扩大，储备资产保持高位。受 2008 年金融危机爆发影响，国际贸易活动显著萎缩，之后虽逐步回升，但仍未恢复危机爆发前的增长势头。我国经常账户在第二阶段虽继续保持顺差，但顺差规模明显低于 2007 年。非储备性金融账户第二阶段顺差持续扩大弥补了经常账户差额的相对弱势。除去个别时期由于国际形势转变引发的恐慌性资本流出之外，在全球各大经济体持续量化宽松和我国资本账户进一步开放的作用下，外资净流入规模进一步显著扩大，由此这一阶段的储备资产规模仍保持在相对高位。

第三阶段（2014 年—2016 年）：我国经常账户顺差持续扩大，非储备性金融账户转为大规模逆差，储备资产流失。2014 年受美联储退出量化宽松预期加强和欧洲央行进一步加强量化宽松操作影响，美元指数大幅走强，人民币汇率预期由升值转为贬值，2015 年 8 月 11 日人民币兑美元汇率中间价报价机制的市场化改革则推动这种贬值预期变成了现实。人民币大幅贬值导致资本净流出，非储备性金融账户差额转为持续大规模逆差。虽然在汇率贬值的刺激下经常账户顺差规模有所回升，但仍不足以抵消非储备性金融账户逆差导致的资本流出。这一阶段代表资本流出的错误与遗漏项规模也显著扩大，进一步加剧了储备资产的流失。

第四阶段（2017 年—2018 年）：我国经常账户顺差持续缩窄，非储备性金融账户转为顺差，储备资产小幅增长。在美元指数持续疲软、中国人民银行加强对人民币兑美元汇率中间价的管控和居民企业结汇意愿加强等因素的推动下，人民币汇率持续走强。受大宗商品价格上涨影响，进口增长速度快于出口，致使这一阶段的经常账户顺差规模较前一阶段有所缩窄，但资本外流的强势逆转使得我国从资本净流出转为资本净流入，代表资本流出的误差与遗漏净额项也因人民币汇率走势预期转向出现显著改善，最终储备资产保持小幅正增长。

近年来我国国际收支和国际资本流动形势见图 7-3。

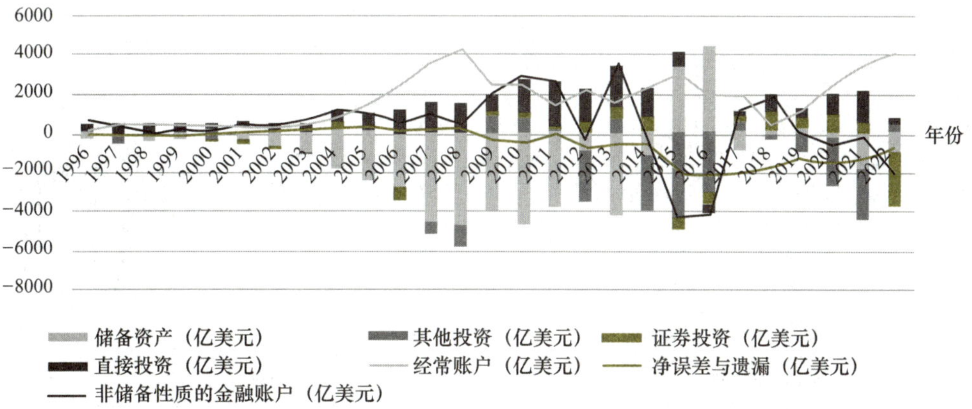

图 7-3　近年来我国国际收支和国际资本流动形势

数据来源：国家外汇管理局。

第五阶段（2019 年至今）：我国经常账户由逆差转变为顺差，且顺差额逐年扩大，非储备性金融账户顺差额逐年下降，在 2020 年开始转变为逆差的状态，储备资产呈现持续净流入的趋势。2019 年以来，在中美贸易战升级、全球疫情大范围蔓延、俄乌冲突、美联储激进加息、国内经济修复不及预期和房地产风险增大的影响下，人民币汇率持续下跌，人民币贬值使得经常账户出现持续顺差。同时跨境资本的持续流出，使得非储备性质的金融账户顺差转为逆差且规模迅速扩大。

7.3.5　我国非储备性质金融账户的结构特点

非储备性金融账户包括直接投资、证券投资、其他投资、衍生工具投资四个子项，其中前三个子项是非储备性金融账户的主要组成部分。与经常账户不同的是，非储备性金融账户及其子项均根据行动主体的不同划分了“资产”“负债”细项，其中“资产”项目的行动主体是我国投资者，借方表示我国对外投资资金的流出规模（-），贷方表示我国投资撤回带来的外部资金流入规模（+），最终资产项目的正、负金额分别表示我国对外投资领域的资金净流入与净流出；负债项目的行动主体是外国投资者，其贷方表示外国对我国投资的资金流入规模（+），借方表示外国投资撤离引发的资金流出规模（-）。

我国非储备性金融账户差额构成见图 7-4。

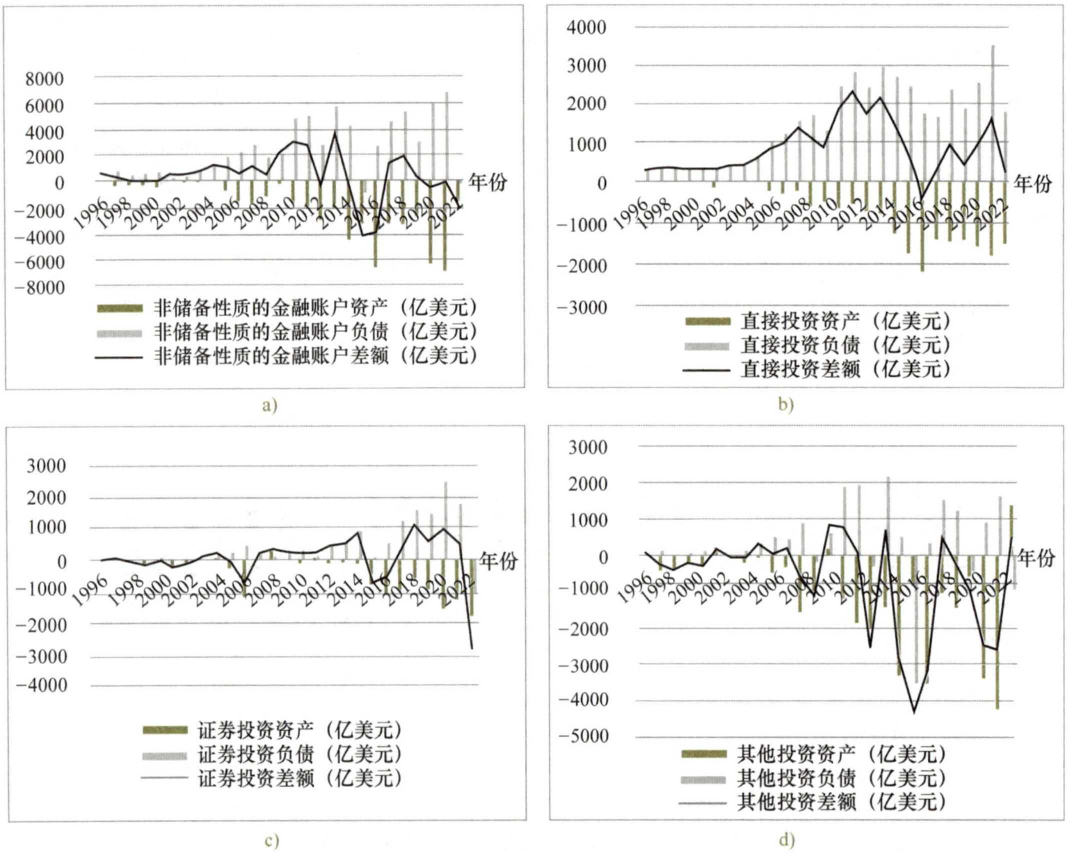

图 7-4　我国非储备性金融账户差额构成

数据来源：国家外汇管理局。

总体而言，直接投资差额是非储备性金融账户差额中稳定性较高的组成部分；其中外国对我国直接投资形成的长期资本净流入在直接投资差额中占主导地位，但在 2014 年—2016 年人民币汇率大幅贬值时期，我国对外直接投资所导致的资金净流出明显扩大，导致直接投资差额缩窄。证券投资差额的规模相对较小，对非储备性金融账户差额的影响有限，因我国在证券投资领域仍保有资质筛选与限额管理；但随着债券通启动等投资渠道的放宽，证券投资吸引外资流入的能力将明显加强。其他投资是影响我国短期资本流动的重要渠道和非储备性金融账户差额中的波动性最强的子项，主要由存款、贷款、贸易信贷三个细项组成。在汇率贬值预期时期，存款跨境转移、境内企业提前偿还外币贷款、延迟美元应收款等行为是导致其他投资成为影响非储备金融账户大幅波动的主要因素。以下将对上述三个子项进行详细分析。

1. 直接投资

直接投资主要表现为对外股权投资和对关联企业的借/贷款。我国直接投资差额构成见图 7-5。我国直接投资差额绝大部分时期都表现为顺差，代表外国对我国直接投资带来的资金流入超过我国对外投资带来的资金流出，是非储备性金融账户差额的最主要支撑。导致直接投资顺差的主要原因为，2000 年以来我国人口红利释放带来的低劳动力成本、我国较高的投资回报率以及制造业分工国际化等基本面因素吸引发达国家资本大量涌入我国。2015 年—2016 年人民币大幅贬值时期，我国对外直接投资显著扩大，其中对关联企业的债务净流出规模显著攀升，有利用关联交易资本外逃的嫌疑，2017 年随着相关部门对接投资采取管控措施，直接投资差额已由资金净流出重新转为资金净流入。

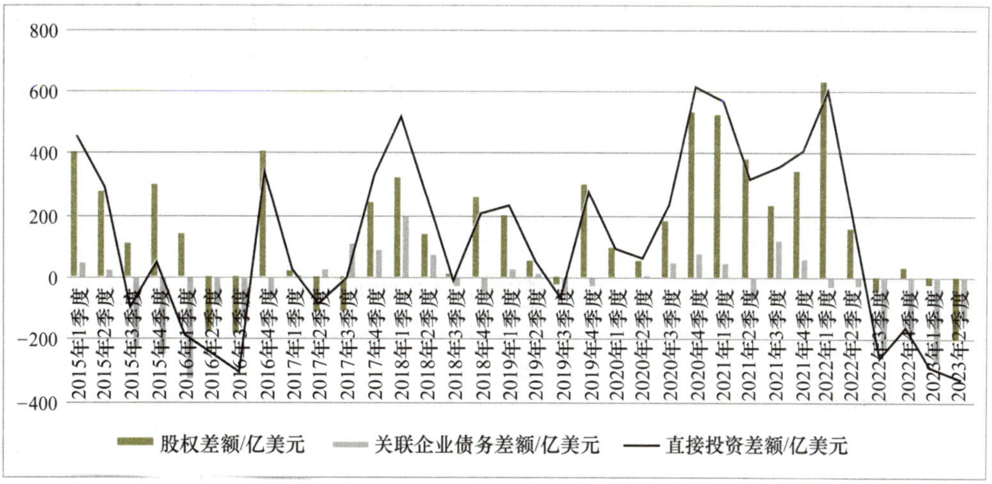

图 7-5　我国直接投资差额构成

数据来源：国家外汇管理局。

同时，受美联储加息、全球“滞胀”、俄乌冲突持续以及美西方不断施压等一系列因素影响，自 2019 年第四季度以来，连续 11 个季度维持顺差流入的直接投资子项在 2022 年第三季度转为了逆差，并在 2023 年仍维持逆差净流出的状态。

2. 证券投资

由于我国目前尚未实现资本账户完全可兑换，我国证券投资差额与直接投资差额相比规模明显较小。虽然我国不断加快资本账户对外开放步伐，例如 2002 年推出合格境外机构投资者（QFII）、2006 年推出合格境内机构投资者（QDII）、2014 年和 2016 年分别启动沪港通与深港通、2017 年正式开通债券通，但在证券投资、跨境借贷等短期类资本流动领域我国仍保有较严格的资质筛选与限额管理，这限制了证券投资规模的扩张。从证券投资差额对应的资金流向来看，2000 年—2019 年我国在大部分年份为证券投资资金净流入国；从结构上看，外国投资者对我国股权投资规模波动不大，而债券投资规模则呈较明显的上升趋势，主要受我国相对较高的债券收益率、人民币汇率升值预期以及债券通开通的推动。2020 年第一季度，由于新冠疫情等不稳定因素的影响，我国股权投资和债券投资的资金迅速流出，使得证券投资账户出现了较大的逆差额。而在 2020 年第二季度之后，在国家政策的推动之下，我国金融市场也进一步加大了开放力度，人民币汇率出现了快速升值，此时我国的股权投资和债券投资资金迅速流入。因此，在 2020 第二季度至 2021 年第四季度，我国主要表现为证券投资资金净流入国。2022 年至 2023 年的第二季度，在复杂多变的国际形势影响下，人民币汇率面临较大的贬值压力，证券投资账户呈现出了波动较大的资金净流出趋势。

我国证券投资差额构成见图 7-6。

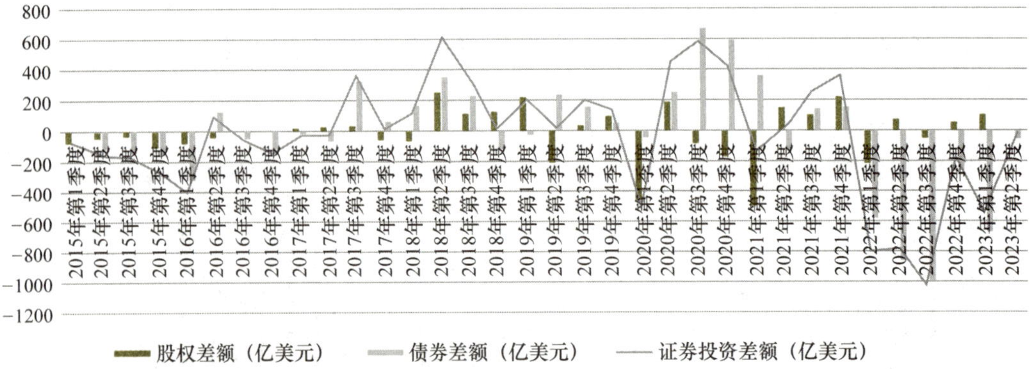

图 7-6　我国证券投资差额构成

数据来源：国家外汇管理局。

3. 其他投资

其他投资主要包括货币与存款、贷款、贸易信贷三个细项。我国其他投资差额构成见图 7-7。其他投资是非储备性金融账户中波动性较强的子项，主要影响因素包括汇率变化、国内外货币市场利差所导致的跨境存款变动、国内外贷款利差与融资环境导致的跨境贷款波动、贸易基本面变化导致的贸易信贷波动。其他投资账户差额在四个时期出现了非常明显的资金净流出，规模之大导致非储备性金融账户差额由正转负，这四个时期分别是金融危机期间的 2007 年下半年至 2008 年间、2011 年第四季度至 2012 年间、2014 年第二季度至 2016 年间和 2020 年第二季度至 2022 年第一季度，后三个时期均与人民币汇率贬值有关。2021 年第二季度至 2023 年第二季度年间，其他投资账户差额由资金净流出转为明显的资金净流入，其中存款和贷款都是资金流入的重要渠道，而贸易信贷方面则主要表现为小幅的资金净流出的状态。

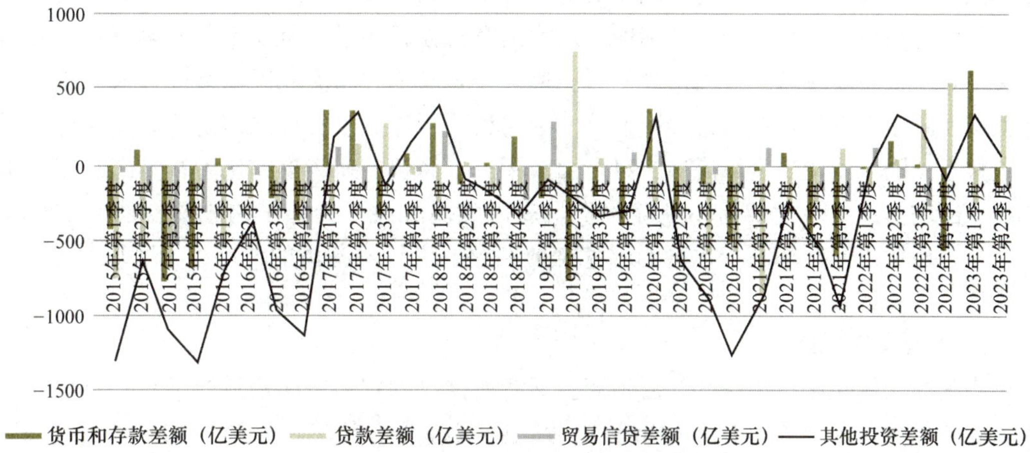

图 7-7　我国其他投资差额构成

数据来源：国家外汇管理局。

存款对汇率走势敏感主要因为存款利率较低，因而汇兑损益价值对总体收益率的影响更加显著。贷款对汇率走势敏感的原因在于，境内企业有倾向于在预期人民币升值时对外借款、在预期人民币汇率贬值时提前偿还外债，由此出现人民币升值预期下对外借款的净流入与人民币贬值预期下对外借款的净流出。贸易信贷（主要表现为跨境企业间的应收账款）对汇率走势敏感的原因为，我国企业在人民币升值预期较强时，倾向于加快回收应收账款，在人民币贬值预期较强时则倾向于将应收账款暂时寄存境外，由此导致人民币升值预期下的应收账款净流入和人民币贬值预期下的应收账款净流出。此外贸易信贷也受贸易基本面影响，当出口强于进口时，应收账款通常表现为净流出，贸易信贷差额与经常账户差额的方向通常保持一致。

7.4 国际资本流动相关理论

本部分将对国际资本流动的相关理论研究做简要介绍，主要内容包括国际资本流动的驱动因素、国际资本流动与金融稳定和国际资本流动管制。

7.4.1 国际资本流动的驱动因素

按照国际资本流动理论的发展过程，可将其分为早期国际资本流动理论、近代国际资本流动理论和现代国际资本流动理论三个阶段。

7.4.1.1 早期国际资本流动理论

1. 重商主义时期

对国际资本流动机制的研究始于重商主义时期。由于当时贵金属是跨国支付的媒介，国际资本流动问题被视为等同于贵金属货币的国际流动问题。重商主义者把贵金属的多少作为衡量国家财富的唯一标准，认为国家富强就要通过贸易不断积累货币。重商主义主张保持贸易顺差，多出口少进口，追求贵金属单方向流入国内减少外流。重商主义就贸易顺差存在货币差额论和贸易差额论两种不同观点。货币差额论认为政府应该通过直接干预限制本国贵金属流出，尽量卖多买少；而贸易差额论则认为贵金属在流动中才能不断增值，应通过贸易不断输出贵金属以实现收益，例如采购原材料然后加价卖出、将货币输出到利率高于本国的国家赚取利差或者针对各国的汇率差异赚取“套汇”差价等。

2. 古典主义时期

古典主义者主张自由贸易，对重商主义者所推崇的贸易差额论进行了猛烈抨击，代表人物包括大卫·休谟（David Hume）、大卫·李嘉图、约翰·穆勒（John Miller）等。休谟对金本位制条件下的国际资本流动进行了开创性研究。他认为，货币只是一种价值交换工具，并不是财富的唯一形式，他主张推行自由贸易，允许国际资本自由流动。休谟将货币数量论应用到国际收支分析方面，提出了著名的“价格—现金流动机制”，为国际资本的自由流动奠定了理论基础。休谟认为，在世界各国贸易自由化、市场完全竞争、价格具有弹性的条件下，一国对外贸易的货币收支差额将通过贵金属的自由流动和物价涨落实现自动调节，使各国间的贵金属分配达到新的均衡。因此，资本的国际流动与一国经济内外平衡具有自发的调节作用。在此基础上，李嘉图运用比较优势理论来分析国际资本流动理论，他认为国家比较优势和投资者对更高投资收益的追求导致资本出现跨国流动；资本从边际产出低的国家流向边际产出高的国家，可以使投资者获得更高的收益并使消费者享受到更便宜的商品。穆勒在投资收益的基础上引入投资风险因素，认为资本跨国流动是投资收益和投资风险综合作用的结果，资本更喜欢在社会文明程度高的国家之间流动，社会文明程度低的国家想要吸引资本流入需要提供更高的资本收益率。

总体而言，重商主义和古典学派等早期经济学家对国际资本流动问题的研究散落于国际贸易相关理论当中，局限于古典经济理论的框架内，重点关注国际资本流动的必要性以及对本国经济发展是否有害。这些早期理论虽不成熟，但其中包含的洞见为后世研究奠定了理论基础。

7.4.1.2 近代国际资本流动理论

近代国际资本流动理论经历了从19世纪后期至20世纪30年代的发展。18世纪下半叶，国际贸易在工业革命的推动下进入了一个前所未有的快速增长期。国际资本流动已经不再是国际贸易的附属，逐渐成为一个独立的经济现象，并在1870年—1914年和1918年—1928年出现了两轮国际资本流动热潮，在此期间主要经济体经历了较大规模的国际资本输出和流入，国际资本流动对全球经济和资本市场的稳定产生的影响越来越大。在这一背景下，国际资本流动的原因、对经济的影响以及国际收支成为学界关注的主题。对国际资本流动的研究也进入了较为深入的阶段。根据研究视角的不同，这一时期的相关理论可以分为两类：国际资本流动的动因理论和短期国际资本流动理论。

1. 国际资本流动的动因理论

沃尔特·巴奇哈特（Walter Bagehot）、克努特·维克塞尔（Knut Wicksell）、艾尔费雷德·马歇尔（Alfred Marshall）和欧文·费雪（Irving Fisher）等学者从利率、汇率和风险因素等方面研究国际资本流动的决定因素，发展出了单动因理论和复动因理论。

1）单动因理论。巴奇哈特首先提出利率是推动国际资本流动的关键因素；利率可被视为资本的价格，资本充裕国家的利率低于资本稀缺国家，巴奇哈特认为这种利率差异是引起国际信贷资金在全球范围内流动的主要原因。维克塞尔继承并发展了巴奇哈特的思想，他指出一国的高利率不仅可以吸引国外资本流入，还将吸引投资海外资产的国内资本回流，但这种效应是暂时性的，随着涌入的资本，一国高利率水平又会降低到新的均衡水平，因此随着利率的变化，国际资本的流动呈周期性趋势。

2）复动因理论。国际资本流动问题的复杂性，使单一利率因素很难完全解释国际资本流动的原因，信息、风险和投资者偏好等其他解释因素开始被引入。马歇尔认为，除各国利率水平之外，各国投资风险、信息获取的难易程度和对投资收益的保障度也是影响国际资本流动的主要因素。费雪提出国际资本流动的利率理论模型，认为利率差异是资本跨国流动的主要因素，但随着资本在国际上自由流动，世界各国的利率最终将趋于相等。而瓦尔拉斯·列昂（Walras Leon）和波塞尔·俄林（Bertil Ohlin）也认为汇率是导致资本跨国流动的主要因素。列昂指出，“套汇”行为会使得国际汇率重新回归到均衡状态。俄林则认为利率和汇率主要影响短期国际资本的流动，而资产的特征和投资者风险偏好决定了长期国际资本流动的方向和规模。佛雷兹·马可罗普（Fritz Machlup）引入资本外逃概念，从投资风险角度解释国际资本流动，认为投资者规避和分散风险也是资本国际流动的主要因素。马可罗普指出，即使两国间存在利差，也无法简单确定资本流动方向；资本可能从高利率国家流入低利率国家以规避投资风险，国家政治不稳定将引发资本外逃。卡尔·艾弗森（Carl Iverson）总结了相关研究，对影响国际资本流动的原因形成了较为全面的观点。他认为，资金转移成本、利差大小、资产组合分散化倾向、投资者个人偏好等都是导致资本国际流动的因素；政策和经济的稳定程度会影响资本转移成本；国家间居民消费行为、收入水平、生产要素和生产方式的差异会通过利差体现出来。与单动因理论相比，复动因理论更全面地考察了国际资本流动的原因，增强了国际资本流动理论对现实世界的解释能力。

2. 短期国际资本流动理论

短期国际资本流动在 20 世纪前半期受到了西方国家政府的关注，也成了学界的研究热点。俄林、罗伊·福布斯·哈罗德（Roy Forbes Harrod）等学者认为，短期国际资本流动的动机包括利差套利（短期资本从利率低的国家流向利率高的国家，以赚取两国间利差收益）、汇率波动和套汇、影响一国均衡利率水平的经济基本面因素以及央行货币政策。查尔斯·金德尔伯格（Charles Kindleberger）则重点研究了短期国际资本流动对货币供给、经济周期、国际收支等方面的影响。

俄林开创性地提出，影响短期资本流动的主要因素是银行利率和汇率。汇率的过度波动将引起黄金的短暂外流，导致国家信用收紧和利率提高，进而吸引短期资本的流入；利率的变化还可以通过证券市场影响国际资本流动。当利率升高，购买证券的机会成本上升，外国有价证券在国内证券市场上将走软。证券卖方更倾向于到国际市场中出售这些证券，从而引起国际资本的流入。俄林指出，短期资本流动和黄金流动是平衡国际收支的主要力量，但其影响具有暂时性，而长期资本流动对平衡国际收支几乎不起任何作用。

罗伊·福布斯·哈罗德则认为，影响国际资本流动的因素包括国内实体经济利润率、政府债务占本国 GDP 比重、本国资本效率和国民的稳定心理；决定短期资本流动的因素除了上述四种因素之外还包括一国央行的货币和汇率政策。央行货币政策可以为弥补一国在资本国际流动环境下所形成的资本项目逆差发挥重要作用，而不当的汇率政策则可能导致汇率被低估或高估，为"套汇"资本创造机会。

金德尔伯格认为，可以用投资者目的来区分国际长期资本流动和国际短期资本流动，短期内改变或逆转资本流动方向的应被定义为国际短期资本。国际短期资本流入国的国内短期净资产增加，或者国外短期净负债减少，将推动该国经济扩张；而短期资本流出国的经济则将由于国内短期净资产减少或者国外短期净负债增加而趋于收缩。金德尔伯格还发现，国际短期资本与经济周期存在显著同步性，两者间存在内在联系。金德尔伯格还研究了不同汇率制度下国际短期资本流动在调节国际收支方面所发挥的不同作用：在浮动汇率制度下，国际收支主要通过汇率变化调节，国际短期资本流动不一定发挥作用；而在固定汇率制度下，国际短期资本流动则可发挥作用，调节国际长期资本流动所引起的国际收支失衡。

综上所述，近代国际资本流动理论将国际资本流动作为独立的经济现象进行研究，并注重对经济现实的解释。其理论贡献主要体现为：丰富了影响国际资本流动的动因，明确区分了长期和短期国际资本流动，并将汇率制度、货币政策、国际收支等问题纳入国际资本流动理论的分析框架中，拓展了理论边界。

7.4.1.3 现代国际资本流动理论

现代国际资本流动理论涵盖了从第二次世界大战后至 20 世纪 90 年代的理论发展。在这半个世纪中，国际经济经历了翻天覆地的变化，西方国家的宏观经济政策框架主要受凯恩斯主义影响，遵循了凯恩斯"大政府、大银行"的主张。"大政府"是指政府对经济活动的参与增加，表现为财政收支占 GDP 比重上升。"大银行"是指中央银行的作用加强，负责维护货币金融稳定，而商业银行经营活动则受到严格管制，也即金融压抑。为重建国际货币制度，稳定国际金融秩序，美国主导下的布雷顿森林体系应运而生：由美元与黄金挂钩，其他国家的货币和美元挂钩。在布雷顿森林体系下，各国对内施行金融压抑，对外施行资本账户管制，其行政管制手段不同于金本位制下的市场约束机制。20 世纪 70 年代，世界经济进入全球化时代，西方国家普遍陷入了高失业率与高通货膨胀率并存的经济滞胀，推崇政府管制的凯恩斯主义受到了极大挑战，提倡自由市场的新古典经济学兴起。这一时期，布雷顿森林体系崩溃瓦解，美元与黄金脱钩，部分发达国家转而实行浮动汇率制度，经济波动的国际传导性增强。新古典经济学推动了始于 20 世纪 80 年代的市场化改革，其中也包括放松管制的资本账户自由化。受此影响，20 世纪 80 年代以来国际资本流动规模不断扩大，进入了资本流动全球化的时期。这 50 年间的国际资本流动理论研究成果包括 50 年代末至 60 年代初的流量理论，60 年代末至 70 年代初的资产组合理论，80 年代的货币分析理论和 90 年代的交易成本理论。

1. 流量理论

流量理论延续了近代国际资本流动理论的思想，认为国内外利差是导致国际资本流动的主要原因，并引入了模型分析框架和实证检验方法。詹姆斯·爱德华·米德（James Edward Meade）于 1955 年提出的凯恩斯主义模型阐释了流量理论。

贸易差额：

$$T=T[Y(-),e/P(+)]$$

资本流动：

$$F=F[i^D(+),i^F(-)]$$

国际收支：

$$\Delta R=PT+F=PT[Y(-),e/P(+)]+F[i^D(+),i^F(-)]$$

式中，T 表示贸易差额；Y 表示国内生产总值；e 表示汇率水平（用本币表示的一单位外币价格）；P 表示国内价格水平；e/P 表示本国产品相对于外国产品的国际竞争力；F 表示资本净流量；i^D 表示国内利率水平；i^F 表示外国利率水平；ΔR 表示本国外汇储备资产规模变化。

该模型表示，给定价格和利率水平，国内生产总值增加将导致国际收支恶化，因为收入上升会推动进口增加、净出口缩窄。给定国内生产总值和利率水平，本国价格水平上升或本国货币相对于外国货币升值将导致 e/P 下降，削弱本国产品国际竞争力，进而导致国际收支恶化。给定国民总产出和国内价格水平，国内利率上升和国外利率下降将引发国际资本流入，改善国际收支。

罗伯特·蒙代尔（Robert A. Mundell）和马科斯·弗莱明（J. Marcus Flemming）在米德理论框架基础上做了进一步拓展。蒙代尔认为，利率、汇率均是影响国际资本流动的主要因素。弗莱明则指出，在浮动汇率制下，资本项目直接随汇率变化而变动，国际资本流动在浮动汇率制度下比在固定汇率制度下对利率更加敏感。

20 世纪 80 年代和 90 年代，部分学者采用一国储蓄率与投资率的相关性、各国实际利差等指标对利率是否是国际资本流动的主要动因进行了实证检验。例如，马丁·费尔德斯坦（Martin Fieldstan）指出，若利率确为国际资本流动的主要动因，则在资本完全流动的强假设下，所有国家的利率水平将保持相等，一国投资率将不会因为储蓄率的外生变化而受影响。因此，若各国储蓄率与投资率的相关系数为零，则可证明国际资本完全流动。杰费里·福兰克尔（Jeffrey Frenkel）则认为，各国间的实际利差是衡量国际资本流动程度更好的指标。

2. 资产组合理论

20世纪60年代，学者们发现不论是在高利率国家还是低利率国家，都同时存在国际资本流入和流出的资本双向流动现象，这是流量理论无法解释的。资产组合理论就此对流量理论提出质疑，指出除利差因素外，国内外风险水平和投资者风险偏好也应纳入国际资本流动的研究范畴。

哈利·马科维茨（Harry Markowitz）提出的投资组合利率为资产组合理论奠定了基础。他和詹姆斯·托宾（James Tobin）均认为，投资者并非单独追求投资收益最大化，而是试图在预期收益和风险之间找到最优平衡点，资产的跨国分布取决于投资者对各国投资收益率和风险的预期，进而导致国际资本流动。

威廉·布兰森（William Branson）应用马科维茨和托宾的投资组合模型思想，提出汇率的投资组合调整模型（Portfolio Balance Theory of Exchange Rate）。布兰森认为，国民财富在国内资产和国外资产之间分配，两者是相互替代关系；短期资本流动受进出口、利率、汇率等因素影响，长期资本流动则由本国的国内生产总值和利率，以及其他国家的国内生产总值和利率决定。把这些变量引入投资组合模型，得到国外资产 F 在居民财富 W 中所占比重由国内利率 i^D、国外利率 i^F、投资风险 E 和财富存量 W 的函数：

$$F/W=f(i^D(-),i^F(+),E(-),W(+))$$

该模型的含义是，投资者根据预期收益和风险进行跨境资产配置，当投资者的实际资产组合与意愿资产组合不匹配时，投资者将对现有资产组合进行调整，进而导致国际资本流动，国际资本流动取决于资产收益率、预期风险和投资者财富规模。模型假设条件较为严格，包括风险预期外生给定、汇率保持不变、不存在跨国投资障碍、不同国家金融工具同质等。该模型与流量理论的区别在于，流量理论认为只要存在国内外利差，资本就会在国际上持续流动，而根据投资组合调整模型，利率变动只会引起短时期的资本流动，财富的增加才会导致国际资本持续的流动。

3. 货币分析理论

货币分析理论秉承了货币主义思想，认为国际资本流动是一种货币现象。以调整国际收支平衡和国内信贷为目标的货币政策决定了国际资本流动。

哈里·约翰逊（Harry Johnson）提出了国际资本流动的货币分析模型。

货币需求函数：

$$M^d=M(P(+),Y(+),i(-))$$

货币供给函数：

$$M^s=\frac{1}{\phi}(R+D)$$

货币市场均衡条件：

$$M^d=M^s \Rightarrow R+D=\phi M(P(+),Y(+),i(-))$$

国际收支货币均衡：

$$\mathrm{d}R=M\cdot \mathrm{d}\phi+\phi\cdot M_1\cdot \mathrm{d}P+\phi\cdot M_2\cdot \mathrm{d}Y+\phi\cdot M_3\cdot \mathrm{d}i-\mathrm{d}D$$

式中，P 表示价格水平；Y 表示总产出；i 表示利率水平；D 表示国内信贷；R 表示本国外汇储备规模；ϕ 表示银行法定存款准备金率（$1/\phi$ 即为货币乘数）。

国际收支货币均衡表达式的含义是，总产出的增加或价格水平的上升会增加货币需求，改善国际收支平衡；利率上升会降低货币需求，导致国际收支恶化。这与流量理论的观点存在矛盾，流量理论认为国内利率相对国外利率的上升会导致国际资本流入。产生这种不一致是因为货币分析理论假设价格和利率为外生变量，当其为内生时就有必要将货币分析理论和流量理论结合起来，通过一般均衡模型考察利率上涨的原因。总体而言，货币分析理论侧重于分析长期国际资本流动。

4. 交易成本理论

20 世纪 90 年代，金融市场全球化的趋势日益明显，国际资本流动也呈现出规模大、多方向性以及证券化等特点，既有理论对此难以做出有效解释。金（Hak-Min Kin）提出交易成本理论来解释资本流动全球化的现象，认为国际资本流动不仅受利率、汇率等因素影响，还受国内外各种交易成本的制约。在不完全市场的假设条件下，如果国家之间的投资交易成本相等，资本的流向取决于各国利差；若利差为零，则国际资本流向取决于各国交易成本的差异。交易成本包括资本转移成本、信息获取成本、管制成本、财务成本等。通信技术的发展、金融工具的创新、监管政策的放松以及税收优惠都有助于降低交易成本，进而促进国际资本流动。交易成本理论的问题在于，模型过于宽泛，包含变量较多，难以进行实证检验。

7.4.2 国际资本流动与金融稳定

20 世纪 90 年代末的亚洲金融危机凸显出了国际资本流动对一国金融稳定的巨大影响。许多学者将国际资本流动引入宏观经济模型中，探讨国际资本流动影响一国金融稳定的渠道。总体而言，国际资本流动对一国金融稳定的影响以负面为主，短时间内大规模的国际资本流动变化容易引发银行危机、货币危机、债务危机中的一种或几种叠加。

1. 国际资本流动与银行稳定的关系

自 1997 年亚洲金融危机之后，国际资本流动对银行稳定性的影响便成为学术界研究的热点，现有理论主要从金融自由化、资本账户开放和银行道德风险的角度研究两者的关系。

（1）国际资本自由流动与银行稳定

虽有小部分学者认为，在国际资本自由流动的前提下，资本账户开放通过优化资本配置、促进本国银行体系优胜劣汰、提高本国银行部门的管理技术水平，有助于提高一国金融部门的稳定性。但大部分学者认为，资本账户的过早开放和金融自由化将增大本国银行部门的脆弱性，导致发生金融危机的风险上升。遭受亚洲金融危机席卷的国家大多允许国际资本自由流动，施行了金融自由化政策。在国际资本自由流动的情况下，本国银行可以通过国际资本市场借入外币资金并向本国居民发放短期外币贷款，导致外汇风险在缺乏汇率波动对冲手段的本国居民部门堆积；一旦本国货币大幅贬值，本国借款者将面临巨大的还款压力，大规模的外币贷款违约将引发银行危机和货币危机。此外，国际资本大量流入将导致本国信用供给显著扩展，推动股票、房地产等资产价格大幅上涨，引发资产价格泡沫化；一旦资产泡沫破裂，以这些资产为抵押品的银行系统将遭遇巨大损失。资本账户开放还将大大加剧银行的操作风险，因为在资本管制环境下成长起来的银行从业人员通常缺乏在国际资本自由流动环境下应对复杂多变国际环境的管理方法和经验。还有学者通过实证研究指出，不同类型的国际资本对一国金融稳定的影响不同，应区别对待，证券投资等短期国际资本流动最不利于金融稳定，而直接投资等长期国际资本流动对国内金融稳定没有显著影响。

（2）国际资本自由流动与银行道德风险

国际资本流动还会影响银行体系的道德风险，进而影响银行系统的稳定性。罗纳德·麦金农（Ronald Mckinnon）、保罗·克鲁格曼（Paul Krugman）等经济学家指出，在国际资本流动受到严格限制的环境下，国内投资需求旺盛将导致本国利率水平上升，抬高投资成本，进而自动抑制过剩的投资需求；而在国际资本自由流动的环境下，银行等金融系统可以在国际金融市场上自由融资，同时享有本国政府部门对其投融资活动的免费担保，导致银行系统产生道德风险，过度对外借款、过度对内放贷、从事风险较高的经营活动，金融市场出现严重的泡沫化现象。而当泡沫破灭时，政府和金融部门无力承受巨额不良贷款，国际资本加速流出，导致金融资产价格大幅下跌，最终出现金融危机。因此一国在实行资本账户自由化时应该充分考虑本国银行体系的健康状况，循序渐进地放开国际资本流动。

2. 国际资本流动与货币危机

货币危机是指本国货币市场汇率迅速下跌、大幅贬值的现象。政府为稳定本币汇率，可采取的手段包括动用本国外汇储备入市干预、提高本国利率水平、限制资本外流等。为解释国际资本流动与货币危机之间的传导机制，自20世纪70年代开始先后出现了三代货币危机理论。

第一代货币危机理论认为，扩张性宏观经济政策与固定汇率制度之间存在矛盾，国际资本自由流动条件下经济基本面的恶化将引发货币危机。当一国实施经济扩张政策时，将吸引大规模国际资本流入，而在固定汇率制度下这将加大本国通胀压力，同时本国货币实际汇率的升值又将导致国际收支经常项目大额赤字，经济基本面趋于恶化。在这种情况下，资本所有者将产生政府最终会放弃固定汇率制度的预期，触发资本大规模外流。而政府在实施外汇干预无果的情况下只能放弃固定汇率制度，最终可能导致货币危机、债务危机甚至对整个金融市场产生严重影响。第一代货币危机理论能较好解释拉美债务危机。

第二代货币危机理论又称自我实现的货币危机理论，该理论质疑了第一代货币危机理论中货币危机只可能在经济基本面恶化的国家出现的观点，认为货币危机也可能在经济基本面良好的国家发生，与经济基本面的好坏没有必然联系。例如，20世纪90年代墨西哥货币危机和亚洲金融危机的发生国都并非经济基本面恶化的经济体。第二代货币危机理论从投机者主观预期和对东道国投资信心的角度进行分析，认为羊群效应对货币危机有显著影响，强调民众预期在货币危机形成演化过程中的重要作用。其不足之处在于未对导致民众预期转变和资本外流投机冲击的触发因素做出解释。

由于第二代货币危机理论仍不能较好地解释亚洲金融危机，第三代货币危机理论应运而生，从亲缘政治、隐性担保和金融过度发展等方面进一步探讨货币危机的发生机制，指出本国货币实际汇率贬值、国际资本流动逆转以及经常账户长期逆差等因素将引发货币危机。该理论还引入了道德风险和流动性紧缩等因素，指出本国政府的隐形担保引发道德风险，促使本国债务人向国外过度借贷，一旦外国资本所有者停止或收回贷款，本国政府就只能充当“最后贷款人”的角色解救陷入困境的国内金融机构，进而引发投机冲击，导致货币危机。

3. 国际资本流动逆转对新兴经济体的影响

国际资本流动逆转是指国际资本流动在速度、方向和规模上发生巨大变化，且这种变化在短时间里发生，极易触发银行危机或金融危机。现有文献将国际资本流动划分为不同类型，并测量不同类型国际资本流动的波动性，波动性越强的资本流动类型被认为在危机期间越容易发生逆转。短期资本流动的波动性强于长期资本流动，外国直接投资的波动性最小，证券投资的波动性最强。

20 世纪 90 年代以来，随着全球经济一体化的迅速发展和新兴经济体的崛起，大量的国际资本涌入新兴经济体，在促进这些经济体经济增长的同时带来了巨大风险，这从新兴经济体在这一时期经历的数次金融危机中可见一斑。由于此类金融危机的初期表现即为国际资本流动逆转，国际资本流动逆转对新兴经济体的影响机制成为学界研究的热点。

在国际资本流动逆转与金融危机的关系方面，现有研究发现发达国家和新兴经济体在经济资本流动逆转后发生金融危机的概率存在显著差异，后者大大高于前者，原因主要在于新兴经济体的债务外币化程度显著高于发达国家，国际资本流动逆转将导致本币汇率大幅贬值，银行等金融机构的资产负债表迅速恶化，引发金融危机。还有研究指出，国际资本流动逆转发生后是否发生金融危机还受本国金融机构质量影响。当新兴经济体金融机构的质量、效率和透明度较差时，外国投资者处于信息不对称的劣势地位；新兴经济体在经济发展形势向好时虽仍能吸引国际资本涌入，但在遭遇负面冲击时则极易引发国际资本大规模撤出，进而导致银行危机或金融危机。

现有研究在贸易开放度与国际资本流动逆转之间的关系上存在相反观点。一部分学者认为，贸易开放程度越高的新兴经济体越容易发生国际资本流动逆转，因为更高的贸易开放度意味着新兴经济体金融市场的开放程度也越高，控制国际资本流动的难度越大。另一部分学者则认为，贸易开放度的提高有助于降低一国发生国际资本流动逆转的可能性，因为贸易开放能降低本国对外部冲击的敏感性；在其他条件相同的情况下，贸易占国内生产总值比重每提高 10%，发生国际资本流动逆转的可能性将下降 1%。

7.4.3 国际资本流动管制

为了防止国际资本流动异变，控制国际资本流动可能对国内经济发展和金融稳定造成的负面影响，各国政府在管控国际资本流动的政策措施方面做了很多探索。常见国际资本流动的管控措施包括限制资本流动、充实本国外汇储备、实施传统的货币和财政紧缩政策等。

1）限制资本流动措施：作用相对有限甚至无效，可以影响流入资本类型，部分减少短期资本流入，但在金融危机发生时并不能显著降低国际资本流出规模；在短期内能起到控制国际资本流动的效果，但长期而言会对国内经济和金融发展产生较大负面影响，如导致金融脆弱性、降低公司治理水平，甚至影响长期经济增长率。

2）充实本国外汇储备：能降低大规模国际资本流出发生的概率。许多新兴经济体在经历了国际资本大规模撤出的冲击后，都通过增加外汇储备规模来防范突然出现的资本外逃冲击。但持有大规模外汇储备从长期来看也是有成本的，将降低本国的资本利用效率。

3）实施传统的货币和财政紧缩政策：效果存在争议。有学者认为在遭遇大规模国际资本流出时施行紧缩性货币或财政政策，将加剧国内经济所受负面影响。也有学者认为应区分触发国际资本大规模流出的国内经济危机类型，若是国内经济问题是内生性、系统性的，则传统货币或财政紧缩政策不但没有效果，还将引发严重的后遗症；若国内经济问题主要来自外部性、区域性的冲击，则传统货币或财政紧缩政策对于控制国际资本流出将起到一定作用。

总之，能否用好国际资本流动这柄“双刃剑”，取决于本国金融市场发展是否完善、金融监管体制机制是否健全、外汇储备是否充足、汇率制度是否适当、能否对经济运行中的风险因素及时做出调整。

本章小结

1. 国际资本流动是指资本从一个国家向另一个国家的跨国流动，表现为本国居民对海外金融资产、实物资产等的所有权。

2. 国际账户体系反映了一个经济体的居民与非居民之间的经济关系，由国际收支、国际投资头寸以及金融资产和负债其他变化账户三部分组成。其中国际收支反映的是一段时期内一国居民与非居民间的交易汇总，为流量概念；国际投资头寸反映的则是某一时点上一国居民对非居民持有的资产负债，为存量概念。

3. 国际收支的组成部分包括经常账户（包含货物与服务账户、初次收入账户、二次收入账户）、资本账户、金融账户、误差与遗漏净额。

4. 金融账户按职能类别划分为直接投资、证券投资、金融衍生品（非储备资产）和雇员认股权、其他投资和储备资产。误差与遗漏净额是为配平国际收支人为计算的残差项，由金融账户差额减去经常账户差额和资本账户差额之和得到，常被用于度量资本外逃或热钱涌入规模。

5. 国际资本流动的常用统计指标包括国际资本流入总额、国际资本流出总额以及国际资本流动净额。

6. 近代国际资本流动理论认为，国际资本流动的驱动因素包括利率、汇率、各国投资风险、信息获取的难易程度和对投资收益的保障度等，并提出应区分短期和长期资本流动对经济的影响。

7. 现代国际资本流动理论包括流量理论、资产组合理论、货币分析理论和交易成本理论。流量理论用模型化的方法分析利率、汇率对国际收支的影响。资产组合理论认为国际资本流动取决于投资者对各国投资收益和风险的预期。货币分析理论认为调整国际收支和国内信贷供给的货币政策是国际资本流动的决定因素。交易成本理论认为国际资本流动不仅受利率、汇率等因素影响，还受国内外各种交易成本的制约。

8. 国际资本流动对一国金融稳定的影响以负面为主，短时间内大规模的国际资本流动变化容易引发银行危机、货币危机、债务危机中的一种或几种叠加。

关键术语

国际资本流动　外国直接投资　国际账户体系　国际收支　经常账户　资本账户　金融账户　误差与遗漏净额　国际投资头寸　证券投资　其他投资　单动因理论　复动因理论　流量理论　资产组合理论　货币分析理论　交易成本理论　货币危机　第一代货币危机理论　第二代货币危机理论　第三代货币危机理论　国际资本流动逆转

本章思考题

1. 国际资本流动的动因是什么？
2. 简述国际资本流动的主要类型及其特征。
3. 简述国际资本流动与国际收支两者的关系。
4. 简述国际资本流动发展的各个阶段及其特点。
5. 概述近年来我国国际资本流动的主要特点，并分析其对我国经济的影响。
6. 概述现代国际资本流动的主要理论及其优缺点。
7. 分析国际资本流动对资本输出国、资本流入国以及国际经济形势的影响。
8. 分析国际资本流动与金融稳定的关系及其在发展中国家金融危机中所产生的影响。

本章参考文献

[1] 彼罗·斯拉法．李嘉图著作和通信集：政治经济学及赋税原理：第一卷［M］．寿勉成，译．北京：商务印书馆，2011.
[2] 杨海珍．国际资本流动研究：动因、影响、管制与风险预警［M］．北京：中国金融出版社，2011.
[3] 赵文霞．国际资本流动、贸易失衡与市场效率研究［M］．北京：经济科学出版社，2020.
[4] 刘玚．逆全球化背景下的国际资本流动［M］．北京：中国财政经济出版社，2023.

第 8 章 国际商务中的进出口

本章目标

通过本章学习，应能：

1. 掌握国际贸易的基本流程、具体做法和合同的各项交易条件。
2. 熟练进行合同条款的谈判磋商。
3. 熟练掌握外贸合同的签订与履行工作。
4. 了解国际通行的惯例和普遍实行的原则。

8.1 国际贸易的基本流程

在国际贸易实际操作中，由于不同贸易业务具有不同的交易条件与交易客户，业务的具体环节也有所不同。但其基本流程一般来说较为相似，都是经过买卖双方的磋商，买卖合同的签订，贸易合同的履行，最终完成交易。为使国际贸易能够顺利进行，了解国际贸易的基本流程非常必要。

8.1.1 出口贸易的主要流程

1. 出口贸易前的准备工作阶段

出口贸易前的准备工作主要包括：选配谈判人员，选择目标市场，选择贸易对象，制定出口商品经营方案以及进行广告宣传等内容。

（1）选配谈判人员

选配谈判人员是准备工作的第一个环节，也是最为重要的一个环节。由于出口贸易买卖双方的利害关系不同，双方会在价格和各种贸易条件的商定以及合同条款拟定方面出现较大分歧。所以选配适当的谈判人员是选择资信情况良好的交易对象的重要因素，是制定合理的出口商品经营方案的前提，也是洽谈成功的关键。适当的谈判人员团队要包括一个精明能干的领导者以及若干熟悉商务、谈判技术、法律和财务方面的人员。谈判团队应具有较高的整体素质，知己知彼、善于应战、善于应变，并善于谋求一致，这是确保谈判成功的关键。

（2）选择目标市场

出口商要将货物销售到国外市场，必须提前对国外市场进行细致而全面的调查。这有利于出口商全面把握市场，寻找有利出口贸易机会；有利于出口商了解当地法律、法规以及习惯风俗，选择适合当地消费者需求的商品。其中，选择目标市场是市场调查中的核心部分。

出口贸易磋商前，出口商需要通过各种途径广泛地收集市场情况资料，包括对方国家外贸情况、对我国的政治态度、经济发展水平、人口数量、地形条件、气候条件、居民消费习惯、产品市场供求状况、替代产品竞争情况、海关制度、外汇管制状况、政策法令法律、价格动态和贸易习惯等方面，以便于选择适当的目标市场。

（3）选择贸易对象

贸易对象良好的资信情况是保证贸易交易成功的重要前提。在交易之前，出口商须通过各种途径对客户的组织机构情况，政治、经济、文化背景，经营范围和经营能力等方面进行了解和分析。建立和健全客户档案，对不同类型客户进行准确分类，并按照优良顺序进行排队。最终对不同客户的各方面条件进行综合考虑，选择合适的贸易对象。

（4）制定出口商品经营方案

由于出口商品的异质性，不同出口商品所制定的方案有所不同。总体来讲，出口商品经营方案包括商品的国内货源情况、国外市场特点、出口地区和客户的选取、经营历史情况、经营计划安排和措施落实等。制定合适而周密的出口商品经营方案有利于提前对出口贸易进行计划，在商务谈判中取得优势，并有助于出口贸易各项措施的具体落实。

（5）进行广告宣传

由于国际出口贸易市场竞争激烈，出口商以广告宣传方式来介绍自身产品及企业是交易前必备的一项重要工作。优秀的对外广告宣传，是商品顺利进入买方市场、扩大销售量、提高竞争力的重要手段。广告宣传要根据不同商品的特点和不同市场习惯，采用灵活多样的方式进行。

2. 出口贸易磋商和合同订立阶段

出口贸易磋商的最终目的是使买卖双方就各种贸易问题达成一致意见从而达成最终交易，签订合同。出口商要做到知己知彼，占据主动地位，方能稳操胜券。

主要磋商的内容围绕即将签订的合同进行，主要贸易条件包括货物的数量、品质、价格、包装、装运、保险与支付等；另外，如检验、索赔、仲裁和不可抗力等交易条件相对固定，在双方有长期贸易往来的条件下，不必每次对这些条件进行磋商，双方只需商讨主要交易条件即可。

贸易磋商在形式上分为口头磋商、书面磋商、行为表示和电子商务四种。对于已有过贸易合作的买卖双方，也可通过先前已形成习惯的某些行为予以确认。贸易磋商的一般步骤包括询盘、发盘、还盘、接受等环节，其中发盘和接受是贸易成立的前提，也是合同成立的必要条件。

3. 出口合同履行阶段

买卖双方签订贸易合同后，将按照合同规定履行各自的义务。合同的具体履行须依据合同规定的交易条件而定，若合同采用CIF贸易术语和信用证支付方式，则出口合同需要履行的工作及程序如下：

（1）准备货物、落实信用证

出口商按合同规定的商品数量和质量，在合同规定的交货时间前备好货物。信用证是出口商收取货款的一种保证。当双方采用信用证支付方式时，进口商为维护自己的权益，必须做好对信用证的管理和使用。出口商的主要落实行为包括催证、审证和改证：催证是指合同订立后，出口商催促进口商开具信用证；出口商收到信用证后，要根据合同的规定审查信用证，即审证；若发现信用证有与合同不符且出口商不能接受的条款，应及时向进口商提出，由进口商要求银行修改信用证，即改证。

（2）商品检验、申报出口

根据国家相关法规规定，出口货物须经过商检合格并获得商检证书后才可出口。出口商准备好货物后，要按照合同的规定上报商检机关进行检验，有些商品还需要政府相关部门办理出口许可证和出口配额后才可出口。因此，出口货物需要办理申报出口手续。

（3）租船订舱、办理保险

在CIF贸易术语下，出口商应及时办理租船订舱工作。一般情况下，出口商会委托运输代理机构办理运输事项。若贸易商品为大宗货物，则需要办理租船手续；若为一般杂货，则需要提前订好舱位。运输安排妥当后，出口商应及时办理运输保险。

（4）申报通关、装运货物

货物出口需要向海关办理报关手续，海关查验合格后在装货单上盖章放行，货物才可被装上运输工具。出口商取得运输单据后，应及时通知进口商货物已装运完成，以便进口商安排接收货物。

（5）制作单据、支付货款

货物装运完成后，出口商要制作和备好各种信用证规定的单据，包括汇票、发票、运输单据、保险单据等主要单据及其他单据，然后将其交给有关银行。银行将会审查各种单据是否与信用证的规定一致，若审查合格，银行将把货款支付给出口商，出口商收取货款后，合同履行完毕。

8.1.2　进口贸易的主要流程

1. 进口贸易前的准备工作阶段

进口贸易前的准备工作包括：安排商品数量及贸易时间，选择合适的贸易对象，设定交易价格区间，选择合适的交易条件与贸易方式等。

（1）安排商品数量及贸易时间

了解国内市场消费者需求和国内贸易政策法规，掌握国际市场情况，寻找有利的进口贸易机会。通过开展对国外商品的供应情况、品质及价格水平，国外市场销售渠道，出口商政策法律和国外供应商的资信情况等的调查研究，适当安排订货数量并选择合适时间点，在满足国内需要的情况下争取有利的贸易时间。

（2）选择合适的贸易对象

在充分调研国外供应商的资信情况、经营方式和经营能力后，选择资信情况良好、政治经济背景强大、经营能力强并对本国友好的客户作为重点贸易对象。

（3）设定交易价格区间

根据国际市场价格水平波动与进口商自身经营策略，通过对进口成本、进口关税和经济效益等的核算，拟定进口商可接受的进口商品价格区间，作为双方谈判的依据。

（4）选择合适的交易条件与贸易方式

根据进口商品的种类、贸易对象、经营意图、采购品种和数量等因素灵活掌握贸易交易的条件和贸易方式。

2. 进口贸易磋商和合同订立阶段

进口贸易磋商与出口贸易磋商的程序基本相同。进口商应先与出口商就一般贸易条件达成协议，不同之处主要是双方对贸易条件提出的要求不同，最明显的莫过于贸易双方在价格确定方面的立场相反，这需要双方的具体磋商。在进口贸易磋商中，还要注意当对不同国家或地区报价时要综合比较，做到货比三家。在合同订立方面，进口书面合同的形式和内容基本与出口合同相似。

3. 进口合同履行阶段

进口合同成立后，进出口双方按照合同规定的条款履行各自的义务。合同的履行程序依据合同规定的交易条件进行。若合同规定采用 FOB 贸易术语和信用证支付方式，则进口商履行合同需要做的工作程序如下：

（1）申报进口

进口商应先向政府有关管理部门申请领取进口许可证，这是进口商品的前提。有些商品进口需要政府有关部门批准的进口配额，进口商须提前取得。

（2）开立、修改信用证

进口商应按照合同的规定办理开立信用证手续，向银行申请开立信用证，且信用证内容需要以合同为依据。出口商收到信用证后会与合同进行比对，若与合同条款不一致，出口商会提出修改信用证的请求，进口商要向银行申请修改信用证。

（3）派船接货、办理保险

在 FOB 条件下签订进口合同，进口商有安排船舶接货的义务。运输安排完成后，由运输公司派船到合同规定的出口商交货装运港接货。在接到出口商装船完成的通知后，进口商须办理保险。

（4）审单与付款

进口商在收到开证银行提交的出口商的交货单据后，应对这些单据进行审核。若单据符合信用证的规定，进口商要向开证银行交付货款，收取单据。

（5）提货与报关

货物到达目的港后，进口商凭运输提单向船方交单提货。法定检验的进口商品须附带商品检验证书。货物进口要向海关申报，接受海关的审核，海关对货、证查验无误后予以放行。

（6）商品检验

进口商在收到货物后，应按合同规定的条款进行货物的检验。商品检验合格后，进口商应接收货物；若检验不合格，进口商可凭检验证明向出口商提出索赔。

8.2 贸易磋商的环节

贸易磋商是指进出口双方就商品的各项交易条件进行谈判，以期达成交易的过程，又称为贸易谈判。在国际货物买卖中，贸易磋商占有十分重要的地位，它是整个外贸业务活动中最为重要的环节。

8.2.1 贸易磋商的形式与内容

1. 贸易磋商的形式

贸易磋商可分为口头磋商与书面磋商两大类。

（1）口头磋商

口头磋商主要是指进出口双方面对面的谈判，包括进出口企业邀请国外客户来访、派遣贸易团体出访以及参加各种商品交易会等，通过电话洽商也属于口头磋商形式。

口头磋商的优点是：信息传递迅速，磋商的效率较高，一方提出某项交易条件或要求修改某项交易条件，可以立即获得对方同意或者反对的信息反馈；可以察言观色，随机应变，及时调整谈判策略与方法；利于交流感情，促进双方良好关系的发展，从而建立长期的业务联系。其缺点有：通过互访与参加交易会进行面谈所花费的费用较高，如差旅费、参展费等；口头磋商对谈判人员的素质要求也较高。

（2）书面磋商

书面磋商是指通过信件、电报、电传和传真等通信方式进行的磋商，其中传真这种方式因具有突出的优点而被广泛使用。

书面磋商的优点是：交易磋商有凭证，当交易双方对某个具体问题产生争议时，能做到有据可查；书面磋商所需支付的费用比口头磋商要低很多。正因为如此，在贸易实务中，企业更多使用的是书面磋商形式。

2. 贸易磋商的内容

贸易磋商的内容是国际货物买卖合同中的各项交易条件，可以分为五类：①货物条件，包括货物的名称、质量、数量、包装和检验等。②价格条件，包括货物的单价、总值、贸易术语、佣金和折扣等。③交货条件，包括交货的时间、地点、运输方式、运输保险等。④支付条件，包括支付工具、支付方式、支付时间与地点等。⑤争议处理条件，包括索赔、不可抗力、仲裁等。

8.2.2　贸易磋商的一般步骤

在国际贸易实践中，磋商一般要经过询盘、发盘、还盘和接受四个环节。其中，发盘和接受是达成交易、成立合同必不可少的两个法律步骤。

1. 询盘

询盘是指交易的一方向另一方询问商品的有关交易条件。询盘的内容可以是询问价格，也可以是询问其他一项或几项的交易条件，还可以是要求对方向自己做出发盘。因此，询盘视其内容的不同，又称为询价或邀请发盘。

询盘对双方都不具有法律上的约束力。一方面，询盘对象在收到询盘后，并不一定要因此询盘而做出发盘；另一方面，询盘者在发出询盘后，也并不需要受询盘的约束而接受对方的发盘。尽管如此，在业务中为了维护自身的信誉，询盘者还是应该避免滥询盘，而询盘对象也应该迅速地回复询盘。

询盘并不是每笔交易的必经步骤，贸易磋商可以以询盘为起点，也可以不经询盘而直接做出发盘。

关于询盘的用语，在询盘中一般不直接用“询盘”术语，而通常用“请告知……”“请报价……”“请发盘……”等措辞。

2. 发盘

发盘是指交易的一方向另一方提出某项商品的交易条件，并愿意按照这些条件达成交易、订立合同的行为。发盘可以由卖方提出，也可以由买方提出，因此，有售货发盘和购货发盘之分。

发盘是达成交易必经的法律步骤，在法律上称为“要约”。发盘作为一种法律行为对发盘人具有法律上的约束力，即在发盘的有效期内发盘人不得任意撤销或修改发盘，而且发盘一经受盘人表示接受，发盘人将承担发盘条件并与之订立合同的法律责任。

（1）发盘的构成条件

发盘应向一个或一个以上特定的人提出，向特定的人提出是指向有名有姓的公司或个人提出，提出此项要求的目的在于：①把发盘同发布普通商业广告及向广大公众散发商业价目单等行为区别开来。②发盘内容必须十分确定，根据《联合国国际货物销售合同公约》规定，发盘应至少包括三项基本要素，分别为标明货物的名称、明示或默示地规定货物的数量或规定数量的方法、明示或默示地规定货物的价格或规定价格的方法，特别指出，订约建议中如果没有提到关于交货时间、地点及付款时间、地点等其他内容，并不妨碍它作为一项发盘，因而也不妨碍合同的成立，可按双方当事人的习惯做法及采用的惯例予以补充。③必须表明发盘人对其发盘一旦被接受即受约束的意思。

（2）发盘的有效期

发盘都是有有效期的，其表现形式有：明确规定发盘的有效期，包括规定最迟的接受期限或规定一段接受的期限；合理时间。

(3) 发盘的生效、撤回与撤销

发盘生效的时间是指根据《联合国国际货物销售合同公约》规定，发盘送达受盘人时生效，其法律和实践意义主要表现在两个方面：一是关系到受盘人能否表示接受；二是关系到发盘人何时可以撤回发盘或修改其内容。

发盘的撤回是指根据《联合国国际货物销售合同公约》规定，一项发盘（包括注明不可撤销的发盘）只要在其尚未生效之前都是可以修改和撤回的。发盘人只要用更快捷的通信方式，将撤回或修改的通知赶在受盘人收到该发盘之前或同时送达受盘人，则发盘即可撤回或修改。

关于发盘的撤销问题，英美法系与大陆法系存在严重分歧。英美法系认为，在受盘人表示接受之前，即使发盘中规定了有效期，发盘人也可以随时予以撤销，这显然对发盘人片面有利。这种观点在英美法系国家中也不断受到责难。有些国家已在不同程度上放弃了这种观点。大陆法系国家认为发盘人原则上应受发盘的约束，不得随意将其发盘撤销。有些国家（如法国）则认为发盘在其受盘人做出接受之前可以撤销，但若撤销不当，发盘人应承担损害赔偿的责任。《联合国国际货物销售合同公约》采取了折中的办法规定，在发盘已送达受盘人，即发盘已生效，但受盘人尚未表示接受之前这一段时间内，只要发盘人及时将撤销通知送达受盘人，仍可将其发盘撤回。但下列两种情况下的发盘，一旦生效，则不得撤销：在发盘中规定了有效期，或以其他方式表示该发盘是不可撤销的；受盘人有理由信赖该发盘是不可撤销的，并本着对该发盘的信赖采取了行动。

(4) 发盘效力的终止

任何一项发盘，其效力均可在一定条件下终止。其终止的原因，一般有以下几个方面：①在发盘规定的有效期内未被接受，或虽未规定有效期，但在合理时间内未被接受，则发盘的效力即告终止。②发盘被发盘人依法撤销。③被受盘人拒绝或还盘后，即拒绝或还盘通知送达发盘人时，发盘的效力即告终止。④发盘人发盘之后，发生了不可抗力事件，按出现不可抗力可免除责任的一般原则，发盘的效力即告终止。⑤发盘人或受盘人在发盘被接受前丧失行为能力，则该发盘的效力也可终止。

3. 还盘

还盘是指受盘人不同意或不完全同意发盘提出的各项条件，并提出修改意见，建议发盘人考虑，即还盘是对原发盘条件进行添加、限制或其他更改的答复。

根据《联合国国际货物销售合同公约》规定，受盘人对货物的价格、付款、品质、数量，以及交货时间与地点，一方当事人对另一方当事人的赔偿责任范围或解决争端的办法等条件提出添加或更改，均作为实质性变更发盘条件。受盘人的答复如果在实质上变更了发盘的条件，就构成对原发盘的拒绝，其法律后果是否定了原发盘，原发盘即告失效，原发盘人就不再受其约束。此外，对发盘表示有条件的接受，也是还盘的一种形式。一般说来，还盘的内容，凡不具备发盘条件的，即为“邀请发盘”；如还盘的内容具备发盘的条件，就构成一个新的发盘，还盘人成为新发盘人，原发盘人成为新受盘人，他有对新发盘做出接受、拒绝或再还盘的权利。

4. 接受

接受在法律上称为承诺，指受盘人在发盘规定的有效期内，以声明或行为表示同意发盘提出的各项条件。根据《联合国国际货物销售合同公约》规定，受盘人对发盘表示接受，既可以通过口头或书面向发盘人发表声明的方式接受，也可以通过其他实际行动来表示接受。双方另有协议除外。

（1）接受的构成条件

接受的构成条件包括：①接受必须由受盘人做出。②接受必须同意发盘所提出的交易条件。③接受必须在发盘规定的时限内做出。④接受的传递方式应符合发盘的要求。

（2）接受生效的时间

接受是一种法律行为，何时生效，各国法律有不同的规定。英美法系采用“投邮生效”的原则，即接受通知一经投邮或交给电报局发出，则立即生效。大陆法系采用“到达生效”的原则，即接受通知必须送达发盘人时才能生效。《联合国国际货物销售合同公约》规定，接受通知送达发盘人时生效。此外，接受还可以在受盘人采取某种行为时生效。

（3）接受的撤回

在接受的撤回问题上，英美法系与大陆法系具有较大的分歧。英美法系认为接受一经发出就不能撤回，因其已经生效；大陆法系认为接受在发出后是可以撤回的，只要在其生效以前。《联合国国际货物销售合同公约》规定，若撤回通知于接受原应生效之前或同时送达发盘人，则接受可撤回。但值得注意的是，接受是不可撤销的。

8.3 进出口业务中的交易条件

8.3.1 商品的品名、品质、数量和包装

商品的品名、品质、数量及包装等条款是国际货物买卖合同中的重要交易条件。《联合国国际货物销售合同公约》（以下简称《公约》）规定，向一个或一个以上特定的人提出的订立合同的建议如果写明货物的名称并且明示或默示地规定数量和价格或规定如何确定数量和价格的方法，即十分确定。

1. 商品的品名

商品的品名条款是合同中不可或缺的交易条件。买卖双方在磋商和签订进出口合同时，一定要详细而明确地为商品定名。在国际货物买卖业务中，若卖方所交货物不符合双方事先约定的品名规定，买方有权利提出索赔，甚至拒收货物或撤销合同。

商品的品名必须做到：内容明确、具体；商品的品名必须实事求是、切实反映商品的实际情况；商品的品名要尽可能使用国际上通行的名称；确定品名时，应注意有关国家的海关税则和进出口限制的有关规定，恰当地选择有利于降低关税和方便进出口的名称；确定品名时必须考虑其与运费的关系。

2. 商品的品质

商品的品质是买卖双方最主要的交易条件之一，它关系到货物的价格和效能，同样

也关系到货物的销售情况和企业的信誉。在当今国际货物市场激烈的竞争下，保证货物的品质是增强企业竞争力的有效手段。

（1）对商品品质的基本要求

商品的品质主要表现在商品所具有的各种特征中，如商品的成分、结构、款式、色泽、结构等。进口商对货物品质的要求应以双方合同约定为标准，但原则上应符合以下要求：品质稳定；能满足消费者某种需求；具有功能性；外观具有观赏性；符合国外法律法规要求；符合安全卫生标准。

在国际贸易中，为避免因交货品质与买卖合同稍有不符而造成违约，有经验的出口商会在合同的品质条款中做出某些变通规定，允许卖方交货品质可在一定范围内高于或低于合同的规定，即品质机动幅度和品质公差。

（2）商品品质的表示方法

国际货物贸易中的商品种类繁多，品质参差不齐，即使同一种商品也具有不同水平的品质。因此合理、规范地规定商品的品质，对买卖双方合同的履行有重要意义。表示商品品质的方法有两类，即以实物表示和以文字说明表示。

以实物表示包括看货买卖和凭样品买卖两种表示方法。前者也称为看货成交，买方或其代理人通常先在卖方存放货物地验看货物，若认为商品品质符合要求，双方可达成交易。此种方法受地域限制，多用于现货交易、寄售和拍卖等业务中，一般适合于鲜活商品、工艺品及字画等物品的交易。凭样品买卖是指买卖双方在磋商时由买方或卖方提供少量的样品，要求对方确认。

以文字说明表示是指用文字、图样、数据、照片等方式来说明成交商品的品质。其中包括以下几种方式：凭规格买卖、凭等级买卖、凭标准买卖、凭商标或品牌买卖、凭地理标志或产地名称买卖、凭说明书和图样买卖。

3. 商品的数量

买卖双方交易商品的数量是国际货物买卖合同中不可缺少的主要交易条件之一，是指用一定的度量衡来表示商品的重量、个数、长度、面积、体积、容积等的量。数量的计量多以重量计量，通常有按毛重、净重、公量、理论重量、法定重量计算五种方式。

国际贸易中，有些商品由于其商品特性、船舱容量、装载技术和包装等因素，不能十分精确地按约定数量交货，为便于履行合同和避免争议发生，买卖双方可在合同中规定一个合理的数量机动幅度，即“溢短装条款”，是指在规定标准交货数量的同时，还在合同中规定允许多交或少交货物的数量或百分比的条款。

在国际贸易中的少数场合，也有使用“约”数条款来表示实际交货数量一定幅度的伸缩。虽有相关规定说明“大概”“大约”等类似意义词语，交货数量不应超过10%的变动，但各国对此含义的解释不完全一致，在使用“约”量条款时，应充分了解合同中对“约”量的含义。

4. 商品的包装

包装是实现商品使用价值的重要手段之一，是商品生产和消费之间的连接。绝大多数商品只有通过适当的包装，才能进入流通领域进行销售，以实现其使用价值和商品价值。在当前国际市场竞争十分激烈的情况下，许多国家都将改进包装作为加强对外竞销的重要策略之一。因为，良好的包装不仅可以对商品进行保护，还能宣传和美化商品，提高其身价，吸引顾客，扩大销路。

包装按照其在流通领域中所起到作用的不同，商品的包装可分为运输包装和销售包装。此外，还有中性包装与定牌等。

（1）运输包装

运输包装的主要作用是保护商品，防止在储存、运输和装卸过程中发生货损货差。运输包装主要分为单件运输包装和集合运输包装两大类。单件运输包装是指在运输过程中作为一个计件单位的包装。集合运输包装是指将若干单位包装组合成一件大包装，可更有效地保护商品，提高装卸效率并节省运输费用。在国际贸易实务中，最常见的集合运输包装包括集装箱、集装包等。

（2）销售包装

国际贸易中不仅要求销售包装适于商品销售的各种条件，而且在包装的用料、设计、造型结构和文字说明上都有相应要求。尤其在市场竞争激烈的情况下，出口商品的销售包装变得越来越重要，它已经成为商品的“无声推销员”。

（3）中性包装和定牌

中性包装是指既不标明生产国名、地名和厂商的名称，也不标明商标和牌号的包装。有时出口国为避开进口国家和地区的关税壁垒、配额限制和非关税壁垒等歧视性、限制性甚至敌对性的贸易政策和保护措施，扩大出口，会使用中性包装。定牌是指卖方按照买方要求在其他出售的商品或包装上标明买方指定的商标或品牌。

8.3.2 贸易术语与商品价格

国际贸易中，商品交易价格的谈判是交易能否达成的关键，也是买卖双方最关心的问题之一。在贸易实务中，国际贸易术语是在国际贸易长期实践中形成的，一方面，它用来确定交货条件，即说明买卖双方在交接货物时各自承担的风险、责任和费用；另一方面，贸易术语又用来表示该商品的价格构成因素，特别是货价中所包含的从属费用。

1. 国际贸易术语

国际贸易术语对订好买卖合同中的价格条款以及做好进出口贸易和提高外贸经济效益都具有十分重要的意义。关于贸易术语的制定，国际上出台了很多惯例，如《1932 年华沙—牛津规则》《1941 年美国对外贸易定义修订本》《2000 年国际贸易术语解释通则》（以下简称《通则 2000》）、《2010 年国际贸易术语解释通则》（以下简称《通则 2010》）和《2020 年国际贸易术语解释通则》（以下简称《通则 2020》）等。

现行的《通则 2020》于 2019 年 10 月修订完成，并于 2020 年 1 月 1 日起生效。这次修订的主要目的是扩大《国际贸易术语解释通则》的适用范围。国际商会注意到近年来许多国家的企业将原本只适用于国际贸易的贸易术语也大量运用于国内贸易。国际商会决定接受这一现实，在修订时对术语的解释进行了相应的调整。另外，《通则 2020》还根据各国代表的意见，对原《通则 2010》中贸易术语的种类进行了整合，将 DAT 的缩写修改为DPU（目的地卸货后交货），并将其排列顺序调整到DAP之后，同时对个别术语的内容进一步完善，使之更方便使用。

《通则2020》中包含11种术语，其中适用任何运输方式或多式联运的术语有EXW（工厂交货）、FCA（货交承运人）、CPT（运费付至指定目的地）、CIP（运费、保险费付至指定目的地）、DAP（目的地交货）、DPU（目的地卸货后交货）、DDP（完税后交货）；仅适用于海运或内河水运的术语有FAS（装运港船边交货）、FOB（装运港船上交货）、CFR（成本加运费）、CIF（成本、保险费加运费）。

下面根据《通则2020》，介绍六种在国际贸易中常用的贸易术语。

（1）FCA

FCA全称为Free Carrier（Named Place of Delivery），中文意思是货交承运人（指定交货地点）。FCA术语适用于各种运输方式。根据《通则2020》的解释，按照FCA条件成交时，卖方在约定地点将合同规定的货物交给买方指定的承运人处置，并在办理了出口清关手续后完成交货义务，风险随之转移给买方。买方负责办理从交货地点至目的地的运输事项，并承担有关的一切费用和风险。

卖方的基本义务为：①在合同规定的时间、地点，将符合合同规定的货物置于买方指定的承运人控制之下，并及时通知买方。②承担将货物交给承运人控制之前的一切费用和风险。③自负风险和费用，取得出口许可证或其他官方批准文件，并办理货物出口所需的一切海关手续。④提交商业发票或同等作用的电子信息，并自费提供通常的交货凭证。

买方的基本义务为：①签订从指定地点承运货物的合同，支付有关的运费，并将承运人名称及有关情况及时通知卖方。②根据买卖合同的规定受领货物并支付货款。③承担受领货物之后发生的一切费用和风险。④自负风险和费用，取得进口许可证或其他官方文件，并且办理货物进口所需的海关手续。

《通则2020》强调，如果买卖双方同意卖方按照FCA术语要求将货物交付到集装箱码头，买方应同意指定的承运人在装货后向卖方签发已装船提单。

（2）CPT

CPT全称为Carriage Paid to（Named Place of Destination），中文意思是运费付至（指定目的地）。CPT术语适用于各种运输方式。根据《通则2020》的解释，按CPT条件成交时，卖方要在合同中约定的日期或期限内，将合同规定的货物交给卖方自己指定的承运人或第一承运人，即完成其交货义务。此外，卖方还需支付将货物运至指定目的地所需的运费。

卖方的基本义务为：①订立将货物运往指定目的地的运输合同，并支付有关运费。②在合同规定的时间、地点，将合同规定的货物置于承运人控制之下，并及时通知买方。③承担将货物交给承运人控制之前的风险。④自负风险和费用，取得出口许可证或其他官方文件，并办理货物出口所需的一切海关手续，支付关税及其他有关费用。⑤提交商业发票并自费向买方提供在约定目的地提货所需的通常的运输单据，或同等作用的电子信息。

买方的基本义务为：①接受卖方提供的有关单据，受领货物，并按合同规定支付货款。②承担自货物在约定交货地点交给承运人控制之后的风险。③自负风险和费用，取得进口许可证或其他官方文件，并办理货物进口所需的一切海关手续，支付关税及其他有关费用。

（3）CIP

CIP 全称为 Carriage and Insurance Paid to（Named Place of Destination），中文意思是运费、保险费付至（指定目的地）。CIP 术语适用于各种运输方式。根据《通则 2020》的解释，按 CIP 条件成交时，卖方要在合同中约定的日期或期限内，将合同中规定的货物交给卖方自己指定的承运人或第一承运人，即完成其交货义务。此外，卖方还需支付将货物运至指定目的地所需的运费，以及投保货物运输险并支付保险费。

卖方的基本义务为：①订立将货物运往指定目的地的运输合同，并支付有关运费。②在合同规定的时间、地点，将合同规定的货物置于承运人控制之下，并及时通知买方。③承担将货物交给承运人控制之前的风险；按照买卖合同的约定，自负费用并投保货物运输险。④自负风险和费用，取得出口许可证或其他官方文件，并办理货物出口所需的一切海关手续，支付关税及其他有关费用。⑤提交商业发票和在约定目的地提货所用的运输单据或同等作用的电子信息，并自费向买方提供保险单据。

买方的基本义务为：①接受卖方提供的有关单据，受领货物，并按合同规定支付货款。②承担自货物在约定交货地点交给承运人控制之后的风险。③自负风险和费用，取得进口许可证或其他官方文件，并办理货物进口所需的一切海关手续，支付关税及其他有关费用。

《通则 2020》对 CIP 术语关于卖方投保保险的险别进行了重新规定。按照《通则 2010》，卖方只需投平安险或其他最低险别保险。如果买方需要购买更高险别保险，则需要与卖方明确并就此达成协议。《通则 2020》则要求卖方投保最高险别保险。

（4）FOB

FOB 全称为 Free on Board（Named Port of Shipment），中文意思是船上交货（指定装运港）。FOB 术语仅适用于海运或内河的水运。根据《通则 2020》的解释，按照 FOB 条件成交时，卖方要在合同中约定的日期或期限内，将货物运到合同规定的装运港口，并交到买方指派的船只上，即完成其交货义务。

卖方的基本义务为：①在合同规定的时间和装运港口，将符合合同规定的货物交到买方指派的船上，并及时通知买方。②承担货物交至装运港船上之前的一切费用和风险。③自负风险和费用，取得出口许可证或其他官方文件，并办理货物出口所需的一切海关手续，支付关税及其他有关费用。④提交商业发票和自费提供能够证明卖方已按规定交货的清洁单据，或同等作用的电子信息。

买方的基本义务为：①订立从指定装运港运输货物的合同，支付运费，并将船名、装货地点和要求交货的时间及时通知卖方。②根据买卖合同的规定，受领货物并支付货款。③承担受领货物之后所发生的一切费用和风险。④自负风险和费用，取得进口许可证或其他官方文件，并办理货物进口所需的海关手续。

《通则2020》沿用了《通则2010》中关于FOB条件下划分风险界限的说明，规定以货物装到船上为分界，风险才由卖方转移给买方。

（5）CFR

CFR全称为Cost and Freight（Named Port of Destination），中文意思是成本加运费（指定目的港）。CFR术语仅适用于海运或内河的水运。根据《通则2020》的解释，按照CFR条件成交时，卖方要在合同中约定的日期或期限内，将货物运到合同规定的装运港口，并交到自己安排的船只上，或者以取得货物已装船证明的方式完成其交货义务。

卖方的基本义务为：①签订从指定装运港承运货物运往约定目的港的合同。②在合同规定的时间和港口，将符合合同要求的货物装上船并支付至目的港的运费。③装船后及时通知买方。④承担货物在装运港装上船之前的一切风险和费用。⑤自负风险和费用，取得出口许可证或其他官方文件，并办理货物出口所需的一切海关手续，支付关税及其他有关费用。⑥提交商业发票并自费向买方提供在约定目的港提货所需的运输单据，或同等作用的电子信息。

买方的基本义务为：①接受卖方提供的有关单据，受领货物，并按合同规定支付货款。②承担货物在装运港装上船之后的一切风险和费用。③自负风险和费用，取得进口许可证或其他官方文件，并办理货物进口所需的一切海关手续，支付关税及其他有关费用。

（6）CIF

CIF全称为Cost，Insurance and Freight（Named Port of Destination），中文意思是成本、运费加保险费（指定目的港）。CIF术语仅适用于海运或内河的水运。根据《通则2020》的解释，按照CIF条件成交时，卖方要在合同中约定的日期或期限内，将货物运到合同规定的装运港口，并交到自己安排的船只上，或者以取得货物已装船证明的方式完成其交货义务。此外，卖方还需要为买方办理海运货物保险。

卖方的基本义务为：①签订从指定装运港承运货物运往约定目的港的合同。②在合同规定的时间和港口，将符合合同要求的货物装上船并支付至目的港的运费。③装船后及时通知买方。④承担货物在装运港装上船之前的一切风险和费用。⑤按照买卖合同的规定，自负费用办理水上运输保险。⑥自负风险和费用，取得出口许可证或其他官方文件，并办理货物出口所需的一切海关手续，支付关税及其他有关费用。⑦提交商业发票和在约定目的港提货所需的运输单据，或同等作用的电子信息，并自费向买方提供保险单据。

买方的基本义务为：①接受卖方提供的有关单据，受领货物，并按合同规定支付货款。②承担货物在装运港装上船之后的一切风险和费用。③自负风险和费用，取得进口许可证或其他官方文件，并且办理货物进口所需的一切海关手续，支付关税及其他有关费用。

2. 商品的价格

贸易货物的价格与买卖双方的经济利益直接相关，价格条款是买卖合同中的一项重要条款。买卖合同中的价格条款，一般包括商品的单价和总值两项内容，还包括确定单价的作价方法及与单价有关的佣金和折扣。

（1）商品的单价和总值

商品的单价是指商品的每一计量单位的价格金额，通常由计量单位、单位价格金额、计价货币和贸易术语四部分组成。计价货币是用来表示商品价格的货币；在国际贸易中买卖双方磋商价格一般都要使用一定的贸易术语。商品的总值是单价同数量的乘积，即一笔交易的货款总金额，总值使用的货币应与单价所用的货币一致。

（2）作价方法

作价，即制定价格是指国际贸易中向对方报价或接受对方的报价，确定商品的成交价格。在此过程中应该遵循以下几项原则：参照国际市场价格水平、贯彻国际市场经营战略、考虑商品的质量、与商品的成交数量相联系、考虑季节性需求的变化、考虑运输距离、结合支付条件、结合贸易术语。

一般来说，双方应事先确定价格，但在贸易实务中，有的买卖双方认为应以将来某个时点的市场价格作为具体的成交价格，或根据实际情况需要调整价格，于是具体的成交价格将留待以后确定，根据不同情况，买卖双方可分别采取固定价格和非固定价格两种作价方法。固定价格是指明确规定商品的具体价格，这也是国际上常见的做法。采用此种作价方法，即使在订约后市价有重大变化，任何一方也不得变更原定价格。非固定价格分为待定价格、暂定价格和滑动价格三种，其中滑动价格是指先在合同中规定一个基础价格，再在交货时或交货前一段时间，按原材料价格、工资变动的指数进行相应的调整来确定最终价格。

（3）佣金和折扣

佣金是卖方或买方付给中间商为介绍交易而提供服务的酬金。在国际贸易中，有些交易需要中间商的参与，这就需要支付给中间商一定比率的酬金。在实务中，先确定商品净价才能算出含佣价，通常由出口商收到全部货款后支付给中间商或代理商。折扣是卖方按原价给予买方一定价格上的优惠。折扣一般是在买方支付货款时预先扣除，也有按暗中达成的协议另行支付给买方的情况。

8.3.3　交易条件中的货物运输

在国际贸易中，商品通过国际货物运输由卖方转移给买方，运输具有路线长、环节多、涉及面广、手续繁杂、风险性大、时间性强等特点。国际货物运输主要包括运输方式的选择和运输单据的处理等。

1. 国际货物的运输方式

（1）海洋运输

国际货物运输中，海洋运输是最主要的运输方式，其运量在国际贸易总运量中占据80%以上。海洋运输的优势为运量大、通过能力大、运费低，按照船舶经营方式不同，海洋运输可分为班轮运输和租船运输，班轮运输是指船舶按照预定的航行时间表，在固定的航线和港口往返航行，从事客货运输业务并按事先公布的费率收取运费的运输。租船运输是没有预定的船期表、航线和港口的，须按照船租双方签订的租船合同来安排，运费或租金也由双方根据租船市场行情在合同中加以约定，通常适用于大宗货物的运输。

（2）铁路运输

铁路运输是仅次于海洋运输的主要运输方式，海洋运输的进出口货物大部分也是通过铁路运输进行集中和分散的。铁路运输的优势为不受气候条件的限制，且运量较大，速度较快，有高度的连续性。铁路运输分为国际铁路货物联运和国内铁路货物运输。前者是指用一份统一的国际联运票据，经过两国或两国以上铁路的全程运送的运输方式，当由一国铁路向另一国铁路移交货物时，不需要发货人和收货人参加。国内铁路货物运输是指仅在一国范围内进行的铁路货物运输。

（3）航空运输

航空运输是一种现代化的运输方式，它的速度是所有运输方式中最快的，且完全不受地面条件的限制。因此，它最适宜运送急需物资、鲜活商品、精密仪器和贵重物品。航空运输包括班机运输、包机运输、集中托运和航空急件传送。

（4）管道运输

管道运输是指货物在管道内借助于高压气泵的压力输往目的地的运输方式，主要适用于液体和气体运输。管道运输初期建设投资大，但建成后运量大、速度快、成本低、货损小，且不受地面情况影响，可以连续作业。管道运输在美国、欧洲的许多国家以及石油输出国组织国家的石油和天然气运输中起着重要作用。

（5）集装箱运输和国际多式联运

集装箱运输是以集装箱作为运输单位进行货物运输的一种现代化运输方式，适用于海洋运输、铁路运输及国际多式联运等。集装箱海运已成为普遍采用的一种重要的运输方式，因为它大大地减少了货物被损坏、被偷窃和被污染的风险，并降低了转运费用。

国际多式联运是在集装箱运输的基础上产生发展起来的一种综合性的连贯运输方式，它一般是以集装箱为媒介，将海陆空单一的运输方式有机结合起来，组成一种国际连贯运输。

（6）大陆桥运输

大陆桥运输是指使用横贯大陆的铁路（公路运输）系统作为中间桥梁，把大陆两端的海洋连接起来的集装箱连贯运输方式。国际贸易货物使用大陆桥运输具有运费低、运输时间短、货损货差小、手续简便等特点，因此大陆桥运输是一种经济、迅速、高效的现代化运输方式。现有的国际贸易常用的大陆桥运输包括西伯利亚大陆桥运输、新亚欧大陆桥运输、北美大陆桥运输等。

2. 运输单据

运输单据是承运人在办理运输业务时，签发给托运人的证明文件，是交接货物的重要依据。在国际货物运输中，运输单据的种类较多，主要有海运提单、海运单、铁路运单、航空运单、多式联运单据等。

（1）海运提单

海运提单简称提单，是一种用以证明海上运输合同和货物已由承运人接管或装船，以及承运人保证凭以交付货物的单据。提单正面内容包括承运人名称、托运人名称、收货人名称、船名、船舶国籍、装运港等，提单背面条款是确定承运人与托运人之间、承运人和收货人及提单持有人之间权利和义务的主要依据，由于有关提单的国际公约不同，各国提单背面的内容也不统一。

（2）海运单

海运单是一种证明海上运输合同和货物由承运人接管或装船，以及承运人保证将货物交付给所载明的收货人的一种不可流通的单证。海运单的优点是手续简化，费用节约，还可以在一定程度上减少以假单据进行的诈骗活动，提货方便，有利于进行电子数据信息交货，但海运单不能用于向银行抵押。

（3）铁路运单

铁路运单是铁路运输部门与货主之间签署的运输契约的证明。它不是物权凭证，发货人向始发站提交货物并付清费用后，经始发站在运单正本和副本上加盖承运日期戳记，证明货物已被收妥承运后，运输合同即为生效。

（4）航空运单

航空运单是航空承运人与托运人之间签订的运输契约。航空运单不是物权凭证，不能通过背书转让，收货人不能凭此提取货物，而是凭到货通知提取货物。

（5）多式联运单据

多式联运单据是指证明国际多式联运合同以及多式联运经营人接管货物并负责按照合同条款交付货物的单据。

8.3.4　交易条件中的货物运输保险

国际货物运输保险是指被保险人（买方或卖方）向保险人（保险公司）按一定的金额投保一定的险别，并根据一定的保险费率缴纳保险费。保险人承保后，对于被保险货物在运输途中发生的承保范围内的损失给予经济补偿。

1. 保险的基本原则

（1）可保利益原则

可保利益原则是指投保人对保险标的具有法律上承认的利益。就货物保险而言，反映在运输货物上的利益，主要是货物本身的价值，但也包括与此相关联的费用（运费、保险费、关税、预期利润等）。但它不像其他保险那样，只要求在保险标的发生损失时必须具有保险利益即可。

（2）最大诚信原则

最大诚信原则是投保人和保险人在签订保险合同时，以及在保险合同有效期内必须遵守的一项原则。买卖双方都应恪守信用，保险人应当向投保人说明保险合同的条款内容，并可以就保险标的或者被保险人的有关情况提出询问。对被保险人来说该原则包括三方面的要求：一是重要事实的告知；二是对保险情况的陈述；三是保证。

（3）补偿原则

补偿原则是指当保险标的遭受保险责任范围内的损失时，保险人应当依照保险合同的约定履行赔偿义务。但赔偿金额不得超过保单上的投保金额或实际损失，不允许被保险人因保险赔偿而获得额外利益。

（4）代位追偿原则

代位追偿原则是指保险标的物发生了保险责任范围内的由第三者责任造成的损失，保险人向被保险人履行了损失赔偿责任后，有权在其已赔付的金额限度内取得被保险人在该项损失中向第三责任方要求索赔的权利，保险人取得该权利后，即可站在被保险人的立场上向责任方进行追偿。

（5）重复保险分摊原则

重复保险是指被保险人以同一保险标的物向两家或两家以上的保险公司投保了相同的风险，在保险期限相同的情况下，其保险金额的总额超过了该保险标的价值。在出现重复保险的情况下，当保险标的发生损失时，按照保险补偿原则，被保险人是不能从保险人那里获得超过保险标的受损价值的补偿的。为防止被保险人所受损失获得双重赔偿，把保险标的损失赔偿责任在各保险人之间进行分摊，即重复保险分摊原则。

2. 海运货物保险承保范围

国际货物运输一般距离长、风险大，在长途运输中容易遭受各种损失。海运货物运输保险人主要承保海运货物运输风险、海上费用及海上损失。

（1）海运货物运输风险

海运货物运输风险包括海上风险和外来风险。

海上风险包括海上发生的自然灾害和意外事故。自然灾害是指由于自然界变异现象的力量而造成的灾害，即人力不可抗拒的灾害，如恶劣气候、雷电、地震、海啸、洪水等。意外事故是指由于偶然的、非意料之中的原因造成的事故。海上风险中的意外事故，并不局限于发生在海上，也包括发生在陆上的意外事故，如运输工具的搁浅、触礁、沉没失火、爆炸等。

外来风险是指海上风险以外的其他外来风险引起的风险，可分为一般外来风险和特殊外来风险。一般外来风险是指由于一般外来原因引起风险而造成的损失，如偷窃、雨淋、破碎、受潮、受热、渗漏、串味、锈损、包装破裂等。特殊外来风险是指由于国家的政策、法令、行政命令、军事等原因所造成的风险和损失，如战争、罢工、交货不到、拒收等。

（2）海上费用

海上费用包括施救费用和救助费用两类。施救费用是指被保险货物在遭遇承保责任范围内的灾害事故时，被保险人为避免或减少货物损失，采取各种抢救与防护措施所支出的合理费用。救助费用是指海上保险财产在遭遇承保范围内的灾害事故时，由保险人和被保险人以外的第三者采取救助措施并获成功，由被救方付给救助方的一种报酬。

（3）海上损失

被保险货物因遭受海洋运输中的风险所导致的损失被称为海损或海上损失。海损按损失程度的不同，可分为全部损失和部分损失，按性质又可分为共同海损和单独海损。

全部损失是指运输中的整批货物或不可分割的一批货物的全部损失。全部损失分为实际全损和推定损失。前者是指被保险货物全部灭失或等同于全部灭失；后者一般是指保险标的物受损后并未全部灭失，但若进行施救、整理、修复所需的费用或者这些费用再加上续运至目的地的费用的总和，估计要超过货物在目的地的完好状态的价值。部分损失是指凡不属于实际全损和推定全损的损失。

共同海损是指载货船舶在海上遇到灾害、事故，威胁到船货等各方面的共同安全，为了解除这种威胁，维护船货安全，使航程得以继续完成，船方有意识地、合理地采取措施，造成某些特殊损失或者支出特殊额外费用。单独海损是指除共同海损以外的部分损失。

3. 海运货物运输保险

（1）保险的险别

保险的险别是保险人对风险和损失的承保责任范围。海洋运输货物保险的险别可分为基本险和附加险两类。

中国人民财产保险股份有限公司的海洋货物运输保险条款包括三种基本险别，即平安险、水渍险和一切险。平安险承担的责任范围包括：①被保险货物在运输途中由于恶劣气候、雷电、海啸、地震、洪水等自然灾害造成整批货物的全部损失或推定全损。②由于运输工具遭受搁浅、沉没、触礁、互撞、与流冰或其他物体碰撞，以及失火、爆炸等意外事故造成货物的全部或部分损失。③在运输工具已经发生搁浅、触礁、沉没、焚毁等意外事故的情况下，货物在此前后又在海上遭受恶劣气候、雷电、海啸等自然灾害所造成的损失。④在装卸或转运时由于一件或数件整件货物落海造成的全部或部分损失。⑤被保险人对遭受承保责任范围内危险的货物采取抢救措施，防止或减少货损的措施而支付的合理费用，但以不超过该批被救货物的保险金额为限。⑥运输工具遇海难后，在避风港由于卸货所引起的损失以及在中途港、避难港由于卸货、存仓以及运送货物所产生的特别费用。⑦共同海损的牺牲、分摊和救助费用。⑧运输契约订有“船舶互撞责任”条款，根据该条款规定应由货方偿还船方的损失。水渍险所承保的责任范围，除包括平安险的各责任外，还负责被保险货物由于恶劣气候、雷电、海啸、地震、洪水等自然灾害所造成的部分损失。一切险的责任范围除包括平安险和水渍险的各项责任外，还负责货物在运输过程中由于一般外来原因所造成的全部或部分损失。

附加险包括一般附加险和特殊附加险。一般附加险是指由于一般外来原因引起的一般风险而造成的各种损失的险别，如偷窃提货不着险、淡水雨淋险、短量险、混杂沾污险、渗漏险、碰损破碎险、串味险、受潮受热险、钩损险、包装破裂险和锈损险等。这些附加险，只能在投保一种基本险的基础上加保，而不能单独投保。特殊附加险是指由于特殊外来原因引起风险而造成损失的险别，主要是由于政治、军事、国家政策法令、行政措施等特定的外来原因而造成的，如战争险、罢工险、交货不到险、进口关税险、舱面险、拒收险等，它不能单独投保，必须依附于主险而加保。

（2）保险责任的起讫

保险责任又称保险期限。基本险的责任起讫，采用国际保险业所惯用的“仓至仓”条款的规定方法。战争险的保险期限仅限于水上责任。

(3) 被保险人的义务

我国现行海洋运输货物保险条款规定了被保险人的义务，在被保险人未履行这些义务而影响保险人利益的情况下，保险人有权对有关损失拒绝赔偿。被保险人的义务有及时提货、施救、更正保险单内容、提供索赔单证、及时通知等五项。

(4) 保险索赔期限

保险索赔期限是被保险货物发生保险责任范围内的风险与损失时，被保险人向保险人提出索赔的有效期限。中国保险条款（CIC）规定，被保险人提出保险索赔的时效为两年，从货物在最后卸货港全部卸离海轮之日算起。如果逾期，被保险人就丧失了向保险人提出保险索赔的实体权利。

4. 其他运输方式货物保险

陆运、空运货物与邮包运输保险是在海运货物保险的基础上发展起来的，但其承保范围有所不同。

陆上运输货物保险分为陆运险和陆运一切险。陆运险的责任范围为被保险货物在运输途中遭受暴风、雷电、地震、洪水等自然灾害，或由于陆上运输工具遭受碰撞、倾覆或出轨，如有驳运过程，包括驳运工具搁浅、触礁、沉没或由于遭受隧道坍塌、崖崩或火灾、爆炸等意外事故所造成的全部损失或部分损失，其大致范围相当于海运险中的水渍险。陆运一切险责任范围是除包括上述陆运险的责任外，保险人还对被保险货物在运输途中由于外来原因造成的短少、短量、偷窃、渗漏、碰损、破碎、钩损、雨淋、生锈、受潮、受热、发霉、串味、沾污等全部或部分损失，也负赔偿责任，相当于海运险中的一切险。

航空运输货物保险包括航空运输险和航空运输一切险。航空运输险的责任范围是被保险货物在运输途中遭受雷电、火灾、爆炸或由于飞机遭受恶劣气候或其他危难事故而被抛弃，或由于飞机遭受碰损、倾覆、坠落或失踪等意外事故所造成的全部或部分损失，包括为此采取的抢救、防止或减少货损的措施而支付的合理费用，但以不超过被救货物的保险金额为限，它与海运险中的水渍险大致相同。航空一切险的责任范围为除航空险的责任范围外，保险人还对被保险货物在运输途中由于外来原因造成的（包括被偷窃、短少等）全部或部分损失，也负赔偿责任。

邮政包裹险包括邮包险和邮包一切险。邮包险的责任范围包括被保险货物在邮运途中遭受恶劣气候、雷电、海啸、地震、洪水等自然灾害，由于运输工具遭受搁浅、触礁、沉没、碰撞、倾覆、出轨、坠落、失踪或由于失火、爆炸等意外事故所造成的全损或部分损失，包括有关费用但以不超过保险金额为限。邮包一切险的责任范围除包括上述邮包险的范围外，保险人还负责赔偿被保险邮包在运输途中由于外来原因造成的（包括被偷窃、短少等）全部或部分损失。

5. 保险单据

保险单据是保险人对被承保货物的承保证明，又是规定双方各自权利和义务的契约。被保险货物遭受承保范围内的损失时，它是被保险人向保险人索赔的主要依据，也是后者进行理赔的主要收据。

（1）保险单

保险单也称大保单，是一种正规的保险合同，除载明被保险人名称、被保险货物名称、数量或重量、唛头、运输工具、保险起止地点、承保险别、保险金额和期限等项目外，还有保险人的责任范围，以及保险人与被保险人各自的权利、义务等方面的详细条款，它由被保险人背书后随同物权的转移而转让。

（2）保险凭证

保险凭证即小保单，是一种简化了的保险合同。除在凭证上不印详细条款外，其他内容与保险单相同，且与保险单有同样的效力。但若信用证要求提供保险单时，一般不能以保险凭证代替。

（3）联合凭证

联合凭证是一种更为简化的保险凭证。保险机构在外贸企业的商业发票上加注保险编号、险别、金额，并加盖保险机构的印戳，即作为承保凭证，其余以发票所列为准。

（4）保险通知书

保险通知书也称保险声明书。在买方办理预保合同的情况下，卖方发运货物后，应向进口商指定的保险公司发出保险通知书。

（5）批单

批单是在保险单出立后，因保险内容有所变更，保险人应被保险人的要求而签发的批改保险内容的凭证，具有补充、变更原保险单内容的作用。被批准的批单，一般被粘贴在保险单上，并加盖骑缝章，作为保险单不可分割的组成部分。

6. 货物运输保险实务

（1）出口货物保险投保的基本步骤

在办理时，应根据出口合同或信用证规定，在备妥货物，并确定装运期和运输工具后，按规定格式逐笔填制保险单，具体列明被保险人名称、保险货物项目、数量、包装及标志、保险金额、起止地点、运输工具名称、起止日期和保险的险别等，送保险公司投保，缴纳保险费，并向保险公司领取保险单证。保险费及保险金额计算公式如下：

$$\text{保险费}=\text{保险金额}\times\text{保险费率}$$

$$\text{保险金额}=\text{CIF(或 CIP)价}\times(1+\text{投保加成率})$$

（2）进口货物保险投保的基本步骤

我国保险公司一般采取预约保险的做法，即事先与保险公司签订进口预约保险合同，以后每批货物进口，无须填制投保单，办理了保险手续，保险公司对该批货物负自动承保责任。保险金额计算公式如下：

$$\text{保险金额}=\frac{\text{FOB(或 FCA)价}\times(1+\text{平均运费率})}{(1-\text{平均保险费率})}$$

（3）保险索赔

被保险人在索赔时应做好以下事宜：向保险公司发起损失通知，向承运人等有关方面提出索赔，采取合理的施救、整理措施，以及备妥索赔单证，包括保险单或保险凭证正本、运输合同（海运提单、空运单、邮包收据、联运单据等）、发票、装箱单、重量单、向承运人等第三者责任方请求赔偿的函电或其他凭证和文件、检验报告、海事报告摘录、货损、货差证明和索赔清单等。

8.3.5　交易条件中的商品检验

我国《商检法》规定：商检机构和国家商检部门、商检机构指定的检验机构，依法对进出口商品实施检验，进口商品未经检验的，不准销售、使用；出口商品未经检验合格的，不准出口。这说明，买方有权对自己所买的货物进行检验，双方另有协议者除外。结合我国进出口业务来看，通过检验和监管，确定出口商品的品质、重量、数量、包装等内容与买卖合同的规定是否相符，有利于提高产品的信誉、企业的信用和国家的声誉，同时保障了买方的利益，促进买卖双方的业务往来。

1. 货物检验的内容

货物检验主要包括品质检验、数量和重（质）量检验、包装检验、卫生检验和残损鉴定。品质检验主要是对货物的外观、化学成分、物理性能等进行检验。数量和重（质）量检验是指按合同规定的计量单位和计量方法对商品的数量和重（质）量进行检验。包装检验是指对包装的牢固度、完整性进行检验。卫生检验是指对肉类罐头、奶制品、禽蛋及蛋制品、水果等货物进行检验。残损鉴定是指对受损货物的残损部分予以鉴定，分析致残原因及其对商品使用价值的影响，估计损失程度，出具证明等。

2. 货物检验的时间和地点

检验时间和地点是指在何时、何地行使对货物的检验权。根据当前国际上习惯做法和我国的对外贸易实践，关于买卖合同中检验时间与地点的规定主要有以下五种。

（1）产地（或工厂）检验

产地（或工厂）检验即由出口国的产地检验人员，或按照合约规定会同买方检验人员于货物在产地或工厂发运前进行检验，卖方承担货物离厂前的责任，在运输途中出现的品质、重量、数量等方面的风险，概由买方负责，这是国际贸易中普遍采用的习惯做法。

（2）装运港（地）检验

出口货物在装运港装船前，以双方约定的装运港商检机构验货后出具的品质、重量、数量和包装等检验证明，作为决定商品品质、重量和数量的最后依据，这称为离岸品质和离岸重量，最后依据是指卖方取得商检机构出具的各项检验证书时，就意味着所交货物的品质和重量与合同的规定相符，买方无权对此提出任何异议，从而否定了其对货物的复验权，除非买方能证明货到目的地时的变质或短量是由于卖方未能履行合同的品质、数量、包装等条款，或因货物固有的瑕疵，买方可提出复验。

（3）目的港（地）检验

货到目的港（地）卸离运输工具后，由双方约定的目的港（地）商检机构验货并以其出具的检验证书作为卖方所售货物品质、重量、数量的最后依据，如发现货物的品质或重量与合同规定的不符而责任属于卖方时，买方有权提出索赔或按双方事先的约定处理。

（4）出口国检验、进口国复验

出口国检验、进口国复验是指出口国装运港（地）商检机构验货后出具的检验证明，作为卖方向银行议付或托收货款的单据之一，而不作为最后依据，货到目的港（地）后允许买方以双方约定的检验机构在规定的时间内复验，如发现货物的品质、重量或数量与合同规定的不符而责任属于卖方时，买方可以根据检验机构出具的复验证明，向卖方提出异议，并作为索赔的依据，这种检验办法对买卖双方都有好处，且比较公平合理，符合国际贸易习惯和法律规则，因而在进出口业务中应用广泛。

（5）最终用户检验

对于精密包装的货物，或规格复杂、精密度高的货物，不能在使用之前拆开包装检验，或需要具备一定的检验条件和检验设备才能检验时，可将货物运至买方营业处所或最终用户所在地进行检验，由这里的检验机构出具的品质、重量、数量证明作为最后依据。

3. 买卖合同中的检验条款

国际货物买卖合同中的检验条款，主要包括检验的时间与地点、检验机构、检验证书、检验依据与检验方法，以及商品的复验等。

检验机构包括由国家设立的官方检验机构，由私人或同业公会、协会等开设的非官方检验机构，生产制造厂商和用货单位或买方。在我国，根据《商检法》的规定，从事进出口商品检验的机构是国务院设立的进出口商品检验部门、国家商检部门设立在全国各地的进出口商品检验机构和依法设立的检验机构。

检验证书是商检机构验货后签发的、证明检验结果的书面文件，是确定卖方所交货物是否符合合同规定的凭证，也是买方凭此向卖方或其他关系人提出异议和索赔的法律依据。商检证书是证明货物运输、装卸的实际情况，明确责任归属的依据，是通关验放的有效证件，是证明履行公约、交接货物、结算货款的主要依据，也是对外办理索赔的有效凭证。它包括品质检验证书、数量检验证书、重量检验证书、包装检验证书、兽医检验证书、卫生检验证书、消毒检验证书等。在国际业务中，卖方究竟提供何种证书，要根据成交商品的种类、性质、有关法律和贸易习惯、合同要求等因素而定。

检验依据是检验进出口商品的根据，也是据以衡量进出口货物是否合格的标准。在进口业务中，商品的检验依据主要有成交样品、标样、合同、信用证、标准等。进出口商品使用的检验方法是重要问题，因为同一商品用不同的方法进行检验，可以得出完全不同的结果，容易导致买卖双方产生异议而发生纠纷，为避免不必要的争议，最好在签订合同时确定所用的具体检验方法。

8.3.6 贸易货款结算

国际贸易货款的支付涉及买卖双方切身利益，其结算工具和结算方式须在合同中加以说明。国际贸易中，为确保及时、安全地收付汇，熟练掌握各种票据的内容及其使用方法以及汇款、托收、信用证和银行保函等各种支付方式很有必要。

1. 支付工具

国际贸易虽然用货币计价和计算，但由于各国对货币几乎都实行严格的管制，且货币在输送方面多有不便，所以很少直接用货币进行支付，而是多以票据作为实际的支付工具。国际贸易货款结算使用的支付工具主要包括汇票、本票和支票。

（1）汇票

汇票是一个人向另一个人签发的、要求即期或定期或在可以确定的将来时间，对某人或某指定人或持票人支付一定金额的无条件书面支付命令。

汇票根据不同划分依据，可划分为：光票和跟单汇票，即期汇票和远期汇票，商业承兑汇票和银行承兑汇票，商业汇票和银行汇票。在使用过程中通常要经过出票、提示、承兑和付款等环节，如需转让，还要经过背书手续，当汇票遭到拒付时，还要涉及追索等环节。

出票是指在汇票上填写付款人、付款金额、付款日期和地点、收款人等事项并签字后交给受款人的行为。背书是指汇票的持票人将收款的权利转让给他人的行为，通常包括记名背书、空白背书、限制性背书。提示是指持票人将汇票提交付款人，要求承兑和付款的行为。承兑是指付款人对远期汇票表示承担到期付款责任和承诺的行为。对即期汇票，在持票人提示时，付款人即应付款，无须经过承兑环节；对远期汇票，付款人承兑后应在汇票到期日付款。

（2）本票

本票是出票人签发的以自己为付款人，于见票日或指定日期向受款人或其指定人或持票人无条件支付一定金额的书面承诺。

依据出票人的不同，本票可分为一般本票与银行本票。一般本票是指由工商企业或个人为出票人所签发的本票。银行本票是指由银行为出票人出具的本票。

本票和汇票都属于票据的范畴，但两者又有所不同，主要区别在于：本票是无条件的支付承诺，而汇票是无条件的支付命令；本票票面有两个当事人，即出票人与受款人，而汇票票面有三个当事人，即出票人、付款人和受款人；本票的出票人即付款人，远期本票无须承兑手续，而远期汇票则要办理承兑手续；本票在任何情况下，出票人都是绝对的主债务人，一旦拒付，持票人可以立即要求法院裁定，命令出票人付款，而汇票的出票人在承兑前是主债务人，在承兑后，承兑人是主债务人，出票人则处于从债务人的地位。

（3）支票

支票是银行存款户对银行签发的，以银行为付款人，向某人或其指定人或持票人见票即付一定金额货币的无条件书面支付命令。支票通常称为即期银行汇票，出票人必须保证在付款银行有存款，出票人在签发支票时应在付款银行存有不小于票面金额的存款，如存款不足，发生透支现象，出票人要承担法律责任。

2. 支付方式

国际货款的支付方式主要有汇付、托收和信用证三种。

（1）汇付

汇付是指付款人主动通过银行或其他途径将款项交给收款人。汇付的当事人包括汇款人、收款人、汇出行和汇入行。汇款人即汇出款项的人，通常是进口人；收款人是收取款项的人，通常是出口人；汇出行是受汇款人的委托汇出款项的银行；汇入行是受汇出行委托解付汇款的银行。在国际贸易中，买卖双方签订合同后，卖方将货物发运至买方，买方通过银行将应付款项汇给卖方，就发生了汇款。

汇付按汇款的速度与方式不同，主要分为电汇、信汇和票汇。电汇是汇出行应汇款人的申请，拍发电报或电传给另一国家的分行或代理行指示解付一定金额给收款人的一种汇款方式，它的优点是收款人可迅速收到汇款，但费用较高。信汇是汇出行应汇款人的申请，将信汇委托书寄给汇入行，授权解付一定金额给收款人的一种汇款方式。信汇的优势为费用低廉，但收款人收到汇款的时间较迟。票汇是汇出行应汇款人的申请，代汇款人开立以其分行或代理行为解付行的银行即期汇票，支付一定金额给收款人的一种汇款方式。

汇付的程序是汇款人到汇出行办理汇款手续，填写汇款申请书，说明汇款方式并将汇付金额交汇出行；汇出行按汇款申请书的要求，向汇入行发出汇款指示；汇入行收到汇款后，立即向受款人解付。

在国际贸易中，使用汇付方式结算买卖双方的货款，从交付货款与运送货物先后的时间分，一般有预付货款、分期付款和货到付款三种。

（2）托收

托收目前在国际结算中比较流行，它是指债权人（出口商）出具汇票委托银行向国外债务人（进口商）收取款项的一种支付方式。国际贸易结算中所使用的托收方式一般都通过银行办理。托收的当事人包括委托人、托收行、代收行和付款人，也有可能涉及提示行和代理。委托人是指委托银行代收货款的出口商；托收行是接受出口商委托代为收款的出口地银行；代收行是接受托收行委托向付款人收款的进口地银行，大多是托收行的国外分支行或代理行；付款人是合同项下的进口商。

托收包括光票托收和跟单托收两种方式。光票托收是指出口商仅开具汇票而不附带货运单据的托收。跟单托收是指在卖方（出口商）所开具汇票以外，附有货运单据的托收。

托收方式对出口方来说风险较大，因此作为出口方应建立健全企业风险管理制度，要重视调查和考察进口商的资信情况和经营作风，了解有关商品的市场动态，成交金额应掌握在进口商支付能力范围内；还要了解进口国的贸易管制和外汇管制措施，对贸易管制和外汇管制较严的国家和地区，使用托收方式要慎重，以免货到目的港后，因为被进口国的法令法规而造成不准进口或收不到外汇而造成损失；要了解进口国的商业惯例，以免因当地的习惯做法影响安全、迅速收汇。

（3）信用证

信用证是指开证银行应申请人的要求并按其指示，向第三者开具的载有一定金额、在一定期限内凭符合规定的单据付款的书面保证文件。信用证的当事人包括开证申请人、开证行、通知行、受益人、议付行、付款行。开证申请人是指向银行申请开立信用证的进口商，又称开证人；开证行是指接受开证申请人的委托，向出口商开立信用证并承担付款责任的银行，开证行一般是进口商所在地银行，也可能是出口商所在地银行或第三国的银行；通知行是指受开证行委托将信用证转交出口商的银行，它只证明信用证的真实性，并不承担其他业务，它一般是出口商所在地银行；受益人是指信用证上所指定的有权开具汇票向开证银行或其指定的付款行索取货款的出口商；议付行是指愿意接受受益人跟单汇票，办理押汇业务的银行，可以是信用证指定的银行，也可以是非指定的银行；付款行是指信用证上指定的付款银行，若信用证未指定付款行，开证银行即付款行。除上述六个之外，根据需要还可能涉及的当事人有保兑行、偿付行、承兑行和转让行等。信用证虽然没有统一的格式，但其基本项目是相同的，主要包括对信用证本身的说明、货物的记载、运输的说明、对单据的要求、特殊条款和责任文句。

信用证支付的一般程序为买卖双方先在合同中约定凭信用证付款，开证申请人申请开立信用证，而后开证银行开立信用证，并通过通知行将其交与受益人，所开信用证的条款必须与开证申请书所列一致。通知银行收到开证银行开来的信用证，在核对无误后，立即将信用证通知受益人。受益人接到信用证通知或收到信用证原件后，根据合同进行审查时，如发现有的信用证条款不能接受，应及时要求开证人通知开证行修改。受益人收到信用证经审查无误，或收到修改通知书认可后，即可根据信用证规定的条款进行备货和装运手续，缮制并取得信用证所规定的全部单据，签发汇票，连同信用证正本、修改通知书以及与信用证有关的其他文件，在信用证有效期内送交通知银行或与自己有往来关系的银行，或信用证指定限制议付单据的银行办理议付。开证银行将全部票款拨还议付银行后，应立即通知开证申请人付款续单。开证人接到开证银行通知后，也应立即到开证银行核验单据，确认无误后，将全部票款及有关费用一并向开证银行付清并续取单据。开证人付款续单后，即可凭装运单据向承运机构提货。

信用证根据不同角度可分为：光票信用证和跟单信用证，即期信用证和远期信用证，可转让信用证与不可转让信用证，保兑信用证与非保兑信用证，循环信用证，对开信用证，背对背信用证，预支信用证，付款信用证，承兑信用证与议付信用证。

3. 其他支付方式

(1) 银行保函

银行保函又称银行保证书，是指银行或其他金融机构作为担保人向受益人开立的，保证被保证人一定要向受益人尽到某项义务，否则将由担保人负责赔偿受益人损失的保证文件。它的特点是保函依据商务合同开出，但又不依附于商务合同，具有独立法律效力。

银行保函业务中涉及的主要当事人有三个：申请人、受益人和担保人，除此之外，往往还有通知行、转开行、保兑行和反担保人等当事人。申请人即向银行提出申请要求银行出具保函的一方，通常为债务人；受益人即接受保函并有权按照保函规定的条款向担保人提出索赔的一方；担保人即根据申请人的要求向受益人开立保函的一方，通常为银行；通知行即受担保人委托，并按担保人的要求将保函通知或传递给受益人的银行；转开行及根据担保行的请求，凭担保人的反担保向受益人开出保函的银行，一般为受益人所在地银行；保兑行即根据担保人的要求在保函上加具保兑的银行；反担保人即为申请人向担保银行开出书面反担保的人，通常为申请人的上级主管单位或其他银行、金融机构等。银行保函可分为银行进口保函和银行出口保函。

银行保函的运行程序为申请人向担保人提出开立保函的申请，申请人寻找反担保人，提供银行可以接受的反担保，反担保人向担保人出具不可撤销的反担保，如受益人提出要求，担保人则须出具由国际公认的大银行加以保兑的保函，通知行/转开行、保兑行将保函通知转开给受益人，受益人在发现保函申请人违约时，若不存在保兑行，则直接向担保人索偿；若存在保兑行，则向保兑行索偿，保兑行进行赔付；保兑行进行赔付后，可向担保人索偿，担保人再赔付给保兑行。担保人赔付后向反担保人索偿，反担保人赔付，反担保人赔付后向申请人索偿，申请人赔付。

（2）备用信用证

备用信用证是指开证行根据开证申请人的请求对受益人开立的承诺承担某项义务的凭证。即开证行保证在开证申请人未能履行其应履行的义务时，受益人只要凭备用信用证的规定向开证行开具汇票，并提交开证申请人未履行义务的声明或证明文件，即可取得开证行的偿付。备用信用证分为履约备用信用证、投标备用信用证、预付款备用信用证和直接付款备用信用证。

虽然银行保函与备用信用证的法律当事人基本相同，其作用、目的和性质也基本相同，但银行承担责任的条件、银行的付款依据和适用范围都有很大的不同。

（3）出口保理

出口保理是指出口企业以商业信用形式出售商品，在货物装船后立即将发票、汇票、提单等相关单据卖断给保理公司，收进全部或部分货款，从而取得资金融通的业务。出口保理业务的主要当事人有出口商、进口商、出口保理公司和进口保理公司等。其中，进口保理公司是出口保理公司在买方所在地的保理代理人，负责买方的资信调查等。

8.3.7　贸易争端的解决

在国际贸易中，合同签订后，有时会出现合同未能履行的情况。如合同不能履行是由于人力不可抗拒的事件造成的，则可援引合同中的不可抗力条款来免除当事人的责任。如果是当事人的过失造成的，则受损害的一方当事人有权向责任方提出索赔。交易双方在履约当中发生争议，一般通过仲裁方式解决。因此，买卖双方在商定合同时，应订立商品检验、索赔、不可抗力和仲裁条款，以利于履行合同和解决争议。

1. 争议

争议是指在履行合同中，由于一方当事人不履行或不能完全履行合同义务而产生的纠纷。引起争议的原因大致包括违约、欺诈和不可抗力三方面。

违约包括单方违约和双方违约。单方违约即在履行合同过程中，一方当事人由于故意和过失而违约，例如卖方不按合同规定的交货期交货，或交货质量不符合规定；买方不按合同的规定派船、付款，不按照合同规定开出信用证，无理拒收货物等。双方违约是由于合同的双方当事人对有关的条款规定得不够明确，或对有关的国际惯例不理解，造成一方违约，另一方遭受损失。欺诈是指一方当事人在签订或履行合同过程中，存在着故意的欺诈，从而给另一方当事人造成损失。不可抗力也是双方当事人产生争议的原因之一，将在下文中详细讲解。

2. 索赔

索赔是指当合同的当事人之间发生争议时，遭受损失的一方，根据合同或法律规定向对方提出的赔偿要求。

索赔依据是当事人在提出索赔时依据的事实和证据，包括法律依据和事实依据两种。法律依据是指当事人在提出索赔主张权利时，所依据的合同和所适用的法律规定；索赔的事实依据是指当事人在提出索赔时，证明对方给其造成损失事实的书面文件、当事人的陈述和其他旁证。

索赔期限是指索赔方向对方提出赔偿要求的有效时限。一般情况下，索赔期限由双方当事人在合同中预先加以约定，超过约定的索赔期限，索赔方即丧失法律上的胜诉权。

由于国际贸易争端纷繁复杂，一般在合同中并不具体规定索赔金额，但在索赔时，金额的确定应适当，一般以受损方的实际损失为限；若双方订有罚金条款，那罚金也应包括在索赔金额内。

3. 争议解决方式

争议可以通过四种方式解决，分别为双方协商解决、第三人调解、仲裁和诉讼。

双方协商解决是指由于国际贸易当事人双方是一种基于信任基础上的合作关系，因此一旦发生争议，当事人应通过友好协商的方式自行解决纠纷。以这种方式解决纠纷，有利于当事人双方今后的合作，并且省钱省时。

双方当事人如不能通过协商自行解决纠纷，如果双方当事人愿意，可以请第三人调解，第三人可以是当事人双方都信任的贸易伙伴，也可以是双方信任的协会、行会或商会。由于当事人双方对调解人都比较信任，容易找出双方都接受的解决纠纷的办法。

如通过以上两种途径仍不能解决纠纷，若双方当事人在合同中有约定或在发生争议后达成协议，可将争议提交仲裁机构进行仲裁。仲裁的独立性、终局性、公正性和非公开审理性的特点适用于一些比较大的贸易纠纷的解决。

如果当事人对仲裁的程序或者使用的法律有异议，可以诉诸法院，由法院按照双方所选定的法律，或者根据有关国家的法律规定解决贸易争端。

4. 不可抗力

不可抗力是指合同签订以后发生的当事人不能预见、不能避免和人力不可抗拒的意外事故，导致不能履行合同或不能如期履行合同，以至于遭受不可抗力的一方，可以据此免除履行合同的责任或推迟履行合同，对方无权要求赔偿。

（1）不可抗力的范围

不可抗力通常包括两种情况：一种是自然原因引起的，如水灾、旱灾、火灾、暴风雪、地震、台风、海啸等；另一种是社会原因引起的，如战争、罢工、政府禁令、封锁、禁运等。至于何为不可抗力，在国际上并无统一的规定，这就需要双方当事人在合同中具体约定。

（2）不可抗力的法律后果

在发生不可抗力后，遭受不可抗力的一方当事人应当将发生不可抗力的事实及其对合同的影响立即通知对方，并出具当地商会的证明，以证明事故发生的事实、时间、地点及对合同影响的事实。不可抗力的法律后果主要有两个：一是解除合同，二是变更合同。究竟是解除合同还是变更合同应视不可抗力事件对履行合同的影响情况和程度而定，或者视买卖双方在合同中对不可抗力事件的具体规定而定。一般来说，当合同履行成为不可能时，可以解除合同。

5. 国际贸易仲裁

国际贸易仲裁是指国际贸易的交易双方在争议发生之前或发生之后，签订书面协议，自愿将争议提交双方所同意的第三者予以裁决，以解决争议的一种方式。其实质是双方当事人协商将争议提交具有独立地位的第三方以求公断，对于裁决结果，双方当事人必须执行。

（1）仲裁的机构

国际商事仲裁机构从组织形式看，可分为临时仲裁机构和常设仲裁机构。临时仲裁机构是指根据当事人的仲裁条款或仲裁协议，在争议发生后，由双方当事人推荐的仲裁员临时组成的，负责裁断当事人的争议并在裁决后即行解散的临时性仲裁机构。临时仲裁机构是为了审理某一具体案件而设立的，随着该案件审理完毕而解散。常设仲裁机构是指具有固定组织和地点、固定的仲裁程序规则的永久性仲裁机构。常设仲裁机构根据受理案件的范围限制可分为专业性和非专业性两类；根据常设机构的性质不同，可以分为国际性、区域性和行业性仲裁机构。

（2）仲裁的程序

仲裁的程序一般包括案件的申请和受理、仲裁庭的组成、开庭和裁决。

当事人申请仲裁，应当向仲裁机构递交仲裁协议和仲裁申请书。仲裁机构在收到仲裁申请后，经审查认为申请仲裁的手续完备的，应当向被申请人发出通知。

案件被受理后，一般由争议双方指定仲裁人员。仲裁庭可以由三人组成，也可以由一名独任仲裁员组成。如由三人组成，由双方当事人各自指定一人，最后一名仲裁员担任首席仲裁员，由仲裁委员会主席指定；若是独任仲裁员，由双方当事人共同指定。

仲裁案件的审理有两种形式：一种是书面审理，也称不开庭审理，根据有关书面材料对案件进行审理并做出裁决；另一种是开庭审理，在开庭时，如果有一方当事人或其代理人不出席，仲裁庭可以做出缺席判决。仲裁机构的判决是终局的，任何一方当事人不得向法院起诉。如果在仲裁程序进行过程中，双方或一方当事人有调解愿望，仲裁庭应尽可能促使当事人和解。

8.4 合同的订立

合同是社会经济活动得以正常进行的一种重要保证，是双方当事人意思表示一致的结果。一方当事人发盘，一经另一方当事人做出接受，合同即告订立。

8.4.1 合同有效成立的条件

合同的订立并非就是合同的有效成立，只有有效成立的合同，对当事人才具有法律的约束力，也才能受到法律的保护。合同有效成立必须具备以下六个条件。

(1) 合同当事人意思表示一致

合同当事人意思表示一致是通过要约和承诺达成的。由于要约与承诺是两个具有严格法律定义的行为，判断双方当事人是否意思表示一致，也即合同是否成立，不仅要看有无要约和承诺，还要看要约和承诺这两个行为本身是否成立。

(2) 合同当事人的意思表示必须出于自愿、真实

各国法律一致认为，合同当事人的意思表示必须出于自愿、真实。凡在胁迫的情况下订立的合同，受胁迫的一方可以主张合同无效，因为其所做的意思表示并非是自愿表达。凡因受欺诈而订立的合同，蒙受欺骗的一方可以撤销合同，因为对方的意思表示并不真实。

(3) 合同当事人必须具有签约能力

签订买卖合同的当事人主要是法人和自然人，按各国法律的一般规定，具有签约能力的自然人，是指精神正常的成年人；未成年人、精神病人等没有订立合同的行为能力或者需要受到一定的限制。关于法人的签约能力，各国法律一般认为，法人必须通过其代理人，在法人的经营范围内签订合同；越权的合同在法律上是无效的。

(4) 合同必须具有对价或约因

对价是英美法系中合同成立的一个必备要素，是指当事人为了取得合同利益所付出的代价。约因是大陆法系中合同成立的要素之一，是指当事人订立合同所追求的直接目的。合同只有具备了对价或约因，法律才承认其有效性，否则就得不到法律的保障。

(5) 合同的内容必须合法

各国法律对此要求往往做广义上的理解，即合同内容不得违反法律，不得违反公共秩序或公共政策，以及不得违反善良风俗或道德。在国际贸易中，针对违禁品如毒品、走私物品等签订的合同是不合法的，与敌国或国家明令禁止的贸易对象国签订的合同也是不合法的。法律对这种不合法的合同不但不予承认和保护，必要时还要追究当事人的刑事责任，没收买卖的货物。

(6) 合同的形式必须合法

合同的形式是合同当事人内在意思的外在表现形式。各国法律一般对合同的形式并无限制，只是对少数合同才要求必须按照法律规定的特定形式订立。因此，合同既可采取书面形式，也可采取口头形式，还可采取其他形式，即以行为表示接受订立的合同。

8.4.2 书面合同的签订

在贸易磋商过程中，一方发盘经另一方接受后，双方即构成合同关系。但根据国际贸易的习惯做法，买卖双方往往还要签订书面合同，以进一步明确双方的义务与权利。

1. 签订书面合同的意义

书面合同的签订具有三个重要意义。第一，书面合同可作为合同成立的证据，根据法律要求，凡是合同必须能得到证明。不论合同是以口头或其他形式达成，还是以书面形式达成，签订书面合同都可使举证变得简易。第二，书面合同可作为履行合同的依据，国际货物买卖合同的履行涉及诸多部门，经历多个环节，过程相当复杂，口头合同如不形成书面形式几乎无法履行；即使是以书面形式成交的合同，若不将分散于多份函电中的交易条件集中归纳到一份书面合同中，也将难以得到准确的履行。第三，书面合同还可作为合同生效的条件，如在交易一方磋商时曾声明以签订书面合同为准的情况下。

2. 书面合同的形式

书面合同可采用正式的合同、确认书、协议，也可采用备忘录、订单等形式。

1）合同的特点在于内容比较全面，对双方的权利和义务以及发生争议后的处理，均有较详细的规定。大宗商品或成交金额较大的交易，多采用此种合同形式。

2）确认书属于一种简式合同。它所包括的条款比合同简单，与合同具有同等的法律效力。它也涉及合同中的各项交易条件，但一般只规定主要内容，对双方的义务描述得也不是很详细。确认书适用于金额不大、批数较多的商品，或者已签订有代理、包销等长期协议的交易。

3）“协议”在法律上是“合同”的同义词，冠以“协议”或“协议书”名称的书面文件，只要其内容对买卖双方的权利和义务做出了明确、具体和肯定的规定，它就具有与合同一样的法律约束力。但若交易洽商的内容较复杂，双方仅商定了一部分条件，其余条件还有待进一步商谈，便先签订了一个“初步协议”或“原则性协议”，且在协议书中也做出了协议属初步性质的说明，则这种协议就不具有合同的性质。

4）备忘录是用来记录当时洽商的内容，以供今后核查的文件。如果备忘录中所记录的交易条件完整、明确、具体，经买卖双方签字后，其性质就与合同无异。如果备忘录中所记录的只是对某些事项达成一定程度的理解，而冠以“理解备忘录”的名称，则其就不具有法律上的约束力。

5）订单是指进口商或实际买主拟制的货物订购单。在出口业务中，我国外贸企业于合同达成后，都主动缮制合同或确认书正本一式两份，经签署后寄送国外客户，要求其签署后返回一份。有的客户往往将他们拟就的订单寄来，要求我方签回，这种经洽商成交后寄来的订单，实际上是国外客户的购货合同或购物确认书。

3. 书面合同的内容

书面合同不论采取哪种形式，都是调整交易双方经济关系和规定彼此权利与义务的法律文件。其内容包括约首、基本条款和约尾三部分。约首部分一般包括合同名称、合同编号、缔约双方名称和地址、电报挂号、电传号码等内容；基本条款是合同的主体，它包括品名、品质规格、数量（或重量）、包装、价格、交货条件、运输、保险、支付、检验、索赔、不可抗力和仲裁等内容；约尾部分包括订约日期、订约地点和双方当事人签字等内容。为了提高履约率，在规定合同内容时应考虑周全，力求使合同中的条款明确、具体、严密和相互衔接，且与磋商的内容要一致，以利于合同的履行。

8.5 合同的履行

8.5.1 出口合同的履行

《联合国国际货物销售合同公约》规定，卖方的义务是“必须按照合同和本公约的规定，交付货物，移交一切与货物有关的单据并转移货物所有权”。在我国出口贸易中，大多交易采用CIF或CFR条件成交，并且一般都采用信用证付款方式，这种情况下履行合同的基本环节有：备货、报验；催证、审证和改证；办理货运、报关、投保；制单结汇。

1. 备货、报验

(1) 备货

备货就是根据出口合同的规定，按时、按质、按量准备好应交付的货物，以保证按时储运，如约履行合同。备货是履行好合同的基础，因此不能掉以轻心。

备货时应注意备货时间、货物本身以及货物包装。备货的时间一般应与信用证规定的装船时间及船期相衔接，严防脱节，否则会产生在仓库存放时间增长而多支付仓储费、船舶等货造成滞期、货物无法装上定期班轮等严重后果。在货物本身方面，要严格按照合同规定，使货物的数量、质量、规格和花色品种与合同的规定相符。凡是合同中对商品包装有明文规定的，卖方必须严格照办，对于合同没有明文规定的，应注意符合有关法律的要求。另外，要认真刷制运输标志，一定要使其清楚、醒目、涂料不易脱落、文字大小适当。

(2) 报验

根据《中华人民共和国进出口商品检验法》(2021年修正)的规定：本法规定必须经商检机构检验的出口商品的发货人或者其代理人，应当在商检机构规定的地点和期限内，向商检机构报检。经商检机构检验合格发给检验证单的出口商品，应当在商检机构规定的期限内报关出口；超过期限的，应当重新报检。

2. 催证、审证和改证

(1) 催证

在实际业务中，有时经常遇到国外进口商拖延开证，或者在行市发生变化或资金发生短缺的情况时故意不开证，对此我们应催促对方迅速办理开证手续。

(2) 审证

由于种种原因，有时会出现信用证条款与合同规定不一致，或者在信用证中加列一些看似无所谓但出口商实际无法满足的信用证条件（软条款）等情况，为此出口商应该依据合同进行认真的核对与审查。

(3) 改证

对信用证进行了全面细致的审核以后，如发现问题，应区别问题的性质，做出妥善的处理。在办理改证的工作中，凡需要修改的各项内容，应一次向国外客户提出；未经开证行、保兑行（若已保兑）和受益人同意，不可撤销信用证，既不能修改，也不能取消。信用证在修改时，原证的条款（或先前接受修改的信用证）在受益人向通知该修改的银行发出接受修改之前，仍然对受益人有效。对同一修改通知中的修改内容不允许部分接受，因此，部分接受修改当属无效。

3. 办理货运、报关和投保

（1）办理货运

在国际上，出口企业在办理货物运输时，根据货运公司提供服务的不同类型划分，一般会与三种类型的货运服务机构打交道：国际储运公司、国际货运代理公司、国际运输联盟。国际储运公司都有自己的仓储设施，出口商通常都将出口货物在装运前先用卡车或火车运送到离装运地点最近的国际储运公司的仓库中，由其负责货物拼箱和装箱并将货物直接运到装运港码头或航空港进行实际装运。国际货运代理公司有大有小，常见的业务有租船订舱、货物报关、转运及理货、仓储、集装箱拼箱及拆箱、国际多式联运、物流管理以及运输咨询等。国际运输联盟是指在国际上具有一定实力的大的货运公司，它们凭借在全世界各地的运输代理机构，为客户提供复杂、系统的大型工程项目的运输。

（2）报关

根据《中华人民共和国海关法》（2021 年修正）的规定：进出境运输工具、货物、物品，必须通过设立海关的地点进境或者出境。在特殊情况下，需要经过未设立海关的地点临时进境或者出境的，必须经国务院或者国务院授权的机关批准，并依照本法规定办理海关手续。

（3）投保

按 CIF 价格成交的合同卖方需要替买方办理保险，卖方在装船前，须及时向保险公司办理投保手续，填制投保单。出口商品的投保手续，一般都是逐笔办理的。投保人在投保时，应将货物名称、保险金额、投保险别、运输工具、开航日期等一一列明。保险公司接受投保后，即签发保险单据。

4. 制单结汇

出口货物装运后，出口企业应按照信用证的规定，正确缮制各种单据，并在交单有效期内，递交银行办理依附结汇手续。在信用证付款条件下，目前我国出口商在银行办理出口结汇的做法主要有三种：收妥结汇、押汇、定期结汇。

收妥结汇是指信用证议付行收到出口企业的出口单据后，经审查无误后，将单据寄交国外付款行索取货款的结汇做法。在这种方式下，议付行都是待收到付款行的货款后，即从国外付款行收到该行账户的贷记通知书，才按当日外汇牌价，按照出口企业的指示，将货款折成人民币拨入出口企业的账户。

押汇又称买单结汇，是指议付行在审单无误情况下，按信用证条款贴现受益人（出口公司）的汇票或者以一定的折扣买入信用证下的货运单据，从票面金额中，扣除从议付日到估计收到票款之日的利息，将余额按议付日外汇牌价折成人民币，拨给出口企业的结汇做法。

定期结汇是指议付行根据向国外付款行索偿所需时间，预先确定一个固定的结汇期限，并与出口企业约定该期限到期后，无论是否已经收到国外付款行的货款，都将主动将票款金额折成人民币拨交出口企业的结汇做法。

5. 出口收汇核销和出口退税

(1) 出口收汇核销

出口收汇核销是指以出口货物的价值为标准，核对是否有相应的外汇收回国内的一种事后管理措施，即出口企业在货物报关出口后，向外汇管理部门报送银行出具的收汇证明以进行核对的程序。

(2) 出口退税

出口退税是指一个国家为了扶持和鼓励本国商品出口，将所征税款退还给出口商的一种制度。退税的基本条件为：必须是报关离境的出口货物；必须是财务上做出口销售处理的货物；必须是属于增值税、消费税征税范围的货物。退税程序为出口企业设专职或兼职出口退税人员按月填报出口货物退（免）税申请书，并提供有关凭证，先报经贸主管部门稽查签章后，再报国税局进出口税收管理分局办理退税。

8.5.2 进口合同的履行

进口合同的履行是指买方按照合同和法律的规定办理接货、付款、复验、报关纳税等一系列事宜的过程。我国的进口业务多以 FOB 价格条件成交，使用即期信用证支付。按照这些条件成交的进口合同，履行程序一般包括：开立信用证、租船订舱、通知船期和催装、装运、办理保险、审单付款、接货报关、检验、索赔等。

1. 信用证的开立与修改

进口合同签订后，进口商应按照合同规定，到开证行填写信用证申请书，办理开证手续。同时，进口商向开证银行交付一定比率的押金并支付开证手续费。

信用证的开证时间应按合同规定办理，如合同中规定买方应于合同规定的装运期前××日，或在合同签订后××日内开出信用证，则买方应在该日期内开立信用证；如合同规定在卖方确定交货期后开证，买方应在接到卖方交货期确定的通知后及时开证；如合同规定在卖方领到出口许可证的通知，或银行通知保证金已照收后开证，买方应在接到卖方上述通知后及时开证。如果合同未明确规定买方开立信用证的时间，通常买方应在装运期前 15~20 天开证，以便卖方备货和办理其他手续，保证按时装运。

如果出口商提出修改信用证，经进口商同意后，即可向银行办理改证手续。最常见的修改内容有：展延装运期和信用证有效期、变更装运港口、加列特殊条款等。

2. 运输和保险的安排

履行 FOB 交货条件下的进口合同应由进口商负责派船到出口商口岸接运货物。出口商在交货前一定时间内，应将预计装运日期通知进口商。进口商接到上述通知后，应及时向货运代理公司办理租船订舱手续。在办妥租船订舱手续后，应按规定的期限将船名及船期及时通知出口商，以便出口商备货装船。对于一些特殊商品，如单件货物超高、超长、超重或易燃易爆品的装运，出口商还应及时通告，以便进口商在办理运输时，将商品的详细情况通知给相关的船务公司，确保运输安全。

FOB 或 CFR 条件下的进口合同，保险由进口商办理。在实践中，进口企业和保险公司为了简化投保手续，防止因信息传递不及时或失误等原因发生来不及办理保险或漏保的情况，大多采用预约投保的方式。

3. 审单付款与付汇核销

审单付款是进口合同履行的重要环节，是指当出口商装运货物后，将汇票及合同规定的单据交银行议付货款时，银行对照信用证的规定对单据是否齐全、其内容是否符合规定等进行全面的审核，如内容无误，即由银行对国外付款。

我国目前对进出口货物的付汇或收汇实行管理。根据规定，境内机构的进口付汇，应按照国家关于进口付汇核销管理的规定办理核销手续。凡是进口企业已通过银行购汇或从现汇账户支付的方式向境外支付有关进口商品的货款、预付款、尾款等，皆为进口付汇，应当按照规定办理付汇核销手续。

4. 报关、报验和拨交货物

进口报关包括进口货物的申报、查验、征税和放行。申报是指在进口货物入境时，由进口公司向海关申报、交验规定的单据文件，请求办理进口手续的过程。查验是指海关以进口货物报关单、进口许可证等为依据对进口货物进行实际的核对和检查。征税是指对进口货物征收的增值税，对少数商品征收消费税等。放行是指进口货物在办完向海关申报、接受查验、缴纳税款等手续后，由海关在货运单据上签印放行。

进口报验是指进口商品的收货人或其代理，根据国家有关法律、行政法规的规定或业务需要，在规定的地点和期限内向商检机构或商检机构指定的检验机构申请办理进口检验或检疫。根据《中华人民共和国进出口商品检验法》（2021 年修正）的规定：本法规定必须经商检机构检验的进口商品的收货人或者其代理人，应当向报关地的商检机构报检。本法规定必须经商检机构检验的进口商品以外的进口商品的收货人，发现进口商品质量不合格或者残损短缺，需要由商检机构出证索赔的，应当向商检机构申请检验出证。

经过进口报关、报验等手续后，如进口货物的品名、品质、数量、重量、包装等符合交易合同的规定，进口商便可提货。

5. 进口索赔

进口商常常因为货物的品质、数量、包装等不符合合同的规定，而需向有关方面提出索赔。根据造成损失原因的不同，进口索赔的对象主要有三个：卖方、轮船公司和保险公司。

本 章 小 结

1. 进出口贸易基本流程为进出口双方的磋商、买卖合同的签订、贸易合同的履行以及交易完成。为使国际贸易能够顺利进行，了解国际贸易的基本流程非常必要。

2. 贸易磋商是进出口双方就商品的各项交易条件进行谈判。在国际货物买卖中，贸易磋商占有十分重要的地位，一般要经过询盘、发盘、还盘和接受四个环节。

3. 在国际贸易中，进出口双方会就以下交易条件进行磋商：商品的品名、品质、数量和包装，贸易术语与商品价格，货物运输，货物运输保险，商品检验，贸易货款结算和贸易争端的解决。

4. 合同是社会经济活动得以正常进行的一种重要保证。在国际贸易中，当一方当事人发盘，一经另一方当事人做出接受时，合同即告订立。

5. 合同履行是对贸易合同规定的交易条件的执行。合同的履行，表现为进出口双方执行合同义务的行为，当合同义务执行完毕时，合同即履行完毕。

关键术语

贸易磋商　　合同订立　　合同履行

本章思考题

1. 国际贸易实务的研究对象是什么？
2. 什么是“溢短装条款”？在合同中怎样执行？
3. 何为国际多式联运？它具有哪些特点？
4. 海上风险和外来风险分别包括哪几种？
5. 说明信用证的含义、性质与特点。
6. 如何构成一项有效的发盘？

本章参考文献

[1] 程怀儒．国际贸易实务［M］．北京：人民教育出版社，2006.
[2] 冷柏军．国际贸易实务：数字教材版［M］．4版．北京：中国人民大学出版社，2023.
[3] 梁树新，等．国际贸易实务教程［M］．北京：人民邮电出版社，2007.
[4] 袁建新．国际贸易实务［M］．3版．上海：复旦大学出版社，2011.
[5] 仲鑫．国际贸易实务［M］．3版．北京：北京师范大学出版社，2012.
[6] 黎孝先，王健．国际贸易实务［M］．7版．北京：对外经济贸易大学出版社，2020.
[7] 余庆瑜．国际贸易实务：原理与案例［M］．3版．北京：中国人民大学出版社，2021.

第 9 章 国际市场营销

本章目标

通过本章学习，应能：

1. 理解国际市场和国际市场营销的概念，了解如何选择合适的目标市场。

2. 掌握产品的整体概念、产品的生命周期以及各个生命周期的运用策略，掌握国际产品的设计策略和品牌策略。

3. 了解分销渠道的概念与作用，知道如何选择合适的分销渠道以及如何对其进行管理。

9.1 国际市场营销决策

9.1.1 国际市场营销导论

1. 国际市场的定义

从传统的观点看，国际市场，亦称世界市场，它是在世界范围内因国际分工和经济联系而进行商品、劳务、技术等交换活动的场所，是国际经济体系的一个重要组成部分。国际市场，就其外延来说，是指国际或地区间的经济贸易往来；其内涵则是指国际商品经济关系的总和，包括各种形式国际交易活动背后的生产者、经营者和消费者之间的经济关系。同样，从营销的角度看，国际市场就是跨国企业的产品和服务在境外有需要且有购买能力的消费者或用户。

2. 国际市场营销的定义

营销就是在适当的地点和时间，以适当的价格、适当的信息沟通和促销手段，将适当的产品和服务出售给适当的消费者。2004 年美国市场营销协会对市场营销下了新的定义："市场营销是组织的一项向顾客进行创造价值、沟通价值和传递价值并通过顾客关系来实现组织利益相关者利益的职能。"市场营销是指企业为满足消费者或用户的需求并获得利润而进行的一切与市场有关的经营销售活动过程。

虽然市场营销具有普遍适用性，市场营销一般原理的应用可以跨越疆界，然而，并不能就此将国际市场营销与一般营销简单地等同起来。美国著名营销学家菲利普·R.凯特奥拉（Philip R. Cateora）将国际市场营销（International Marketing）定义为：对商品和劳务流入一个以上国家的消费者或用户手中的过程进行计划、定价、促销和引导，以便获取利润的活动。换言之，国际市场营销是指个人和组织为满足国外或境外消费者和用户对产品和劳务的需求，以获得利润为目的而进行的计划、定价、分销和促销等一系列活动的过程。

3. 国际市场营销的内涵理解

理解国际市场营销的内涵可从以下几方面入手：

1）国际市场营销的主体是企业。

2）国际市场营销的范围是一国以上的市场，包括本国市场。

3）国际市场营销的内容是提供产品或劳务。

4）国际市场营销的目的是取得更大的经济利益。

9.1.2　国际市场选择

1. 国际市场细分

市场细分是1956年由美国市场学家温德尔·斯密（Wendell Smith）提出来的一个重要概念。市场细分（Market Segmentation），就是企业根据总体市场中不同消费者明显的需求特征、购买行为和购买习惯，把它们细分为彼此有区别的子市场的市场分类过程。每个子市场由需要与欲望相同的消费者组成，其内部需求特点相似。企业进行市场细分的目的是为了选择目标市场，然后针对目标市场的需求开展市场营销活动，使企业经营的产品更符合不同消费者阶层和集团的需要，从而在细分市场中提高竞争力，增加销量，提高市场占有率。

国际市场细分，是市场细分理论在国际营销领域的运用和深化，即企业按照一定的细分标准，把整个国际市场细分为若干个需求不同的子市场，任何一个子市场的消费者都具有相同或相似的需求特征，企业在子市场中选择一个或多个作为国际目标市场。

国际市场营销不同于国内市场营销的特点，国际市场细分包括两个层次的工作。第一层次是企业在进入国际市场之前，按照某种标准（如经济、文化、地理位置等）将不同的国家或地区分组，同一组的国家或地区具有基本相同的营销环境。企业结合自身资源和能力特点，选择进入某一个（或某几个）国家或地区。这一层次的市场细分是宏观意义上的市场细分。第二层次是对企业选取的目标国家或地区市场的进一步细分。这是因为，即便是一个国家的市场，消费者的需求也是千差万别的，企业不可能满足该国所有顾客的要求，而只能将其再细分为若干子市场，来满足其中一个或几个子市场的需求。这种含义上的国际市场细分叫作微观细分，也称为一国之内的市场细分。

2. 目标市场的评估标准

选择国际目标市场的总体标准是要能充分地利用企业的资源，以满足该子市场中消费者的需求。在国际市场营销中要选择适宜的目标市场，否则就难以取得营销上的成功。具体有以下标准。

（1）市场规模

企业进入某一市场是期望有利可图。考察市场规模，一要看它的人口，二要看它的收入水平。如果市场规模狭小或者趋于萎缩状态，企业进入后就难以获得发展，此时，应审慎考虑，不宜轻易进入。当然，企业也不宜以市场吸引力作为唯一取舍，特别是应尽力避免“多数谬误”，即与竞争企业遵循同一思维逻辑，将规模最大、吸引力最大的市场作为目标市场。大家共同争夺同一个顾客群的结果是，造成过度竞争和社会资源的无端浪费，同时使消费者的一些本应得到满足的需求遭受冷落和忽视。从产品结构来看，20 世纪 50 年代以后，世界贸易中制成品的份额高于农矿产品和燃料的份额，因此制成品市场是世界最大的商品市场。此外，世界市场上服务市场的规模也在逐渐扩大。有时，单个国家的某个细分市场可能太小，而如果在国家内存在几个同样的细分市场，那么这个子市场就要大得多，企业可以通过采用标准的产品为其服务并获得利润。

（2）市场增长速度

人口规模和经济规模是动态变化的，因此，企业应根据在若干个时点上搜集到的静态资料，估算一个国家近年来增长的速度和趋势。一般来说，一个国家如果经济发展较快，政治稳定，应该是一个较好的潜在市场。

（3）符合企业目标和能力

某些细分市场虽然有较大的吸引力，但不能推动企业实现发展的目标，甚至会分散企业的精力，使之无法完成其主要目标，这样的市场应考虑放弃。另外，还应考虑企业的资源条件是否适合在某一细分市场经营，只有选择那些有条件进入、能充分发挥其资源优势的市场作为目标市场，企业才会立于不败之地。

3. 目标市场的营销策略

（1）无差异性目标市场战略

无差异性目标市场战略即企业只推出一种产品，提供给所有细分市场上的消费者，也就是把所有细分市场看成一个大市场，只考虑整个大市场上所有消费者的共性，而不考虑其个性。采用此战略最典型的例子就是美国的可口可乐饮料公司。该公司长期以来向全世界市场仅仅提供一种口味、一种包装、一种销售方式，甚至连广告也相同的可口可乐饮料，且获得了很大的成功。此战略最大的优点就是企业可以进行大批量的生产，形成规模效益，降低成本，提高利润；最大的缺点是企业不能适应所有消费者的不同需求，使企业失去很多市场机会，另外也容易导致其他竞争对手进入市场，从而引起激烈竞争。

（2）差异性目标市场战略

差异性目标市场战略即企业针对不同的细分市场提供不同的产品，而且采用不同的营销组合，以满足不同消费群体的不同需求。例如，自行车企业针对不同的细分市场，分别提供不同的自行车，轻便男车、轻便女车、儿童车、山地车、赛车等。采用此战略的优点是企业的生产具有多品种、小批量、机动灵活的特点，可以更好地满足不同消费者的不同需求，市场面大，市场占有率高；缺点是小批量生产必然增加成本，利润率不高，但总利润额可能较大。此战略适合于实力雄厚的大企业。

（3）集中性目标市场战略

这是大多数国际企业采用的一种战略，又称密集性目标市场战略，特别适合于中小企业。此战略就是企业针对某一个细分市场或少数几个细分市场，提供适合该细分市场的一种或少数几种产品，集中力量占领该细分市场。也就是说，企业宁愿在一个或少数几个细分市场上占有较大的市场占有率，也不愿在数个或整个市场上占有较小的市场占有率。例如，美国吉宝食品公司过去生产几百种食品，但市场占有率很低，后来该公司放弃了一般食品的生产，专门针对婴儿市场生产供应婴儿食品，从而在该细分市场上取得了极高的市场占有率。又如，夏普电器公司虽然也是日本著名的电器公司，但实力却大大弱于同行业的松下、索尼等日本公司。为了避开这一弱点，夏普公司从20世纪70年代起改变了目标市场战略，不在所有市场上与实力雄厚的其他公司进行较量，而是采取了集中性目标市场战略，选择电子零部件小市场为新的目标市场，努力在这些小市场上争夺世界第一。采用此战略的优点是企业的营销对象集中，有利于企业深入了解研究细分市场的需求，推出针对性很强的产品，使企业处于较有利的地位，获得较高的市场占有率和经济效益；其缺点是目标市场狭窄，一旦目标市场出现大的变化，如需求突然发生变化，或出现了强大的竞争者，企业的处境将立即恶化，因此营销风险较大。

9.1.3 国际市场调研

1. 国际市场调研的定义

美国营销协会（AMA）关于市场调研的定义是：市场调研是把消费者、客户、大众和市场人员通过信息连接起来，而营销者借助这些信息可以发现和确定营销机会和营销问题，开展、改善、评估和监控营销活动，并加深对市场营销过程的认识。这个定义强调市场调研通过信息把组织及其市场连接起来的职能。市场调研产生的信息可以用于界定和定义市场营销机会及问题，用于改进和评估营销活动，控制市场营销业绩，加深人们对营销过程的理解。

国际市场调研同样具有上述本质并涉及上述基本活动。所谓国际市场调研，就是指运用科学的信息搜集、处理的方法和手段，有目的地系统搜集、记录和分析国际市场的信息，为企业营销决策提供科学依据。通过调研，企业可以了解哪些市场已饱和，哪些市场存在未被满足的需求，从而有助于企业开拓潜在的国际市场。

另外，企业还可以通过国际市场潜在需求的变化及发展趋势，了解国际市场消费者对产品售后服务等的需求，了解目标市场存在哪些销售渠道，哪些商业机构，哪些促销方式，从而有助于企业采取有针对性的营销组合策略。由于在国外进行市场调研更加复杂困难，除研究消费者外，还要调查研究竞争者、中间商和有关各营销因素的数据资料，因而国际市场调研又呈现其特殊性的一面。

2. 国际市场调研的类型

国际市场调研活动包括从一端的单一国家调研到另一端的更细致、更复杂的多国调研活动，具体可分为以下四种类型。

（1）单一国家调研

在国际营销的许多情况下，企业都会产生这样的需要，即在单个国外市场上实施调研活动以促进营销策略的形成和落实。当一个以本国为基础的营销人员想要知道在国内市场环境下发挥较好作用的市场营销策略在另一国市场是否也适用时，这个需要就产生了。如果该国市场具有某些特性，需要对营销组合策略进行调整以更好地满足当地消费者的需求，那么调研就有助于这种策略的制定。

（2）独立的多国调研

这是国际市场调研中最普通的一种形式。独立的多国调研是指跨国公司的分支机构或办事处在多个国家针对同一种产品独立地实施类似的调研活动。例如，某跨国公司的各分支机构在所在国家各自独立地对由总公司开发的一种新产品进行市场测试，或各自独立地调查公司的某一国际品牌在当地市场的认知度。

独立的多国调研的主要缺点是：①调研工作经常会重复（如调查问卷等），效率较低；②由于调研是分别进行的，在不同国家的结果之间进行比较就可能存在问题。尽管存在这些缺点，这种独立的多国调研仍然颇受欢迎，即使在最大的跨国公司中也是如此。

大多数的市场调研经费来自于跨国公司在当地的预算。如果没有国际调研经理，这些预算可能就会被完全地支配使用。国际调研经理或协调人的存在有助于在分支机构的运作中形成调研计划的紧凑架构。此外，即使由跨国企业的成员公司单独地执行调研计划，如果国际调研经理能够鼓励，形成一种调研文化和所涉及国家的同事都能看到的调研指南，那么所得到的调研结果在相当大的程度上也会具有可比性。

（3）连续的多国调研

连续的多国调研是指在几个国家连续地进行调研。当跨国企业的产品或顾客在不同国家间进行循环推广时，采用这种方法最为合适。连续调研的优点在于：企业在进行调研的前一两个市场中可以得到一些教训，然后就可以在随后进行调研的其他国家调研规划中吸取这些教训。

（4）同时进行的多国调研

同时进行的多国调研是指在许多国家同时进行的调研活动，是国际市场调研活动中最复杂的一种形式。调研者的能力将在同时进行的多国调研中面临最强的考验，并且所产生的可比性问题也最为突出。

3. 国际市场调研的作用

企业的成功经营离不开市场调研。一个企业要想顺利进入国际市场，就必须以国际市场调研作先导。

（1）发现市场机会，开拓潜在市场

国际市场调研对企业在国际市场的经营活动是不可或缺的。企业决定将产品投入到国际市场之前，它必须选择对其有利的市场，这就要求企业对其产品在哪些国外市场销售前景更为广阔，对某一特定市场预计销售多少和采用何种策略进入该市场等问题有一个正确的认识和判断。然而，企业决策人员通常对其他国家的地理、文化、经济和政治等方面的情况了解有限，对于正确估计产品在国外市场销售状况所需的资料和信息相对缺乏，而且世界市场瞬息万变，市场环境复杂多样，难以准确预测，激烈的竞争更使世界市场难以进入。在此情况下，企业要想选择、捕捉和把握市场机会，关键是要对目标市场有详细的了解。所以，在决定把产品投入目标市场之前，首先要对这个市场进行深入的调查研究。市场调研还可以帮助企业寻找和选择有利的新市场，并稳步扩大企业产品的市场范围，避免不必要的费用支出及盲目的营销行为。

（2）制定正确的营销组合策略，寻找可能发生问题的原因

发现市场机会与将产品打入国际市场并顺利地进行销售，是两个截然不同的问题。找到一个有潜力的市场，仅是为产品的销售指明了一个正确的方向，并不意味产品一定能为这个市场的消费者所接受，能在这个市场上销售。因此，还必须进一步进行市场调研，提供具体的信息和结论，帮助企业制定合理的产品、价格、分销和促销等策略，并在运用中对这些策略进行有效的协调，使企业的产品能稳步占领市场。现实经济生活中常常会出现这样一些情况：有些本来销路应该很好的产品却滞销；有些对国内消费者来说似乎很好的产品，却不被外国消费者所接受。企业通过有针对性的市场调研，就可以找出上述情况发生的原因，及时调整市场营销战略。

9.2 国际产品策略

9.2.1 产品整体概念

国际营销学中产品整体概念是广义的产品概念。它除了是指具有特定物质形态和用途的物体外，也包括了一切能满足购买者某种需求和利益的非物质形态的服务。例如消费者购买的住房产品，不仅是指住房本身，同时包括住房朝向、地段、物业管理服务、周边的教育设施、升值的可能性和所体现的身份等。也就是说，产品整体是指能够提供给市场以满足需要和欲望的有形物品和无形服务，是购买者所得到的心理的、服务上的、物理的和象征性特征的集合体。一般来说，产品整体概念包括四个层次：核心产品、有形产品、附加产品、心理产品。

1. 核心产品

核心产品是指企业为顾客提供的产品或服务中所包含的能满足其基本需要的功能。核心产品是顾客真正所购买的基本服务或利益。核心产品引发并决定了消费者的购买行为，是产品整体概念中最基本、最主要的部分。例如，消费者购买化妆品是为了“美容”，顾客购买花卉是购买“观赏”或“与人联络感情”，而旅客在旅馆中真正购买的是“休息与睡眠场所”。营销人员应正确认识自己企业向国际市场消费者提供的核心产品是什么，将其视为一项基本利益提供给顾客。

2. 有形产品

有形产品是核心产品借以实现的形式，即向市场提供的实体和服务的形象。如果有形产品是实体物品，则它在市场上通常表现为产品质量水平、外观特色、式样、品牌名称和包装等。产品的基本效用必须通过某些具体的形式得以实现。市场营销者应首先着眼于顾客购买产品时所追求的利益，以求更完美地满足顾客需要，从这一点出发再去寻求利益得以实现的形式，进行产品设计。

3. 附加产品

附加产品即顾客购买有形产品时所获得的全部附加服务和利益，包括提供信贷、免费送货、安装、售后服务等。附加产品的概念来源于对市场需要的深入认识。因为购买者的目的是为了满足某种需要，因而他们希望得到与该项需要有关的一切。

4. 心理产品

心理产品是指产品的品牌和形象提供给顾客心理上的满足。产品的消费往往是生理消费和心理消费相结合的过程，随着人们生活水平的提高，人们对产品的品牌和形象看得越来越重，因而它也是产品整体概念的重要组成部分。

9.2.2 产品分类

1. 按产品是否耐用和有形划分

（1）劳务

劳务（Services）是指提供出售的活动或满足感等，属于非物质实体产品，如修理、旅馆招待、教育等。

（2）耐用品

耐用品（Durables）是指正常情况下能多次使用的有形物品，如空调、汽车、住房等。对于耐用品，企业应采取如下策略：①重视人员推销和服务；②追求高利润率；③提供营销保证。

（3）非耐用品

非耐用品（Non-durables）也是有形的，但是在正常情况下一次或几次使用就消费掉的实体物品，所以消费者和用户购买的次数非常频繁。如香烟、啤酒等。对于非耐用品，企业应采取如下策略：①通过多种网点销售这种物品，以便消费者能随时购买；②只求微利；③积极促销。

2. 按产品的用途划分

（1）消费品

消费品（Consumer Goods）一般又可以分为便利品、选购品、特殊品和非渴求物品。

1）便利品（Convenience Product）。便利品是指消费者通常频繁购买，希望一旦需要即可买到，并且只需要花很少精力和最少时间去比较品牌、价格的消费品。便利品包括日用品、急用品和临时用品，是消费者常用、急用和临时冲动性购买的产品，如香烟、报纸等。

2）选购品（Shopping Product）。选购品通常是指消费者在购买前往往要去许多家零售商店了解和比较花色、式样、质量、价格等的消费品。选购品分为同质选购品、异质选购品。选购品有家用电器、屋内装饰等。

3）特殊品（Specialty Product）。特殊品是指消费者能识别哪些牌子的商品物美价廉，哪些牌子的商品质次价高，而且许多消费者习惯多花时间和精力去购买的商品。

4）非渴求物品（Unsought Product）。非渴求物品是指顾客不知道的物品，或者虽然知道却没有兴趣购买的物品，如刚上市的新产品、人寿保险、百科全书等。

（2）产业用品

按照产品参加生产过程的方式和产品价值，产业用品（Industrial Goods）可分为完全进入产品的产业用品、部分进入产品的产业用品和不进入产品的产业用品三类。

1）完全进入产品的产业用品，如原材料和零部件。

2）部分进入产品的产业用品，如土地、建筑物、生产设备、办公设备等。

3）不进入产品的产业用品，如生产供应品、办公用品、维修用品、维修服务、咨询服务等。

9.2.3 国际产品市场周期

1. 产品市场周期的阶段构成

产品市场周期又称产品市场生命周期，是指一个产品从进入市场，直至最终被淘汰退出市场的全部过程。它是产品的又一个基本特征。任何产品都有一个有限的市场生命周期，因此，不断地开发新产品是企业长期生存发展的必要条件。产品市场生命周期理论盛行于20世纪60年代后期至70年代中期，其主要代表人物是美国哈佛大学教授雷蒙德·弗农（Raymond Vernon）。根据这种理论，一国在经济上领先，推出新产品，由此而发展出口市场。此种技术或创新的发展，对各国来说机会并不均等。产品如同人的生命一样会经历投入、成长、成熟、衰退的周期，但这个周期在不同的国家里发生的时间和过程是不一样的。典型的国际产品市场生命周期如图9-1所示。

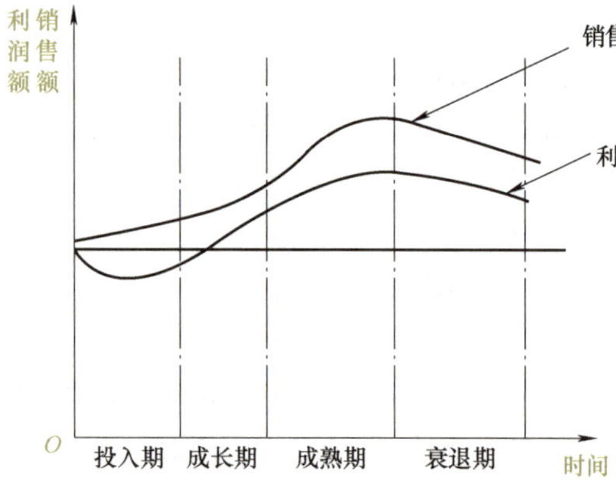

图9-1 产品市场生命周期

在产品市场生命周期的不同阶段，不同国家的消费者由于消费偏好、支付能力的不同，对产品的消费需求也不同。因此，产品（尤其是价格较高的耐用消费品）市场生命周期在不同国家呈现出不同的状态，企业应结合本国以及国际市场不同的产品市场生命周期情况，制定具有针对性的国际市场营销策略。

1）投入期。投入期又称进入期。在此阶段产品刚进入市场，消费者对产品不了解、不熟悉，购买者少，所以销售额也少。另外，由于产品的产量达不到盈亏平衡点，还要花费大量广告费等促销费用，所以此阶段的利润额通常为负值。

2）成长期。此阶段消费者已对产品有了一定的了解与认识，购买者迅速增多，因此销售额迅速上升，销售额增长率在四个阶段中是最大的。另外，由于已开始批量生产，成本开始下降。此阶段已有了盈利，而且利润额开始上升。

3）成熟期。此阶段产品已被消费者完全了解与熟悉，市场需求量趋于饱和，同时市场上仿制品、代替品不断出现，因此此阶段销售额达到最高水平，利润额也达到最高水平，但两者的增长率都很低。

4）衰退期。此阶段由于消费者需求的降低，以及竞争产品的大量出现，销售额明显下降，利润额也明显下降，其最终结果是产品主动退出市场或被市场淘汰。

2. 产品市场周期各阶段的营销策略

（1）投入阶段的营销策略

新产品推向市场之后的这一阶段，国际营销人员必须就其价格、促销、分销及产品品质对产品进行定位，以便让市场尽快知晓、认同或接受企业的产品。以下四种策略主要考虑价格和促销两种因素。

1）快速掠取策略。企业为了迅速扩大产品的销售额，获得较高的市场占有率，可以采用高价格和高促销开支的快速掠取策略。采用这种策略必须有一定的市场前提：目标市场的大部分潜在的消费者对这种新产品缺乏了解，这些消费者有能力也愿意尝试以较高的价格购买新产品。

2）缓慢掠取策略。企业同时采用较高的价格和较低的促销费用进行营销活动，以求得到更多的利润和最大限度节省开支。如果企业在某一容量比较小的市场上享有较好的品牌形象，加上市场上大部分的消费者已经熟悉这种新产品并愿意出高价，这种策略可以获得理想的效果。

3）快速渗透策略。这种营销策略具有较强的攻击性，有助于快速进入市场，取得尽可能高的市场占有率。主要方法是低价格、高促销开支，以最大限度地提高产品知名度和刺激消费者购买该产品。这种营销策略在以下情况下较适用：市场容量庞大，潜在的竞争激烈，产品的价格有较大的需求弹性，消费者对价格反应敏感，且对此种产品缺乏了解。

4）缓慢渗透策略。这种营销策略是企业以低价格、低促销开支来推出新产品的策略。这种营销策略要求市场容量很大，消费者熟悉公司的产品形象，但对价格有较大的需求弹性。这样，产品虽以低价格销售，但由于成本水平较低，公司在取得大销售额的条件下也能获得较好的利润。

（2）成长阶段的营销策略

随着产品进入成长阶段，早期使用者已熟悉企业的产品，大部分追随者开始加入购买者行列，产品销售量大幅度上升，企业的利润额向上走势强劲。与此同时，市场利润的巨大潜力吸引新的竞争对手加入竞争行列，由于新进入者在产品特征和分销形式方面具有新的特点，竞争呈现出多样化状态。因此，这一阶段的策略重点主要在于多方面加强产品竞争力以应对日益激烈的市场竞争，尽可能维持市场可持续成长。

然而，这一阶段的策略会使企业面临争取更高的市场占有率和追求目前更高利润率的两难命题。如果企业愿意将巨额的开支投资在改善产品、促销活动及销售渠道上，那么企业就有可能获得市场竞争的优势地位。但企业有可能必须增加额外的成本，牺牲目前的最高利润率。市场成长期可供选择的营销策略主要有改进产品质量、扩大规模降低价格、树立品牌形象。

（3）成熟阶段的营销策略

随着产品销售量到达某一点后，销售增长开始减缓，产品进入成熟阶段。该阶段的主要特点是：销售量已经达到饱和，销售增长率下降，同类产品供大于求，竞争激烈，由此导致行业利润水平下降，部分企业被淘汰出市场。

1）市场改良策略。这种策略是通过扩大市场来增加成熟产品的销售额，而并不改变产品本身。具体有四种可选策略：①寻找新使用者。企业可以寻找有潜在需求的新顾客，组成进入新的细分市场，包括地理位置、人口细分的市场，大大增加产品销售量。②吸引竞争者的顾客。企业通过争取竞争者的顾客试用或采用本企业的产品，使他们转向购买自己的产品。③鼓励使用者增加使用频率或增加用量。④寻求新的用途。帮助启发消费者了解产品的多种用途，以增加消费者对产品各种用法的认识。

2）产品改良策略。产品改良策略侧重于顾客的不同需要，创新性地改进产品自身的内涵，达到吸引具有不同需求的顾客的目的。产品在销售过程中，竞争者会以更高品质的产品争夺顾客，而顾客在许多情况下希望使用表现更佳的产品。改进或添加新的服务应该属于企业改进产品策略的重要措施，有助于提高产品的竞争能力，使顾客买得放心、用得舒心，这对于扩大产品销售具有极大的促进作用。

3）改变市场营销组合策略。市场营销环境的改变要求企业针对性地改变市场营销组合要素，以延长产品的成熟阶段。其方法是以改变定价、分销渠道和促销方式来提高产品竞争力，增加市场对产品的需求。一些常用的措施有：以降价、优惠、折扣方式进行促销，增加广告支出，改变广告媒体组合，或增加销售人员的数量和质量，加快交货速度，提高服务质量等。企业必须充分利用自身的优势和结合当地的实际情况，使自己的营销组合策略具有难模仿性，以期获得预期的营销组合的效果和利润。

（4）衰退阶段的营销策略

产品进入衰退阶段时，其主要特征表现为产品成熟后期缓慢下降的销售量，产品价格在激烈的竞争中已降至最低点，几乎已无利可图。即使这样，企业仍应认真分析市场形势，采取合适的策略，让产品以合理的方式退出市场。

9.2.4 国际产品的设计策略

1. 产品标准化策略的含义

国际产品标准化策略是指企业向全世界不同国家或地区的所有市场都提供相同的产品。实施产品标准化策略的前提是市场全球化。自20世纪60年代以来，社会、经济和技术的发展使得世界各个国家和地区之间的交往日益频繁，相互之间的依赖性日益增强，各国消费者在受教育程度、收入水平、生活方式及休闲追求等方面的相似性，使他们正在逐渐形成某种共同的消费需求及价值取向。相似的需求已构成了一个统一的世界市场，企业通过生产全球标准化产品而获取规模效益。

2. 产品差异化策略的含义

国际产品差异化策略是指企业向世界范围内不同国家和地区的市场提供不同的产品，以适应不同国家或地区市场的特殊需求，满足不同国家或地区的消费者由于所处不同的地理、经济、政治、文化及法律等环境（尤其是文化环境）而形成的对产品的千差万别的个性需求。国际产品的差异化又称为定制化，指的是产品因地制宜，向不同国家和地区的市场提供不同或改变过的、略有不同的产品，以迎合当地市场的特殊需要。国际产品差异化策略的关键在于调查研究不同国家和地区的市场在经济、文化、地理等方面的差别，从而提供能迎合当地消费者口味的产品。

3. 影响产品设计策略选择的因素

（1）消费者需求

从全球消费者角度来看，需求可以分为两大类。一类是全球消费者共同的与国别无关的共性需求。根据马斯诺需求层次理论，人类总体需求是类似的，因此可以说需求总体来说是共性的。随着全球化的发展，人们的偏好主流逐渐趋同，例如对新生事物、高端产品等具有相同偏好。另一类是与各国环境相关的个性需求。由于不同消费者所处的地理位置、经济发展状况、文化背景有所不同，消费者具体的需求也千差万别。任何一种产品都包括这两种需求，营销人员需要分析这两种需求的大小。如果某种产品的共性需求大于个性需求，可以采用标准化策略；如果某种产品的个性需求大于共性需求，则应选择差异化策略。

（2）产品性质

在研发、生产、营销方面易于形成规模经济的产品，如技术标准化的产品、研究开发成本高度密集型产品可以采用产品标准化策略，在全球范围内进行统一推广。一般来说，工业品比消费品更适于标准化策略；消费品中耐用品比非耐用品更适于标准化策略；带有某种象征意义的产品，如母国具有独特优势的传统产品、特色产品，更适于标准化策略。

（3）市场环境

如果各国的市场发展水平、购买力不同，产品在国际市场上的销售条件、使用条件、生命周期存在差异，就需要采用差异化策略，以适应当地具体情况。如果国际市场竞争不激烈或企业有绝对优势，如独特的专有技术，其他公司无法效仿，则可以考虑产品标准化策略。此外，企业还要考虑东道国的技术标准、政策法规，包括贸易保护政策、包装要求、税收政策、卫生标准等要求，在政府要求差异大的目标市场采用产品差异化策略。

（4）成本与收益

企业采取标准化策略还是差异化策略，要考虑成本与收益的关系。从规模经济角度看，采用标准化策略，可使成本达到最低。但由于各个市场所面临的营销环境不同，各个市场消费者对产品的要求不同，采用标准化策略必然影响产品的销售量；而采用差异化策略，则要追加成本，但可能增加销售量。因此，企业要正确分析自身的实力以及投入产出比，综合各方面情况做出判断，选择最佳方案。

产品标准化策略和差异化策略各有利弊，企业需要对两种策略做出权衡，根据市场的实际情况和企业的目标进行选择。随着经济的发展和人们生活水平的提高，消费者需求的个性化日益凸显，企业往往将产品差异化策略和产品标准化策略综合运用。产品的核心部分往往是标准化的，采用统一标准的零部件和半成品，以减少产品成本和实现规模化生产。许多产品的差异化、多样化主要是体现在外形上，如产品的形式、包装、品牌等方面，根据不同市场的特点和政府要求做出必要的修改。企业的产品策略通常是产品标准化与产品差异化的组合并根据具体情况来决定标准化和差异化所占的比例。

9.2.5 国际产品的品牌策略

1. 品牌的定义

美国营销协会将品牌定义为一个名称、术语、符号或图案设计，或者是它们的不同组合，用以识别某个产品或服务，使之与竞争对手的产品和服务相区别。品牌由品牌名称和品牌标志两个部分组成。品牌名称是指品牌中可以用语言称呼表达的部分，是企业给自己的商品或服务起的一个名称，使自己生产或出售的商品或服务易于识别，并与竞争者区分；品牌标志常常用一些图形、符号、色彩等特殊的设计表示。

2. 品牌的作用

（1）树立和强化企业形象

国际市场上各企业的产品种类繁多、良莠不齐。企业可以借助品牌作为辨识标记，将自己的产品与竞争对手的产品区别开来，有助于树立企业产品独特的形象，传达和维护企业和产品的良好声誉。

（2）建立忠诚的顾客群

品牌有利于消费者识别各种商品，便于有效地选择和购买商品，品牌还可以保护消费者权益，便于产品质量监督和追查生产者责任。

（3）有助于企业促销宣传

优秀的品牌代表高质量的产品和高水平的服务，是企业信誉的保证。企业和产品一旦在顾客心中建立了良好的形象和声誉，品牌就成为有效的广告宣传工具，刺激消费者的购买欲望，诱导他们争相购买该品牌的产品。

（4）法律保护

品牌经过注册后成为商标，受法律的保护，享有专有权，具有排他性，有助于企业防止其他企业再注册或仿冒企业产品品牌，便于打击假冒伪劣商品，保护企业合法权益。

3. 国际产品的品牌策略类型

（1）品牌有无策略

国际产品是否要用品牌，必须根据产品的特点来决定。使用品牌可以获得种种好处，但会增加企业的成本费用；不使用品牌的目的一般是节省广告费用、降低价格、扩大销售。对于某些难以保证统一质量的，消费者不需要辨认的，或者不需要宣传推广的产品，通常不使用品牌。例如，煤炭、钢材、棉花、大豆等一般不使用品牌。但随着销售活动的发展，近年来许多质量难以统一的产品也可以规格化了，如柑橘、苹果等也纷纷被贴上商标。

（2）制造商品牌与经销商品牌策略

从根本上讲，品牌是制造商的标记，因为产品的设计、质量、生产及产品特点都是由制造商决定的。但在西方国家，一些知名度较高、企业形象较佳的经销商（包括零售商和批发商）越来越多地在经销产品上使用自己的品牌。因此，企业在品牌中首先就面临两种选择，是使用自己的品牌还是使用经销商的品牌，或者是两种同时使用。企业进行这一选择时应综合考虑自身的条件，包括市场声誉、现有产品的市场份额、进入新市场的难易程度等，也要考虑经销商的条件，特别是经销商的拓销能力。

一般而言，生产企业在具有一定的资源条件和市场声誉，想要长久占领市场，力创自己的某一名牌的情况下，多数选择自己的品牌；而对于一些实力不足的中小企业，在进入某一新市场时，特别是进入国际市场时，如果所选择的经销商具有较强的市场开拓和销售能力，熟悉国际市场，有良好的市场形象，这时生产企业完全可以选择使用经销商品牌，以利于产品顺利进入目标市场。

（3）统一品牌与个别品牌策略

如果企业决定使用自己的品牌，还要对统一品牌和个别品牌进行决策，即决定其产品分别使用不同的品牌名称，还是使用一个或几个品牌名称。统一品牌也称家族品牌，是指企业生产的各种产品都使用统一品牌。采用这一策略，企业可以统一规划自己的营销工作，用老品牌带动新产品的销售，使其容易打入国际市场。如日本的日立、东芝、三洋公司的产品都采用统一品牌。使用统一品牌的前提条件是企业原有品牌在市场上有一定知名度。个别品牌是指企业根据不同产品的特点，使用不同的品牌。使用个别品牌，可以灵活地制定营销规划，也可避免因使用统一品牌可能带来的“一损俱损”的状况，一些大企业也采用这一策略。

（4）多品牌策略

多品牌策略是指企业对同类产品同时使用两个或两个以上相互竞争的品牌，其主要目的是吸引顾客，提高市场占有率。例如，宝洁公司生产的洗发水有海飞丝、飘柔、潘婷等品牌。采用这种策略时，企业必须考虑能否为新品牌建立独特的形象和良好的声誉。另外，在国际品牌决策中，还会涉及品牌延伸、品牌再定位等问题。除此之外，产品进入国际市场要在所在国进行商标注册和防御性商标注册。有条件的企业要对企业的生产经营活动进行 ISO 9000 质量体系认证和 ISO 14000 环保体系认证，为了明确身份应该对商品打上条形码。

（5）品牌扩展策略

品牌扩展策略是指企业利用已经成为名牌的品牌推出新的系列产品或全新产品。例如，海尔集团在“海尔”成为名牌后，继冰箱之后推出冷柜、空调等新产品。这种策略充分体现出了名牌作为企业的一笔无形资产所具有的价值。实施这一策略时，企业应力保每一种新产品的品质，以便不损及整体品牌形象。在国际市场营销中，这一品牌策略已被企业广泛采用。但是品牌扩展应有“度”。虽然品牌扩展是扩大规模、对抗竞争的常用武器，但必须搞好市场细分，否则产品项目扩展过细、过多，必然分散企业的资金、精力，也可能造成各产品之间相互争夺市场。可口可乐为抵抗百事可乐和七喜汽水的竞争，曾先后开发了多种口味和品牌的可乐饮品，这种延伸确实对竞争对手起到了一定的抑制作用，但也造成各产品间相互残杀，从总体上看，这一策略并未成功。

9.3 国际分销渠道策略

9.3.1 国际分销渠道的构成

国际分销渠道也称为国际销售渠道或国际营销渠道，是指产品或服务从生产者流向最终顾客所依赖的一整套相互依存的组织。国际分销渠道既可以指生产者不经过国际中间商直接将产品或服务转移到国外消费者的通道，也可以指生产者经过国际中间商向国外消费者转移产品或服务所经过的通道。

1. 分销渠道的结构

国际分销渠道主要由生产者、中间商和最终顾客组成，其中从事批发及零售业务的中间商构成了分销渠道的主体，生产者和最终顾客分别位于分销渠道的起点和终点。中间商可以被分为许多不同的类型，根据中间商执行的功能划分可以分为经销中间商、代理中间商和营销辅助机构。经销中间商通常先向供应商买断商品的所有权，然后进行转售，以赚取价格差，一般有较大的营销自主权；代理中间商则一般未取得商品的所有权，而是在销售中起媒介作用，接受委托人的委托寻找顾客，销售所代理的商品，以赚取佣金；营销辅助机构是那些不参与商品交换，但对商品交换的实现提供支持的各种机构，如管理顾问公司、商业银行、运输公司、仓储公司、保险公司等。

当企业采取不同的分销策略进入国际市场时，产品或服务从生产者经过不同的中间商向消费者转移，从而形成不同类型的分销结构。对于出口企业而言，利用国际分销渠道的目的是将产品从生产国转移到销售国市场，参与销售国市场竞争，实现产品销售，获取利益。产品从生产国到销售国最终消费者手中这一分销过程，需要经过三个环节：首先是生产国国内的分销渠道，其次是生产国进入销售国的分销渠道，最后是销售国国内的分销渠道。

根据分销环节发生的国界，国际分销渠道可以分为出口国与进口国两大部分。当企业选择国外中间商进入国外市场时，称为间接分销渠道；当企业经过国内中间商直接与国外消费者联系，或是设立自己的海外分销机构实现产品销售时，称为直接分销渠道。

2. 分销渠道的职能

营销渠道连接着制造商和最终消费者，在产品的转移中，分销机构执行着一系列重要的功能。

（1）信息收集

中间商，尤其是零售商，拥有庞大的零售网络，更加贴近市场，与消费者有着密切接触。他们可以方便地收集有关潜在的顾客、竞争对手和其他参加者等方面的信息，可以把消费者的需求、对上市产品的不满和改进意见及时传达给生产者。生产者可以根据分销渠道提供的信息，研究顾客需求的变化，进行市场预测，并及时做出反馈，调节产品的数量、质量、品种等，更好地满足消费者需求，增加企业利润。

（2）促销

中间商比较熟悉产品的工艺、技术性能和功能特点，了解消费者的实际需要，可以发布产品信息，为企业的产品寻找潜在顾客，富有成效地向消费者宣传、推广和促进产品销售，扩大企业产品的市场容量。

（3）提供资金

生产者如果对所有产品都采取零售方式，势必降低资金回笼速度，影响企业的再投资、再生产。中间商大批购买生产企业的产品，从财务上可以看作向生产企业提供生产资金。中间商有选择、有重点地向生产企业和消费者提供资金，能够加快企业资金循环速度，促进商品流通，降低企业融资成本，有效和稳妥地促进社会的生产和消费。

（4）提供服务

随着消费理念的变化和市场竞争的加剧，顾客已经不满足于购买产品，还要求生产者提供相应的产品售后服务，特别是技术含量较高的产品。生产者通过培训中间商，可以由中间商负责向顾客提供相应的服务和指导，减轻生产者的负担，也可以扩大服务的范围。

（5）实物分销

中间商通过采购、运输、储存和销售承担着产品从生产者向最终顾客转移过程中必不可少的功能。中间商负责产品销售，使生产者能够集中力量进行生产，有利于提高产品质量，降低流通成本，加快流通速度。

（6）满足消费者要求

中间商能够及时提供满足购买者需求的产品，帮助消费者选择适合的产品，在价格和其他条件上达成一致。例如，有些商品的生产和消费有季节性，这就需要分销渠道中的中间商在商品流通中发挥“蓄水池”的作用，把在某一季节生产却又常年消费的商品，在生产季节集中采购并细水长流地供应给消费者；对常年生产却在某一季节消费的商品，平时陆续收购、储存，在消费季节集中供应，从而保证消费需求的满足。

9.3.2　国际分销渠道的选择

1. 国际分销渠道的长度

从国际分销渠道长度来看，企业选择的渠道结构有直接分销渠道与间接分销渠道，或长渠道和短渠道之分。国际分销渠道的长度就是指产品或服务从生产者到最终用户或消费者所经过的渠道层次数。每个在推动产品及其所有权向最终买主转移的过程中承担一定职能的中间商就是一个渠道层次。

（1）国际市场直接分销渠道与国际市场间接分销渠道

国际市场直接分销渠道是指产品在从生产者流向国外最终消费者或用户的过程中，

不经过任何中间商，而由生产者将其产品直接销售给国内出口商、国外消费者或用户。直接分销渠道包括两个渠道层次，也是最短的分销渠道。在国际市场上，直接分销有以下几种方式和途径：

1）生产企业直接接受国外用户订货，按购货合同或协议书销售。

2）生产企业委派推销员到国际市场进行个别访问，上门推销。这种方式既可以推销产品，又可以解答用户的疑问，提供咨询服务，开展市场调研。

3）生产企业在本国开设出口部，或在国外设立分支机构，现货销售，或接受国外客户的订货。

4）生产企业参加国内外商品博览会、展销会、交易会、订货会等，在会议期间直接与国外客户签订合同。

5）采取邮购方式，直接将产品销售给国外最终用户或消费者。

6）生产企业通过电视、电话、计算机网络、电报、传真、数字媒体平台等将产品直接销售给最终用户或消费者。

7）生产企业直接将产品销售给国内出口商，再由国内出口商将产品销售到国外。企业初次从事国际市场营销可采取这种方式。

直接分销是工业品分销的主要方式，因为工业品技术性较强，有的是按用户的特殊要求生产的，售后服务非常重要。另外，这类产品的用户较少，购买批量较大，购买频率低，直接分销方便，有利于节省费用，保证企业信誉，更可以获得较高的利润。但消费品则不适合采用直接分销，消费品的技术性不强，在国际市场使用面广，每次购买量少，消费者也比较分散，许多生产企业不能或很难将产品直接销售给广大的国际市场消费者。所以，消费品一般应通过国外进口商采取间接分销，而不是直接分销。

国际市场间接分销是指产品经由国外中间商销售给国际市场最终用户或消费者的一种分销形式，如以出口方式进入国际市场就属于这种形式。较典型的间接分销渠道是制造商→出口中间商→进口中间商→经销商→最终消费者。间接分销渠道有三个或三个以上的商品流转层次。

（2）国际市场长分销渠道与国际市场短分销渠道

产品从生产企业流向国际市场消费者或用户的过程中，所经过的渠道层次越多，分销渠道越长；层次越少，分销渠道越短。在国际市场上，产品分销的层次可能长达十几个，也可能短到只有两个，即直接销售。例如，美国一个生产企业想购买上海某厂的某种设备，双方可以直接谈判交易，这时的层次最少，渠道最短；也可通过中国的进出口公司出口、再经过美国的进口商、批发商到用户，这时的层次就多一些，渠道也长一些。

对分销层次的确定，生产企业应综合考虑进出口条件、目标市场容量、中间商销售能力、产品特点、生产企业本身的状况和要求、消费者购买要求，以及其他的国际市场环境。例如，当生产企业有较强的国际市场销售能力（组织机构、营销经验、推销员等），运输、仓储条件好，财力充足，而经济效益又合理，可减少中间层次。在出口商或进口商能力强、信誉高的条件下，生产企业也可以使用较少的中间层次，甚至在国外某一区域内只设一个特约经销商或独家代理商。但有时根据国家法律、政策和国际惯例，生产企业又必须采取某一特定的分销渠道。

2. 国际分销渠道的宽度

分销渠道的宽度是指渠道的各个层次中所使用的中间商数目。国际营销企业在分销渠道宽度上可以有以下三种选择。

（1）广泛分销策略

这是指在同一渠道层次使用尽可能多的中间商分销其产品，企业对每一中间商负责的地区范围不做明确规定，对其资格条件也不做严格要求的策略。这种策略的主要目的是使国际市场消费者和用户能有更多的机会，方便地购买其产品或服务。在国际市场上，生产者对价格低廉、购买频率高、一次性购买数量较少的产品，如日用品、食品等，以及高度标准化的产品，如小五金、润滑油等，多采用这种策略。选择广泛分销策略一般要进行大量的广告宣传，从而增加了成本。此外，采用广泛分销策略也会使价格、整合沟通等较难控制。

（2）选择分销策略

这是指企业在一定时期、特定的市场区域内，精选少数中间商来分销自己产品的策略。消费品中的选购品、特殊品及工业品中专业性较强、用户较固定的设备和零配件等，较适合采用这种分销策略。有些产品为了能迅速进入国际市场，在开始时往往采用广泛分销策略。但经过一段时间之后，为了减少费用，保持产品声誉，转而选用选择分销策略，逐步淘汰那些作用小、效率低的中间商。缺乏国际市场营销经验的生产企业，在进入国际市场的初期，也可选用几家中间商进行试探性分销，待企业有了一定国际市场经验或其他条件比较成熟以后，再调整市场分销策略。

（3）独家分销策略

这是指企业在某一时期、特定的市场区域内，只选择一家中间商来分销其产品的策略。通常双方签订书面合同，规定这家中间商不能经营其他竞争性产品，而生产企业也不能在该地区内直销自己的产品或使用其他中间商分销其产品。消费品中的特殊品，尤其是名牌产品，多采用这种分销策略。需要现场操作表演、介绍使用方法或加强售后服务的工业品和耐用消费品也较适合采用这种策略。对于生产企业而言，独家分销有利于激发中间商的积极性，促使其努力提高营销效率，做好售后服务工作，同时有利于生产企业对渠道成员的控制（如决定价格和销售方式等）。但是，一定时期在一定地区只有一家经销商，可能会因此失去一部分潜在消费者。因为顾客不一定知道这个独家经销商，也不一定舍近求远去寻找这家经销商。最关键的问题是，如果这个独家经销商选择不当，如在国际市场上资信条件不好，经营作风不正，工作能力差或效率低，可能会给企业带来失去市场的巨大风险。

3. 选择分销渠道的影响因素

各国的环境千差万别，其分销模式也存在差异。国际营销渠道的选择必须充分考虑所在国家的商业制度、市场潜力、人口和收入分布、购买习惯、商品偏好、商品库存等因素。企业在选择国际分销渠道时，必须要分析东道国的分销模式，考虑影响企业选择国际分销渠道选择的6C因素，即成本（Cost）、资本（Capital）、控制（Control）、覆盖

(Coverage)、特征（Character）和连续性（Continuity）。

（1）成本

成本是产品出厂价与最终顾客支付价之间的差价，包括开发分销渠道的投资成本和维持渠道畅通的持续成本，是任何企业都不可避免的。维持成本主要包括：维持企业自身销售队伍的直接开支，中间商取得的利润、报酬或佣金，物流中发生的运输、仓储、装卸费用，各种单据和文书的费用，提供给中间商的信用、广告、促销等方面的维持费用，以及业务洽谈、通信等费用。营销决策者必须在成本与效益间做出权衡和选择，确保增加的效益能够补偿增加的成本，以最小的成本达到预期的销售目标。企业可以通过缩短渠道、提高分销效率来降低成本，或者通过延长渠道来降低费用。

（2）资本

资本是建立分销渠道所需要的财务能力。企业的财务能力对选择渠道类型有重要影响，决定了分销渠道的类型及渠道成员的关系。企业资金充足、财力雄厚时，可以自建渠道，使用自己的销售队伍，通常需要大量的投资。企业如果使用中间商，虽可减少现金投资，但有时需要向中间商提供财务上的支持，如提供寄售所需的启动货物、贷款、店面布置等。

（3）控制

控制是指企业对分销渠道的控制力，渠道选择会直接影响企业对国际市场营销的控制程度。企业参与的分销活动越多，对渠道的控制力越大。企业自己投资建立国际分销渠道，最有利于渠道的控制，但相应增加了分销渠道成本。如果用中间商，企业对渠道的控制相对减弱，而且会受到中间商接受控制的意愿和程度的影响。企业需要根据自身对渠道控制程度的要求选择中间商。一般来说，分销渠道越长、越宽，企业对价格、促销、顾客服务等的控制力越弱；分销渠道越短、越窄，企业对渠道的控制能力越强。

渠道控制与产品性质有一定的关系。对于工业品来说，由于使用它的客户相对比较少，分销渠道较短，中间商比较依赖生产企业对产品的服务，所以生产企业对分销渠道进行控制的能力较强。而就消费品来说，由于消费者人数多，市场分散，分销渠道也较长、较宽，生产企业对分销渠道的控制能力较弱。

（4）覆盖

覆盖是指企业通过分销渠道所能达到或影响的市场范围。分销渠道的覆盖面可以通过地理区域或细分市场数量来衡量。市场覆盖面并非越广越好，而是取决于渠道的市场覆盖面是否合理、有效，能否给企业带来好的效益。企业在考虑分销覆盖面时要注意销售额、市场占有率、市场渗透率三个因素，即渠道所覆盖的市场能否获得最大销售额，能否确保合理的市场占有率，能否取得满意的市场渗透率。此外，企业要因地制宜，根据目标国中间商的具体情况选择分销渠道。

（5）特征

在选择设计分销渠道时，必须考虑企业特征、产品特征、目标国市场特征和环境特征等因素。

1）企业特征。企业特征涉及企业的规模、财务状况、产品组合、营销政策等。一般来说，企业的规模越大，越容易取得中间商的合作，因此，可选择的渠道方案也越多。如果企业的财务状况好、资金实力强，可自设销售机构，少用中间商；反之，应借助中间商进入国际市场。企业的产品组合种类多、差异大，一般要使用较多的中间商，如果产品组合中产品线少而深，则使用独家分销渠道比较适宜。企业的营销政策也对分销渠道的选择产生影响，如果企业奉行的是快速交货的客户政策，就需要选择尽可能短的分销渠道。

2）产品特征。产品的特征如标准化程度、价格、体积、服务要求等，对渠道的设计和选择具有重要影响。例如，鲜活、易腐产品等，应尽量使用较短的分销渠道；单位价值较低的产品、标准化的产品，分销渠道可相应长一些；新上市的、技术性强的，需要提供较多客户服务的产品，如汽车、机电产品等，宜采用较短的渠道；价格高、体积大、运输困难的产品，需要选择短的渠道。

3）目标国市场特征。各国的市场各有其自身的特征，主要包括市场特征、顾客特征、竞争特征、中间商特征等。市场集中程度，即顾客在地理上的集中或分散程度，直接影响企业的分销渠道选择。如果市场集中，可采用短渠道或直销渠道；反之，则采用间接渠道或长渠道。如果顾客多、市场容量大且分布地区广，可采用较长的渠道。

顾客特征对分销渠道的设计有重要影响。因为各国顾客的收入、购买习惯及购买频率等千差万别，因此要求采取不同的分销渠道。从顾客的购买习惯和购买频率来看，日用品一般是就近购买，可采用较广泛的分销渠道。对于特殊品，顾客一般是向专业商店购买，不宜采用广泛的分销渠道。如果市场中顾客购买某种商品的次数频繁，但每次购买数量不多，宜采用中间商。如果顾客一次购买批量大，可采用直接渠道。

分销渠道的竞争状况是渠道决策需考虑的另一重要因素。国际市场营销者对付竞争者的分销一般采取两种策略：一是采取直接竞争方式，建立能与竞争对手相抗衡的分销渠道体系；二是采取与竞争对手不同的分销方式，以获得竞争优势。

4）环境特征。就法律环境而言，东道国的法律和政府规定可能限制某些分销渠道。例如，美国的《克莱顿法案》禁止某些实质上减少竞争或造成垄断的渠道安排；一些发展中国家则规定某些进出口业务必须由特许的企业经办；有些国家或地区规定要对代理商征收代销税。就经济环境而言，当一国经济衰退时，一般可能采用短渠道，以低价格将产品尽快销售给最终消费者。

（6）连续性

一个企业建立国际市场分销渠道往往需要付出巨大的成本和营销努力，而保持渠道的连续性更是企业重要的外部资源和建立国际市场优势的基础。分销渠道的连续性会受到三个方面的冲击：一是中间商的终止。某些中间商机构的领导人及原业务人员的更迭导致经营范围变更，企业因经营不善而倒闭等甚至会引起渠道中断。二是激烈的市场竞争。当竞争激烈及商品销路不佳或者利润较低时，原来的渠道成员可能会退出。三是随着现代技术尤其是信息技术的不断变革，以及营销上的不断创新，一些新的分销渠道模式可能会出现，而传统的模式会失去其竞争力。

因此，企业必须维护分销渠道的连续性：一是要谨慎选择中间商，并采取有效的措施提供支持和服务，同时在用户或消费者中树立品牌信誉，培养中间商的忠诚度；二是对已加入本企业分销系统的中间商，只要他们愿意继续经营本企业的产品，而且符合本企业要求，则不宜轻易更换，应努力与之建立良好的长期关系；三是对那些可能不再经营本企业产品的中间商，企业应预先做出估计，提前安排好潜在的接替者，以保持分销渠道的连续性；四是时刻关注竞争者渠道策略、现代技术以及消费者购买习惯等变化，以保证分销渠道的不断优化。

9.3.3　国际分销渠道的管理

1. 与各渠道成员建立良好关系

确定国际市场分销渠道之后，出口企业就与一个或多个中间商形成了相对固定的业务关系，双方之间既有共同的利益，更有利益上的矛盾。为保持产销双方合作关系的理想状态，实现分销渠道的持久畅通，出口企业需要对选择的分销渠道进行必要的管理。

渠道成员一经选定，出口企业就应从兼顾双方利益的原则出发，通过各种有效措施调动渠道成员的积极性，维护良好的合作关系，具体对策如下：

1）坚持向中间商提供质量合格、适销对路的产品。特别是在企业产品销路看好、市场需求旺盛、产品供不应求、货源紧张之时，生产企业不能轻易抛弃合作的中间商，而应坚持与老客户的合作，显示出合作诚意，这是对中间商的最大激励。

2）根据中间商的进货及付款情况，灵活运用各种定价技巧，特别是数量折扣和现金折扣，以刺激中间商经常大量进货，并及时结算货款，减少企业资金积压，加速资金周转，降低资金风险。

3）以延期付款或售后付款的方式给予中间商融资便利。

4）与中间商协作搞好产品的促销工作。

5）如果企业产品的技术含量较高，可为中间商提供人员培训服务，提高销售人员的推销业务水平。

6）如果条件允许，企业可成立一个专门机构，定期与中间商交流产销信息，共同完成设计销售计划、监控库存水平、安排商品陈列、进行广告宣传等营销工作，使中间商充分认识双方的共同利益，与企业保持良好的合作关系。

2. 对渠道中间商的激励

对分销中间商的激励不仅包括给予丰厚的报酬，还包括许多其他形式。

(1) 给中间商提供适销对路的优质产品

生产企业应该把中间商视为消费者的总代表，在产品的数量、质量、品种、价格和交货时间等方面尽可能满足中间商要求，为其创造良好的营销条件。生产企业还应根据市场需要以及中间商的要求，经常地、合理地调节生产计划，改进生产技术，改善经营管理，生产物美价廉、适销对路的产品，保证商品顺利进入最终市场。

(2) 给予中间商尽可能丰厚的利益，提高其经销积极性

生产企业可以给予中间商资金支持，促使其放手进货，积极推销产品。一般可采取售后付款，或先付部分货款，待产品出售后再全部付清的方式，以解决中间商资金不足

的困难。

(3) 协助中间商进行人员培训

有些生产企业不能或不能全部完成的工作必须请中间商代为办理，因此生产企业要协助中间商完成业务技能、沟通技巧和财务知识等方面的培训，提高中间商的管理和营销能力，并针对发展中遇到的具体问题，给予相应的解决方案。这样不仅能解决中间商当前的盈利问题，也能解决其长远的盈利问题，使中间商与生产企业共同进步，成为能和生产企业长期合作的战略伙伴，从而在合作中实现双赢。

(4) 加强对中间商广告和促销的支持

双方共同开展广告宣传，或给中间商以广告津贴和推销津贴等。生产企业与中间商合作进行强有力的广告宣传，既能减轻中间商的经济负担，又能减少企业的销售阻力。中间商在自己区域内进行促销时，生产企业应予以大力支持，如协助中间商掌握产品的技术知识，向中间商提供技术支持和开展技术服务。生产者还应经常派人前往一些主要的中间商那里，协助安排商品陈列，举办产品展览和操作表演等。有力的促销不仅能提高产品品牌知名度，还可以帮助中间商赚取利润，从而激发其推广产品的热情。

(5) 保持与中间商的沟通与联系，努力与其建立长久的合作关系

企业有必要定期或不定期地邀请中间商座谈，交流市场信息，共同研究市场动向。加强渠道成员的参与度，将渠道成员间单纯的产品供销合作关系扩大到共同进行产品研发与改进、市场开发、售后服务等领域的全面合作。这不仅加强了渠道成员间的感情与沟通，还维持了渠道的连续性和稳定性。

9.4 国际定价策略

价格是市场营销组合的一个重要因素。产品价格的高低，直接决定着企业的收益水平，也影响产品在国际市场上的竞争力。国内定价原本就很复杂，当产品销往国际市场时，运费、关税、汇率波动、政治形势等因素更增加了国际定价的难度。所以，企业必须花大力气研究并确定国际营销中的定价策略。

9.4.1 影响国际产品定价的因素

1. 定价目标

面对不同的国外市场，企业的定价目标不可能完全一样。有些企业将国内市场作为主导市场，而将国外市场看作国内市场的延伸和补充，因此针对国外市场往往会采用比较保守的定价策略。另外，一些企业将国际市场看得和国内市场一样重要，甚至把国内市场当作国际市场的一部分，这类企业采取的定价策略往往是进取型的。企业针对各个国外市场设定的不同目标，对定价策略也有很大影响。在迅速发展的国外市场上，企业可能更注重市场占有率的增长而暂时降低对利润的要求，采取低价渗透策略。而在低速发展的国外市场上，企业可能更多地考虑投资的回收，而采用高价撇脂策略。与当地厂

商合资的企业，在定价上除了考虑自己本身的目标外，还必须考虑合作伙伴的要求。企业的定价目标主要有以下四种。

（1）维持生存

当企业生产能力过剩，在国际市场面临激烈竞争导致出口受阻时，为了确保工厂继续开工和使存货出手，企业必须制定较低的价格，以求扩大销量。此时，企业需要把维持生存作为主要目标。

（2）当期利润最大化

企业出于对目标市场所在国家政治形势和经济形势复杂多变等原因的考虑，希望以最快的速度收回初期开拓市场的投入并获取最大的利润，往往会在已知产品成本的基础上，为产品确定一个最高价格，以求在最短时间内获取最大利润。采用这种定价策略，会使企业面临两种风险：①当前利润最大化，有可能会损害企业的长远利益。②对产品的需求弹性的测定和对产品生产、销售总成本的预计往往会有偏差，由此定出的价格可能不太准确，企业可能会因定价过高而达不到预期销售量，或者定价低于可达到的最高售价而蒙受损失。

（3）市场占有率最大化

采用这种策略需具备如下条件：①目标市场的需求弹性较大，偏低定价能刺激市场需求。②随着生产、销售规模的扩大，产品成本有明显的下降。③低价能吓退现有的和潜在的竞争者。

（4）产品质量最优化

由于获得质量领先地位的产品，往往比处于第二位的产品售价高出很多，以弥补质量领先所伴随的高额生产成本和研发费用。因此，采用这种策略，企业需要在生产和市场营销过程中始终贯彻产品质量最优化的指导思想，并辅以相应的优质服务。

此外，有些企业还考虑其产品或公司在国际市场上的形象，并以此作为定价目标。

2. 成本因素

成本核算在定价中十分重要。产品销往的地域不同，其成本组成也就不同。出口产品与内销产品即使都在国内生产，其成本也不会完全一样。如果出口产品为了适应国外的度量衡制度、电力系统等其他方面而做出了改动，产品成本就可能增加。反之，如果出口产品被简化或者去掉了某些功能，生产成本就可能会降低。

某些相同的成本项目对于国际营销与国内营销的重要性可能差异很大，如运费、保险费、包装费等在国际营销成本中占有较大比重，而另外一些成本项目则是国际营销所特有的，如关税、报关费用等。现在我们将对国际营销具有特殊意义的成本项目分别进行说明。

（1）关税

关税是当货物从一国进入另一国时所缴纳的费用，它是一种特殊形式的税收。关税是国际贸易最普遍的特点之一，它对进出口货物的价格有直接的影响。征收关税可以增加政府的财政收入，而且可以保护本国市场。关税额一般是用关税率来表示，可以按从量、从价或混合方式征收。事实上，产品缴纳的进口签证费、配额管理费等其他管理费用也是一个很大的数额，成为实际上的另一种关税。此外，各国还可能征收交易税、增值税和零售税等，这些税收也会影响产品的最终售价。不过，这些税收一般并不仅仅是针对进口产品。

（2）中间商与运输成本

各个国家的市场分销体系与结构存在着很大的差别。在有些国家，企业可以利用比较直接的渠道把产品供应给目标市场，中间商负担的储运、促销等营销职能的成本也比较低。而在另外一些国家，由于缺乏有效的分销系统，中间商进行货物分销必须负担较高的成本。出口产品价格还包括运输费用。据了解，全部运输成本约占出口产品价格15%左右。可见，运输费用是构成出口价格的重要因素。

（3）风险成本

在国际营销实践中，风险成本主要包括融资、通货膨胀及汇率风险。由于货款收付等手续需要比较长的时间，因而增加了融资、通货膨胀以及汇率波动等方面的风险。此外，为了减少买卖双方的风险及交易障碍，经常需要有银行信用的介入，这也会增加费用负担。这些因素在国际营销定价中均应予以考虑。

3. 市场需求

各国的文化背景、自然环境、经济条件等因素存在着差异性，决定了各国消费者的消费偏好不尽相同。对某一产品感兴趣的消费者的数量和他们的收入水平，对确定产品的最终价格有重要意义。即使是低收入消费群体，对某产品的迫切需要也会导致这种产品能够卖出高价，但仅有需求是不够的，还需要有支付能力做后盾。所以，目标国消费者的支付能力对企业出口产品定价有很大影响。企业要详细了解需求与支付能力，还需要深入研究该国国民的习俗及收入分布情况。

4. 市场竞争结构

产品的最低价格取决于该产品的成本费用，最高价格取决于产品的市场需求状况。在上限和下限之间，企业能把这种产品价格定多高，则取决于竞争者提供的同种产品的价格水平。与国内市场不同，企业在不同的国外市场面对着不同的竞争形势和竞争对手，竞争者的定价策略也千差万别。因此，企业就不得不针对不同的竞争状况制定相应的价格策略。竞争对企业定价自由造成了限制，企业不得不适应市场的价格。除非企业的产品独一无二并且受专利保护，否则没有可能实行高价策略。根据行业内企业数目、企业规模以及产品是否同质三个条件，国际市场竞争结构可以划分为下列三种情况：

1）完全竞争。价格主要取决于市场供求状况。

2）不完全竞争。企业可以根据不同产品的成本、质量、促销力量等因素来制定价格。同时，应特别注意替代品的价格竞争。

3）寡头竞争。因为竞争者少，价格受主要竞争者行为的影响。如果存在价格协议、默契，就会出现垄断价格，致使企业只能采用跟随价格策略。

5. 政府的价格调控政策

东道国政府可以从很多方面影响企业的定价政策，如关税、税收、汇率、利息、竞争政策以及行业发展规划等。一些国家为保护民族工业而订立的关税和其他限制政策使得进口商品成本增加很多。作为出口企业，不可避免地要遇到各国政府有关价格规定的限制，如政府对进口商品实行最低限价和最高限价，都约束了企业的定价自由。

即使东道国政府的干预很小，企业仍面临着如何应对国际价格协定的问题。国际价格协定是同行业各企业之间为了避免恶性竞争，尤其是竞相削价而达成的价格协议。这种协议有时是在政府支持下，由同一行业中的企业共同达成的；有时则是由政府直接出面，通过国际会议达成的多国协议。企业必须注意目标市场的价格协议，同时关注各国的公平交易法规（或反不正当竞争法）对价格协定的影响。

本国政府对出口产品实行价格补贴，可以降低出口产品价格，增强产品国际竞争力。例如，美国政府对农产品实行价格补贴，可以提高其农产品的国际市场竞争力。我国实行出口产品退税，也是为了增强出口产品的竞争力。

9.4.2　国际产品定价方法

国际企业做出定价决策前，要确定定价目标：是以获取最大利润为目标，还是以获取较高的投资回报为目标；是为了维持或提高市场份额，还是为了应付或防止市场竞争，抑或为了支持价格的稳定。一个有实力的跨国企业在进入一个新兴的、富有潜力的海外市场时，大多会以获得较高的市场占有率为目标，因此在短期内，其价格或收益可能不能覆盖成本。国际企业定价决策一般有三种做法：第一种是母公司总部定价；第二种是东道国子公司独立定价；第三种是总部与子公司共同定价。最常见的是第三种，母公司既对子公司的定价保持一定的控制，子公司又有一定的自主权以使价格适应当地市场环境。下面介绍几种最基本的定价方法。

1. 成本加成定价法

成本加成定价法就是在定价时，首先考虑收回企业在生产经营中的全部成本，然后再考虑取得一定的利润，即在总成本的基础上加上一定利润，以此作为产品价格。其计算公式为

$$单位产品价格=单位产品总成本\times(1+加成率)$$

2. 需求导向定价法

需求导向定价法强调从客户需求出发，以消费者需求为定价依据，对不同类型的消费者和市场制定不同的价格，从而稳定住市场，是一种市场导向的定价观。在特定的条件下，可以采取区别需求定价法，一种产品可以按照不同的价格出售。这种区别可以是：以顾客群差异为基础的差别定价；以数量差异为基础的差别定价；以产品的外观、式样、花色等差异为基础的差别定价；以地域差异为基础的差别定价；以时间差异为基础的差别定价等。需求导向定价法主要有感受价值定价法和价值定价法两种。

3. 竞争导向定价法

竞争导向定价法是一种以竞争者的价格为基础，根据竞争双方的力量等情况制定价格，以达到增加利润、扩大销售量或者提高市场占有率目标的定价方法。常用的方法有以下三种。

(1) 随行就市定价法

随行就市定价法就是企业使自己的商品价格跟上同行业的平均水平。在竞争激烈而产品需求弹性较小或者供需基本平衡的市场上，这是一种比较稳妥的定价方法。这样做，既减少了风险，又大体反映了该商品的社会必要劳动时间，从而获得平均利润；或者经过降低成本的努力，获得超额利润。

(2) 追随领导企业定价法

追随领导企业定价法即有些拥有较丰富的后备资源的企业，为了应对或者避免竞争，或者为了稳定市场以利于长期经营，采用以同行业中影响最大的企业的价格为标准，来制定本企业的商品价格。

(3) 投标定价法

购买者在报上刊登广告或发出函件，说明拟采购商品的品种、规格、数量等具体要求，邀请供应商在规定的期限内投标。购买者在规定的时间开标，选择报价最低的、最有利的供应商成交，签订采购合同。投标企业通常需要计算期望利润，以期望利润最高的价格作为递价的依据。

4. 目标收益定价法

目标收益定价法与成本加成定价法的主要区别在于：①前者是根据预计的销售量倒推出成本；后者却不管销售量如何，先确定成本。②前者的收益率是企业按照需要和可能自行制定的；后者是按照行业的习惯标准制定的。常用的目标收益定价法有收支平衡定价法和投资收益定价法。

9.4.3　产品的定价策略

1. 撇脂定价策略

所谓撇脂定价（Market-skimming Pricing）策略，又称高价法或吸脂定价（Skimming Prices）策略，是指在产品生命周期的最初阶段，企业把产品的价格定得很高，以获取最大利润。

撇脂定价策略的条件：

1）市场有足够的购买者，他们的需求缺乏弹性，即使把价格定得很高，市场需求也不会大量减少。

2）高价使需求减少，但不致抵消高价所带来的利益。

3）在高价情况下，企业仍然可以独家经营，别无竞争者。高价使人们产生这种产品是高档产品的印象。

2. 渗透定价策略

所谓渗透定价策略，是指企业把其创新产品的价格定得相对较低，以吸引大量顾客，提高市场占有率。

渗透定价策略的条件：

1）市场需求对价格极为敏感，低价会刺激市场需求迅速增长。

2）企业的生产成本和经营费用会随着生产经营经验的增加而下降。

3）低价不会引起实际和潜在的竞争。

3. 满意定价策略

满意定价策略是一种介于撇脂定价策略和渗透定价策略之间的价格策略。其所定的价格比撇脂价格低，而比渗透价格要高，是一种中间价格。这种定价策略由于能使生产者和顾客都比较满意而得名。有时它又被称为“君子价格”或“温和价格”。

4. 促销定价策略

促销定价策略是一种利用价格优惠来促进产品销售的价格策略，有折扣、让价、特价等形式。促销定价的特点是使商品的价格低于正常的价格水平，给进口商或消费者部分优惠。

5. 倾销定价策略

倾销定价法是指一国企业为了进入或占领某国市场、排斥竞争对手，以低于国内市场价格，甚至低于生产成本的价格向国外市场抛售商品而制定价格的价格策略。采用这种定价法制定的价格，一般使用的时间比较短。一旦达到预期的目的，占领了国外市场后，企业就应提高价格，以收回在倾销中的损失，并获得应得的利润或垄断利润。但是，采用这种方法制定的价格，易受反倾销法的限制和制裁，因而风险比较大。世界贸易组织《反倾销协议》第二条对倾销是这样定义的：产品的出口价低于正常价值即倾销。

9.4.4 国际价格发展趋势与企业对策

1. 价格逐步升级

同在国内销售产品相比，出口到国际市场上的产品由于方位距离的加大、经济差异的加大，导致国际市场营销需要更多的运输和保险服务，需要更多的中间商和更长的分销渠道服务，还需要支付出口所需的各种案头工作费用和进口税。以上各种费用都作为成本费用加在产品的最终售价上，从而导致了产品在国际市场上的最终价格要比国内销售价格高很多的现象。我们把这种外销成本的逐渐加成所形成的出口价格逐步上涨的现象称为价格逐步升级。

产品内销和外销价格的巨大差异是由国际销售比国内销售需要增加更多的营销职能而决定的。我们不能因此就认为企业将产品销往国外就能得到更多的利润。出口过程中各环节费用的逐渐增加是造成价格逐步升级的根本原因。

从上述分析可以看出，价格逐步升级并没有给出口企业带来任何额外的利润。相反，由于价格逐步升级，企业目标市场的消费者需要花高价购买同样的商品，高价抑制了需求，减少了企业产品的销售量，对生产企业产生不利影响。因此，价格逐步升级也是企业要想办法解决的一个问题。

企业可以采取若干措施来减少价格逐步升级所造成的消极影响。常用的方法有以下五种。

（1）降低净售价

通过降低净售价的方法来抵销关税和运费。但这种策略常常行不通，一是因为减价可能使企业遭受严重的损失；二是企业这种行为可能被判定为倾销，被进口国政府征收反倾销税，使价格优势化为泡影，起不到扩大销量的作用。

（2）改变产品形式

例如，将零部件运到进口国，在当地组装，这样可以按照比较低的税率缴纳关税，在一定程度上降低了关税负担，从而使价格降低。

（3）在国外建厂生产

在国外建厂生产可以在很大程度上减少运费、关税、中间商毛利等价格升级造成的影响，但也会面临国外政治经济形势变动的风险。

（4）缩短分销渠道

缩短分销渠道可以减少交易次数，从而减少一部分中间费用。但是，有时渠道虽然缩短了，成本却未必会降低，因为许多营销的职能无法取消，仍然会有成本支出。在按照交易次数征收交易税的目的国，可以采用这种办法来少缴税。

（5）降低产品质量

降低产品质量就是取消产品的某些成本昂贵的功能特性，甚至全面降低产品质量。一些发达国家需要的功能在发展中国家可能会显得多余，取消这些功能可以达到降低成本、控制价格的目的。降低产品质量也可以降低产品的制造成本，不过这样做有一定的风险，决策时一定要慎重。

2. 政府价格管制加强

随着经济全球化的发展，一方面，各国市场进一步扩大开放度；另一方面，各国政府为了保护国内市场，加强对价格的控制力度，控制的形式越来越多样化。政府对企业定价的调控是多方面的，既可以是宏观的，也可以是微观的；既可以是法律形式，也可以是行政命令形式。国际营销中的定价要同时受本国政府和外国政府的双重影响：国内政府多半采用价格补贴形式来降低企业出口产品价格，增强其竞争实力。国外政府对价格的管制主要通过立法形式或行政手段，规定产品价格的上限与下限；以反倾销法来反对倾销政策；通过直接定价来限制进口货的消费及保护国内市场，例如，日本政府曾一度对进入日本市场的美国小麦定价高于日本国产小麦定价的 2 倍；在国内经济滞胀时期，往往在一定时期内冻结一切价格。此外，各国政府对国际市场上某些产品定价起着日益重要的作用。

面对政府价格管制的加强，企业既要遵循东道国的法规，也必须善于运用“大市场营销”策略，特别是要注重运用政治力量这一手段来赢得对企业有利的定价环境。

3. 倾销问题日益突出

一种比较公认的说法是，倾销是指出口到东道国市场上的产品价格按低于当地市场价格销售，致使当地市场上生产和销售同类产品的企业受到实质性的损害和威胁。倾销可分为四种类型。

（1）零星倾销

零星倾销即制造商抛售库存，处理过剩产品。这类制造商既要保护其在国内的竞争地位，又要避免发起可能伤害国内市场的价格战，因此，必然选择不论定价多低，只要能减少损失就大量销售的办法，向海外市场倾销。

(2) 掠夺倾销

企业实施亏本销售，旨在进入某个外国市场，而且主要为了排斥国外竞争者。这种倾销持续时间较长。一旦企业在市场上的地位确立，该企业便依据其垄断地位而提价。

(3) 持久倾销

企业在某一国际市场持续地以比在其他市场低的价格销售，是持续时间最长的一类倾销。其适用前提是，各个市场的营销成本和需求特点各有不同。

(4) 逆向倾销

这是指母公司从海外子公司输入廉价产品，以低于国内市场价格销售海外产品而被控告在国内市场倾销，这种情况在国际营销实践中时有发生。

国外许多公司事实上都曾进行过倾销。它们为了逃避反倾销调查，除了用给进口商回扣、把出口产品伪装成进口国内生产的产品、开具假文件隐瞒出口产品真实价值等手段，隐瞒倾销行为外，还经常通过如下措施逃避反倾销控告：设法使出口产品从表面上与在国内市场销售的产品有差别，即对实质上的同一产品，通过促销宣传，使之差异化，在国内市场上也就没有相应产品进行价格比较的基础，从而使倾销行为被掩盖。这些都是不可取的。当然，如果采取多种国际营销方式，变单纯的出口为在东道国生产，降低成本及低价销售，这是一种积极的对策。

9.5 国际促销策略

9.5.1 国际市场促销的含义

国际市场促销（International Marketing Promotion）是指企业在国际市场上应用各种沟通方式和手段向顾客传递产品或服务及企业信息，实现双向沟通，使顾客对企业及其产品或服务产生兴趣、好感与信任，进而做出购买决策的活动。

9.5.2 国际市场促销的特点

(1) 稳定销售

国际市场的销售量波动很大。有针对性的促销活动有助于抵消市场的不利变化，保持销售量的平稳增长。

(2) 促销环境不同

由于各国的政治、经济、文化等环境因素存在着差异，企业开展促销活动的环境有着巨大差别，在一个国家可以使用的促销手段，在另一个国家可能不被允许使用。

(3) 促销策略不同

在国际市场营销活动中，由于促销的制约因素不同，促销策略面临着不同的选择。

(4) 促销效果不同

由于上述原因，在一个国家能取得良好促销效果的促销策略，在另一个国家则可能无法实现促销目标。

9.5.3 国际市场促销的形式

国际市场促销的形式与国内市场一样，有直接促销和间接促销两种。直接促销主要是人员推销，间接促销主要是非人员推销，包括广告促销、营业推广和公共关系三种形式。

(1) 人员推销

人员推销是指企业派出外销人员与消费者或用户直接见面，介绍企业产品并达到推销目的的一种促销方式。人员推销的特点是介绍细致，能及时取得反馈并能随时调整营销策略以适应销售的需要。与此同时，人员推销还具有密切协商买卖双方关系的作用。这种促销方式的缺点是信息的传递面比较狭窄，费用很高，而且合格的推销人员也很难招聘到。

(2) 广告促销

广告促销是指企业以付费的方式，通过特定的媒介，向公众传递企业或产品信息，以达到促进企业产品销售的一种促销方式。广告促销的优点是信息的传递面较广，而且某些媒体如电视、杂志可以提供令人满意的图像再现效果；缺点是不像人员推销那样能及时得到信息反馈。

(3) 营业推广

营业推广是指企业直接刺激消费者购买企业产品的各种促销手段，如有奖销售、发放赠券、价格折让、赠送样品、产品展销、橱窗陈列以及现场表演等。营业推广的优点是强行刺激销售，可能产生速效，刺激人们试购；在竞争激烈的市场条件下，可能为刚进入市场的产品打开销路。其缺点是经常使用营业推广有可能损害企业的声誉和产品的形象。

(4) 公共关系

公共关系是指企业有意识地加强与社会的联系，争取社会公众的了解、信任和支持，达到树立企业良好形象与声誉的一系列社会交往活动。公共关系的特点是：不是直接地向顾客推销产品，而是通过有效的信息传递，加强与社会公众的沟通，促进和发展企业内外的相互交流，协调和改善企业内部与外部的各种关系，使人们了解和信任企业及其产品，从而实现企业市场营销的目标。公共关系的作用重大，但它不能弥补产品和企业本身的缺陷，更不能取代人员推销、广告促销和营业推广。

9.5.4 国际市场促销的作用

(1) 提供信息情报

对消费者或用户来说，信息情报起着引起注意和激发购买欲望的作用。对经销商来说，信息情报为他们的采购决策提供了依据，能够调动他们的经营积极性。

(2) 扩大产品需求，加速流通

有效的促销活动可以充分起到诱导和激发需求的作用。对于那些消费者容易在冲动情绪下购买的商品来说，促销创造需求的作用更加明显。即使对于耐用消费品，促销也可以起到很好的作用。

(3) 突出产品特点，建立产品形象

在某些市场中，不同生产者提供的产品在功能和性能上的差距已经非常细微，以至于普通消费者难以察觉到。促销可以借助商标、产品特征、价格和效能消除消费者在购买产品时的犹豫不决，使消费者对本企业产品形成心理偏好，从而在消费者心目中树立本企业产品与众不同的形象。

(4) 稳定销售

国际市场的销售量波动很大。有针对性的促销活动有助于抵消市场的不利变化，保持销售量的平稳增长。

本章小结

1. 虽然与企业的国内营销重视产品渠道、价格和促销等要素相同，但是因为国际市场的性质和复杂性，国际市场营销更多关注在国际市场上这些要素面临的特殊问题。

2. 国际市场调研，是指运用科学的信息搜集、处理的方法和手段，有目的地系统搜集、记录和分析国际市场的信息，为企业营销决策提供科学依据。通过调研，企业可以了解哪些市场已饱和，哪些市场存在未被满足的需求，从而有助于企业开拓潜在的国际市场。

3. 产品会经历投入、成长、成熟、衰退的周期，但这个周期在不同的国家里发生的时间和过程是不一样的。产品（尤其是价格较高的耐用消费品）市场生命周期在不同国家呈现出不同的状态，企业应结合本国以及国际市场不同的产品市场生命周期情况，制定具有针对性的国际市场营销策略。

4. 国际分销渠道主要由生产者、中间商和最终顾客组成，其中从事批发及零售业务的中间商构成了分销渠道的主体，生产者和最终顾客分别位于分销渠道的起点和终点。中间商可以被区分为许多不同的类型，根据中间商执行的功能可以分为经销中间商、代理中间商和营销辅助机构。

5. 国际市场促销具有稳定销售、促销环境不同、促销策略不同和促销效果不同的特点。国际市场促销活动的形式与国内市场一样，有直接促销和间接促销两种。直接促销主要是人员推销，间接促销主要是非人员推销，包括广告促销、营业推广和公共关系三种形式。

关键术语

国际市场营销　国际产品策略　国际分销渠道　国际定价策略　国际市场促销

本章思考题

1. 什么是国际市场营销？国际环境是如何影响国际营销的？
2. 产品的分类有几种？产品生命周期理论有什么内容？国际产品的设计策略包括什么？
3. 国际分销渠道的宽度和长度是什么？如何选择分销渠道并对其进行管理？

4. 影响国际产品定价的因素是什么？企业面对国际产品价格发展应采取什么对策？

5. 国际市场促销的特点、形式以及作用分别有哪些？

本章参考文献

[1] 罗友花．国际市场营销［M］. 北京：中国财政经济出版社，2014.

[2] 姚小远．国际市场营销理论与实务［M］. 上海：立信会计出版社，2007.

[3] 朱金生，朱畅，邵李津．国际市场营销学［M］. 南京：南京大学出版社，2016.

[4] 朱亚多．国际市场营销［M］. 上海：上海人民出版社，2011.

[5] 庄德林．国际市场营销学［M］. 大连：大连理工大学出版社，2007.

[6] 闫国庆. 国际市场营销学［M］. 4 版．北京：清华大学出版社，2021.

[7] 王晓东. 国际市场营销［M］. 北京：中国人民大学出版社，2022.

第 10 章 国际工程承包与外包

本章目标

通过本章学习，应能：

1. 了解国际工程承包市场的主要类型和特点。
2. 理解国际工程项目招标程序与合同管理的内容。
3. 学习并灵活运用全球生产外包与供应链管理。
4. 预测未来国际工程承包市场上的各种机遇和挑战。

10.1 国际工程承包

10.1.1 国际工程承包的概念和特征

国际工程承包是指面向国际市场进行的工程建设承包活动。过去国际工程承包多指在国境外承包工程活动，现在也指使用国际银行贷款、外商投资或外商资金为主的合资项目，虽在国内建设，但需按照国际招标和国际惯例方式建设的工程。

国际工程承包最初往往是伴随着发达国家向发展中国家的资本输出开始发展的。发达国家以充足的资本和先进的技术输出向海外觅求市场，并充分利用发展中国家的丰富自然资源和劳务，以谋求最大的输出回报。但是随着经济全球化的不断发展，国际工程承包已经由单方面的输出向谋求共同发展演变。国际工程承包的本质特征主要体现在以下方面：

1）综合性的输出。综合性的输出包括资本输出、技术输出、材料和设备输出、劳务输出等。承包方通过承接国际工程以带动本国的技术出口、材料和设备出口、劳务输出等，是各国开展国际工程承包的宗旨之一。同时，政府制定出口退税政策，鼓励本国承包商更多承接国际工程，以推动本国的材料和设备出口贸易发展。因此，国际工程承包既是国际经济技术合作的重要内容，又是货物贸易、技术贸易和服务贸易的重要综合载体。

2）国际资源优化配置。经济全球化的发展使得国际工程项目的实施打破了地域限制，工程所需资本、材料、设备、技术、劳务可以在国际经济大循环中进行资源优化配置。国际工程承包成为促进国际资源互补、谋求共同发展的载体。

10.1.2　国际工程承包方式

国际工程承包方式是指承发包双方之间经济关系的形式。在国际工程承包中，承包商与业主、承包商与承包商之间的关系不同、地位不同，由此形成了不同的承包方式。

1. 总承包

总承包，简称总包，即由一个承包商负责组织实施一个建设项目的建设全过程或其中某一阶段的全部工作。承担总承包任务的承包商称为总承包商，总承包商中标后，承担工程施工的全部任务，并直接对业主负责。总承包合同的责任重，风险高、获利也大，因此这类任务一直是国际大承包商竞争的焦点。总包商可以用自己的力量组织施工，也可以将若干或大部分工程分包出去，尤其是专业性较强的工作。在国际工程承包中，通常总包商只拥有资金、管理人才、大型施工机械及一部分专业工种骨干，除负责进度控制、材料供应、质量监督等工作外，将整个工程的大部分分包给其他承包商。这种做法可以使总承包商的包袱轻、应变能力强，能灵活地适应国际工程市场的变化。

2. 分包

分包是相对总包而言的，即承包商只负责组织实施一个建设项目的部分工作。分包有两种形式：一种是业主选定承包商，称为指定分包或无总包分包；另一种是总包商自定分包商，也叫作二包。总包商虽然可以将工程分包出去，但许多国家的FIDIC合同条件都规定，总包商不得将全部工程都分包出去，总包商自己必须承担某一部分工程。指定分包的分包合同，其条款和价款由业主确定，分包商直接对业主负责，业务范围由业主发包给不同性质的分包商。但也有与业主和总包商发生双重关系的分包，即由业主确定分包合同的条款和价款，总包商和分包商双方签约实施。如果出现因指定分包商的责任影响工期或造成损失的，均由业主承担责任，总包商可以提出索赔。

由总包商自定分包商的，双方关系也是由合同来明确和约束的。一般有工程分包、劳务分包和材料、设备供应分包等。

3. 转包

转包即中标的承包商将承包权有偿转让给另一个承包商，条件是向转包商收取转包费，并可根据双方需要另定其他合作条件。出现转包的原因：一是由于在某些国家外国公司无权投标，而中标的当地公司愿将承包权转让，收取转包费获利；二是由于中标公司以转包为业，当一家公司在工程所在国已树立良好信誉，并熟悉当地工程市场行情、合作伙伴较多时，一旦中标就可将工程转包，从中获利；三是由于中标公司一时无力经营，这类公司经常参加投标，以争取中标机遇，但中标时由于资金不足或在建工程未曾竣工等多种原因使公司无力经营，因而愿将承包权转让出去。一般转包费按合同金额的1%~5%收取。

4. 联合承包

联合承包是当今国际工程承包的一种发展趋势，其目的主要是针对贸易保护，同时增强海外承包工程的竞争能力。对于工程量大、项目繁多、技术复杂、投资巨大的工程项目，由几家公司联合承包可以克服一家公司力量不足的弱点。联合承包一般有三种形式：

1）与当地承包公司联合。保护主义国家一般规定，外国公司在经营中、小型工程或其他工程时，必须与当地公司联合承包，以保证本国承包商的利益，促进本国公司技术及管理水平的提高。另外，发达国家的公司也利用其资金和技术的优势，采用收购和兼并的手段，掌握和控制当地工程公司，来针对实行保护主义政策的国家。同时，外国公司与当地公司联合可发挥各自的优势，前者可利用自己的技术、管理专长和世界声誉的优势，后者可利用自己在当地的社会关系和办事渠道，共同追求较高的经济效益。

2）与本国专业公司联合。要在国际工程市场上立足，增强海外承包能力，应注意与本国专业公司的联合，组成大型综合专业机构。专业机构经营业务包括：可行性研究、设计施工、材料设备供应、技术咨询、职业培训等。专业机构有系统地对外投标，可以克服发展中国家承包公司专业化不明显、竞争机制初级、相互间缺乏配合和信任、相互压价等导致投标成功率低的弊端。

3）与发达国家承包公司联合。这种联合方式借助发达国家的先进技术和管理经验，能取得良好的对外承包经济效果。这种联合一般有三种形式：一是高薪聘请技术顾问；二是购买专利；三是分包，即将工程中技术要求高的部分分包给发达国家的承包公司，借助其技术弥补自己的专业能力不足。这样既能保证工程质量，又可从中学到发达国家的先进技术。

10.1.3 国际工程承包市场

国际工程承包市场是指在国际范围内，进行国际工程跨国经营，包括咨询、评估、规划、勘察、设计、施工及其他相关业务的发包与承包的商务活动及其形成的经济关系。

10.1.3.1 国际工程承包市场的形成与发展

1. 国际工程承包的早期市场

发达国家的资本输出是国际工程承包市场产生的根本原因。19世纪中叶，欧美工业发达国家凭借“炮舰外交”攫取的特权，纷纷在国外开辟市场、承包工程，为本国垄断资本的扩张开道。

随着科学技术与生产力的迅速发展，一般商品输出已经不能满足发展经济的需要，客观上要求发展科技工程贸易，与此同时，发达国家为了争夺生产原料和获取最大利润，向不发达国家输出大量资本。一方面，投资国通过资本输出获得廉价原材料与劳动赚取大量利润；另一方面，投资国的建筑师、营造商、现代施工技术和工程承包管理体制也随之进入被投资国，这就使这些被投资国形成竞争激烈的早期国际工程承包市场。

2. 第二次世界大战后的国际工程承包市场

第二次世界大战期间，国际建筑市场很自然地受到战争影响而衰落。战后，许多国家集中医治战争创伤，建设规模巨大，建筑业得到蓬勃和迅猛发展。但到了 20 世纪 50 年代的中后期，一些发达国家在战后恢复时期膨胀发展起来的建筑工程公司和专业工程公司，因其国内任务相对减少而不得不转向国际市场。这时的国际资本也开始向欠发达国家寻求原材料，加上联合国开发机构和国际金融组织纷纷给第三世界的发展中国家提供贷款和援助，国际工程承包市场又开始活跃起来。

3. 20 世纪 70 年代中东地区的国际工程承包市场

20 世纪五六十年代，人们发现中东地区蕴藏的石油为全球之冠，特别是 20 世纪 70 年代，许多发达国家的石油公司竞相投资开采，使中东国家成了全世界瞩目的焦点。1973 年，世界石油价格大幅度上涨，中东国家的外汇收入剧增，石油美元的积累使中东国家有了雄厚的资金用来改变其长期落后的面貌。除了大力兴建油田、炼油厂和相应的石油化工工厂外，中东国家还大规模修建输油管道、港口、码头、公路、铁路、机场，以及与石油有关的各类工业和能源、水源项目；另外，还在过去人烟稀少的海滩和沙漠腹地建造起一座座现代化的新城市。20 世纪 70 年代的中东和北非地区，特别是海湾地区的产油国，每年的工程承包合同金额达数百亿美元。这些国家既缺乏生产、设计和施工的技术，又缺乏熟练的劳务人员，因此，各国的咨询设计、建筑施工和专业安装公司以及各类设备和材料的供应商随之云集，数百万名外籍劳务人员也涌入中东，这一地区成了国际工程承包商竞争角逐的中心场所，出现了国际工程承包史上的“黄金时代”。

4. 20 世纪 80 年代后的国际工程承包市场

中东建筑市场的繁荣在 1981 年达到了顶峰，这一年中东地区国际工程承包合同总金额达到 800 多亿美元，比 1980 年猛增 76.5%。但是从 1982 年以后，国际市场石油滞销，石油价格回落，加上两伊战争持续多年的影响，中东各国石油生产和出口大幅度下降，石油收入锐减，给中东各国经济发展带来了严重困难。随后伊拉克和科威特的战争导致油田被破坏，战争开支庞大，再加上地区局势不稳定，中东各国不得不大力压缩发展项目，削减建设投资，放缓建设速度，这就使繁荣了 10 多年的中东国际工程承包市场逐渐低落。

建筑业的兴旺与低落，总是同经济发展形势紧密联系的。在中东经济回落的 20 世纪 80 年代后期和 90 年代前期，东亚和东南亚利用外资的步伐加快，这一区域的许多国家和地区，如新加坡、马来西亚、泰国、印度尼西亚、韩国等国以及中国香港和台湾地区的经济增长率远远高于世界其他国家和地区，日本和其他发达国家积极将劳务密集型工业、可利用当地资源的项目以及可以在当地占领销售市场的产品转移到这些国家和地区，这不仅进一步促进了这些国家和地区的经济繁荣，还带来基础设施如能源、电力、水源、通信、交通及其他配套服务设施（如城市住房、商业和办公建筑）的相应发展，使东亚和东南亚每年的国际工程承包合同金额增长率及在全世界的国际工程承包合同总金额中所占比例均高于中东及其他地区。

从当前世界政治和经济发展的总趋势来看，地区性的民族、国家之间和内部的斗争仍然存在，局部性战争此起彼伏，政治形势并非完全稳定；世界经济在相当长的时期内可能处于低速增长和调整改变之中。因此，国际建筑市场不可能指望出现20世纪70年代中东地区那种集中和急剧增长的态势。由于不同国家和地区出现经济不平衡发展的格局，国际工程承包市场肯定会出现分散化和起伏变动的局面。

10.1.3.2 国际工程承包市场的分类

国际工程承包市场按照业务性质主要包括工程咨询设计市场和工程承包市场两大类。

1）工程咨询设计市场，包括投资机会研究、预可行性研究、可行性研究、项目评估、勘测、设计文件编制、监理、管理、项目后评价等工作。

2）工程承包市场，包括投标、施工、设备采购及安装调试、工程分包、提供劳务等工作，或应业主要求完成施工详图和部分永久工程设计。

两类市场相比，在拓展本国对外工程市场方面，工程咨询设计市场更具有主导性，设计承包商在承接的项目设计中，更多选用本国技术、设备材料，使本国工程承包商在后续工程施工招投标中具有优势。中国目前在国际工程承包市场已取得较大发展，但在国际咨询设计市场占有份额还很少，今后加强国际工程咨询设计人才培养十分重要。

10.1.3.3 国际工程承包市场的特点

1. 承包和发包方式多样化

国际工程承包市场传统的承包和发包方式是先设计后招标发包的D-B（设计—施工）模式，随着国际工程承包市场的发展，工程的发包方越来越多样化。大项目的复杂性使业主更重视承包商提供综合服务的能力，EPC（设计—采购—施工总承包）、PMC（项目管理总承包）等“交钥匙工程”模式应需而生。在政府急于改善公共基础设施建设而又财政紧缺、无力投资时，BOT（建设—经营—转让模式）、PPP（公共部门与私人企业合作模式）等带资承包方式成为国际大型工程项目中广为采用的模式。承包商不仅要承担项目的设计和施工、运作，还要承担工程所需的融资。国际承包方式的这种新变化，要求承包商必须具有工程项目全过程承包管理能力，实现设计和前期可行性研究结合、设计和施工结合、后期的设施管理和物业管理结合。

2. 承包商融资能力成为国际工程承包竞争中的重要因素

国际工程承包市场很大一部分在发展中国家，资金短缺、吸引外资、负债建设是这些国家的普遍情况，要求承包商带资承包已成惯例。据专家估算，带资承包项目约占国际工程承包市场的65%。因此雄厚的资金实力或融资能力成为承包商在国际工程承包竞争中的重要因素。

3. 发达国家垄断工程承包市场的优势明显

发达国家的大型建筑企业，在资金实力、技术和管理水平方面远远超过发展中国家，许多企业都有自己的技术和专利，在国际工程承包市场上的优势明显，在技术和资本密集型项目上形成垄断。目前在国际工程承包市场上，垄断工程承包和工程设计市场的大多是欧美国家的公司；垄断国际设备采购的大多是日本和德国的公司；其他国家公司主要集中在土建领域。

发展中国家的建筑承包商因为在劳动力成本上具有比较优势，在国际工程市场中承建的工程项目多是相对简单的劳动密集型项目。中国在进入国际工程市场初期基本以劳务输出为主，但近些年来已开始向技术密集型项目和知识密集型项目渗透。随着发展中国家的承包商不断进入国际市场，国际工程承包市场的竞争日趋激烈。

4. 国际承包商收购并购活动频繁

国际工程承包市场发包大型、超大型项目不断增加，使大型的、超大型的承包商集团不断诞生。为了整合资源，应对日趋激烈的国际市场竞争，提升国际工程承包的运营能力，众多国际工程承包商相继实施业内资产重组，不断提升综合实力，扩大企业经营规模。今后，随着国际工程项目的大型化和对承包商能力要求的不断提高，国际建筑市场的重组并购将更加活跃。

10.2 国际工程招投标

10.2.1 国际工程招投标的概念

国际工程招投标是一种国际上普遍应用的、有组织的工程市场交易行为，是国际贸易中一种商品、技术和劳务的买卖方法。工程招标是招标人（雇主）在发包工程项目或购买大批货物前，公布工程项目或货物预期要求的招标文件，公开或书面邀请投标人（承包商）在遵照招标文件要求的前提下前来参加竞标，从竞标人中择优选定承包商。投标是对招标的响应，是投标人为了得到工程合同（含工程建设、技术设备、劳务等）或货物采购合同，而向招标人发出的要约邀请的响应表示。

10.2.2 国际工程招投标的特点

市场以其内在规律无形或有形地调控着工程市场交易行为，工程招投标体现了市场经济的基本特征，它既是供需关系的博弈，也是供方间的博弈，具有如下特点：

1）招标与投标是工程市场供需关系的博弈。当工程市场建设规模总量过大而建设队伍不足时，为卖方市场，承包商较为主动，投标报价可适当提高，招标人往往也只能接受；反之，当建设队伍承包工程的能力超出市场建设规模总量时，为买方市场，招标人较为主动，通常压价发包，此时承包商不仅无可奈何，甚至相互间会恶性竞争。

2）招标是雇主的择优方式。市场供需关系的不平衡，调控的是市场整体价位走高或走低。无论市场整体价位走高或走低，只要存在两个以上投标人，招标始终是雇主的择优方式。招标人可对投标人方案综合满足项目质量、价格、工期、技术、管理、安全等要求的程度进行评价，从中择优。

3）招标为投标人提供了平等竞争的平台，投标人通过公开、公正、公平的相互竞争，取得工程承包合同或货物采购合同。

4）招标是招标人对投标人的限制性招标。招标文件中“投标人须知”的实质就是约束投标人的文件，如资格预审、银行保函提供、招标人对文件的解释权、招标人的择优权等，投标人如要参加投标，只能接受“投标人须知”的限制而做响应性投标。

10.2.3 国际工程招标的分类

国际工程招标根据其招标内容范围的不同可分为以下几种：

1）项目总包招标。招标范围包括整个工程项目实施的全过程，其中包括勘察设计、材料与设备采购、工程施工、生产准备、竣工、试车、交付使用与工程维修。这种方式如“交钥匙”工程招标。

2）勘察设计招标。招标范围为完成勘察设计任务。

3）材料、设备招标。招标范围为完成材料、设备供应及设备安装调试等工作任务。

4）工程施工招标。招标范围为完成工程施工阶段的全部工作；可以根据工程施工范围的大小及专业不同实行全部工程招标、单项工程招标、分项工程招标和专业工程招标等。

10.2.4 国际工程招标方式

1. 公开招标

公开招标是指以公开发布招标公告的方式进行的招标。这种招标方式源于18世纪后期英国实行的“公共采购”，其开支来源于税收，必须对公众负责，因此实行公开招标，竞争择优。这种招标方式主要适用于政府机构及公共事业部门的采购，有别于私人采购。

2. 限制性招标

限制性招标是指对投标人有某些范围或条件的限制的招标，具体包括以下三种形式。

（1）邀请招标

邀请招标主要适用于专业技术性强的工程，希望能由具有专业实力的承包商承建，因此这类工程只向业内少数具有专业实力的投标人发出要约邀请，这样也可减少部分招标、评标工作量。

（2）排他性招标

两国政府或机构之间有专门协议的工程，有时会排斥第三国投标人参加；还有一些地区性工程限于地区内投标人参加；一般国际金融组织贷款的工程也仅限于成员国的承包商参加投标，如世界银行贷款的工程招标便只允许成员国的承包商参加。

（3）保留性招标

该类工程对投标人会附加一些条件，如中标必须使用当地的分包或规定投标人需与所在国承包商联合投标等。

3. 其他招标方式

（1）议标招标

议标招标属于谈判性质的招标，可用于私营性质项目招标或工期紧、保密性的军事工程等。谈判时可以有意向地找 1~3 家公司，以便后续比较选择。

（2）两阶段招标

对“交钥匙工程”合同，某些大型、复杂设施或特殊性质的工程以及复杂信息和通信技术可采用两阶段招标。先邀请投标人根据概念设计或性能要求提交不带报价的技术建议书，并要求投标人应遵守其他招标要求。在业主方对此技术建议书进行仔细评审后，指出其中的不足并分别与每一个投标人讨论和研究，允许投标人对技术方案进行改进以更好地符合业主的要求。凡同意改进技术方案的投标人均可参加第二阶段投标，即提交最终的技术建议书和带报价的投标书。考虑到透明性和知识产权的要求，在第二阶段对招标文件进行修改时，招标人应尊重投标人在第一阶段投标时所提交的关于技术建议书保密性的要求。

（3）双信封投标

对某些形式的机械设备或制造工厂的招标，其技术工艺有可选择方案时，可以采用双信封投标方式，即投标人同时递交技术建议书和价格建议书。评标时首先开封技术建议书，并审查技术方面是否符合招标文件的要求，之后再与每一位投标人就其各自的技术建议书进行讨论，以使所有的投标书达到所要求的技术标准。如果由于技术方案的修改致使原有已递交的投标价需修改，可将原提交的未开封的价格建议书退还投标人，并要求投标人在规定期间内再次提交其价格建议书。当所有价格建议书都提交后，再一并打开进行评标。

10.2.5　国际工程项目招标程序

招标是国际工程承包市场上雇主发包工程的主要方式，雇主会按照国际上约定俗成的招标流程进行招标。目前国际上比较流行的招标程序有美国招标程序和国际咨询工程师协会（FIDIC）招标程序，本小节以这两种招标流程为例分别进行介绍。

1. 美国招标程序

美国政府对建设工程招投标的管理是明确区分投资主体，同时根据投资主体的不同而采取不同的发包方式，各种发包方式所依据的基本流程如下：

1）招标人准备招标文件。

2）刊登广告或发邀请函。

3）资格预审。

4）发售招标文件。

5）招标准备和投标。

6）在预定日期公开开标，按照一定的规则评标。

7）由招标人决定中标者进行工程建设。

2. 国际咨询工程师协会（FIDIC）招标程序

FIDIC 推荐使用的招标程序是在 1994 年吸收了各国国际工程招标流程经验的基础上编制而成，该招标程序一共分为确定项目策略、资格预审、招标和投标、开标、评审投标书、授予合同六个部分，具体流程如图 10-1 所示。

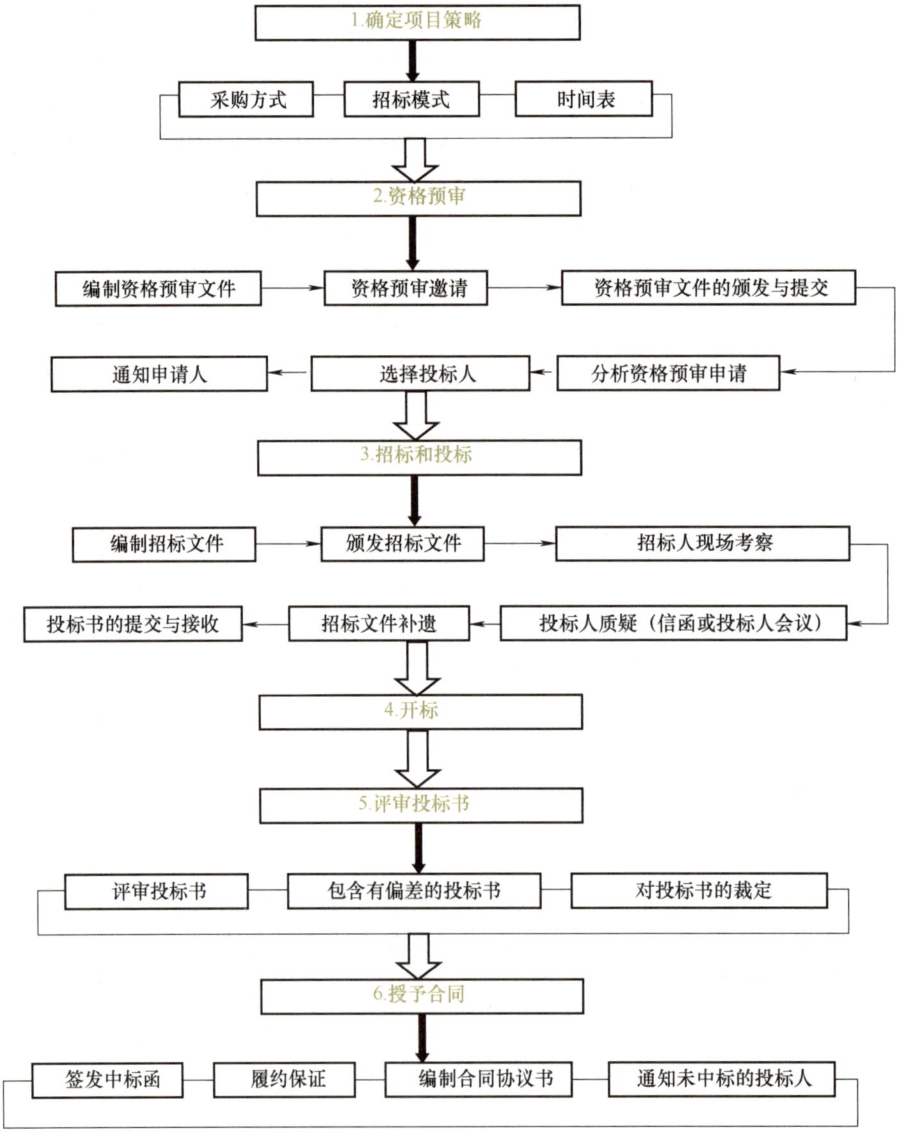

图 10-1　FIDIC 招标程序

10.3 国际工程合同管理

10.3.1 国际工程合同的概念和标准格式

工程合同是指建设市场上业主和承包商为工程承建事宜双方协商一致所达成的协议，协议中的合同条件规定了双方的权利、责任和义务，同时对工程实施过程中可能出现的情况及处理办法都做出了具体规定。

在实际中，为了提高合同签订的质量，减少协议双方签订合同的工作量，使合同更加规范化，推广使用合同标准格式十分必要，目前国际上通用的合同标准格式有以下三种。

1. ICE 合同

ICE 合同条件由英国土木工程师学会（The Institution of Civil Engineers）编写，《ICE 土木工程合同条件》在英联邦国家和原英国殖民地国家的土木工程界有着广泛的影响。ICE 合同条件属于单价合同形式，以实际完成的工程量和投标书中的单价来控制工程项目的总造价。同 ICE 合同条件配套使用的有《ICE 分包合同标准格式》，规定了总包商与分包商签订分包合同时可采用的标准格式。

2. AIA 合同

AIA 合同由美国建筑师学会（The American Institute of Architects）编制，主要用于私营的房屋建筑工程，有 A、B、C、D、G 多种系列不同文本，在美国及美洲地区其他国家应用较广。AIA 合同文件的计价方式主要有总价、成本补偿及最高限定价格法。针对不同的工程项目管理模式及不同的合同类型有多种形式的 AIA 合同条件。各个系列具体内容为：A 系列合同是用于业主与承包商之间的各种标准合同文件，不仅包括合同条件，还包括承包商资格申报表、保证标准格式等。B 系列合同是用于业主与建筑师之间的标准合同文件，其中包括专门用于建筑设计、室内装修工程等特定情况的文件。C 系列合同是用于建筑师与专业咨询机构之间的标准合同文件。D 系列合同是建筑师行业内部使用的文件。G 系列合同是建筑师企业及项目管理中使用的文件。这些合同条件中，其中最为核心的是“通用条件”（A201）。AIA 还为包括 CM 方式在内的各种工程项目管理模式专门制定了各种“协议书格式”，采用不同的工程项目管理模式及不同的计价方式时，只需选择不同的“协议书格式”与“通用条件”（A201）配合在一起使用即可。

3. FIDIC 合同

FIDIC 合同是由国际咨询工程师联合会（International Federation of Consulting Engineers）编制，有适用于不同项目管理模式的多种标准格式文件，目前使用比较广泛的有《土木工程施工合同条件》（称“新红皮书”）、《生产设备和设计、施工合同条件》《设计采购施工（EPC）/交钥匙工程合同条件》《简明合同格式》这四个文本。

《土木工程施工合同条件》主要用于由雇主或其代表工程师设计的建筑或工程项目。

使用这种合同的工程项目通常是由承包商按照雇主提供的设计进行工程施工，但该工程可以包含由承包商设计的土木、机械、电气或构筑物的某些部分。

《生产设备和设计、施工合同条件》主要用于电气或机械设备供货和建筑或工程的设计与施工。使用这种合同的工程项目通常是由承包商按照雇主要求设计和提供生产设备或其他工程，可以包括土木、机械、电气或构筑物的任何组合。

《设计采购施工（EPC）/交钥匙工程合同条件》主要适用于以“交钥匙工程”方式提供工厂或类似设施的加工或动力设备、基础设施项目或其他类型的开发项目。使用这种合同的工程项目最终价格和要求的工期具有更大程度的确定性，而且由承包商承担项目的设计和实施的全部职责，雇主介入很少。

《简明合同格式》主要适用于资本金额较小的建筑或工程项目。根据工程的类型和具体情况，这种格式也可用于较大资本金额的合同，特别是适用于简单或重复性的工程或工期较短的工程。使用这种合同的工程项目通常是由承包商按照雇主或其代表提供的设计进行工程施工，但这种格式也可适用于包括或全部是由承包商设计的土木机械电气或构筑物的合同。

10.3.2 国际工程合同管理的概念和特点

国际工程合同管理是指围绕国际工程合同进行关于合同责任和合同权利的行使与维护，具体包括三个方面：首先，合同管理是甲乙双方为履行合同责任和义务进行的管理，也是他们为维护自身合法权益而进行的管理，主要围绕工程项目的质量、工期和费用三大目标进行。其次，合同管理是甲乙双方诚信合作的协同管理，提倡合作精神、双方建立伙伴关系，沟通、协商、互让，争取双赢。最后，合同管理是一个全过程的管理，包括合同签订前的准备、合同谈判与签约、合同实施、合同实施后遗留问题的处理等，而且前期的管理效果比后期更重要。

国际工程合同管理过程中所呈现出的特点有：第一，工程合同管理的即时动态性。工程的实施过程由于受到外界因素的影响和实施情况的发展变化可能与合同条件产生偏差，合同双方权利和义务的内涵也处在不断变化之中，因此，合同责任和权利的行使与维护就呈现出了一定的即时动态性。第二，工程合同管理的多重复杂性。合同管理涉及纵向流程和横向协作的各个方面，具有多重性。合同管理具体内容广泛，与工程技术、人力资源、项目效益等各个方面相关。因此，要保证国际工程合同的顺利执行，需要多个部门的横向参与和协作。

10.3.3 国际工程合同管理的内容

国际工程合同管理主要是由业主、工程师和承包商三方协同来完成的。三方对于合同进度管理、质量管理、造价管理、工程变更管理、风险管理等方面在核心内容上有各自不同的职责，且各职责间相互联系，任何一方不能履行职责都将导致项目目标失控。因此合同管理强调的是参与方各自履行职责基础上的协同管理，其中工程师在协同管理中应起到协调业主和承包商的纽带作用。

1. 合同进度管理

合同进度主要依靠工程师的监理。业主需要对开工、暂停、复工特别是延期和工期索赔进行审批，但短期工期的变更和索赔可交由监理决定并报业主备案。工程师在合同进度管理过程中，主要按照承包商开工后送来的总进度计划以及季、月、周进度计划进行监督检查，并且视工程情况给出开工令、暂停令和复工令，同时对工程延期、索赔提出具体建议。承包商在这一环节主要负责制订具体的合同进度计划，研究各工程部位的施工安排，研究工种、机械的配合调度以确保施工进度。

2. 质量管理

在工程质量管理方面，业主会定期了解和检查工程的总体质量，对重大事故进行研究处理。工程师在这一环节主要负责管理和检查工程的具体质量，通过审查承包商的重大施工方案，提出具体建议，并拟定或批准质量检查办法，对每道工序、部位和设备、材料的质量严格进行检查和检验，不合格的下令返工。承包商主要负责决定具体的质量措施，按合同约定的技术规范要求，拟定具体施工方案和措施，保证工程质量，同时对质量问题全面负责，对工程师检查不合格的工程部位返工，直到合格验收。

3. 造价管理

对于造价管理，业主、工程师和承包商也是各司其职，共同管理。业主主要负责审批工程师核签后上报的工程款支付表，并与工程师讨论并批复有关索赔问题。工程师则负责按照合同规定，特别是工程量表的规定，对各类支付进行审核把关，同时研究索赔内容，将有关索赔的计算和数额上报业主审批。承包商主要负责拟定具体措施，从人工、材料采购、机械使用以及内部管理等方面采取措施，降低工程实施中的成本。

4. 工程变更管理

业主在工程变更过程中负责加强前期的设计管理，尽量减少设计上的变更，对必要变更项目慎重确定，并研究变更对工程质量、工期和价格的影响。工程师需要审批承包商变更建议，计算变更对质量、工期、价格的影响，也可以提出有益于变更的建议，与承包商进行商议，并报业主审批。承包商除了参与变更建议的提出之外，还需要执行工程师的变更命令，抓紧配合变更后的进度安排，防止反索赔。

5. 风险管理

在国际工程承包业务中，重大风险的防范工作主要由业主负责。工程师主要针对经常性的风险进行分析研究，替业主把好风险关，并研究一系列的防范措施。承包商在这一环节中主要负责加强工程风险的管理工作，做好非己方原因引起风险的索赔工作。

10.3.4 国际工程承包合同实施中的矛盾与争议

国际工程承包是一个跨行业、跨地域、具有多种业务模式的产业范畴。一方面，工程承包合同所涉及的问题范围复杂广泛，履约时间长、变化大，合同双方利益不一致而出现矛盾是不可避免的。另一方面，国际工程承包合同双方一般都分属不同地区、国家或民族，双方社会制度、生活习惯、民族信仰等不同也会在合同实施过程中产生一系列的矛盾，合同双方由于价值观、生活信仰的不同对某些问题的看法也会产生一定差异，在这些问题的解决上也会出现争议。承包合同实施阶段产生矛盾和争议的常见原因有：

1）合同条款失衡，不公正地将风险转移给无力承担此类风险的合同一方当事人。如业主方不能提供恶劣地质条件详尽情况，却要承包商承担工程量变化和工期风险。

2）合同各方利益期望值相悖，将不切实际的希望寄托于没有足够财力的当事人。如业主没有及时支付工程进度款的能力，而寄希望于承包商能大量垫资承包。

3）模糊不清的合同条款。如业主对某些分项质量有较高要求，却没有在合同条款中明确相关的技术规范，给施工验收带来争议。

4）承包商的投标价过低，工程施工中以各种借口提出索赔，引发争议。

5）项目有关各方之间交流沟通太少，导致某些方面的矛盾和争议。

6）总承包商的管理、监督与协作不力，未能满足合同相应要求。

7）项目参与各方不愿意及时地处理变更和意外情况，导致争议或问题累积影响扩大。

8）项目参与各方缺少团队精神，不能协同作战而引发争议。

9）项目中某些当事人之间因既往过节不能释怀，工作中抱有对立倾向而引发无端争议。

10）合同管理者想避免做出棘手的决定而将问题转给组织内部更高的权力机构或律师，而不是在项目本级范围内主动地去解决问题。

11）合同条款中风险分配不公平。如合同中对地质状况不明、财产风险、恶劣天气所带来的风险分配不公平。

12）工程参与方文化、专业背景的差异。不同的文化背景、族群信仰以及生活习惯也会引发工程实施过程中的一些争议。

10.3.5 国际工程承包合同争端的解决

国际工程承包合同实施中的矛盾和争议要及时解决，以免给工程实施带来不利影响。目前国际上关于工程承包合同争端的解决方式有协商解决、谈判解决、中间人调解、争端裁决委员会裁决、仲裁或诉讼等。前四种方式属于非法律手段，而仲裁或诉讼属于法律手段，具有强制执行的法律效力。

1. 协商解决

协商是比较友好的沟通方式，也是解决纠纷的有效途径之一。在国际工程承包合同实施中有矛盾或争议的时候，如果业主或者工程师没有对纠纷做出决定或者决定未能被双方所接受时，协商常常是解决问题的首要选择。在具体协商解决过程中，合同争议双方应本着诚信原则弄清争端事理，区分责任，算清损失，按责承担，合理协商解决争端。

2. 谈判解决

对于比较大且协商未能解决的争端，宜采用比协商更为正式的谈判解决方式。谈判双方不仅要提前准备好有关文件、资料、证据、谈判的预案等材料，而且双方要保持正确的谈判原则和态度，做到尊重事实、恪守合同、有理有节、互让互利。谈判方式可以灵活多变，如多层次谈判方式或会内会外交替协商谈判等。

3. 中间人调解

请中间人调解也是常用来解决国际工程承包合同纠纷的一种方式。中间人可以是争端双方都信赖熟悉的工程技术专家、律师、估价师或相关行业的权威人士，也可以是一个专门的组织，如工程咨询公司、专业学会、行业协会等。中间人通过与争端双方共同交换意见，在全面调查研究的基础上，可以提出一个比较公正合理的解决办法，调解方案被双方认可后可由双方签字确认。在调解过程中，中间人必须站在公正的立场上，处事公平合理，绝不偏袒任何一方。其中的调解规则可选用行业通用的规则或惯例，当各国有不同的调解规则时，可采用国际贸易委员会的调解规则。如果合同纠纷双方不能接受中间人的调解意见，那就需要诉诸仲裁或诉讼解决。

4. 争端裁决委员会裁决

争端裁决委员会是针对许多大型国际工程中所出现的无法及时解决的大型工程争端，以及施工中一直未解决而积累到工程竣工的重大争端问题，此时需要组织大量人员组成争端裁决委员会进行处理。争端裁决委员会一般由三人组成，先由甲乙双方各推荐一人报对方认可，双方再与这二人协商共同推荐第三人并任命此人担任争端裁决委员会主席。在工程规模不大的情况下，争端裁决委员会也可由双方共同商定推荐唯一成员出任“裁决人”。但是不管工程规模大小，争端裁决委员会的成员均需通过双方协商任命，业主或承包商都不能单独决定。

5. 仲裁或诉讼

当以上四种方式都不能解决国际工程承包合同的争端时，只能申请仲裁或诉讼解决。仲裁是争议双方以非公开形式解决争议的一种标准形式，目前已在很多国家取得法律地位，并设有专门的仲裁机构来受理合同的争端。由于受国际法规管理，仲裁具有强制执行力，结果具有法律效力。

在大部分国家，仲裁是国际工程承包合同争端的最终解决方式，仲裁即为终裁。但有少数国家仲裁结果不受法律保护，没有强制执行力。这种情况下，合同争端的最终解决方式只有诉讼方式。相对于诉讼而言，仲裁程序效率较高，费用较低。而且仲裁案件审理不公开，不允许旁听，保密性好。但是要注意不同国家的仲裁规则对于争端双方的影响不同，因此采用仲裁方式时要在合同中规定各自选定的仲裁庭及适用的仲裁规则。

诉讼是利用司法程序来处理工程合同争端的一种方式，但诉讼程序通常较复杂，时间较长，费用较大，因此一般不选择。如果纠纷问题不在合同范围之内，则需要采用诉讼解决方式，但是要注意不同国家的法律对于争端双方的影响不同，因此要在合同中选定不同的法庭及适用法律等。

10.4 全球生产外包

10.4.1 全球生产外包的发展背景

随着经济全球化与科技创新的不断发展，全球生产外包市场也迅速壮大。发达国家的跨国公司逐步将公司非核心业务向海外其他地区和国家（特别是新兴经济体）转移，以寻求更具专业知识和规模经济的外部供应商，进而形成了新的国际分工模式。这种新的国际分工模式发展前景广阔，对整个世界经济均有非常重要的影响，在这样的背景和趋势下，研究全球生产与外包显得更加有意义。

1. 经济全球化的推动

经济全球化是一个不断发展的动态过程，随着全球化程度的不断加深，世界市场逐步将所有实行市场经济的国家纳入全球的市场经济体系中，传统的国内市场和国外市场界限日益模糊。同时，随着各国生产活动的国际化和全球化，世界生产网络日益形成，各国逐步成为世界生产的一部分，产品的国籍界限也越来越不明显。国家间市场界限和生产领域产品界限的消失使得企业的外包业务不仅在国内进行，而且逐步冲破国界限制，在全球范围内进行。外包的国家从发达国家正转向新兴经济体，外包的产业由传统的工业产品转向高科技尖端产品和服务性产品。

此外，经济全球化是一把“双刃剑”，一方面使企业面临着更为广阔的市场容量，使它们更有必要和可能展开更大规模的生产和销售，将企业非核心业务大量外包，以充分地实现其规模效益；另一方面，随着经济和生产全球化程度的不断加深，企业面临着全球范围的激烈竞争，原有的市场份额及垄断格局将不可避免地受到挑战。此时企业面对全球市场范围无国界的竞争都显得势单力薄，所以必须把企业有限的资源用于加强自身的核心竞争力，同时加强与其他企业的联盟和合作，从而为全球范围的业务外包的形成和发展提供了强大推动力。

2. 消费需求多样化的推动

全球经济的发展离不开国际贸易和国际投资，一国进出口贸易和跨国投资的发展使得国内消费市场需求日益多样化。如果企业独揽产品的研发、生产、销售和服务等全方面业务，势必会增加产品供给周期，无法短时间满足消费者多样化的需求，同时会增加企业生产成本，导致大量固定资本投资无法回收，影响企业长期发展。此时，为了尽快占领消费市场，满足消费者多样化的需求，企业会将部分非核心业务外包，与其他地区或国家的企业联合生产，充分利用各自比较优势，缩短产品供给周期，增加企业利润。

3. 企业自主创新能力的驱动

自主创新是科技发展的灵魂，也是企业实现更快更好发展的动力源泉。企业创新能力的提升主要通过引进国内外先进技术，然后通过学习、分析、借鉴，进行再创新，进而形成具有自主知识产权的新技术。发展中国家通过向发达国家直接引进先进技术，尤其是通过利用外商直接投资方式获得国外先进技术，经过消化吸收实现自主创新，不仅大大缩短了创新时间，而且降低了创新风险。然而对于外包企业，通过将自己非核心的业务部门外包给有比较优势的其他企业，一方面可以集中自己的优势资源进行研发创新；另一方面可以利用外部资源进行学习模仿，促进企业在相关领域的创新。

4. 信息技术变革的推动

企业外包业务的发展源于信息技术的推动，信息技术为业务外包的快速运行提供了必不可少的载体。即便不搞信息技术的服务外包，诸如制造业务、财务、行政管理等外包，也离不开信息载体，特别是营销业务中的网上商务外包，更需要先进的信息技术运载。因此信息技术革命极大地促进了企业外包业务的发展。

此外，企业要跨地区或国家推行外包业务，必须提前建立好自己的信息系统，并加快推进信息工作现代化，特别要积极地使自己的商业经营融入全球信息网络，为业务外包创造必要条件。随着第四次工业革命（也称为工业 4.0 或智能革命）的深入推进，以云计算、大数据、人工智能、区块链和物联网等为代表的新一代信息技术，为企业外包服务提供了前所未有的技术基础和强大支撑。有了这些技术，企业间分工与协作的效率得到提升，相互协作的企业通过信息网络进行信息搜集、加工、传递，不仅及时准确，而且成本费用极其低廉，这就使各类业务外包包括生产、服务等变为现实。

10.4.2 生产外包的概念及分类

生产外包又叫“代工”，是指客户将本来需要在内部完成的生产制造活动、职能或流程交给企业外部的另一方来完成。这个定义中的“客户”是作为买主的公司，通常称为委托制造企业，而“企业外部的另一方”是供应商，通常称为代工企业。“代工企业”不同于原材料等有形产品的供应商，它的职能是在买方公司内部完成，并且内容涉及有形的原材料、零部件和整体产品的生产和组装制造以及与之紧密关联的服务。因此，从委托方的角度将其称之为“生产外包”，从代工企业的角度将其称为“代工”。

对于生产外包，按照代工企业是否完成产品研发设计活动可分为 OEM 与 ODM 等合作形式。其中，OEM（Original Equipment Manufacturing）是指：“具有生产组装能力的企业，在买主提供产品规格、制作技术规范、产品品质规范或者指定部分或全部零组件的情形下，提供买主所指定之产品的分工形态。”ODM（Original Designing Manufacturing）是指：“产品生产者在买主提供产品开发设计与生产组装的能力，但是不提供产品与技术相关规范的情况下，生产符合买主所需功能的产品，并且在买主所拥有的品牌下行销的分工形态。”对比这两种情况，OEM 模式仅涉及产品的生产组装，且客户完全不介入产品开发设计，而 ODM 模式则涉及产品设计开发及生产组装等两种活动，且在大部分的情形下，双方或多或少都会介入产品设计开发的过程，只是程度高低的问题。因此如果按照代工企业介入产品研发设计活动程度的高低可将代工的合作形式分为纯粹 OEM、委托制造方主导产品开发设计—代工企业少许参与、客户—代工企业各负责一半产品开发设计、代工企业主导—委托制造方少许参与、纯粹 ODM 等五个层次，这些模式的共同特征是代工企业没有自己的品牌。

如果按照代工企业是否需要购买主要原材料，可以将其分为委托制造方供料和委托制造方不供料两种代工方式。其中，委托制造方不供料一般是指“交钥匙工程”，在代工行业中主要是指委托制造企业不提供原材料，由代工企业自主采购后完成生产制造活动。在委托制造方供料的方式下，委托制造企业往往比代工企业规模更大，设计能力和采购能力更强，此时委托制造企业一般会配好原材料后交与代工企业进行生产。

10.4.3 生产外包的条件

生产外包战略可以给企业带来规模经济，降低企业生产成本，同时有利于企业聚焦核心能力，提升企业生产经营的灵活性，但是企业实施生产外包战略需要一定的前提条件。

1. 品牌优势

品牌是企业进行生产外包的最大优势，因为只有建立在品牌经营的基础上，企业才有可能为产品附加额外价值。而高附加值的产品也更容易在市场上销售，获得消费者认可，增加企业的销售额和利润。同时优秀的品牌可以为企业生产外包业务提供良好的基础，主要因为代工厂更加乐意接受有品牌信誉企业的外包业务，且外包成本相对较低。

2. 研发创新能力

随着经济全球化的不断发展，全球创新创业已经进入高度密集活跃期，人才、知识、技术、资本等创新资源全球流动的速度、范围和规模达到空前水平。创新模式发生重大变化，创新活动的网络化、全球化特征更加突出。面对这样的经济背景和发展趋势，企业只有具备较强的研发创新能力，才能不断提升自己的国际竞争力，适应全球化的发展趋势。特别是从事或者希望从事生产外包业务的企业，伴随着全球创新版图的不断重构，生产外包所面临的外部环境日益多样化，研发创新能力不仅是企业获得生产外包主动权的核心优势，还是企业聚焦核心能力的必备条件。

此外，客户需求的快速变化需要企业能够不断创造出满足其个性化需求的新产品，而只有具备强大的研发能力，才可能使生产外包形成良性循环。否则同类竞争产品的出现会很快侵蚀企业的核心竞争力。

3. 营销网络

现代企业的核心驱动力是订单和外销，若外包生产的产品缺少销路，企业库存就会大量增加。而企业营销网络的建立，为公司在世界各地市场上同时推出同一新产品提供了可能，也减少了由于种种原因的限制而使产品在进入其他国家和地区市场时由于时间上的延误而导致被仿制者夺走市场的风险。同时，如果企业拥有强大的营销网络，可以快速地把产品送到客户手中，进而缩短资金回流的周期，可以使企业进入新一轮的产品外包。

4. 控制能力

生产外包减少了企业对生产环节的管理监督和运营维护，但同时增加了企业责任外移的可能性，企业要加强与外包企业的联系和沟通，并对外包工厂的生产运输等方面进行有效管理和控制。如果企业无法对合作者进行有效的沟通和控制，不仅生产的产品质量和生产周期无法保证，而且最终市场很可能被合作者的自有产品抢走。这就要求企业具备很强的控制能力，不断地监控外包企业的行为，并努力与之形成良好的长期合作关系。

当然，生产外包在对委托企业提出一定条件的同时，对合作者也有一定要求和限制，要承担外包生产的企业必须拥有强大的生产能力，包括先进的生产设备、合格的工艺技术、技能熟练的员工以及丰富的生产经验等体现其核心竞争力的因素，同时要求合作者具有良好的信誉。

10.5 全球供应链管理

10.5.1 全球供应链管理的概念

要了解供应链管理的概念，就需要从供应链开始讨论。供应链始于从土地提取原材料的企业，如铁矿石、石油、木材和食品企业，他们将原材料销售给加工企业等供应商，如木材公司、轧钢厂和原料食品经销商等。这些企业按照零部件制造商的采购订单和规格来安排生产，将原材料加工成为符合客户使用要求的物料，如钢板、铝、铜、木材以及已通过检测的食品。零部件制造商则积极响应客户订单和规格的要求，生产和销售中间产品部件。最终产品制造商（如波音、通用汽车和可口可乐公司）将中间产品装配成最终消费产品并将其卖给批发商和经销商，然后批发商和经销商在收到零售商的订单后再将产品转售给他们，最终零售商将这些产品销售给最终消费者。美国供应链管理委员会（Supply Chain Council）将供应链定义为：供应链包括每个有关生产及配送最终产品或服务的节点，从供货商的供货商到客户的客户，包括管理供给与需求、原材料与零部件、制造及装配、仓储与货物追踪、订购与订单管理以及跨区域的直接配送。

对于供应链管理，许多文献及各种专业协会分别给出了不同的定义。

美国供应链管理专业协会（CSCMP）把供应链管理定义为："包含规划和管理复杂的原料、采购、加工、转换以及所有物流管理的活动。重要的是，它也包括与渠道合作伙伴的协调与合作，而这些伙伴可能是供应商、中间商、第三方服务提供商和客户等。"

美国供应管理协会（ISM）认为供应链管理是："设计和管理无缝的、跨组织边界的价值增值流程，以满足最终客户的真实需求。"

新加坡物流与供应链管理协会将供应链管理定义为："供应链管理是一套在全球网络内计划和实施各步骤的协调技能，旨在从供应商处获取原材料，将其加工成某产品，而后再将该产品和服务一起交付给消费者。"

因此，供应链管理反映的是将许多商品或服务相关的活动在供应链参与者之间分配或集成，从最初原料到最终消费者，综合管理产品设计、物料管理、生产和配送四大阶段的活动，同时处理物品、信息与资金的流通，并与供应链伙伴以跨组织合作的方式让整体的流通过程能在满足消费者需求的情况下顺利运作，进而提高整个供应链的运营效率、改善质量并提高客户满意度。

随着经济全球化的不断发展，消费者对产品需求的不断提升，企业供应链跨组织管理活动逐步由国内延伸到国外，国际环境的变化和国际业务运作的多样化不断加深企业全球供应链管理的复杂程度，此时有效地进行全球供应链管理对企业的日常运营具有非常重要的意义。基于以上供应链管理的概念，全球供应链管理是指企业为满足消费者的要求，通过掌握全球最经济的原料，在全球范围内最经济的国家以最经济的方式进行规划和管理原料、采购、加工、转换以及物流。

10.5.2　全球供应链的流通分类

全球供应链的流通按照其流通内容可分为：物品流通、物品所有权转移、资金流通和信息流通四种。

1. 物品流通

全球供应链物品流通是在已知供应链结构的情况下，通过规划物品流通的方式和方向，使原料、半成品或成品等能在最适宜的时间、地点以整体的成本最小化满足消费者对品项与品质的要求。参与全球供应链的物品主要包括原材料、半成品与成品，这些物品在供应链中从最初的原料到制造厂商、最后到消费者手中，流通方向一般是由上游到下游，也可能商品因回收、维修而从下游消费者往上游流通。

全球供应链物品流通的主要步骤有：①从购买原料开始，考虑向何处购买，购买多少量。②考虑将多少量的各种原料仓储在哪个仓储点。③进入生产流程时，则考虑在哪些生产点生产多少量。④考虑多少成品需要仓储在哪些不同的仓储点。⑤最后进入配送流程时，考虑由哪个成品仓储点，配送多少量给不同地区的顾客。

2. 物品所有权转移

随着交易的发生，物品所有权也跟着变动。虽然物品所有权的转移过程不一定完全与物流相同，但所有权的转移也是由上游向下游移动。

3. 资金流通

在全球供应链中，随着物品的流通以及其所有权的转移，会出现资金的移转，由取得所有权的买方将资金移转给卖出所有权的卖方，因此资金流的流通方向与物品所有权的转移方向相反，一般由下游向上游流动。

4. 信息流通

物品的运输、所有权的转移以及资金的流动都需要流动的双方互相确认信息以确保流通的正确性和有效性，因此信息的流通介于每个供应链成员之间，存在于全球供应链管理的每一个环节，均为双向流通。

10.5.3 全球供应链管理中的采购问题

在全球供应链管理背景下，采购是指从供应市场上获取商品、资本设备、原材料或维护、维修和运营服务的行为。传统的采购过程是以人工为主，在纸上进行。然而，近年来随着计算机、信息以及互联网技术的飞速发展，采购过程主要依赖于计算机系统，通过运用自动化的电子系统进行管理。合适的采购系统以及采购决策是确保用户信息向采购人员的高效传递以及最后向供应商的传递。一旦信息被传递给恰当的供应商，系统还必须确保采购的原材料从供应商到用户的高效流动，发货清单从供应商到会计部门的流动。最后，采购系统还必须有适当的运营控制或者内部控制，以防止对采购资金的滥用和盗用。由此可见，对采购系统、采购决策的选取是否合理以及对供应商的选择是否合适，会对整体供应链管理中的采购管理产生非常重要的影响。

1. 采购决策

供应链管理中的采购决策主要分为两种：自制或购买。其中，自制是指一个企业或组织自己生产物料、零件、服务或设备等。企业或组织选择自制的原因有：①保护自有技术。企业为了维持自己的竞争优势，会进行技术研发，并且在某些产品设备或工艺流程上进行创新。在相关材料设备采购过程中，如果让供应商来进行生产，且要生产出符合企业要求的产品，会给企业带来技术泄露的风险。因此，企业一般会选择自制来保护这些有竞争力的技术。②缺少合格的供应商。在采购阶段，如果缺少符合企业生产要求的材料设备供应商或者供应商没有生产某一零件的技术或者能力，企业一般会选择自己生产。③利用剩余产能。如果存在过剩闲置产能，企业可以运用这些过剩产能生产所需要的零件，不仅避免了产能过剩的出现，还可以节约成本。这种战略对于生产季节性产品的企业来说是非常有意义的，它避免解雇工人，而且当企业进入旺季的时候，产能能够轻松地满足需求。④控制交货期和物流成本。自制决策有利于企业更好地控制交货期和产品运输、储存成本。因为企业可以自己管理、控制生产节奏，控制设计、生产、配送各阶段的时间。同时，企业可以自己选择适当的生产地点，节省运输成本。

购买或外包是指企业或组织从供应商处购买或外包物料、零件或服务等。企业或组织选择购买或外包的原因有：①成本优势。对于很多企业来说，成本是选择购买或者外包的重要原因。对于单个企业而言，由于需要的数量较小，投入资本进行生产并不具有规模经济。而供应商通过大规模生产将相同的产品出售给多家企业，具有规模经济的优势。特别是国外的一些供应商，还具有较低的劳动力成本和原材料成本的优势。②产能不足。企业或组织会将自己的主要精力放在发展核心业务上，当需求增长超过预期或者扩张战略不能满足需求时，企业一般没有过剩的产能去生产零部件。此时，企业会将需要的零部件运营外包。③缺乏技术。如果企业没有生产某一产品所必需的技术和知识，或者缺乏生产某些产品环保和安全方面的标准，为了维持非关键活动的可持续性而进行生产可能会妨碍企业核心能力的发挥。而供应商拥有相关的工艺流程或者产品专利，企业将某些材料设备以及零部件的生产外包给这些供应商，会大大缩减产品生产周期，减少成本。

2. 供应商的选择

当企业选择将某些材料设备以及零部件外包生产时，供应商的选择对企业后续产品的生产、产品质量以及产品的国际竞争力都有非常重要的影响。因此，企业在做决策时要多方面考虑，主要因素有：①工艺流程和产品技术。供应商应该具备生产所需部件的良好工艺流程和技术，能够以合理的成本生产优质产品，以增强采购者的竞争优势。②愿意分享技术和信息。现有的趋势鼓励企业将材料设备的生产进行外包，以利用供应商的能力从而专注于核心能力，因此企业选择愿意分享技术和信息的供应商是非常重要的。供应商通过信息技术的沟通交流和分享而早期介入委托企业的业务需求，不仅有助于新产品的设计和开发，而且供应商参与设计过程，可以使采购者将更多精力放在核心业务上。③产品质量。采购的产品质量水平在供应商选择中是一个重要因素。产品质量要高并保持一贯性，因为它直接影响最终产品的质量。④总采购成本。企业外包的成本包括物料的总费用、现金折扣、订购成本、搬运成本、物流成本、保养成本和其他不易量化测量的成本等。在考虑总购买成本时，要结合多方面因素，不能单独考虑物料的总费用。⑤可靠性。可靠性是指除了产品质量之外对供应商自身其他方面的要求，包括供应商财务是否稳健，研发投资情况如何，订购系统是否完善，交货期是否稳定等。⑥选址。地理位置和距离是选择供应商时又一非常重要的考虑因素，它会影响供应商的交货期以及运输和物流成本，特别是跨国和跨地区的供应商，委托企业需要慎重选择。⑦服务。在委托企业需要产品信息或者保修服务时，供应商需要及时响应并且能够随时提供良好的服务。

10.5.4 全球供应链管理中的运营问题

全球供应链管理中的运营是指对供应链运营的计划、组织、实施和控制，主要涉及协同计划、预测与补货以及库存管理等方面的内容。

1. 协同计划、预测与补货

根据美国产业共同商务标准协会（VICS）给出的定义，协同计划、预测和补货是指供应链中的实体所使用的一套业务流程，用于提高供应链的整体效率，实现零售商和制造商的功能协同。而美国供应链管理专业协会（CSCMP）认为，供应链中的协同计划、预测和补货是一种通过支持和辅助联合实践来增强供应链融合的观念，通过整个供应链的联合可视和产品补充以实现库存的合作管理。在信息共享系统的支持下，供应商和零售商之间能够实现信息共享，有助于计划和满足消费者需求。这就要求连续更新库存和需求，使端对端的供应链管理更有效率。通过减少贸易伙伴在销售、库存、物流和运输上的成本，效率也得到了提高。

供应链管理中的协同计划、预测与补货的主要目标就是通过提高预测的精确性，将供应链上各个环节所需的产品按照预定时间运送到正确的地点，尽可能地减少供应链中的库存，避免缺货，提高客户服务水平，实现供应链最优化。具体来看，供应链管理过程中，协同计划、预测与补货这一流程具有以下方面的优势：①可以通过应用销售点数据、季节性活动、促销、新品推介、商店开张或关闭的信息来提高销售分析和订单预测的准确性。②可以加强伙伴之间的关系，并根据客户提供的各项指标分析了解客户购买习惯，进而改进客户服务，增加销售额和利润。③有利于更好地进行需求管理，整合计划、预测和物流，提供有效的商品类别管理。

协同计划、预测与补货模型在2004年由产业共同商务标准协会（VICS）提出，主要包含战略规划、供求管理、执行和分析这四个相互关联的关键环节。其中，战略规划是为协作关系奠定基本规则，决定产品的配送和放置，并为本时期制订项目规划；供求管理是指在规划周期内，为制造商预测订单和装运需求，并为零售商预测消费需求；执行主要包括下订单、准备并交付装运，接收产品并放置在零售货架上，记录销售情况和进行支付等；而分析这一环节是指监视规划和执行活动中的异常情况，计算关键性能指标，分享见解，调整计划，改善结果。

2. 库存管理

有效的供应链管理不仅需要将库存在内部组织进行有效控制，而且需要将其贯穿于供应链的每一个环节，进行有效的库存计划和库存控制。有效的独立库存管理系统，不仅可确保运营顺畅，节省成本，并且可以允许生产企业以在制品和产成品库存的形式储备生产能力。

库存的主要功能是对市场上的不确定性进行缓冲，以及分离或打破供应链中各阶段之间的依赖关系。保持一定数量的库存作为安全库存或缓冲库存，可以用来缓冲由于供应、需求或供货时间的波动所带来的不确定性。同样，当同一生产线上的某些工作中心停工进行维护和修理时，适量的库存可以保证其他的工作中心不间断地工作。在供应链中的每一个环节保持适当的库存数量，还能够保证当运行较快的工作中心受到上游较慢的工作中心限制时仍然可以顺畅运行。

库存包括所有的材料、购买的产品、半成品、零部件以及产成品等，因此库存管理可以分为四大类：原材料库存管理，在制品库存管理，产成品库存管理和维护、维修、作业用品库存管理。

原材料是指企业为生产最终产品而购买的未经加工过的投入或材料，当生产过程完成后原材料便成了产成品的一部分。原材料库存管理可以降低运输成本或获得批量折扣，能有效储备货物以防价格上涨或潜在的缺货风险，还可以缓冲因上游供应商不按时交货或质量问题等对下游企业生产所产生的冲击。

在制品是指经过一定加工但还不能用于销售的产品。在制品库存管理可以有效分离加工阶段并顺利打破各工作中心之间的依赖关系。

产成品是指已经制造完成并等待装运的产品。产成品库存管理也可以有效缓冲意想不到的需求变化并及时应对生产过程中的停工时间。当准备成本过高时，产成品库存还可以确保生产的经济性。

维护、维修、作业用品是指不作为产品的组成部分，但在产品的生产过程中仍然需要的材料和用品。溶剂、切削工具和机器润滑油都属于作业用品。进行维护、维修、作业用品库存管理主要有两个方面的原因：获得采购经济性和避免因原材料短缺而造成生产中断。

10.5.5 全球供应链管理中的分销问题

供应链中的分销业务主要涉及某种商品或服务在从生产者向消费者转移的过程中，取得这种商品、服务所有权并帮助所有权转移的企业和个人，包括物流管理、客户关系管理以及选址问题等。

1. 物流管理

产业供应链上，不论是物料从供应商到买家的移动、在制品在企业内部的移动，还是制成品向顾客的移动、退回或回收以及沿着供应链存储上述物料或产品，物流都是必需的。美国供应链管理专业协会（CSCMP）认为："物流管理作为供应链管理的一部分，即为计划、实施和控制起始点和消费点之间的高效前向和反向的运送、货物储存、服务以及相关信息，以满足顾客的需求。"

出售物流运输服务的公司在法律形式上被分为普通承运人、契约承运人、豁免承运人以及自有承运人。其中，普通承运人是指在对外公布价格中向所有的托运人无歧视地提供在指定地点之间的运输服务，即向所有顾客对于同样的服务收取等同的费用。契约承运人主要根据合同协议向特定顾客提供服务，典型的契约即为对运送指定货物的谈判并商定价格。有些契约承运人具有特定功能，使得他们能够在相同服务的条件下提供比普通承运人更低的价格。豁免承运人属于租用运营商，他们可获得服务和价格的监管豁免，有时候可以运输如农产品、牲畜、煤炭或报纸等的免检产品。除了运输特定商品，走特定运输路线的承运人也被视为豁免承运人。自有承运人不受经济管制，公司一般会拥有自己的承运人并经营车队来负责通常的货物运输。

目前物流服务的定价策略主要为服务成本定价法和服务价值定价法。服务成本定价法是指承运人根据他们的固定和可变运输成本来建立运输价格，这种方法要求承运人必须能够确定相关成本，并准确地分配到每批货物。确定的价格会随着运输货量和距离的变化而变化。而服务价值定价法是指承运人以市场能够接受的最高水平来为服务定价。因此，价格是基于竞争的激烈程度和当前每项服务的需求量，这是一个利润最大化的定价方法。除了这两种主要的定价方式之外，如果委托人出货量比较大时，承运人和托运人可以进行协商定价。在美国，自放松运输管制以来，协商定价已成为托运人和物流服务商间最为常见的定价方式。托运人通常希望承运人能够使用服务成本定价，而承运人则想使用增值服务定价，为了保持一个平等的伙伴关系，双方便会针对价格进行谈判，使得协商定价法越来越流行。此外，市场上还有一些物流运输的定价方法，如销售条款定价法以及各种费率定价法等。

2. 客户关系管理

客户关系管理是指与客户建立并维护长期的、可获利的关系，是能够描述并增加客户价值的基础措施，是能够促进顾客保持忠诚的手段。还有学者将客户关系管理定义为“为了提升企业业绩而对组织内部和顾客与公司客户服务代表之间人际关系进行的管理活动”，或者“利用组织传统和电子交互的手段，管理和优化顾客接触体验的一种核心商业策略”。客户作为企业的焦点，企业寻找能为客户实现增值的供应商，进而更好地满足客户需求，也是客户关系管理中非常重要的内容。客户关系管理和维护不仅可以确保客户对所购买商品的正确使用，而且可以最大化终端客户的利益，进而影响企业和各供应商的品牌和声誉。因此，在全球供应链管理的分销环节中，客户关系管理对整条价值链和供应链的成功至关重要。

客户关系管理的基本活动之一就是客户分类。公司一般会用多种方法对客户进行分类，如销售区域、销售渠道的偏好、盈利情况、所购买产品、销售历史、人口统计资料、所需产品功能和服务偏好等。客户细分有利于企业针对不同类型客户确定不同的沟通方法和营销措施。根据营销方式的不同，可将客户细分为许可营销类和交叉销售类两种类型。目标营销的一个延伸就是关系营销或许可营销，核心要义是让客户自主选择与组织进行沟通的方式和时间。在许可营销当中，客户自主选择被放入或退出电子邮件或邮寄营销的名单来获取商品和服务信息。客户已经能够在网站上精准选择什么是他们感兴趣的、什么时候需要信息、需要怎样的信息以及他们希望信息以哪种渠道被传递。针对此类客户，企业需要使用复杂的软件功能来追踪每个客户的互动偏好，并对这些信息进行即时更新。而交叉销售是指初次消费发生后，消费者又再次购买其他产品。这种特定的购买行为使得企业可以对其客户进行细分，之后企业可以在正确的时间将正确的产品交叉销售给适当的客户。

客户关系管理还需要了解客户的行为，通过了解客户现有的消费行为，来预测其潜在行为。企业一般会运用数据挖掘软件和客户行为分析的方法来预测客户接下来很可能购买的产品种类，以及他们为该产品的支付意愿。基于此，企业可以修订其定价策略、提供折扣并为特定细分市场设计促销手段，尽量减少客户的流失。减少客户流失是长期客户关系管理不可缺少的一环，最新研究发现，客户流失的原因有员工态度差、整体服务质量差、员工社会化而忽视客户以及服务效率低等。针对这些问题，企业可以重点分析客户的消费偏好、消费习惯以及可获利性，进而合理设计一些措施来保持或重新获得客户。

进行客户关系管理除了要对客户进行细分，了解和预测客户的行为之外，还需要确定客户的价值，即确定客户的可获利性。对于大部分企业而言，进行客户价值确定具有一定的困难，一般都借助于一定的电子管理系统，如 ERP 系统等，来捕捉客户可获利性信息。此外，客户价值的确定有时需要进行长期分析，确定其终身价值。有时短期内客户可获利性较小，但长期分析客户拥有一定的终身价值。因此，企业通过长期信息分析可以获得长期合理利润，并且可以针对性地设计客户沟通渠道和服务政策等。

3. 选址问题

仓库是用于支持采购、生产和销售活动的配送中心，主要用来接收大宗货物，然后将其拆开分散，按订单重新包装，再将这些订单配送到制造地点或零售中心。根据存储目标和客户服务要求，仓库应尽量靠近供应商，更贴近客户或集中的地点。当然，企业也可能会经营整合仓库，从附近区域的供应来源收集大量零担货运，统一整理后再将货物从整合中心配送给一定距离外的制造商。使用整合仓储及配送中心能使企业实现采购经济和运输经济。

企业用于经营仓储和配送业务的仓库主要分为自有仓库和公共仓库两类。自有仓库是指企业所拥有的储存货物的仓库，企业独立将大量的货物储存或转让，可以减少仓储成本。同时，自有仓库有利于企业更好地利用其劳动力和专业知识来决定如何进行存储、处理以及运营。公共仓库是签订或租赁大范围的轻工制造、仓储和配送服务给其他公司的非营利性组织。公共仓库提供了一系列专门的服务，包括杂件货物的拆分重组、货物重新包装、货物装配、质量检查、材料处理、设备维护、文件服务以及短期和长期储存等。除了提供以上服务，公共仓库还有利于企业应对需求变化时保持短期灵活性和节省投资成本，这是自有仓库所不能提供的。

自 19 世纪以来，许多知名经济学家在有关仓库选址方面提出了一些理论假设，德国经济学家约翰·海因里希·冯·杜能（Johann Heinrich von Thunen）在 19 世纪 20 年代提出仓库设施选址的时候应该最小化运输成本。一个世纪之后，另一位德国经济学家阿尔弗雷德·韦伯（Alfred Weber）提出的工业区位理论与冯·杜能所提理论非常相似，他认为处于最佳位置的时候，入站和出站的运输费用的总和最小。在 20 世纪 40 年代，埃德加·胡佛（Edgar Hoover）提出三种类型的定位战略：市场定位战略、产品定位战略和中间定位战略。市场定位战略（Market Positioned Strategy）要求仓库选址尽可能地靠近客户，最大限度地提高客户服务水平。在配送灵活和客户服务水平高的时候可以使用该战略。产品定位战略（Product Positioned Strategy）要求仓库选址尽可能地靠近供应的来源，最大限度地减少产品入库的运输成本。从供应源处购买大批货物和客户订购大量商品时可以选择该战略。中间定位战略（Intermediately Positioned Strategy）是仓库位于货源和客户之间。当配送服务要求相对比较高以及客户从许多供应商那里采购产品时可以使用该战略。而20世纪50年代，梅尔文·格林哈特（Melvin Greenhut）提出的区位理论以利润为基础，而不是运输成本。他认为仓库最佳的区位应该是利润最大化的，这可能不是成本最低的位置。

本章小结

1. 随着经济全球化的不断发展，技术和品牌优势使得企业越来越趋向于将不具有比较优势的工程项目或者产品生产从企业内部分离出来，委托、承包或外包给有比较优势、劳动力成本低、自然资源丰富的企业或承包商来经营生产，从而提高了工程或产品质量，增加了企业整体的国际竞争力。

2. 国际工程承包市场是指在国际范围内，进行国际工程跨国经营，包括咨询、评估、规划、勘察、设计、施工及其他相关业务的发包与承包的商务活动及其形成的经济关系。

3. 在国际工程承包和外包过程中，涉及工程招投标、工程合同管理、咨询评估、规划勘察、设计施工等各类业务，只有对各环节进行合理的监管控制，国际工程承包与外包才可以高效有序地进行。

4. 国际工程招投标是一种国际上普遍应用的、有组织的工程市场交易行为，是国际贸易中一种商品、技术和劳务的买卖方法。工程招投标体现了市场经济的基本特征，它既是供需关系的博弈，也是供方间的博弈，还是雇主的择优方式，为投标人提供了平等竞争的平台。投标人通过公开、公正、公平的相互竞争，取得工程承包合同或货物采购合同，但也对投标人有一定的限制。

5. 全球供应链管理也是国际工程承包与外包管理的重要组成部分。全球供应链管理是交易伙伴关键组织流程的整合，从最初的原材料获取到产品和服务交予最终消费者，包括所有的中间处理、运输、储存活动和最后的销售。供应链管理的实践对降低成本、提高质量、改善客户服务、提升竞争力都有非常重要的意义。

关键术语

国际工程承包　总承包　分包　转包　联合承包　国际工程承包市场　国际工程招投标　公开招标　限制性招标　ICE合同　AIA合同　FIDIC合同　国际工程合同管理　生产外包　全球供应链管理　物品流通　物品所有权转移　资金流通　信息流通　采购　运营　分销　客户关系管理

本章思考题

1. 什么是国际工程承包？国际工程承包的特点是什么？
2. 国际工程承包市场如何划分？
3. 国际工程项目招标程序是什么？
4. 国际工程承包合同执行过程中引发的争端或矛盾有什么？解决方法有哪些？

5. 全球供应链管理的种类有哪些？

本章参考文献

[1] 林正章. 国际物流与供应链［M］. 北京：清华大学出版社，2006.

[2] 李惠强. 国际工程承包管理［M］. 上海：复旦大学出版社，2008.

[3] 王东升，李虚进. 国际工程承包与管理［M］. 徐州：中国矿业大学出版社，2009.

[4] 威斯纳，陈加存，梁源强. 供应链管理：第 3 版［M］. 刘学元，等译. 北京：机械工业出版社，2013.

[5] 郑雄伟，曾松. 国际外包［M］. 北京：经济管理出版社，2008.

[6] 赵莹华，许焕兴. 国际工程承包［M］. 5 版. 大连：东北财经大学出版社，2020.

[7] 王忠伟，庞燕. 国际物流与供应链管理［M］. 北京：中国商务出版社，2021.

第 11 章 国际市场进入与组织战略

本章目标

通过本章学习，应能：

1. 了解并掌握出口进入式、契约进入式和投资进入式这三种国际市场进入战略，以及它们各自的含义、优点以及不足。

2. 了解并掌握市场领导者战略、市场挑战者战略、市场追随者战略、市场补缺者战略四种类型的国际市场竞争战略的主要内容。

3. 从国际企业组织与组织结构、国际企业组织结构类型、国际企业组织结构选择以及国际企业的管理控制体制等几个方面深入理解国际商务组织战略。

4. 了解国际战略联盟的含义和形式，掌握国际战略联盟规划。

11.1 国际市场进入战略

11.1.1 出口进入国际市场模式

大多数企业从出口开始进入国际市场，出口被作为企业进入国际市场的重要方式。相对而言，出口是一种最普通、最简单，也是最传统的进入国际市场的方式，它是生产企业在国内生产，并将拥有的生产要素（如劳动、资本等）留在国内，通过一定的渠道将产品销往目标市场国的方式。出口可以分为间接出口和直接出口两种方式。

1. 间接出口

（1）间接出口的含义

间接出口是指生产企业通过本国中间商向国际市场出口产品。间接出口的主要形式包括通过出口代理商、出口公司、出口管理公司、国际贸易公司或其他中介等把企业生产的产品销往国际市场，也包括企业之间合作出口或把产品直接出售给外国在当地设立的采购机构，实现产品进入国际市场。

(2) 间接出口的优点

对于初涉国际市场的企业，特别是小公司来说，间接出口是进入国际市场的较好方式。其优点如下：

1) 不必专设机构和雇佣专职人员来经营出口业务，可以只用几种有限资源做好产品的研制开发和生产，提高产品竞争能力，同时节约费用并且不承担或少承担经营风险。

2) 可以利用其他企业在国外市场的知识、信息、营销渠道、国际销售团队、物流系统，将产品出口到国外市场，在短期内实现渗透国外市场的目标。

3) 灵活性大。企业和承接出口业务的第三方机构都是根据签订的合同来联系和合作的，合同期满后，生产企业可根据合作结构再做选择，不存在投资回收的问题。

4) 企业可借助此方式，逐步积累经验，为以后转化为直接出口奠定基础。

(3) 间接出口的不足

1) 生产企业依靠第三方机构的力量从事出口贸易，但这些机构有时因财力有限，或者缺少与客户联系的网络，有失掉市场份额的危险。

2) 生产企业对海外市场缺乏控制，所获市场信息反馈有限，可能影响国际营销决策的及时性和准确性。

3) 无法积累自己的市场进入经验，无法适时了解目标市场的需求并针对需求适时修正产品。

4) 生产企业无法获得国际市场营销的知识和经验，无法为更深入地进入国际市场参与国际经营进而实现国际化成长奠定基础。

因此，间接出口主要适用于那些不常出口的或者对出口销售没有能力和经验的企业，间接出口往往是作为诸多方式之一，主要是对那些潜力不大或风险较大的市场所采取的一种进入方式。

2. 直接出口

(1) 直接出口的含义

直接出口 是指企业绕过国内中间商，把产品直接卖给国外的中间商或最终用户。从严格意义上讲，直接出口才是国际经营的起点。直接出口的形式可以是把产品直接销售给国外的经销商、代理商，实现产品进入国际市场，也可以是把产品直接销售给国外最终消费者。

(2) 直接出口的优点

1) 使企业摆脱中间商渠道与业务范围的限制，可以部分或全部控制国际营销规划，更好地保护商标、专利、信誉和企业的其他无形资产等。

2) 企业可以获得较快的市场信息反馈，据以制定更加切实可行的营销策略。

3) 收益比间接出口要大。

4）有利于全面积累国际市场营销的经验，为今后的跨国投资经营打下基础。

（3）直接出口的不足

1）直接出口需支付更多的费用，要设立专门的对外贸易部门并配备相关的人员，还要独立承担国际市场的风险。

2）适用面窄，直接出口产品需具有竞争优势，才能打开市场。

3）在海外建立自己的销售网络需要付出艰苦努力。

综上所述，间接出口和直接出口都有各自的优势与不足。与其他进入模式相比较，出口进入模式需要资金投入较少，可以帮助企业实现地域优势和规模经济优势，是获取出口经验的有效途径，具有高度的灵活性。但是，出口进入模式难以保持企业对当地代理商和市场需求的监控，遇到的关税与非关税壁垒容易导致出口产品失去与当地产品的竞争优势，同时产品到达当地市场的时间过长而且需要支付高额的运输成本。

11.1.2 契约进入国际市场模式

契约进入模式，是指本企业通过与目标国家的法人订立长期的、非投资性的无形资产（专利、商标、技术诀窍、商业秘密和公司名称等）转让合同进入目标国家。契约进入的形式包括以下几种：许可证贸易、特许经营、管理合同、制造合同、“交钥匙工程”。

1. 许可证贸易

（1）许可证贸易的含义

许可证贸易是指企业在一定时期内向国际目标市场的企业转让其工业产权，如专利、商标、版权、产品配方、公司名称、特殊营销技能或其他有价值的无形资产的使用权，并以双方约定的使用费作为补偿。其中出让无形资产的一方称为许可方或授权方，接受无形资产的一方称为受许方或被授权方。无形资产使用权的转移是许可证贸易的核心，也是它与其他契约进入策略的根本区别。

（2）许可证贸易的优点

1）成本低。在典型的许可证交易中，许可方不用承担开发海外市场的巨额成本和营销力量，又可以用赚得的许可经营费来将产品研究开发成果投入实际生产并进行再次开发，以此来分摊新技术的研究开发成本。

2）障碍少。各国对货物进口限制很多，尤其是非关税壁垒更是名目繁多，有些国家甚至对某些产业进行保护，如广播、电视、通信等。但是，各国对许可证贸易则没有严格的限制，还鼓励技术的输入。因此，当企业希望进入国外市场而与此同时又由于投资壁垒受限时，许可证贸易是一个很好的方式。

3）风险小。当目标国政府对外资实行征用或国有化时，直接投资的政治风险和经济损失要大于契约进入方式，因为后者最大的损失是技术使用费。因此，许可证贸易可降低或避免国际营销的各种风险，如被没收、征用等。

4）有利于特殊技术的转让。许可证贸易有利于特殊技术的转让，确保知识产权法等法律合同的保护，并形成先入为主的技术标准优势，为开发下一代或相关产品打下基础。

5）有利于小型制造企业进入国际市场。许可证贸易虽然并不局限于中小企业，但为小企业的产品快速进入国外市场提供了一条捷径。

（3）许可证贸易的不足

1）必须具备一定的条件。采用许可证贸易需要企业具备一定的条件，如果企业没有外国客户感兴趣的技术、商标、诀窍及企业名称，就无法采用此模式。

2）控制力弱。许可证贸易中，许可方与受许方之间是买卖关系，而非从属关系，因此，为实施对目标市场的控制，许可方会在许可协议中订立若干条款。但是，由于不是直接经营，许可方不可能对其加以直接控制，因此会依赖受许方，而受许方为追求利润可能出现的短期行为，又会使许可方的信誉等受到损害。

3）机会成本大。许可方可能失去进入目标市场的其他方式所应取得的实际和未来的净收入。如排他性许可协议规定受许方在一定地区内享有使用该技术从事独家经营的权利，这意味着许可方在许可期内不能再以其他的方式（如在该地区出口自己的产品）进入受许方市场，故许可方的机会成本会较大。

4）潜在竞争强。许可证协议有一定的有效期，当协议期满后，受许方利用转让的技术，经过一定时期的经营，在目标市场积累了经验，开拓了业务关系，树立了自己的形象，已成为该产品生产的内行，许可方想再进入该市场可能遇到的最大的竞争对手就是原来的受许方。

5）收益低。与出口和直接投资方式相比，许可方从许可协议中获得的收益一般较低，受许方在协议失效后，会继续生产和销售这种产品，而不再支付报酬。

2. 特许经营

（1）特许经营的含义

特许经营是指企业（特许方）将自身的经营模式与相应工业产权（如专利、商标、产品配方、包装、公司名称、管理服务等无形资产）特许给目标市场某个独立的企业或个人（被特许方）使用，被特许方遵循特许方的相应要求从事经营业务活动，并支付经营提成费和其他补偿给特许方。

（2）特许经营的优点

1）可以以最少的投资达到迅速扩张的目的，并可获得稳定的收入。

2）通过提供标准化、高质量的服务，可最大限度地扩大特许方的市场影响。

3）成功的特许经营是双赢模式，能让被特许方获得比单体经营更多的利益，从而调动被特许方的经营积极性。

4）海外政治、经济风险小。

（3）特许经营的不足

1）特许方必须要有吸引其他经营者来分享自己知识产权的无形资产。

2）特许经营必须在适应当地市场环境和产品标准化之间寻求平衡。考虑到当地的市场条件，对最终产品进行一定调整是必然的。

3）特许方很难保证被特许方按合同所约定的质量来提供产品和服务，难以对被特许方经营全过程进行控制。

4）特许方的利润水平较低。

5）一些国家的法律、政策会妨碍特许经营方式的应用。

6）适应面较窄。特许经营一般只适用于零售业、快餐业等相对容易进入的行业，而资本密集型、技术密集型行业不适宜采用这种进入方式。

3. 管理合同

管理合同是指对象国企业由于缺乏技术和管理人才，通过签订合同，将企业交由其他国家某家国际企业，由其来承担对象国企业的经营管理活动的方式。

管理合同的特点是只管理不投资，即管理方仅拥有对象国企业的经营管理权，而没有所有权，并以提取管理费、一部分利润或以某一特定价格购买对象国企业的股票作为报酬。如中国的上海太平洋大酒店聘请原属美国的威斯汀饭店集团来管理，就是典型实例。从管理合同主体之间的关系看，管理合同中所有者与经营者之间是一种委托—代理关系。一般来说，所有者承担全部的法律和事务责任，经营者则按照管理合同的约定承担相应的责任和义务。尽管这种模式使承担管理的企业无须承担投资的风险和责任，并通过利润分配等方式获得稳定的收入，但也存在一定的风险。对于所有者来说，要承担丧失经营控制权、降低如由自己经营可能获取的高额利润、金融风险以及终止合同困难等风险。而对管理者来说，有赖于所有者的资金力量、对所有者有关财产的决策影响不大、管理者利益和声誉的损失等风险的存在，也会影响采用管理合同进入国际市场的效果。所以，这一方式很少被单独使用，而是常常与合资企业或“交钥匙工程”一起使用。

4. 制造合同

（1）制造合同的含义

制造合同是指跨国企业与东道国企业签订某种产品的供应合同，向东道国企业提供零部件由其组装，或向东道国企业提供详细的规格标准，要求后者按合同规定的技术要求、质量标准、数量和时间等，生产跨国企业所需要的产品，交由跨国企业，由跨国企业自身保留营销责任的一种方式。

（2）制造合同的优点

1）有利于跨国企业利用合同制造模式，将生产的工作与责任转移给合同的对方，以将精力集中在营销上，因而是一种有效的扩展国际市场方式。

2）适用于跨国企业的资源优势在于技术、工艺和营销而不在于制造的情况。

3）国外投资少、风险小。

4）产品仍由跨国企业负责营销，对市场控制权仍掌握在跨国企业手中。

5）产品在当地制造，有利于搞好与东道国的公共关系。

（3）制造合同的不足

1）需要对国外生产有较强的控制力，如对产品质量的控制等，否则可能给本企业市场声誉带来不利影响。

2）难以找到有资格的制造商。

3）利润需与制造商分享。

4）一旦制造合同终止，东道国制造商可能成为跨国企业在当地的竞争者。

5. “交钥匙工程”

（1）“交钥匙工程”的含义

“交钥匙工程”是指跨国企业为东道国建造工厂或其他工程项目，一旦设计与建造工程完成，包括设备安装、试车、人员培训及初步操作顺利运转后，即将该工厂或项目所有权和管理权的“钥匙”依合同完整地交给对方，由对方开始运营。因而，“交钥匙工程”也可以看成一种特殊形式的管理合同。“交钥匙工程”除了发生在企业之间外，许多项目是就某些大型公共基础设施（如医院、公路、码头等）与外国政府签订的。

（2）“交钥匙工程”的优点

1）“交钥匙工程”通常签订大型长期项目合同，能够为跨国企业提供稳定的投资和明确的预期，减少中途变更和延误的风险。

2）对于被投资国来说，“交钥匙工程”通过改善基础设施和引入先进技术及管理经验，能够提升本国的工业基础，促进经济发展，为被投资国带来长期的积极影响。

（3）“交钥匙工程”的不足

1）由于这类项目具有长期性，也就使得这类项目的不确定性因素增加（如遭遇政治风险），而对企业来说，预测外国政府的变化对项目结果的影响往往是很困难的。

2）培养了潜在的竞争对手。

11.1.3　投资进入国际市场模式

1. 投资进入模式的含义及优缺点

投资进入模式，又叫股权式进入，是指国际化经营的企业将自己控制的资源，如管理、技术、营销、资金及其他技能，转移到目标国家或地区，建立受本企业控制的海外分支机构，直接参与国外市场的经济活动，以便能够在目标市场更充分地发挥竞争优势的国际市场进入方式。企业对国外分支机构既拥有所有权，又拥有对其经营活动实际的控制权。投资进入模式是国际化经营企业进入国际市场的高级形态。

与其他进入模式相比，这种模式具有以下优点：

1）在东道国投资生产可以节省运费和关税，获得低价的生产要素，从而有效降低生产成本、提高国际竞争力。

2）能更好地根据当地需要、偏好和购买力生产产品；更迅速、可靠地向中间商和顾客发货，提供更好的售后服务，并可借助子公司的营销力量直接经销，具有当地公司形象；可以通过加大投资来稳固国际目标市场，创造市场优势。

3）容易受到东道国，特别是发展中国家政府的欢迎。

4）有利于企业对产品的产销进行严格的控制。

与其他进入模式相比，其不足是：

1）需要更多的资金、管理和其他资源。

2）受东道国的经济、政治、文化、地理位置和市场等多种不可控因素影响，面临的风险范围更广。

3）投资回收期较长、退出市场障碍较多。

2. 投资进入国际市场的具体形式

（1）合资经营

合资经营企业是指两个或两个以上不同国家或地区的投资者组成的具有法人地位的企业。合资企业是完整独立的法律实体，承认各方有共同参与管理的意愿，合资各方都拥有股权。在合资企业中，通常东道国企业主要提供土地、厂房、设备、原材料、劳动力等，按协议价格计算投资额，外国投资者则一般是以设备、工业产权和资金等作为投资份额。双方按注册资金比例分享利润、分担风险和亏损。

合资经营是一种风险较小的海外投资方式，它的主要优势如下：

1）可以借助东道国合伙人对本国环境的熟悉、与当地政府良好的关系、现成的推销网络，更直接地参与当地市场，增强企业对环境的适应能力。

2）可以减少投资的政治风险。

3）有利于利用当地资本，缓解资金压力，有利于进入资本市场，容易获取当地的资源支持和市场信息，享有包括对外商投资和对本国企业的双重优惠待遇，减少商品进入对象国市场的阻力，迅速占领目标市场。

合资经营的不足：

1）由于合资各方在背景、兴趣、动机、工作方法、工作作风等方面的不同，常引起各方管理上的矛盾和分歧。

2）股权的共享使得国际化经营企业无法获得为协调全球竞争所需要的对外国合资公司的控制，当合资企业的经营活动与投资者的战略利益冲突时，为了维持合资企业的生存，外国投资商不得不迁就当地合伙人的利益，不利于跨国经营企业实现其全球战略。

3）容易让合伙人了解技术秘密和财务情报，不利于国外投资者对技术的垄断和通过转移价格获取利益。

（2）独资经营

独资经营是指企业独自到目标国家去投资建厂，建立拥有全部股权的子公司，并进行独自经营、自担风险、自负盈亏的产销活动。

独资经营的优点：

1）可以保证企业完全控制它在目标市场国的生产经营活动，根据当地市场特点，完全按照自己的经营目标与管理思想进行经营管理，调整营销策略，创造营销优势。

2）可以避免与当地合作伙伴冲突，并独享利润。

3）可以同当地中间商发生直接联系，争取得到他们的支持与合作。

4）可降低在目标国家的产品成本，降低产品价格，增加利润。

5）可以减少失去控制的风险；更有利于积累国际营销经验，并将子公司更有效地纳入其全球营销体系之中。

独资经营的不足：

1）相对合资经营，独资经营较难取得当地资源支持以及当地政府和社会公众的认同，东道国政府常常采取较严格的政策，或施加政治压力给国外投资者，从而使独资企业可能遇到较大的政治与经济风险。

2）独资经营也有可能同东道国在市场占有、税收、管理等方面发生冲突。

总之，企业进入海外市场可以有多种模式，每一种进入方式都要求相应的资源投入，从一种进入方式转换成另一种进入方式不仅过程复杂，而且代价巨大。所以，进入方式的选择对企业来说是决定其国际化经营成功与否的关键性决策之一，将决定企业的运作并将影响该市场的所有未来决策。

11.2 国际市场竞争战略

国际市场竞争战略是企业为了在国际市场上生存与发展，为了在国际竞争中保持或发展自身的实力、地位，而确定的企业目标和为达到目标应采取的各项策略的有机结合。在国际市场上，不同国家的企业为了争取更多的客户、扩大销售量、提高产品的国际市场占有率，而进行着比国内市场更为复杂、更具风险的竞争。国际市场竞争战略主要有市场领导者战略、市场挑战者战略、市场追随者战略和市场补缺者战略四种类型。

11.2.1 市场领导者战略

市场领导者是在相关产品的市场中拥有最大的市场占有率并起导向作用的企业。国际市场领导者的地位是在竞争中自然形成的，但不是固定不变的。处于国际市场上领导地位的企业可以采取以下三种策略来维持自己的优势，保持自己的主导地位。

1. 扩大市场需求量

当一种产品的市场需求量扩大时，受益最大的总是市场领导者。通常，企业可以通过发现新的使用者、开发产品的新用途和促使消费者扩大使用量来扩大市场需求量。

2. 警惕其他公司的挑战

为了保持市场领导者的地位，企业必须在扩大市场需求量的同时，时刻警惕其他公司的挑战。可口可乐公司在国际市场上不仅要时刻防备百事可乐公司，而且还要防范来自其他替代品饮料公司的威胁。市场领导者必须在产品创新、服务水平、分销渠道和降低成本等方面不断改进。国际市场领导者为了保持市场占有率，必须主动出击，以攻为守。

3. 提高市场占有率

提高市场占有率是国际市场领导者增加收益的另一途径，也是许多企业追求的主要目标之一。相关的研究表明：企业的盈利率随着市场份额的增长而增长。企业可以通过服务创新、降低成本和价格以及运用有效的促销方式来提高市场占有率。但是企业在提高市场占有率时，必须讲究策略，避免招致其他企业甚至是政府的反垄断控诉，避免为提高市场占有率而付出高额成本。

11.2.2 市场挑战者战略

市场挑战者是在市场上居于较次要地位并向市场领导者发动进攻，以夺取更大的市场占有率的企业。市场挑战者的战略目标是提高市场份额，从而获得较高的盈利率。在确定了挑战对象之后，市场挑战者可以选择以下五种进攻战略来实施挑战。

1. 正面挑战

正面挑战即市场挑战者集中资源正面向对手发动全方位的进攻。市场挑战者力求在产品质量、功能、价格、促销手段等方面与对手展开全面的竞争。正面挑战的胜败取决于竞争双方的实力对比。百事可乐不断向可口可乐发起进攻，就是一个非常典型的正面挑战的案例。无论何时，只要可口可乐开设一家新的企业、推出一种新产品，百事可乐也会在那里开设一家同样的企业、推出同一性质的产品。

2. 侧翼挑战

侧翼挑战即市场挑战者以自己的优势挑战对方的弱点，而不正面进攻竞争对手。市场挑战者可以在国际市场上寻找竞争对手力量较薄弱的国家或地区的市场，对这些市场发起挑战，也可以占领市场领导者尚未进入的细分市场。百事可乐不仅在美国国内市场上向可口可乐发起了最有力的挑战，还在世界各国市场上向可口可乐挑战。百事可乐的战略就是进入可口可乐公司尚未进入或进入失败的"真空地带"。

3. 围堵挑战

围堵挑战即市场挑战者采用突袭的方式四面出击，夺取竞争对手市场的一种策略。20世纪80年代，日本的精工公司为了挑战国际市场上瑞士手表的领导地位，确定了国际市场营销的市场包围范围，取得了胜利。

4. 迂回挑战

迂回挑战即市场挑战者避开与对手的正面交锋，通过开发新产品、实行产品多样化、迂回开辟新市场、市场多样化等战略间接实施挑战。美国米勒公司在啤酒市场一开始就指向了未被发现的市场空白点，最终发现有许多消费者需要"口味较淡的"啤酒。

5. 游击挑战

游击挑战即市场挑战者以小规模的、间断性的挑战，干扰对手的正常营销活动，逐渐削弱对手的力量，以谋求自身发展的策略。采用这种策略的大多是规模较小、实力较弱的小企业，这些企业无法与大对手正面交锋，只能在竞争对手所占市场的某些角落开展及时的促销或价格攻势。

11.2.3　市场追随者战略

市场追随者是指那些力图维持自己的市场份额，不向市场领导者发动进攻，而是紧随其后自觉维持共处局面的企业。作为市场追随者，企业可以学习市场领导者的经验，模仿或改善市场领导者的产品或营销方案，其投资额通常较低。市场追随者的目标是：保持现有的顾客，并争取一定数量的新顾客；设法给自己的目标市场带来某些特有的利益；尽力降低成本并保持较高的产品和服务质量。作为市场追随者，可以选择以下三种战略。

1. 紧密跟随

紧密跟随即市场追随者尽可能在各细分市场和国际市场营销组合方面模仿市场领导

者。市场追随者往往以一个市场挑战者的面貌出现，但是他们并不激进地妨碍市场领导者，不与其发生直接冲突。有些市场追随者甚至可能被说成寄生者——他们很少刺激市场，只希望寄生在市场领导者的投资之下而生活。

2. 距离跟随

距离跟随即市场追随者与市场领导者保持一定的差异，但在主要市场、产品创新、价格水平和分销方面追随市场领导者。市场领导者十分欢迎这种市场追随者，因为市场领导者发现他们对其市场计划很少干预，而且乐意让他们占有一些市场份额，以便使自己免遭独占市场的指责。保持距离的市场追随者可能获取同行业小公司的市场份额而得到成长。

3. 选择跟随

选择跟随即市场追随者在某些方面紧随市场领导者，而在另一些方面则自主经营。选择优秀的企业跟随，市场追随者的跟随策略并不能长期使企业保持稳定的市场份额。他们往往会成为市场挑战者的攻击目标，所以必须一方面紧跟市场领导者，另一方面并不盲目跟随，而是择优跟随，在跟随的同时还要发挥自己的独创性，在产品品质、性能和价格等营销策略方面进行创新，努力寻找新的市场机会，开辟新的市场。他们通常会成长为未来的市场挑战者。

另外，还有一种市场跟随者在国际上十分猖獗，即名牌货的伪造者或仿制者，他们的存在对许多国际驰名的大公司来说是巨大的威胁，这种行为不可取。

11.2.4　市场补缺者战略

市场补缺者是指那些寻求并占有某些不大可能引起大企业兴趣的细分有利市场，从事专业化经营的小企业。这类企业占据着市场的小角落，以自己的专业化优势为那些被大企业忽视或放弃的市场提供具有特色的产品和服务，满足市场的某些特殊的需要。

一个理想的市场补缺者有下列特点：有足够的规模和购买力，从而能获利；有成长能力；被大的竞争者所忽略；有市场需要的技能和资源；能够依靠已建立的顾客信誉，保卫自身地位，对抗大企业的攻击。

在每一个行业中，都有许多小企业为市场的某些部分提供专门的服务，他们避免同大企业发生冲突。市场补缺者可以在以下几方面提供专业化服务：

1）最终使用者专业化：企业专门为某一类型的最终使用顾客服务。例如，一个律师事务所可以专门提供刑事、民事或经济案件的服务。

2）纵向专业化：企业专业化于某种垂直生产水平的生产与分配周期。例如，一个铜公司可能集中于生产原铜、铜质零件或铜制成品。

3）顾客规模专业化：企业可集中力量，向小型、中型或大型的客户销售。许多补缺者专门为小客户服务，因为他们往往被大企业所忽视。例如，计算机行业有些小企业专门针对某一类用户（如诊所、银行等）进行市场营销。

4）特定顾客专业化：企业把销售对象限定在一个或少数几个主要的顾客。许多企业把他们的全部产品仅出售给一家企业。

5）地理区域专业化：企业在某个地方、地区或世界的某一区域集中销售。

6）产品或产品线专业化：企业只生产一种产品线或产品。在实验室设备行业中，许多企业只生产显微镜，甚至仅仅生产显微镜镜片。

7）产品特色专业化：企业专业化于生产某一种产品或进行特色经营。例如，美国加利福尼亚州的汽车出租代理商中有一个破损车出租行，只出租残破但能上路的汽车。

8）定制专业化：企业按照客户的订货单定制产品。

9）质量（价格）专业化：企业选择在低档或高档的市场经营。例如，惠普公司袖珍计算器市场专门生产高质量、高价格的产品。

10）服务专业化：企业提供一种或多种其他企业大多没有的服务。例如，美国有一家银行专门承办电话贷款业务，并为客户送款上门。

11）分销渠道专业化：企业只为一种分销渠道服务，例如，一家软饮料公司只生产超大容量的软饮料，并只在加油站出售。

由于市场补缺者的目标高度集中，产品实行专业化生产，产品质量高而生产成本低，采用这种战略能给企业带来较高的投资收益。当然，由于面临着所服务的市场容量过小和容易受到攻击的风险，市场补缺者可以选择在几个领域实行专业化经营，以确保企业的生存和发展。

11.3 国际商务组织战略

11.3.1 国际企业组织与组织结构

1. 企业组织的基本法律形式

（1）个人企业

个人企业是指有单独的自然人出资，并单独占有、控制、经营与负责的企业，它不具有法人地位。个人企业是一种最简单、最古老的企业形式，至今在各国经济中仍占有数量上的绝对优势，数量占比高达70%~80%，但在各国经济总量中所占的比例并不大，为10%~15%。个人企业“船小好调头”、经营自主、机制灵活，业务经营见缝插针、拾遗补阙，但资金来源有限、企业寿命有限、风险大，个人对企业的债务负无限责任。

（2）合伙企业

合伙企业是指有两个或者两个以上出资人共同出资，共同占有、控制、经营的企业。合伙企业由于参加人数较多，共同出资、共同管理、共担风险，风险比个人企业要小，但也存在企业寿命有限、存在无限责任风险等问题。合伙企业的数量在各国的企业总数中比例较少，为5%~8%，在各国经济总量中的比例也很小。

（3）公司

公司是指由两个以上股东共同出资经营，依照法定程序设立，并以营利为目的的社团法人。根据多数大陆法系国家和英美法系国家的有关法律，公司主要有有限责任公司（Limited Liability Company）、股份有限公司（Limited Liability Company by Share）和无限责任公司（Unlimited Liability Company）三种法律形式。其中股份有限公司和有限责任公司是各国企业重要的法律形式，虽然它们只占企业总数的 15%左右，但其营业额和利润额占到 70%~80%，在各国经济中具有举足轻重的地位。

有限责任公司是指依照东道国公司法或者有关法规注册成立，有一定人数的股票不上市的有限责任公司。股东以其出资额为限对公司承担有限责任，公司以其全部资产为限对公司债务承担有限责任，设立条件比较宽松，手续和程序都比较简便，许多信息资料可以不公开，是西方国家采用的主要公司形式，但无法利用股票市场积聚大量资本。

股份有限公司是指依照东道国公司法或有关法规注册成立，有一定人数的有限责任股东组成，可以对外公开发行股票和债券的典型法人组织。股份有限公司的全部资本分为等额股份，股东以其所持股份为限对公司承担责任，公司以其全部资产为限对公司的债务承担责任。其风险分散机制有利于广泛吸收社会大众的闲散资金，增强其融资功能；信息披露机制有利于形成约束机制，敦促公司经营者不断改善经营管理，提高公司的运营绩效；委托经营制，及公司所有权与经营权分离，决策权与管理权分离，使得公司的经营管理完全由专业的经理人员来进行，大大提高了公司的决策质量和管理水平。股份有限公司成为西方国家主导的公司形式。但股份有限公司也存在许多问题：设立程序复杂烦琐；信息披露使某些秘密难以保护；所有权、经营权和监督权三权制衡机制失衡；内部人控制；经理阶层经营行为倾向短期化等。

无限责任公司是指由两个以上的无限责任股东组成，具有法人资格的营利性经济组织。其组成简便易行，股东都负无限连带责任，其出资额也不能随意转让，有利于形成股东之间的亲密合作关系，具有较高的信誉和较强的竞争力，但其风险很大。无限责任公司在发达国家已日趋减少，但有的发展中国家还采用这种形式。

2. 组织目标

组织目标是某一组织试图达到和期盼的状态，它反映了组织存在的原因和它所寻求的结果。组织目标可以说是组织活动及决策的焦点所在。不过，组织有多种类型的目标，每种目标又有不同的作用。这些目标一般可以分为抽象性总目标（或称为宗旨）和具体性经营目标两大类。

（1）抽象性总目标

抽象性总目标反映了组织的创立者以及经营者的理念和宗旨。例如，组织成立时，通常会制定一份文件来阐述该组织的性质和方向，其中不仅会说明其经营的行业范围，而且会进一步说明要达到的标准，创造的组织形象等。抽象性总目标描述了组织的价值观、信念以及存在的原因，它对组织具有强有力的影响。

（2）具体性经营目标

具体性经营目标通常描述了组织短期内具体可衡量的结果。具体性经营目标包括：①盈利能力，具体可用净收入、每股收益、投资回报等表示。②资源目标，具体涉及资金、原材料以及人力资源的获取。③市场目标，包括广告投放、市场份额的控制等。④成本目标，一般用单位产品成本表示。⑤创新目标，通常以某种产品、服务和生产过程的提高来衡量。⑥员工发展目标，包括员工培训、提高福利、提供升迁通道等。⑦其他经营目标。所以，具体性经营目标具有多重性，绝大部分成功的组织都拥有一套平衡的经营目标，其共同之处是：组织首先要生存、要盈利，然后还要发展。

3. 外部环境与组织结构

组织是与外部环境联系的开放的社会实体。广义地讲，外部环境是无限的，可以包括组织之外的每一个因素。具体见表11-1。

表11-1 组织的外部环境

1）相关产业的竞争者，产业规模与竞争性 2）供应商、制造商、房地产商及服务 3）劳动市场、就业机构、大学、培训学校、其他公司的雇员、同盟 4）股票市场、银行、储蓄与贷款、私人投资 5）顾客、客户、产品和服务的潜在使用者 6）生产技术、科学研究、自动化、新材料	7）衰退与失业率、通货膨胀率、投资与经济增长率 8）法律与规章制度、税收、服务、政治性活动 9）年龄、价值观、信仰、工作伦理、消费与绿色运动 10）被外国企业收购的竞争、进入海外市场、外国习俗

资料来源：Richard L. Daft著，《组织理论与设计精要》，机械工业出版社，1994年版，第39页。

外部环境的复杂性和变化对组织所产生的不确定性是组织所面临的最大威胁之一。组织必须设法将不确定性掌握在可控范围内，这就对组织内部结构产生了新的要求。具体见表11-2。最简单的例子就是，当外部环境复杂性增强时，组织就需要新的员工和部门来应付这种新的情况。

表11-2 不同的环境需要不同的组织结构

组织结构模式	环境变量	结构特征	优点	缺点
传统手工模式	小规模需求，部分标准服务，简单技术，家庭资本	集权，少量管理人员，双向通信	根据需求灵活调整，容易启动，低管理成本	劳动生产率低，成本高
机械模式	大规模需求，标准化服务，简单常规技术	低度专业化，严格岗位责任制，垂直通信	大批量生产，低成本，高劳动生产率	变化与反应能力差
有机专业化模式	小规模需求，非标准服务，复杂技术，风险投资	高度分权，移动性领导，横向通信，注重团队讨论	面向顾客的产品与服务，创新，高品质，高适应性	产品昂贵，劳动生产率不高
机械、有机结合	中等或大量需求同一技术下的多种产品，复杂技术，集约成本	集约与分权并存，部分按机械模式组织，部分按有机模式组织	质量与数量并举，一定的创新，较高生产率	启动资本大，平衡有困难

11.3.2 国际企业组织结构类型

1. 出口部组织结构

出口部组织结构（见图11-1）一般出现在企业国际化经营初期，此时企业的海外业务刚刚开始，他们在国外活动的规模较小，又以商品输出为主，通常采取在企业总部下面设立一个出口部的组织形式，以全面负责管理国外业务。此时国外业务在企业整体业务中占的比例较小，国外业务多为销售，因此总部对国外业务很少进行直接控制。

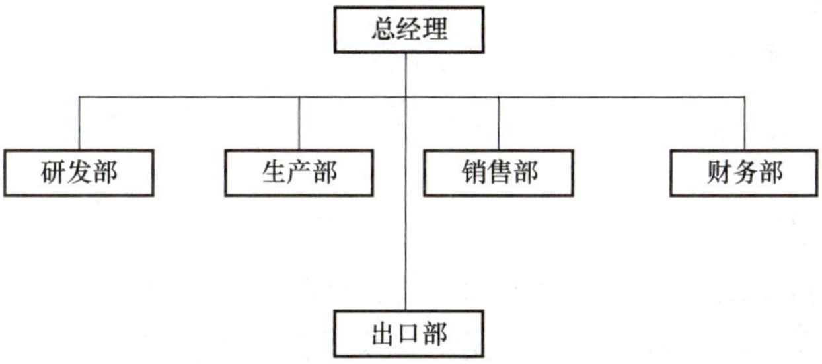

图 11-1　出口部组织结构

（1）优点

1）由一个部门来统一协调所有出口业务，如产品销售、促销、运输、投关纳税等，可以集中专人进行出口管理，提高工作效率。

2）通常由专人负责产品销售，深入销售市场进行促销。

（2）缺点

1）出口部门权力有限，横向协调困难。

2）企业仍以母国市场经营为主。

3）出口与本国市场销售常会因为争夺企业有限资源而发生冲突。

4）难以开展非出口的其他国际经营活动。

（3）适用条件

1）企业以国内经营为主，国际业务处于辅助地位。

2）企业某些产品线比较长，需要出口部加以协调其海外销售。

2. 国外子公司组织结构

国外子公司组织结构（见图 11-2）一般出现在国际企业发展早期，国际业务不是企业的主要收入来源，建立海外子公司主要是出于保住既有的海外市场份额的目的而采取的一种被动的组织行为。其中子公司经理和母公司总经理之间常常有一种较强的个人关系，这种关系甚至强于正式的管理关系。出于一种高度的信任，母公司便采取了对子公司自由放任的态度，这往往会导致子公司和母公司在战略上的不一致。

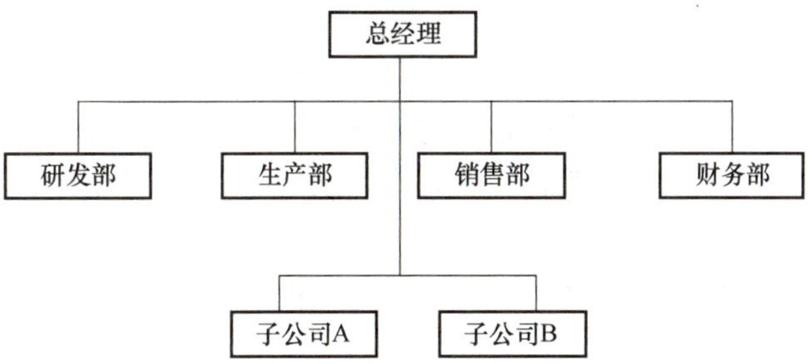

图 11-2　国外子公司组织结构

(1) 优点

1) 海外子公司享有充分的自主权，比较容易根据当地市场需求与政府政策的变化迅速做出对应决策。

2) 母公司投入资源少，负担小，经营风险低。

3) 海外子公司一般采取合资企业的形式，可以降低东道国的抵触情绪。

(2) 缺点

1) 各子公司之间的协调比较困难，很难分享彼此的信息。

2) 子公司经营往往只会顾及自己的利益，而忽视了公司的整体战略。

3) 子公司未受到母公司的重视，无法享受母公司的各种资源。

(3) 适用条件

1) 国际企业总部对海外经营不太熟悉，缺乏相应的管理经验。

2) 海外子公司的经营业务在母公司总业务中所占比重较小。

3) 海外子公司规模较小，面对的问题相当有限，风险低。

4) 国际企业所拥有的海外子公司数目较少，一般仅为1~4个。

3. 国际部组织结构

随着国际企业规模的逐渐扩大，海外子公司的数目增加，母公司的高层管理者开始关心海外事业，并认为有必要对海外业务进行直接控制。此时，分权式海外子公司组织结构已无法适应企业的海外经营，因而许多国际企业开始采用国际部组织结构（见图11-3），如大型零售商沃尔玛等。

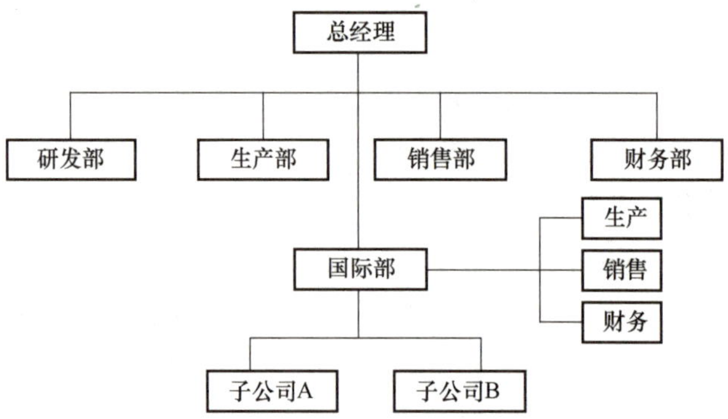

图11-3 国际部组织结构

(1) 优点

1) 通过协调国外子公司从而获得比单个子公司独立活动更多的利益。

2) 能促使最高管理层对海外经营的充分注意，并从全球的角度考虑资源配置。

3) 当子公司之间有内部交易时，国际部可以调整其经营策略以降低整个公司的税收负担。

4) 依靠国际部的联系，各子公司之间可以互相通报情报和信息等。

(2) 缺点

1) 当国际部在海外市场制造和销售的产品与国内部门相同或相似时，往往会造成资源浪费和业务上难以协调。

2）由国际部来统一制定海外市场的销售策略，往往会限制子公司针对当地情况而灵活做出决策。

3）当海外业务扩大或子公司数目增加时，国际部的协调能力往往就会变得非常有限，决策效率低下。

（3）适用条件

1）国际企业产品线有限，海外销售远少于国内销售。

2）企业海外业务的地理分布不太分散。

3）企业管理阶层缺乏足够的国际经营经验。

4. 全球职能结构

全球职能结构（见图 11-4）是企业在采用全球化结构中比较常见的组织结构形式。全球职能结构就是按照企业各项职能划分的组织结构，一般分设生产制造、市场营销、财务和研究开发部门。在这种组织结构下，母公司确定全球目标和战略，由各副总经理控制的职能部门分别主持本职能部门的国内外一切事务。采用这种组织结构的大多是产品市场的地区范围狭窄、产品线有限、产品需求比较稳定且属于标准化产品的企业，这种结构在欧洲企业中比较流行。

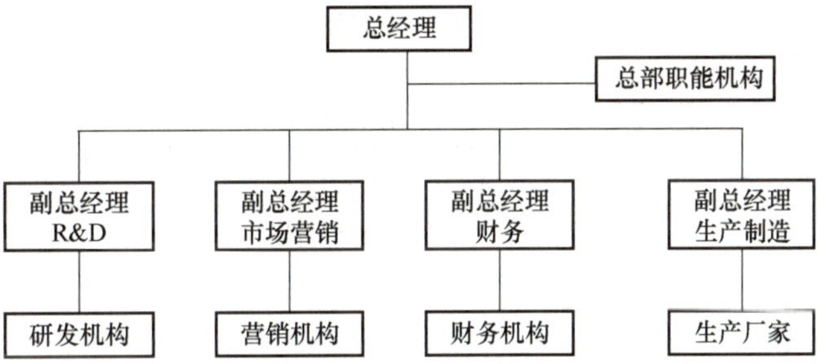

图 11-4　全球职能结构

（1）优点

1）企业高层领导者能对各项经营活动进行严格控制。

2）企业的管理集中在内部的职能部门，符合专业分工的原则，能集中企业各职能的知识与经验应用于各职能活动中。

3）职能与职责清楚，不易产生重复与推诿。

（2）缺点

1）各部门受本位主义影响，部门之间缺乏沟通与合作，不同地区的生产与营销常常协调困难。

2）子公司常会因为向不同部门汇报而造成工作上的困难，指令不一致还会造成工作停滞。

3）总经理一人负责整个企业的经营决策，负担过重。

（3）适用条件

1）企业经营产品的种类不多，且多为标准化产品，产品在国际市场上已有稳定的用户群和市场份额。

2）整个产品生产过程需要进行紧密协调和控制的企业。

研究表明，全球职能结构比较适用于那些以追求集中化经营为目标、产品系列较少且高度标准化的跨国公司。

5. 全球产品结构

全球产品结构（见图11-5）是指随着产品种类的增多，产品系列的深化，国际企业可以根据产品种类和服务的特点，在全球范围内设立若干个产品部来分管每大类产品的生产经营业务，每个产品部的负责人由公司总部相应的副总经理担任，负责某类产品的整个生产过程。公司总部确定总目标和总战略，并设立地区专职人员负责协调该地区内不同产品的业务活动，产品部协调本产品在世界范围内的各种经营活动。采用这种组织结构的有强生公司。

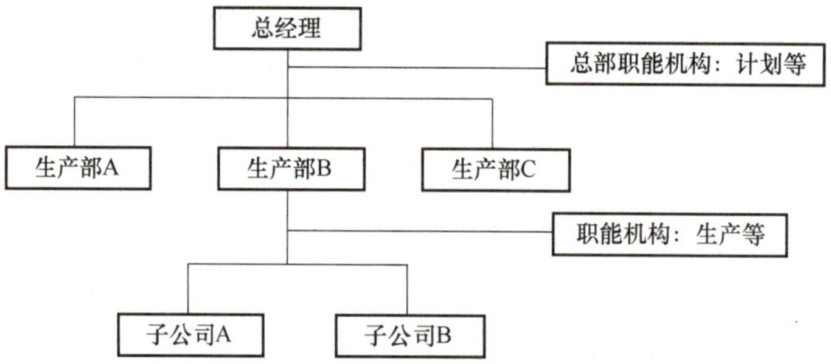

图11-5 全球产品结构

（1）优点

1）把经营重心放在产品市场、生产决策和全球经营上，不会出现国内业务与国际业务冲突的问题。

2）引导企业各部门共同开拓世界市场，强化全球性市场竞争观念和效益观念。

3）能够较强地适应外界环境，不断进行产品创新。

4）有利于总部对全球经营的总体把握，能提供一个整合的全球经营框架。

（2）缺点

1）企业对每一个产品部门的管理是重复的，每一个产品部门都要设有相应的机构，虽然对单个产品部门来说是必要的，但就总部来说存在机构重置。

2）任何一个地区内不同产品部门之间的活动很难沟通，协调和控制。

3）产品部门作为一个利润中心，常会以自己的利润最大化为经营目的，而对企业的整体战略会有所忽视。

（3）适用条件

1）经营规模庞大、产品种类与产品线多且制造技术较为复杂的企业。

2）各种产品较少采用相同的销售渠道，且需要充分售后服务的企业。

3）需要将产品设计、制造、营销统一起来的企业。

6. 全球地区结构

全球地区结构（见图 11-6）是按照地区标准来组织全球经营活动的组织结构形式，地区的选择标准是同一地区具有相似的市场需求。在这一结构中，地区主管全面负责企业在某一地区的经营活动，而总部负责制订企业整体的战略计划和对全球经营活动进行控制。每个地区配备一个地区经营所需的全职人员，并根据公司总部的全球战略来制订本地区的发展计划，协调本地区各部门职能，如营销、生产、财务等。在地区范围内进行生产制造、销售、营销、服务等，期望以最有效的方式、低成本地生产出高品质的产品，以赢得在区域内的竞争优势和最佳成绩。当企业的产品线有限，产品高度标准化，每一地区都显示出其明显的地方特色，而且市场伸展到很多国家和地区时，适宜采用这种结构形式。一般来说，某些食品加工、医药和石油企业大多具有以上特点，如雀巢公司。

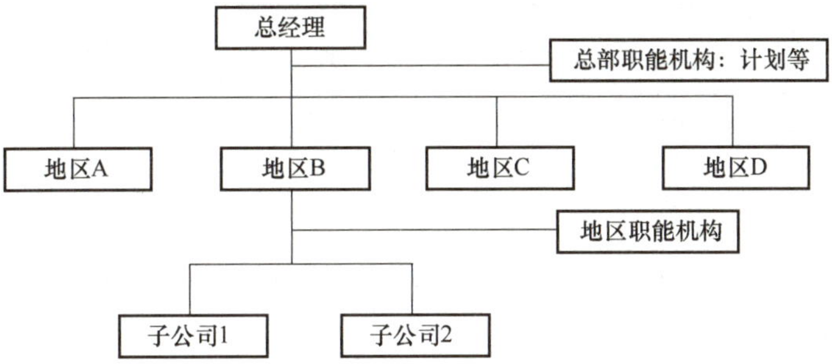

图 11-6　全球地区结构

（1）优点

1）国际企业能在同一地区的市场上协调产品的生产和销售，既能实现规模经济，又能根据地区市场的特点和变化采取灵活的经营策略。

2）每个地区分部作为一个独立的利润中心，有利于地区内部各子公司之间的协调。

3）公司总部、地区分部、子公司之间合理、有效的权力与沟通路线，使得公司总部能够集中精力思考公司的整体战略发展问题。

（2）缺点

1）在不同地区的子公司之间不能有效地传递新产品构思和生产技术。

2）在各地区部门之间的沟通比较困难。总部实行全球战略型经营与管理，各地区部门会以本地区利益为由，不进行有效的配合，甚至设置障碍。

3）机构的重复设置造成浪费，容易滋生官僚主义。

（3）适用条件

1）企业经营产品种类有限，主要是多元化经营的食品业、饮料业等。

2）产品的生产技术成熟、销售稳定，同时产品的制造技术、销售手段比较相似。

3）产品在某些方面呈现出较强的地区差异化。

7. 矩阵结构

考虑到上述全球产品结构与全球地区结构的优缺点，很多国际企业在决定选择何种类型的组织结构来开展业务时，常常陷入一种两难境界。如果选择了全球产品结构，则保证了产品的全球效率，而忽视了不同地区的需求差异；如果选择了全球地区结构，则满足了地区间需求差异，但失去了产品的全球效率。为了兼顾这两种组织结构的优点，很多企业往往会选择 矩阵结构 （见图 11-7）。最常见的矩阵结构是二维矩阵，如产品—地区矩阵、职能—地区矩阵等。另外，从理论上讲，还存在三维矩阵，如职能—产品—地区矩阵。

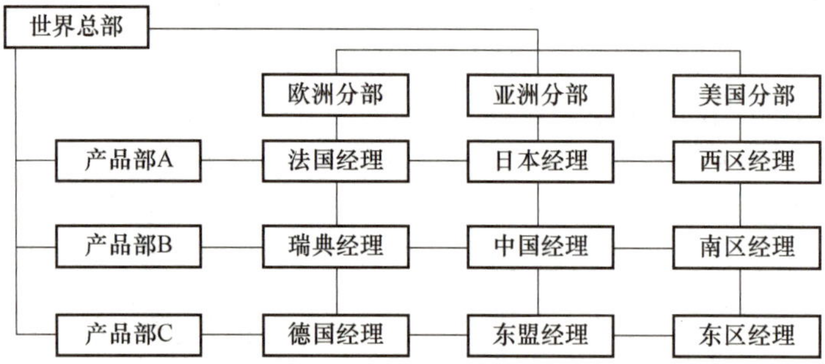

图 11-7 矩阵结构

（1）优点

1）既能满足本土化的要求，又能带来全球化的效率，也就是兼顾全球产品结构和全球地区结构各自的优点。

2）对外界环境的变化和压力具有高度的适应能力，具有很强的弹性。

（2）缺点

1）接受双重主管的雇员容易感到迷惑，即不符合常规的命令统一性的组织原则。

2）子公司经理人员会频繁地参加会议，时间消耗大。

3）产品经理和地区经理容易产生权力冲突，公司总部面临维持权力平衡的双重压力。

4）大部分矩阵组织是不稳定的。

（3）适用条件

1）企业产品种类繁多，地区分布甚广。

2）企业海外业务的开展要求产品部、地区部、职能部同时做出反应。

3）企业最高决策者的协调能力强，企业内部有完善的高效的管理网络。

4）企业有允许资源在多个部门间共享的基础。

8. 混合组织结构

事实上，很少有国际企业采用以上的纯粹的组织结构。当公司规模庞大、产品线众多时或处于不同行业时，由于业务不同，尤其需求、供给和竞争形态不同，因而必须为适应不同业务需要采取不同的组织结构。 混合组织结构 是指几种不同组织结构形态的组合，但这并不意味着混合组织结构毫无规律可循。在分析一个混合组织结构时，一定要抓住主体结构。

混合组织结构的主要优点是：可以根据企业的特殊需要，灵活调整组织结构，弥补单项组织结构造成的经营管理上的不足，可以多方位开拓海外市场，使企业的资源得以充分利用。

然而，混合机构也并非完美无缺，其主要缺点是：组织结构不规范，部门之间差异大，当设置不当时，容易引起指挥失调、经营效率低等问题。

9. 网络结构

网络结构是由不同的公司、下属公司、供应商等组成的一个全球范围的产品与销售网络系统。在这种系统中，不同地区中心或不同国家的分公司或许采用不同的结构形式，看似分散实际被网络连接起来的各个地区中心、各个国家的分公司及关系企业组成了一个庞大的公司网络。而总公司则通过"总分所有权"、转包、生产许可证、特许经营等各种形式直接和间接地控制整个有形和无形相结合的公司网络的整体运作。同时，正是这种网络组织结构的出现和应用，虚拟组织才成为现实。

在这种组织结构中，组织决策模式由单一决策中心向多决策中心发展，把决策权置于决策技术和决策质量最优的地方，而不考虑与公司物理距离的远近。同时倡导业务部门之间直接联系，以减少协调的复杂性和难度。在公司内部只保留能创造附加值的岗位，尽量减少中间层次。在这种决策模式中，组织系统是由多个合力自制业务单位（如子公司）所形成的网络，改变了传统的金字塔型的管理层次，建立少层次、扁平型组织结构。在这种结构中，各业务单位直接归属总部，各单位形成利润中心，自负盈亏，有决策权，各单位之间加强信息交流，缩短各决策主体和经营环境之间的反应过程和信息传播、反馈时间。各单位的自律性、灵活性强，能够激发独创精神；各单位之间以价值和信息为媒介链接，有利于资源和信息共享，分散整体风险。

层级结构与网状结构比较见表 11-3。

表 11-3　层级结构与网状结构比较

机械的层级结构	有机的网状结构
• 高专业化	• 低专业化
• 僵化的组织关系	• 合作（垂直的和水平的）
• 固定的职责	• 可调整的职责
• 高正规化	• 低正规化
• 正式沟通渠道	• 非正式沟通渠道
• 决策集权化	• 决策分权化

11.3.3　国际企业组织结构选择

1. 影响因素

（1）外部因素

1）东道国的政策和法律规定。

2）竞争的性质。

（2）企业本身因素

1）国际业务在公司业务中的重要性。国际业务在公司业务中份额的多少决定了企业国际化经营的程度。如果国际业务在企业总体业务中所占的比例较小，则表明企业处于国际化经营的初级阶段，经营的重心仍然放在国内业务上，国际业务对国内业务也有较强的依赖性，此时比较适合采取出口部、国外子公司或者国际部等组织结构。伴随着企业的发展，海外业务的不断扩展，企业经营重心会慢慢向国际业务转移，直到国内业务与国际业务融为一体，相应的组织结构应采取全球化结构，即全球产品、全球职能、全球地区等组织结构。

2）企业从事国际经营的历史与经验。如果企业只进行了很少的海外经营，它便可能选择容易理解和控制的简单的组织结构。相反，如果企业已经从事海外经营多年，它将可能拥有能在更为复杂的组织中工作的有经验的管理者，因此可能采用混合组织结构或者矩阵结构。

3）国际企业的竞争战略。不同竞争战略所要求的组织结构的特点见表11-4。

表11-4 不同竞争战略所要求的组织结构的特点

成本领先战略	差异化战略
1）效率导向，较强的集权，严格的成本控制，频繁、详细的控制报告 2）标准化的操作程序 3）高效率的采购和分销系统 4）严密的监督，常规任务，很少向员工授权	1）学习导向，灵活、宽松的行为，强有力的横向调节 2）强大的研究开发能力 3）密切联系顾客的价值观和行动机制 4）鼓励员工发挥创造性、冒险和创新精神

成本领先战略要求效率导向性的组织结构，总部要对企业的各项经营业务实行严格控制，如在生产上实行标准化生产，原材料上实行全球集中化采购等。在组织内部，权力大部分集中在企业高层手中，普通员工很少有自主权，信息的流动方向是在企业高层与普通员工之间自上而下纵向流动的。在这种情况下，全球职能结构比较适宜。

差异化战略则要求学习导向型的组织结构，企业实行的是分权化管理，鼓励员工与顾客密切接触，了解需求，发挥主观创造性，努力开发创新性的产品。在组织结构内部，员工之间横向交流的机会比较多，企业则努力营造一种学习型组织，提高员工的学习能力和创新能力，以保持住产品的差异化优势。在这种情况下，全球产品结构比较适宜。

4）国际企业所处行业的特点。国际企业在不同的行业中运作，决定了其实施不同的战略。有些行业比较适合全球化战略，有些行业则比较适合本土化战略，有些行业需要折中，即兼顾全球化与本土化的特点。在确定行业特征时，一般借助于IR图（见图11-8）来分析。

IR图中的A点表明该行业为全球性行业，C点表明该行业为地区性行业，B点表明该行业为国际性行业。国际企业在选择组织结构时，应首先分析自己所经营产品的行业特点，在IR图中找准自己的位置，从而确定相应的组织战略。

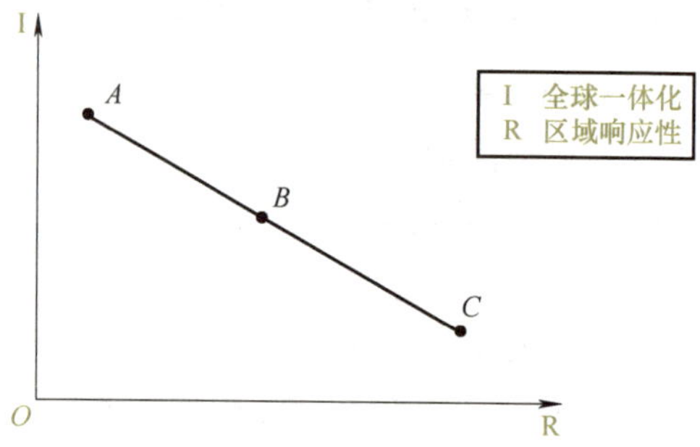

图11-8 IR图

5）国际企业的管理特色和经营哲学。如果企业要迅速扩张并准备承担风险，那么其采用的组织结构就会完全不同于那些要慢慢扩张并不愿承担风险的企业。类似的，总部要对海外经营保持严密控制的公司，与那些给予地方分公司自主权、鼓励他们自主决策以保持在当地的竞争力的公司采用不同的组织结构。

6）国际企业的人力资源及企业文化。当企业高层确定了何种组织结构对企业的发展最有利时，还要考虑一个制约因素，就是要看有无足够经验的人员。另外，即使具备了相应的人才储备，还要看他们是否认同企业的发展战略，这就取决于企业文化。如果具有良好的企业文化，那么企业员工就会自觉自愿地服务于企业利益，自然就会认同企业的发展战略，从而配合企业进行重大的组织变革。

2. 选择原则

（1）分工与协调平衡原则

任何有组织的活动，不论是复杂还是简单，都涉及两个相对立的问题：一是通过分工将企业活动分成许多独立的作业任务，二是将这些作业任务协调起来为整个企业的目标服务。组织结构就是将其活动分解成相互独立的任务，在这些任务之间进行协调。在组织设计时，如果过度强调分工就会有碍整体效率，如果过度强调协调就无法调动局部的积极性，因此，要在分工与协调两者之间寻找平衡。

（2）有效控制与沟通原则

组织结构中包括正式组织与非正式组织。正式组织是明文规定的组织内成员与单位之间的正式关系。非正式组织则由工作群体内的非正式关系所产生。正式组织与非正式组织通常混杂在一起难以互相区分。正式组织依赖组织内正规权力关系，依赖对不同工作群体的直接监督，遵从三方面原则：一是统一指挥，即每个部署只有一个监督人；二是等级链，即组织内从上到下只有一条直接指挥线；三是控制范围，即限定对一个监督人进行有效报告的从属人员的数量。

（3）战略决定结构原则

19 世纪 60 年代，钱德勒（Chandler）深入研究了美国 100 多家公司的发展情况，收集了大量、详尽的史料和案例后，出版了《战略与结构》，提出了环境决定战略、组织结构适应战略的思想，即有效的组织应遵循“战略决定结构”的原则。由此，企业首先制定出国际经营战略，然后在战略的指导下，确定能有效实施这一战略的组织结构。

（4）精干高效原则

精干就是要求在保证满足完成企业经营管理任务需要的前提下，使企业管理幅度以及管理人员数目降到最低限度。高效就是要根据本企业的特点，选择管理效率最高、经济效益最大的组织结构形式。机构臃肿庞杂，不仅会增加管理费用，还会造成职责不清、相互推诿、决策迟钝等。

11.3.4　国际企业的管理控制体制

1. 集权组织结构的决定因素

（1）规模经济

在全球经营背景下追求组织的高效率，在很大程度上与规模经济有关。国际企业会按照比较优势的原则，把企业价值链的各个环节集中在其最具优势的位置，这样就可以形成规模经济并最终获得规模效益。

（2）需求同质化趋势

在产品生命周期的早期阶段，也就是导入期和成长期，消费者往往注重产品的差异化。但随着产品逐步进入成熟期，消费者对产品的需求趋于同质化，多半从产品的质量、价格及性价比的角度来考虑选购，在这种情况下，就要求企业采取集权与强化控制的组织形式，进行产品的质量和成本控制，以求获得最大效益。

（3）生产投入品的全球筹供

随着竞争的日趋激烈，为保持竞争力，企业需要以最符合成本—效益的方法，获得投入品。有些企业生产的关键投入品因高额的运输成本而必须把生产基地建立在易于获得原材料的地方。生产投入品的全球筹供可以大幅度降低采购成本。为此许多国际企业就设立了全球集中采购机构，负责全公司的大宗投入品的购买。

（4）竞争对手的全球化

以全球化为目标的国际企业，不断地开拓全球各地的不同市场，这对一直只为国内市场服务的企业来说是一个巨大的威胁。不论是子公司还是母公司，都需要全球协调、联合行动，以应对国际竞争。在全球化的压力下，集权是企业调动内部与外部全部可用资源，组织力量开展竞争的有效途径。

2. 分权组织结构的决定因素

（1）当地市场需求的差异

从事国际经营的企业在东道国进行竞争，如果当地竞争者采取本土化的战略，提供的产品极富地方特色，那么对采取集权化管理而提供全球一致化产品的外国企业来说，就很难与之竞争，并占据一席之地。为了适应当地市场的需求，企业常需要建立迎合当地需求的本土化战略，掌握当地的消费偏好以调整产品与经营。

（2）当地化渠道设置

当地渠道建设对国际经营至关重要，但渠道具有明显的地方特点。对于市场运作规则不太健全、市场成熟度不高的国家来说，跨国企业最感困惑的可能就是对流通渠道的把握。当地市场的地区分割、极大的地区差异以及中间商的信誉、道德、能力、素质等因素常使跨国企业感到分销渠道运营的困难。

（3）政府保护

当一国的进口对该国的民族产业造成危害时，东道国政府往往会采取相应的措施，如进口许可、数量限制、政府补贴等非关税壁垒来保护国内市场与企业。对于一些重要的产业，东道国也会对外国资本的进入加以限制。

（4）文化因素

当地文化、习俗、消费观念、价值取向、经营惯例、市场风格等方面也会影响国际企业在当地开展经营的形态。文化因素在很大程度上影响了国际企业的海外经营。这就要求国际企业在极具当地文化特色的东道国，采取对子公司分权化的管理模式，以主动去适应当地的文化。

集权组织结构与分权组织结构的优缺点比较见表 11-5。

表 11-5 集权组织结构与分权组织结构的优缺点比较

	优 点	缺 点
集权	1）自上而下的决策指令线，具有权威性 2）对关键资源实行集中决策 3）公司总部掌握全球战略目标和控制战略的实施 4）各分支机构的行动能得到统一，公司整体战略易于实施	1）公司对当地需求的适应能力减弱，难以根据当地市场需求情况调整产品策略 2）各分支机构的经营积极性差 3）各分支机构的高级主管常为母公司所派，不熟悉当地市场 4）总部与分支机构的管理关系有时不合理
分权	1）子公司管理公司有较高的自主权，能深入了解当地市场变化，迅速做出反应 2）子公司具有较好的当地企业形象，能较好地融入当地市场 3）能够较好地适应当地文化、政策要求等 4）子公司的经营绩效有明确的人员负责	1）子公司权限过大使总部全球战略执行起来很困难，目标不统一 2）子公司之间沟通不易，交流与合作很少 3）资源配置上过于分散，总公司的规模效益难以实现 4）子公司重复设置的机构造成整个公司的机构臃肿和高成本负担

3. 国际商务组织控制的形式及选择

分公司是指总公司根据需要在国外设置的分支机构。从法律意义上讲，分公司只是总公司的一部分，不是独立的法律实体，不具有法人资格。

分公司组织形式的主要特点：一是由于分公司不是独立的法人，所以设置程序简单，只需以总公司名义向所在国家有关部门申请批准即可，但有时会被要求公开全部经营情况，这对保守商业秘密是极其不利的，而且这种批准有随时被撤销的危险。二是分公司在所有的生产经营决策上均服从于总公司，所以总公司可以对分公司进行有效控制。但这不利于分公司在东道国企业形象的建立。三是公司自己没有资产负债表，其收益与亏损都反映在总公司的资产负债表上，而且直接分摊总公司的管理费用。

子公司是指那些资产全部或者部分为母公司所拥有，但根据东道国法律在当地注册的独立的法人组织。从经营形式上看，子公司可以是母公司的独资企业，也可是合资企业。

子公司组织形式的主要特点：一是由于子公司是独立的法人实体，所以在国外登记注册的手续比较烦琐，但这种公司登记后不易被撤销。二是子公司可以是母公司以相同的资本额控制的企业，即母公司原用于控制分公司的 100% 的股份可以分成若干部分来分别控制几个不同的子公司，这样母公司可以用已有资金广泛地开展国际经营活动。三是子公司具有良好的东道国企业的形象，容易被当地所接受，可以有较多的资金来源渠道，充分利用东道国的资本市场。四是子公司是一个独立的利润中心，能够独立承担债务责任，不直接分摊母公司的管理费用，从而可以减少母公司的资本风险。

分公司与子公司的特征比较见表 11-6。

表 11-6 分公司和子公司的特征比较

分公司	子公司
不是独立的法人实体	是独立的法人实体
设立并不复杂，只需得到当地政府的同意批准，但批准可能随时被撤销	设立程序烦琐，成立后不易被撤销
母公司对之有完全的控制权，不利于公司形象的建立	控制权在子公司管理层，具有较好的公司形象
资本全部来自母公司，母公司承担分公司全部债务	能适应本地资产参股，偿还责任限于子公司

11.4 国际战略联盟

经济全球化的不断发展，使国际市场中的竞争日趋白热化。国际营销面临的竞争压力也越来越大，企业开始意识到竞争并不是唯一有效的手段，企业还可以采取与竞争相反的手段与竞争对手合作，结成战略联盟，营造出一种双赢的局面。

11.4.1 国际战略联盟的含义和特点

1. 国际战略联盟的含义

国际战略联盟又称企业跨国战略联盟，是指两个或两个以上的企业为在经济全球化中实现某种战略目标，在跨国界的地域建立竞争与合作性的利益共同体。与传统的联营合作、并购等不同，国际战略联盟的合作伙伴，必须在市场竞争的构成要素中具备某种独特的优势，如自然资源优势、区位优势、产品或服务优势、市场优势、管理或技术优势等。国际战略联盟伙伴之间在坚持平等互利、利益共享、风险共担的基础上，通过双边或多边的合作协议，在市场竞争中实现联盟内的优势互补，增强企业的竞争力。

2. 国际战略联盟的特点

1）组织灵活。国际战略联盟建立在各独立公司之间的不完全合作之上。各合作伙伴都是独立的不同利益主体，联盟中各成员同意共同协调运作以达到某一战略目标，共同进行某些决策。各成员相互约束、相互容让，放弃短期性的机会行为，借以维持战略伙伴关系，并期望联盟为他们带来长期的效益。

2）地位平等、自主经营。在国际战略联盟中，合作伙伴之间是平等互利的双赢关系。国际战略联盟通过平等互利的合作，把各方的决策纳入单一公司利益与联盟共同利益的统一轨道上来。因此，联盟对各伙伴的资源和能力的贡献不做任何规定，完全由合伙人自主决策；联盟也不设统一的管理体系，战略实施过程中每一个环节的控制主要是通过市场力量来实现的。

3）优势互补，能快速、低成本地聚合新资源，提高企业国际市场竞争效能。现代公司理论认为组成公司的系列资源在短期内比较稳定，不易改变；偏离资源配置这一历史规律的极端行为会造成公司效率的损失。国际战略联盟促进了战略伙伴间的技术交流和转移，并且能提供有利的学习机会，利于其互相取长，从而提高了企业的国际市场竞争效能。

11.4.2　国际战略联盟的主要形式

1. 根据跨国企业的战略目标划分

根据跨国企业的战略目标划分，可分为技术开发联盟、合作生产联盟、市场营销与服务联盟。

（1）技术开发联盟

技术开发联盟可以由大企业提供资金与市场营销力量等，而由小企业提供新产品研制计划，合作进行技术与新产品开发。也可以是合作研究小组的形式，各方将研究与开发的力量集中起来，在形成规模经济的同时也加速了研究开发的进程。与此类似的还有联合制造工程协议，即由一方设计产品，另一方设计工艺。

研发成本的日益提高和技术更新的加快，使大型跨国企业不愿（不能）单独承担研发的成本和风险。于是，跨国大企业之间往往为某些重要技术项目的开发建立起契约性的研发战略联盟。联盟中的成员各自独立，但紧密协调，合理分工，其成果在参加联盟的成员间具有共享性。在技术和创新作用日益重要、研发规模空前巨大的新经济形势下，各自为阵的形式使企业力不从心。技术开发联盟形式则保证了入盟企业的技术地位，并且成本和风险可负担。当然，联盟形式的代价是与他人共同拥有技术，而不能独家所有。不过，由于全球化和市场的扩大，几家共有仍能保证企业获得足够的营业规模和市场利益。因此，微软、IBM 等巨无霸式的大企业都建立了许多这样的联盟。

（2）合作生产联盟

合作生产联盟就是由各方集资购买设备以共同从事某项生产。这种联盟可以使加盟各方分享生产能力利用率提高的益处，因为各参与方既可以优化各自的生产量，又可以根据供需的不同及时、迅速地调整生产量。

由于技术更新日益迅速，没有哪家企业能够垄断其所在领域的所有技术优势和生产优势。针对优势分散的特征，建立合作生产联盟可以形成技术互换和生产优势互补关系。而这种互换或互补，在传统的制度安排下是无法获得的：如果购买他人的技术成果和产品，则市场安排的交易成本问题依然存在，而且总是处于技术的后进地位；如果通过内部一体化组织自行开发，则必须承担一体化的成本，风险也无法分散。于是，现实中许多跨国企业都广泛地建立了合作生产联盟，最明显地表现在 IT 业和生物医药业。

（3）市场营销与服务联盟

市场营销与服务联盟由合作各方共同拟订适合于合作者所在国或某个特定国家市场的市场营销计划，从而使加盟各方能在取得当地政府协助的有利条件下，比其他潜在竞争对手更积极、更迅速地占领市场；加盟各方也可经由这种联盟形成新市场，使竞争不至于因各方力量相差悬殊而趋于窒息。

随着跨国企业全球竞争的加剧，销售网络也成为竞争制胜的关键因素之一。特别是随着互联网等在新产品销售中所起的作用日益增大，拥有销售系统就变得尤为重要。而对于许多产品而言，建立销售网络是一项巨额的固定成本投入。然而，销售网络具有近似于公共产品的性质，网络一旦建立起来，新的产品进入销售网络并不妨碍原来产品的销售，而销售量越大，单位固定成本分摊越低。因此，互相提供进入对方销售网络权利的战略联盟，使每一个伙伴都避免了一大笔沉没成本支出。例如，美、日制药厂商之间的合作，就属于这种性质。

2. 根据合作参与国的发展程度和区域划分

根据合作参与国的发展程度和区域划分，可分为互补型联盟和授受型联盟。

（1）互补型联盟

互补型联盟大多是在欧盟诸国、美国和日本这类国家的企业之间结成的。互补型联盟为了应对全球性的竞争而在设计技术、加工过程和市场营销服务方面进行技术、资金和人员等方面的相互补充与配合，其主要动机：一是分摊产品开发与生产投资的成本；二是迅速、有效地进入目标市场国的市场营销与分销网络。

（2）授受型联盟

授受型联盟是按经济体制的不同和经济发展水平的不同建立的，还可以进一步细分为东西方联盟和南北方联盟，这类联盟总的特点是发达国家的合伙者向欠发达国家的合伙者转让各种技术和操作方法，欠发达国家的合伙者则向对方开放国内的某一部分市场，或支付技术转让、人员培训等方面的费用。

3. 根据组成方式划分

根据组成方式划分，可分为股权性联盟和非股权性联盟。

（1）股权性联盟

股权性联盟在形式上更像是合资经营，即由加盟各方通过相互购买并持有彼此的少量股份，或单方持股，来建立起一种长期的相互合作关系。这种投资的目的主要在于维系良好的合作关系。然而，这种联盟可能会因为投资各方希望加快投资回报而滋生追求短期报酬率、多分利润和减少投资等短期行为。

（2）非股权性联盟

非股权性联盟，如通过技术转让协议和生产许可证协议结成联盟。这类联盟仅涉及加盟各方产品制造、工艺技术、操作技能与诀窍等诸方面的交换与转让，而无须为了股权去追求短期财务业绩。

11.4.3 国际战略联盟规划

国际战略联盟规划是在分析企业的外部环境和内部条件的基础上，根据企业的战略目标，确定合作对象、合作方案及其应变措施的具体行动计划。国际战略联盟规划主要包括以下五个阶段：制定战略、评选方案、寻找盟友、设计类型和谈判签约。

1. 制定战略

这项工作通常包括：分析环境以明确来自于竞争对手的威胁和本企业所具有的市场机会，核查本企业的资源和生产能力，评估本企业在现在环境下的优势与劣势，然后在共同考虑本企业长期目标与短期目标的基础上确定本企业的战略。在战略制定过程中，有两点需要注意：

1）要明确本企业所具有的使命，即企业所要达到的市场营销目标或前景，这样，企业的战略计划才能随之而定。

2）要从长计议，特别是要注重相对竞争优势的取得，而不拘泥于一时一地的得失，同时要考虑现有与将来的劣势，并衡量这些优势或劣势在竞争中的重要程度。

2. 评选方案

这项工作几乎与战略的形成同步进行。具体来讲，如果企业拟采用战略联盟，必须明确如下问题：

1）联盟是否必不可少。

2）结成联盟后对公司的声誉有何影响，股市将如何变动。

3）公司的高层管理者是否拥护联盟。

4）联盟的建立会引起客户、供货方、目前的合伙方及金融部门的哪些反应。

3. 寻找盟友

理想的合作者能对联盟起到补缺的作用，同时，应寻找那些与本企业具有共同经营理念的伙伴，当然，合作者的财务状况与组织机构也应是稳定的。选择联盟伙伴应当考虑兼容、能力和投入这三个要素。其中，兼容是指联盟双方在规模和能力上彼此相当，在企业战略、文化、组织管理、生产实践上彼此相容；能力是指合作伙伴具有能够对联盟投入互补性资源的能力；投入是指合作双方必须具有同样积极向联盟投入时间、精力和资源的意愿。

4. 设计类型

建立战略联盟采取什么样的形式，应当依据企业的不同情况（特别是相对的优劣势）来确定，即对每个可能的伙伴，都应相应考虑联盟的类型与构成方式。

5. 谈判签约

联盟类型一旦确定，就可以将加盟各方集中起来进行谈判，合作各方就目标、期望和义务等各抒己见，然后在取得一致意见的基础上制定出联盟的细则并签约实施。

本章小结

1. 国际化经营企业可以采取三种国际市场进入战略进入全球市场的不同国家或地区：出口进入式、契约进入式和投资进入式。这三种进入模式涵盖了不同程度的国际市场参与方式，代表了国际营销从低到高的三个主要阶段。

2. 根据企业的市场规模、竞争能力、资源条件等客观因素，国际市场竞争战略主要分为市场领导者战略、市场挑战者战略、市场追随者战略、市场补缺者战略四种类型，企业可根据自己在竞争中所处的位置，制定合适的竞争战略。

3. 国际商务组织战略则从国际企业组织与组织结构、国际企业组织结构类型、国际企业组织结构选择以及国际企业的管理控制体制等几个方面进行了介绍。

关键术语

间接出口　　直接出口　　许可证贸易　　特许经营　　管理合同　　制造合同　　“交钥匙工程”

投资进入模式　市场领导者　市场挑战者　市场追随者　市场补缺者　出口部组织结构　国外子公司组织结构　国际部组织结构　全球职能结构　全球产品结构　全球地区结构　矩阵结构　混合组织结构　网络结构　国际战略联盟　技术开发联盟　合作生产联盟　市场营销与服务联盟　互补型联盟　授受型联盟　股权性联盟　非股权性联盟

本章思考题

1. 简述出口进入国际市场模式的优点以及不足。
2. 简述契约进入国际市场模式的优点以及不足。
3. 简述投资进入国际市场模式的优点以及不足。
4. 国际竞争战略分为哪几种类型？其各自的主要内容是什么？
5. 国际竞争战略中市场领导者地位的企业可以采取何种策略来保持自己的优势？
6. 国际企业组织结构有哪些类型？各有什么特点？
7. 影响国际企业组织结构选择的因素有哪些？
8. 如何制定一个国际战略联盟规划？

本章参考文献

[1] 逯宇铎．国际市场营销学［M］. 3版．北京：机械工业出版社，2017.
[2] 周世民．国际营销［M］. 北京：电子工业出版社，2015.
[3] 洪俊杰，郑玮，蓝庆新．国际商务［M］. 北京：北京大学出版社，2023.

第 12 章 国际商务管理

本章目标

通过本章学习，应能：

1. 了解国际生产管理的方式和目标。
2. 了解国际生产系统的类型。
3. 了解国际质量管理的发展过程。
4. 了解国际人力资源管理的具体内容和特点。
5. 了解主要国家的国际会计制度，包括美国、英国和德国。
6. 了解国际财务管理的具体内容和特点，包括国际投资管理、国际融资管理、国际营运资金管理、国际外汇风险管理。

12.1 国际商务的生产与质量管理

12.1.1 国际生产管理概述

随着社会生产力的提高和国际分工的发展，以跨国企业为代表的国际生产日趋复杂。虽然世界各国的生产方式、管理模式各不相同，但每一个跨国企业都面临着从外部购买原材料、半成品，在企业内部生产，然后把产品销售到国外的过程。企业的整个生产经营过程都是在追求最低的成本和库存、最高的效率、最好的质量、最短的生产周期。有效的生产管理和质量管理将是跨国企业实现经营目标的可靠保障。国际生产管理是指把跨国企业的生产过程作为一个有机的整体，实行全面有效的计划、组织和控制，以实现企业生产管理的预期目标。

1. 国际生产管理的目标

跨国企业组织生产时，主要目标有两个：一个是全球一体化的目标，即产品标准一体化、制造技术一体化等，一体化的目标主要强调降低生产成本、提高生产效率、稳定生产质量；另一个是满足差异化需求，主要强调主动适应市场，坚持以销定产，满足不同国家的多样化和差异化需求。

2. 国际生产管理的方式

跨国企业进行国际生产管理的方式主要有以下三种。

（1）以母公司集中管理为主

这种方式在产品、数量、交货期等方面的决定由母公司做，在生产计划、物资管理等方面都由母公司集中安排，子公司只相当于一个生产车间，按照母公司的生产计划组织生产。这种管理方式偏向于强调一体化目标，适合于那些产品品种单一、销售地区差异小、销量稳定、母公司与子公司沟通方便的企业。

（2）以子公司分散管理为主

分散管理方式将产品的品种、数量、交货期等决策权都交由子公司各自掌握，原材料组织、生产计划等工作也由子公司自行组织，主要的生产管理职能都下放到子公司。母公司的生产管理部门只集中进行全球生产布局和生产能力等方面的长远规划，以及在制造质量方面进行标准把关。这种管理方式适合于那些产品种类繁多、销售地区广且差异大、销量不稳定、母公司与子公司之间的沟通不太方便的企业。

（3）集中管理与分散管理相结合

以上两类管理方式在跨国企业中采用得并不太多，多数跨国企业采用集中管理与分散管理相结合的管理机制。这种机制下，母公司负责长远的生产规划和生产标准的制定，以及年度计划、生产质量安排等，子公司则在母公司的全盘规划内适当根据自身所在地区的销售情况组织生产。这种管理方式适合大部分跨国企业。

12.1.2 国际生产系统管理

生产系统是指为提供产品或服务而结合在一起的一系列转化过程，它由生产、转换、产出与反馈四个环节组成。在整个系统中，企业进行生产物资采购，投入资本、人力、材料、土地等生产要素，经由生产流程再造、库存管理等转换过程，以增加产品或服务的附加值，最终产出产品或服务，实现产品或服务的价值。同时，企业在生产活动中还必须注意搜集各种信息，包括产品、服务信息和客户需求信息等，及时调整生产目标，即反馈。通常，生产系统将投入资源变为产品，来满足最终顾客的需要。每个企业力求生产环节的各个阶段相互衔接、协调配合，保证人力、物力等资源得到充分利用。跨国企业进行跨国生产时，其管理上具有更多的特殊性，需要在厂址选择、技术和规模等方面进行设计和决策，从而达到成本最小化和利润最大化的目标。生产系统的类型主要有物资需求计划系统和准时生产制。

1. 物资需求计划系统

物资需求计划（Material Requirement Planning，MRP）即指根据产品结构各层次物品的从属和数量关系，以每个物品为计划对象，以完工日期为时间基准倒排计划，按提前期长短区别各物品下达计划时间的先后顺序，是一种工业制造企业内常用的物资计划管理模式。MRP 是根据市场需求和顾客订单预测并制订产品的生产计划，然后基于产品生成进度计划，组成产品的材料结构表和库存状况，通过计算机计算所需物料的需求量和需求时间，从而确定材料的加工进度和订货日程的一种实用技术。

其主要内容包括客户需求管理、产品生产计划、原材料计划以及库存记录。客户需求管理包括客户订单管理及销售预测，将实际的客户订单数与科学的客户需求预测相结合即能得出客户需要什么以及需求多少。

一般来说，物料需求计划制订的思路是先通过主生产计划导出有关物料的需求量与需求时间，然后，再根据物料的提前期确定投产或订货时间。其基本计算步骤如下：

1）计算物料的毛需求量，即根据主生产计划、物料清单得到第一层级物料品目的毛需求量，再通过第一层级物料品目计算出下一层级物料品目的毛需求量，依次一直往下展开计算，直到计算出最低层级原材料毛坯或采购件的毛需求量为止。

2）净需求量计算，即根据毛需求量、可用库存量、已分配量等计算出每种物料的净需求量。

3）批量计算，即由相关计划人员对物料生产做出批量策略决定，不管采用何种批量规则或不采用批量规则，净需求量计算后都应该表明是否有批量要求。

4）安全库存量、废品率和损耗率等计算，即由相关计划人员来规划是否要对每个物料的净需求量做这三项计算。

5）下达计划订单，即指通过以上计算后，根据提前期生成计划订单。物料需求计划所生成的计划订单，要通过能力资源平衡确认后，才能开始正式下达计划订单。

6）再一次计算。物料需求计划的再次生成大致有两种方式。第一种方式会对库存信息重新计算，同时覆盖原来计算的数据，生成全新的物料需求计划；第二种方式则只是在制订、生成物料需求计划的条件发生变化时，才相应地更新物料需求计划有关部分的记录。这两种生成方式都有实际应用的案例，至于选择哪一种方式要看企业实际的条件和状况。

2. 准时生产制

准时生产制（Just in Time，JIT）是指在所需要的时刻，按所需要的数量生产所需要的产品（或零部件）的生产模式，其目的是加速半成品的流转，将库存的积压减少到最低的限度，从而提高企业的生产效益。

JIT 生产方式将“获取最大利润”作为企业经营的最终目标，将“降低成本”作为基本目标。在福特时代，降低成本主要是依靠单一品种的规模生产来实现的。但是在多品种、中小批量生产的情况下，这一方法是行不通的。因此，JIT 生产方式力图通过“彻底消除浪费”来达到这一目标。所谓浪费，在 JIT 生产方式的起源地，被定义为“只使成本增加的生产诸因素”，也就是说，不会带来任何附加价值的诸因素。任何活动对于产出没有直接的效益便被视为浪费。这其中，最主要的有生产过剩（即库存）所引起的浪费。搬运的动作、机器准备、存货、不良品的重新加工等都被看作浪费；同时，在JIT生产方式下，浪费的产生通常被认为是由不良的管理所造成的。例如，大量原物料的存在可能是由于供应商管理不良所造成的。因此，为了排除这些浪费，就相应地产生了适量生产、弹性配置作业人数以及保证质量这样三个子目录。

准时生产制有以下基本原则：

1）物流准时原则。要求在需要的时间段内，一般指15~30min内，所有的物料按照需要的规格、规定的质量水平和需要的数量，按照规定的方式送到生产现场，或在指定的地点能提取货物。

2）管理的准时原则。要求在管理过程中，能够按照管理的需要，遵照管理规定的要求，收集、分析、处理和应用所需的信息和数据，并作为指令来进行生产控制。

3）财务的准时原则。要求在需要时候，及时按照需要的金额调拨并运用所需的周转资金，保证企业的财务开支适应生产运行的需求。

4）销售的准时原则。要求在市场需求的供货时间内，组织货源和安排生产，按照订单或合同要求的品种和数量销售和交付产品，满足顾客的需求。

5）准时生产原则。企业通过实施劳动组织柔性化来坚持多机床操作和多工序管理的生产方式，通过培训使操作工掌握一专多能的技艺，形成一支适应性强、技术水平高和富有创造性的工作团队，以保证各项特殊要求的生产任务能出色和按时地完成。同时，在生产组织上实行工序间“一个流”的原则或成品/半成品储备量逐年下降的原则，最终实现“零库存”的管理目标。同时，生产准备工作和生产调度也必须适应多品种混流生产的要求，实现柔性化生产。

准时生产制的主要内容可以归纳为融合七大管理为一体的生产模式，即六种管理方法和一种管理体制的综合。六种方法是：生产管理、质量控制、劳动组织、工具管理、设备管理和现场5S管理。一种管理体制是指“三为”的现场管理体制——以生产现场为中心，以生产工人为主体和以车间主任为领导核心的现场生产组织管理模式，实现生产体系的高效运转和现场问题的迅速解决。

12.1.3 国际生产采购管理

采购管理是企业为了实现其生产和销售计划，在确保适当产品品质的条件下，选择适当的供应商，在适当的时期、以适当的价格、购入必需数量的物品或服务所采取的一切管理活动。在采购管理过程中，采购部门一方面要对内部客户的需求做出快速反应；另一方面，也要和供应商维系一种良好的互利关系。

生产整合程度是指某种产品由一个企业制造的百分比，即一个企业产品自制而非依赖供应商供应原料的程度，也称为生产一体化程度。某一特定产品生产的整合程度可以看作从一端的百分之百外部购买到另一端的百分之百自己制造的连续统一体，包括两端之间供应及装配的程度。自己生产该产品的部分越多，整合程度越高。整合程度的高低取决于自制部分增加值占产品总价值的比例。但是，从跨国企业体系来看，单个企业生产整合程度的高低不一定能反映整个跨国企业体系的生产整合程度。在分工高度细化的今天，立足跨国企业体系的生产整合比追求单个企业的生产整合更为重要。

1. 采购管理的内容

采购管理的主要内容包括采购计划管理、采购订单管理及采购结算管理。

（1）采购计划管理

采购管理首先要制订采购计划，包括定期采购计划（如周、月度、季度、年度）、非定期采购任务计划（如系统根据销售和生产需求产生的）。通过对多对象、多元素的采购计划的编制和分解，把企业的采购需求变为直接的采购活动，形成以销定购、以销定产、以产定购的多种采购应用模式，支持设置灵活的多种采购单生产流程。采购计划管理是对企业的采购计划进行制订和管理，为企业提供及时、准确的采购计划和执行路线。

（2）采购订单管理

采购订单管理即以采购单为源头，对供应商确认订单、发货、到货、检验、入库等采购订单流转的各个环节进行准确的跟踪，实现全过程管理。通过采购流程配置，企业可进行多种采购流程选择，如订单直接入库，或经过到货质检环节后检验入库等。在整个过程中，企业可以实现对采购存货的计划状态、订单在途状态和到货待检状态等的监控和管理。

（3）采购结算管理

采购结算管理的工作程序包括审定合同、收集原始单据或资料，最后根据经过审核的原始凭据中的各种数据指标和对应关系，计算并出具结算单。

2. 采购决策

通常，跨国企业的物资采购策略有两种：其一是由跨国企业的工厂自行制造或加工；其二是向企业外部购买。而外购策略的具体实施又有两种不同的做法：一是在东道国的市场上进行采购；二是到国际市场上采购。

（1）自制还是外包

自制还是外包决策决定了跨国企业直接控制的业务数量，它超越了成本层面的考虑，关系到企业需要保持何种核心竞争力的战略决策。外包对于企业实行源头控制和增强供应链柔性有着重要意义。如果企业认识到一项业务对于提升竞争优势很重要，可以通过与供应商签订长期合约实现高度控制；如果企业需要增强供应链柔性，它只需要与供应商签订短期合同就可以达到目的。

跨国企业是否自行制造或加工生产所需的零部件，则需考虑以下各个方面：①供应的可靠程度。跨国企业大都要求不间断地供应生产资料，供应的可靠程度对企业的生存和发展有着决定性的影响，也是决定自制或外购的主要因素。②成本因素。主要是指自行制造与向外采购的成本状况。③跨国企业生产或销售的国际化程度。当跨国企业的生产或销售越发呈现出国际化趋势时，跨国企业会在全球各地投资设厂从事工业产品的生产，以追求最大的经济效益。同时为了表现出跨国企业是一个国际化的企业，企业在原材料的采购上会向企业外部获取。④生产技术方面。跨国企业采用何种生产加工技术，对企业资源采购策略有很大的影响。如果企业生产所用的技术是资本密集型而且生产过程又是连续进行的，如化工工业，这时企业不需要从外面获取多少资源用于生产。企业如果在这种情况下从外部采购原材料，容易产生瓶颈现象。⑤政治因素。有关国家特别是东道国的出口政策、当地化政策、民族感情等因素都有可能影响企业对自制与外包的选择。

（2）国内采购还是国外采购

当跨国企业决定从外部市场获取其生产所需的资源时，可能遇到以下问题：①原料供应地所在国或地区的出口限制，包括出口数量限制、出口资金融通及当地进口数量限制等问题。②采购技巧。跨国企业在国际市场上采购资源时，需要有高度的专业技巧和专业技术人员，这些技巧包括：如何寻找可靠和稳定的供应商；准确地预测资源短缺状况，提供货源的选择方案；保证客户得到各种相关的服务；如何避开各种贸易壁垒；建议资源的供应商使用合适的商品标记、单证、包装及运输方法；对于其他国家购买的竞争类产品，如何保持进口平衡，以避免东道国的生产者通过价格手段采取报复行动，也可以避免东道国政府施加政治压力；如何适应各种限制进口及外汇管制措施的变化。③最终消费者排外情绪的影响。随着全球经济一体化的倾向越来越严重，各国纷纷强调各自国家经济文化的独特性，为此跨国企业必须注意最终消费者对跨国企业生产的产品所在地的看法与观念，因为它会产生一些无法预料的后果。

现代化生产推进了准时生产制，要求配件收到后迅速投入制造过程，使得企业更加注重采购品的质量，迅速交货，残次品少。由于与当地采购相比，到国际市场采购需要更长的备运时间，为此，企业需要把握以下几点：①寻找可靠的供应商。②尽量准确预测供应线上可能出现的短缺或阻塞。③建议供应商使用合适的唛头、包装和运输工具。④如果企业选择离岸价（FOB）而非到岸价（CIP），则需采用低成本运输方式。⑤绕过关税壁垒。⑥注意当地制造业竞争产品与进口的平衡。⑦随着当地进口限制和外汇管制的变化而调整国际采购策略。

12.1.4 国际质量管理

1. 质量管理的概念

狭义的质量是指产品、过程或服务满足归档要求的特征和特性总和，是产品在使用时达到用户目的的程度。广义的质量不仅仅是产品的适用性，也包括产品的交货期、价格等因素。

国际标准化组织（International Organization for Standardization，简称 ISO）质量体系标准包括 ISO 9000、ISO 10000 及 ISO 14000 三种系列。ISO 9000 标准明确了质量管理和质量保证体系，适用于生产型及服务型企业；ISO 10000 标准为从事和审核质量管理和质量保证体系提供了指导方针；ISO 14000 标准明确了环境质量管理体系。我国国家标准（GB/T 19000—2016）定义质量为：一组固有的特性满足要求的程度。现代质量管理理念认为，应该从客户的角度定义质量。

质量管理是指企业为实现产品或服务质量目标，并降低成本而采取的一系列与质量有关活动的总和。ISO 9000 将质量管理定义为“指挥和控制企业一切与质量有关的生产活动”。这包括制定质量目标及质量计划、质量控制、质量保证和质量改进等活动。约瑟夫・朱兰（Joseph Juran）认为质量管理的主要内容包括以下三个过程：质量计划、质量控制和质量改进，这三个过程被称为“朱兰三部曲”。其中，质量计划最关键，计划不当将会造成资源浪费和质量问题长期得不到解决，在这种情况下，质量控制毫无意义。

跨国企业的生产是以满足用户需要为出发点，生产出为用户所喜爱的产品，尤其是要满足用户对产品质量的要求。质量渗透到企业机体的每一个细胞，质量提高了，企业的整个“体质”就增强了。因此，企业的一切经营管理活动都以质量为中心，把质量管理放在企业工作的特殊重要地位。

2. 质量管理的发展过程

质量管理的发展大致经历了以下三个阶段。

（1）质量检验阶段（20 世纪初至 40 年代）

20 世纪前，产品质量主要依靠操作者本人的技艺水平和经验来保证，属于“操作者的质量管理”。20 世纪初，以泰勒为代表的科学管理理论的产生，促使产品的质量检验从加工制造中分离出来，质量管理的职能由操作者转移给工长，是“工长的质量管理”。随着企业生产规模的扩大和产品复杂程度的提高，产品有了技术标准（技术条件），公差制度（见公差制）也日趋完善，各种检验工具和检验技术也随之发展，大多数企业开始设置检验部门，有的直属于厂长领导，这时是“检验员的质量管理”。上述几种做法都属于事后检验的质量管理方式。

（2）统计质量控制阶段（20 世纪 40 年代至 60 年代）

1924 年，美国数理统计学家沃特・休哈特（Walter Shewhart）提出控制和预防缺陷的概念。他运用数理统计的原理提出在生产过程中控制产品质量的“6σ”法，绘制出第一张控制图并建立了一套统计卡片。与此同时，美国贝尔试验室提出关于抽样检验的概念及其实施方案，成为运用数理统计理论解决质量问题的先驱，但当时并未被普遍接受。以数理统计理论为基础的统计质量控制的推广应用始自第二次世界大战。由于事后检验无法控制武器弹药的质量，美国国防部决定把数理统计法用于质量管理，并由标准协会制定有关数理统计方法应用于质量管理方面的规划，成立了专门委员会，并于 1941 年—1942 年先后公布一批美国第二次世界大战时的质量管理标准。

（3）全面质量管理阶段（20 世纪 60 年代至今）

20 世纪 50 年代以来，随着生产力的迅速发展和科学技术的日新月异，人们对产品的质量从注重产品的一般性能发展为注重产品的耐用性、可靠性、安全性、可维修性和经济性等。在生产技术和企业管理中要求运用系统的观点来研究质量问题。在管理理论上也有新的发展，突出重视人的因素，除了强调依靠企业全体人员的努力来保证质量以外，还有“保护消费者利益”运动的兴起，企业之间的市场竞争越来越激烈。在这种情况下，美国质量管理专家阿曼德・费根鲍姆（Armand Feigenbaum）于 20 世纪 60 年代初提出全面质量管理的概念。他提出，全面质量管理是“为了能够在最经济的水平上、考虑到充分满足顾客要求的条件下进行生产和提供服务，并把企业各部门在研制质量、维持质量和提高质量方面的活动集成为一体的一种有效体系”。

全面质量管理即 TQM（Total Quality Management），是指一个组织以质量为中心，以全员参与为基础，目的在于通过顾客满意和本组织所有成员及社会受益而达到长期成功的管理途径。在全面质量管理中，质量这个概念和全部管理目标的实现有关。

全面质量管理有以下特点：①全面性。全面质量管理的对象是企业生产经营的全过程，不仅要管好产品质量、产品设计、制造、辅助生产、供应服务、销售、使用，还要管好产品质量赖以形成的工作质量。②全员性。全面质量管理要依靠全体职工，产品质量好坏是许多工作和许多生产环节活动的综合反映，涉及企业各部门和广大职工。③预防性。全面质量管理应具有高度的预防性。④服务性。服务性主要表现在企业以自己的产品或劳务满足用户的需要，为用户服务。⑤科学性。质量管理必须科学化，必须更加自觉地利用现代科学技术和先进的科学管理方法。

全面质量管理的方法有很多，有统计分析表法、措施计划表法、排列图法、因果分析图法、分层法、直方图法、控制图法和散布图法等。随着数理统计技术的发展及其广泛在质量管理各个环节中的应用，很多系统化的全面质量管理方法由此形成。

1）PDCA 循环。PDCA 管理循环，由日本的高管们根据 1950 年日本科学家和工程师联盟研讨班上学到的戴明环改造而成。戴明环最先是由休哈特博士提出来的，由威廉·爱德华兹·戴明（William Edwards Deming）发扬光大，并且用到质量管理领域，故称为质量环和戴明环。PDCA 循环是全面质量管理所应遵循的科学程序。

第一个阶段称为计划阶段，又叫 P 阶段。这个阶段的主要内容是通过市场调查、用户访问、国家计划指示等，搞清楚用户对产品质量的要求，确定质量政策、质量目标和质量计划等。第二个阶段为执行阶段，又称 D 阶段。这个阶段是实施 P 阶段所规定的内容，如根据质量标准进行产品设计、试制、试验，其中包括计划执行前的人员培训。第三个阶段为检查阶段，又称 C 阶段。这个阶段主要是在计划执行过程中或执行之后，检查执行情况，是否符合计划的预期结果。第四阶段为处理阶段，又称 A 阶段。这个阶段主要是根据检查结果，采取相应的措施。四个阶段循环往复，没有终点，只有起点。

PDCA 循环是能使任何一项活动有效进行的一种合乎逻辑的工作程序，特别是在质量管理中得到了广泛的应用。PDCA 循环是开展所有质量活动的科学方法，如 ISO 质量管理体系、QC 七大工具等。改进与解决质量问题，赶超先进水平的各项工作，都要运用 PDCA 循环的科学程序。不论提高产品质量，还是减少不合格品，都要先提出目标，即质量提高到什么程度，不合格品率降低多少。PDCA 循环的计划不仅包括目标，而且包括实现这个目标需要采取的措施；计划制订之后，就要按照计划进行检查，看是否实现了预期效果，有没有达到预期的目标；通过检查找出问题和原因；最后就要进行处理，将经验和教训制定成标准、形成制度。

2）标杆分析。标杆分析（Benchmarking）是与同行业或其他行业的领导者进行比较，衡量自身满足客户需求的一系列系统的组合，是用来衡量组织的流程、活动是否达到了最佳实践水平的系统管理工具。标杆分析的对象是占用比较多资金的活动、能明显改善与顾客关系的活动和能最终改变经营结果的活动。标杆分析的类型有内部基准、竞争基准、活动过程和活动基准、一般性基准和顾客基准。现在的企业大多愿意选择活动过程和活动基准，因为不涉及直接的竞争对手，更容易获取信息。

标杆的选择上，若以竞争对手为标杆，有助于确定和比较竞争对手经营战略的组成要素。以一流企业为标杆，可以改进企业的内部经营，建立相应的赶超目标。建立跨行业的技术标杆，有助于技术和工艺方面的跨行业渗透。以客户需求为标杆，可发现企业不足，将市场、竞争力和目标设定结合在一起。

标杆分析比较的是具体的指标值，但分析改进的是相关的流程，因此确定适当的流程范围非常关键。例如，在企业的物流领域，如果将"采购—生产—分销配送"作为分析范围则太大，而将"物料编码规则"作为分析范围则太小，选择"原料库存管理"或"成品库存管理"作为分析范围就相对适当。

标杆分析的主要步骤包括确定内容、选择目标、收集分析数据、确定行动目标、实施计划和跟踪结果。具体如下：确定要进行标杆分析的具体项目；确定了进行标杆分析的环节后，就要选择具体的标杆分析对象；收集分析数据，包括本企业的情况和作为标杆企业的情况，分析数据必须建立在充分了解本企业目前的状况以及作为标杆企业状况的基础之上，数据必须主要是针对企业的经营过程和活动，而不仅仅是针对经营结果；找到差距后进一步要做的是确定缩短差距的行动目标和应采取的行动措施，这些目标和措施必须融合到企业的经营计划中；标杆分析是发现不足、改进经营并达到最佳效果的一种有效手段，整个过程必须包括定期衡量评估达到目标的程度。如果没有达到目标，就需修正行动措施。

3）六西格玛管理。六西格玛（6σ）概念作为品质管理概念，其目的是设计一个目标：在生产过程中降低产品及流程的缺陷次数，防止产品变异，提升品质。该方法真正流行并发展起来，是在通用电气公司的实践。通用电气集团原CEO杰克·韦尔奇（Jack Welch）于20世纪90年代发展起来的6σ（西格玛）管理，总结了全面质量管理的成功经验，提炼了其中流程管理技巧的精华和最行之有效的方法，成为一种提高企业业绩与竞争力的管理模式。该管理法在摩托罗拉、通用电气、戴尔、惠普、西门子、索尼、东芝、华硕等众多跨国企业的实践中被证明是卓有成效的。六西格玛是一种能够严格、集中和高效地改善企业流程管理质量的实施原则和技术，它以"零缺陷"的完美商业追求，带动质量成本的大幅度降低，最终实现财务成效的提升与企业竞争力的突破。

六西格玛通过一系列的质量管理技术来实现企业的质量目标和战略目标。它包括管理和技术两个方面。管理方面：企业高层领导应该给予大力支持，规定一个可以度量的业绩标准，对相关人员进行培训等。技术方面：应用数理统计方法、改进工序能力、降低质量波动等。一个完整的六西格玛管理过程包括定义（Definition）、测量（Measurement）、分析（Analysis）、改进（Improvement）和控制（Control）五个步骤（DMAIC）。

定义：辨认需改进的产品或过程，确定项目所需的资源。

测量：定义缺陷，收集此产品或过程的表现作为底线，建立改进目标。

分析：分析在测量阶段所收集的数据，以确定一组按重要程度排列的影响质量的变量。

改进：优化解决方案，并确认该方案能够满足或超过项目质量改进目标。

控制：确保过程改进一旦完成能继续保持下去，而不会返回到先前的状态。

12.2 国际人力资源管理

12.2.1 国际人力资源管理概述

1. 国际人力资源管理的定义

国际人力资源管理是在一个跨国企业内获得、分配和有效使用人力资源的过程。人力资源管理（HRM）涉及人和组织之间的全部关系。从本质上说，跨国企业与国内企业在人力资源管理上并无根本区别。当将人力资源管理的功能应用于国际环境时，传统意义上的人力资源管理就变成了国际人力资源管理（IHRM），其基本职能都是执行人力资源计划、招募、培训、绩效考核及薪酬管理等内容。尽管所有人力资源管理的基本活动仍然保留，但它们却以更复杂、更多变的形式出现。对跨国企业而言，导致这种复杂性的因素主要有两个：第一，跨国企业的雇员包括不同国籍的雇员组合；第二，跨国企业必须调整企业的人力资源管理政策，以适应企业经营所在国的国家文化、商业文化和社会制度等多元化环境。因此，与国内人力资源管理相比较，国际人力资源管理更加复杂，受外部力量的影响更大，面临的风险也更大。

2. 国际人力资源管理的重要战略作用

被誉为"世界第一CEO"的美国通用电气公司总裁杰克·韦尔奇提出过这样的口号："人，是我们最重要的资产。"IBM公司前任总裁华生也说过："你可以搬走我的机器、烧毁我的厂房，但只要留下我的员工，我就可以有再生的机会。"巴林银行的破产、王安公司的倒闭等，这些巨型企业一夜之间的土崩瓦解也从另一个侧面给我们敲响了警钟。

人既可以使一个企业兴旺发达，也可以令一家公司破产倒闭。人力资源，无疑已成为现代国际企业全球制胜最为重要的法宝，人力资源管理的成败也直接关系到跨国企业在日趋激烈的全球市场竞争中的生死存亡，对于跨国企业培育和发展其核心竞争能力、实现企业的可持续发展具有越来越突出、越来越关键的作用。

一项大型的扩展性理论研究表明，企业的高获利性取决于人力资源的实施和其战略之间的高度融合性。良好的人力资源管理是在全球经济中维持高生产率和竞争优势的持久的源泉。同时，研究人员发现，在大部分企业中，人力资源部门是工作效率最差的部门之一，并指出通过改进国际人力资源实施的有效性可以给企业带来巨额的收益。

3. 国际人力资源管理的特点

1）涉及的内容复杂繁多。在国际经营环境中，人力资源部门需要考虑很多在国内经营中不需要考虑的因素，如国际税收问题、所在国家的法律法规、为国际经营人员所做的特殊安排和适应新环境的培训、提供行政性的服务、与所在国政府的关系、语言翻译服务等。如有疏漏，可能会酿成大祸。

2）管理过程中需要一种广泛的国际视野。在国内工作的人力资源部门经理只需要对同一国籍的员工群体进行计划性的管理。但是当不同国籍的员工在一起工作的时候，问题就出现了。身处国际经营环境的人力资源部门经理更需要以一种宽广的胸怀，为来自不同国家的员工群体制订不同的计划并进行管理。

3）对外派人员的个人生活给予更多关心。在国内的企业一般不涉及员工的个人生活方面，但是国际企业需要关心外派人员的住房安排、医疗及保险、生活费用津贴、奖金、纳税等方面问题，同时需要考虑他们的配偶安置、子女入学乃至娱乐等问题，免除外派人员的后顾之忧，让他们更加安心工作。因此，许多跨国企业专门设立了国际人力资源服务部门，专门负责协调上述事宜。

4）随着外派人员与当地员工的融合程度发生变化而转变工作重点。国际人力资源部门的工作重点常常会根据海外经营的日益成熟以及外派人员与当地的融合程度而发生阶段性的转变。随着对母国员工和其他国家员工的需求减弱，训练有素的当地员工的队伍不断壮大，原先投入到外派人员的选派、重新安排和适应新国度培训等工作重点，就要转向对当地人员的甄选、培训和管理上面。

5）国际人力资源管理面临更多的风险和外部影响。在国际化竞争的环境中，由人力资源管理部门失误导致的人力和财力方面的损失远比国内经营要严重得多。根据统计，外派人员的失败给母公司造成的直接成本损失，要比国内所支付的薪水与重新安置的费用之和高出三倍，而且还存在战争风险和恐怖主义风险。

12.2.2　国际人力资源管理中的人员配备

1. 跨国企业人员配备

在全球竞争的时代，人力资源的质量是跨国企业获得全球竞争优势的关键制约因素。所以，全球人力资源的配备已成为国际企业人力资源管理部门一项重要的职能与任务。开展国际化经营、创办或扩建跨国企业、经营进出口外贸业务，都会遇到人员配备问题。人员配备即为跨国企业在世界不同地区的经营活动配备有效的管理人员，是国际人力资源管理最重要的任务之一，尽管在一般原则上，国际人力资源配备与国内人力资源配备有相似之处，但显然，国际人力资源配备是一种更加复杂的人力资源管理活动。这主要因为其雇员来源的多元化：①东道国公民，是指来源于经营（如生产工厂、销售单位等）所在国的雇员。②母国公民，是指来源于总部所在地的雇员。③第三国公民，是指既不来自东道国也不来自母国，而来自于第三国家的雇员。

2. 人员配备政策类型

根据人力资源配备的价值取向或哲学的不同，国际人力资源管理研究者将跨国企业人力资源的配备政策划分为三种类型：民族中心型、多中心型和全球整合型。

（1）民族中心型

在民族为中心型人员配备政策下，所有关键的管理职位都由母国的人员担任，当地雇员占据低层次和辅助性职位。这一做法一度非常普遍，诸如宝洁公司、飞利浦公司、松下公司等最初都曾采用过这一政策。

推行民族中心型人员配备政策通常有以下三大原因：首先，公司可能认为东道国缺乏合格的高层管理人员。在欠发达国家设立子公司时，这一原因比较普遍。其次，公司将这一政策作为维系统一公司文化的最佳方法。当公司对企业文化非常重视时，这一原因显得尤为突出。最后，当公司实施国际战略，力图将核心能力转移到国外子公司时，会认为最好的途径是将那些具有相关知识能力的母国员工转移到国外子公司。

实行民族中心型人员配备政策仍有很多好处：母国雇员有更强的可控性和忠诚度；母国雇员很少需要培训；当地分公司需求助总部进行人员配备和考核，从而遵循总部的政策和程序；重要决策集中化；人事决策权掌握在总部手中。

但现今大多数跨国企业已逐渐不使用民族中心型人员配备政策了，主要有以下三个原因：首先，外派人员需要花费时间了解当地文化、法律及商业习俗，他们需要较长的文化适应期。特别是当他们对当地环境不熟悉时，其业务能力就难以发挥，这会给跨国企业初期的发展造成困难。其次，如果当地主要管理职位全部由外派人员担任，限制了东道国员工的发展机会，这会导致当地管理者忠诚度不高，进而造成分公司员工士气下降并引起人员的频繁流动，导致公司难以留住当地人才。最后，对外派人员一般要给予较高的待遇。除了支付较高的薪酬和提供各种各样的帮助，公司还需要投入大量资金用于外派人员的安置，这会提高人力资源成本，对一些中小型跨国企业来说，这种成本压力是很大的。

（2）多中心型

多中心型人员配备政策要求子公司管理层由东道国人员担任，但母国人员占据了公司总部的关键职位。每个子公司都是一个独立的实体，具有一定的决策权。只要公司仍保持较强的盈利能力，能有效地实现经营目标，就可以让东道国管理者按照他们所熟悉的管理方式自主地管理分公司的业务活动。这是采用本土化战略的跨国企业常使用的人员配备政策。

多中心型人员配备政策的优点包括：多中心型人员配备政策将管理的职责交给那些熟悉当地商务环境的人员。对当地市场的文化有着深刻了解的管理者对于公司而言是一项巨大的优势。这些管理者熟悉当地的商务惯例，他们不需要克服“外来者”形象所产生的文化障碍，他们对雇员、消费者以及供应商的需求都有着更好的敏感度。主要雇用东道国公民和地区内的第三国公民，可以减少从总部外派人员的培训成本。成功的外派任职，特别是当存在巨大文化差异时，常常需要大量的培训投资。

但这一配备政策可能会降低母公司对东道国经营活动的控制力。当公司在每个国家雇用当地人员来管理当地的经营活动时，它就必须承担这样一种风险：整个公司可能会成为一个个分散的国际子公司的集合体。如果这些公司缺乏一体化、知识共享和统一的公司形象，那么公司的经营业绩必将受到损害。另外，由于文化、语言和忠诚度方面的差别可能会造成与总部协调困难，东道国经理可能对当地子公司比对母公司更忠诚。而且东道国经理与地区经理职业生涯发展的机会有限，与采用民族中心型人员配备政策的企业情况相似，东道国经理或地区经理会在晋升时遇到无形的限制，他们的晋升与发展可能被限制在一国或地区内。

（3）全球整合型

在这一配备政策下，企业会选择最能胜任的管理者来管理国外经营活动，而不考虑他的国籍。当地的经营活动可能选择来自东道国的管理者，也可能选择来自母国的管理者，还可能选择来自第三国的管理者。如何选择取决于经营活动的具体要求。

这种配备政策有许多的优点：①企业能够最合理地利用其人力资源，建立起一支国际管理人员的核心队伍，他们可在各种不同的文化环境中轻松自如地工作。②有助于建立跨国组织文化。

但仍有许多难题制约着企业：①有时难以引进管理和技术人员，东道国都制定了移民法，限制外籍雇员的使用或增加使用成本。②培训和重新分配的成本很高，外派人员的报酬通常高于东道国的雇员。此外，这些国际管理人员的高额薪酬，可能会导致企业其他人员的不满。

12.2.3　国际人力资源招聘

所谓招聘，实质是由一系列人力资源管理活动构成的。它包括人员的招募、甄选及录用，即当组织出现人力资源空缺时，通过一定的方式将组织的人员需求传递给具备相应资格的候选人，当这些候选人向组织发出求职意愿时，组织采用科学的方法和手段对求职者进行甄选，确定最适合的合格人选，并最终录用这些合格者的工作过程。企业都会尽可能招聘和选拔那些能够胜任职务的称职的管理者与非管理性员工。但是企业如何才能知道它所需要的管理者与员工的数量？怎样才能招聘到最好的员工？怎样从众多候选者之中进行选拔？这一节将主要探究国际人力资源招聘过程中的招募与甄选两大方面以及相关问题。

1. 国际人力资源的招募

招募是指组织根据需要，通过多种渠道发布招聘意向，吸引候选人来填补组织工作空缺的活动。招募的主要目的是吸引求职者的注意，引发求职者的求职动机，同时兼顾企业形象的宣传。招募主要包括以下内容：

1）根据人力资源总体规划制订相应的招聘计划及招募政策。

2）明确候选人资格并选择恰当的招募渠道及方式发布招募信息。

3）确保招募过程的公正性及合法性。

2. 国际人力资源招募渠道

（1）内部招募

内部招募是组织人员招募的首选渠道，是指当组织出现职位空缺时，首先向内部员工发布信息，公布详细的选拔资格，吸引符合条件的员工参与选拔，通过内部挖掘，获取合格的人才以填补组织空缺。内部招募的主要途径有：

1）内部调整。具有良好人力资源管理基础的企业，一般会有比较完善的内部人力资源替换模型。当出现职位空缺时，通过察看替换模型，可以发现符合晋升条件的员工，经过进一步选拔，确定晋升人选。此外，返聘也是解决内部职位空缺的一个有效办法。

内部调整对于组织来讲有着许多优势。首先，内部调整可以给组织内部成员带来更多的机会，有利于提升组织内部员工的士气，内部晋升可以给员工带来很好的示范作用，大家会以优秀员工为榜样，进而形成良好的激励作用。其次，由于员工来自组织内部，对于组织的制度、文化、同事及工作流程等很熟悉，能很快地进入工作，不需要过多的磨合时间。最后，内部调整的员工必然经过了组织的长期考察，选错人的可能性大大降低。当然，内部调整也有可能带来一些负面影响。由于内部员工竞争同岗位，落选方的积极性会受到打击，可能会对日后的工作带来一些障碍。

2）岗位轮换。岗位轮换是指员工在组织内部进行暂时的工作岗位变动，以拓展其经验并逐步学会多种工作技能。岗位轮换有助于员工克服狭隘的部门观点，培养全局观念，利于部门间的横向联系，也是培养管理人才、提高管理水平的一个有效途径。

内部招募的具体方法有：在组织内部发布空缺职位的职位公告、利用已有的人员信息记录卡等。

（2）外部招募

外部招募是指从组织外部将具有组织所需要胜任力的人员吸纳到组织内部，并将其安置到适合的岗位上的过程。外部招募是组织解决人员短缺的一个主要方式，通过外部招募可以有效地补充内部人力资源的不足，特别是当内部员工不具备某种技能的时候，通过外部招募可以直接招募到所需要的人员，解决现有人力资源不足的情况。外部招募能够有针对性地选择不同背景的员工，从而有利于实现组织内部的多样化，有利于组织创新，并为组织发展提供人才储备。

外部招募的主要优势在于：能更好地建立多元化的员工队伍，为组织补充新鲜血液，实现组织内外部的人才互补，从而更好地适应要求不断创新的内外部环境。外部招募的不足之处在于：新员工需要较长的时间熟悉新组织的文化、工作方式、管理模式等，进入角色较慢，同时无论采用什么样的方法进行甄选都有判断失误的风险，成本较高；有时由于外部招募而使内部员工失去了晋升机会，也会在一定程度上影响内部员工的积极性。

外部招募有很多方式，如媒体广告、电子招聘、通过职业介绍机构和猎头公司，以及校园招募等。

3. 国际人力资源的甄选

甄选是指从某一职位的全部求职者中挑选最适合人选的活动。甄选是根据候选人资格要求，选用科学的甄选程序和手段来进行职位和人员的匹配过程。甄选要采用简历筛选、初试、笔试、面试、测评等一系列方式对候选人进行挑选，甄选是招聘过程中最重要也是难度最大的工作阶段，其工作质量直接影响组织人选的正确性。

甄选包括如下内容：①确保甄选工作的科学性标准；②选择科学的甄选技术；③做出初步甄选决策，确保人与职位的最佳匹配。

国际人力资源甄选即确定候选人是否具有担任海外管理职务的素质和能力的过程。一个具体的国际人力资源甄选过程应该包括以下程序：①工作任务分析。主要是确定担任该项工作所需的技能和有关业务的复杂程度。②环境变量分析。主要是确定东道国与母国之间的文化等环境的差异程度，这是决定选派何种人员到国外任职的关键。③确定候选人的素质和能力。主要是通过一定的方法和手段确定候选人是否具备有关的素质和能力。要确定候选人的技术水平和业务能力相对较为容易，可以通过技术检测和业务考核进行。但是要确定候选人的人际交往能力、文化敏感性和环境适应能力则相对较为困难。

跨国企业的选聘标准和方式各不相同，但目标都是招聘到最优秀的人才，因此操作过程中总有相同的部分，通常有以下几步。

（1）初步面试

通常由人力资源部主管负责。具体过程为：第一，就应聘者的外表、明显的兴趣、经验、合理的期望、职务能力、所受教育、是否马上能胜任、过去雇佣的稳定性等项目从低到高打分。第二，就职务应考虑的优缺点如对职务的态度、对职业生涯或职业期望等做具体评议，应聘者提供的书面材料也供参考评价。

（2）标准化测试

通常由企业外聘的心理学者主持进行。通过测试进一步了解应聘人员的基本能力素质和个性特征，包括其基本智力、思维方式、内在驱动力等，也包括管理意识、管理技能技巧。目前，这类标准化测试主要有明尼苏达多项人格测验、欧蒂斯心智能力自我管理测验、温得立人事测验等。标准化测试的评价结果只是为最后确定人选提供参考依据。

（3）仿真测验

这是决定应聘人员是否入选的关键。其具体做法是，应聘者以小组为单位，根据工作中常遇到的问题，由小组成员轮流担任不同角色以测试其处理实际问题的能力。整个过程由专家和企业内部的高级主管组成专家小组来监督进行，一般历时两天左右，最后对每一个应试者做出综合评价，提出录用意见。仿真测验的最大特点是应聘者的智商和情商都能集中体现出来，它能客观反映应聘者的综合能力，使企业避免在选择管理人才时感情用事。

12.2.4　国际人力资源培训与开发

1. 国际人力资源培训与开发的定义

国际人力资源培训与开发就是国际化企业通过在全球范围内采用学习、训导等手段，提高员工的工作能力、知识水平和潜能发挥，使员工的个人素质与工作要求最大限度地相匹配，进而促进员工提高工作绩效。培训即提供应用到工作中的知识与技能，强调与具体工作相关，它是一种计划性很强、为了支持和改善个人和组织绩效而采取的学习活动，具体包括在职培训、职业发展活动、为提高职业素质的活动或工作使命。开发是为了使人们获得新知识、新技术或新观点，并使领导者更好地管理其组织，它是一种使个体得以成长进步的学习，但是学习的内容并不一定与现在或将来的某个具体工作相关联。

2. 国际人力资源培训开发的主要内容

国际人力资源培训开发的内容主要包括驻外人员培训、所在国人员培训以及开发跨国团队。

(1) 驻外人员培训

在国际人力资源培训与开发中，大多数驻外人员是从跨国企业现有的人员中挑选出来的。驻外人员培训主要是出发前培训，有效的出发前培训能使跨国任职成功的可能性大大增加。其主要内容包括：

1）文化意识培训。在驻外人员培训中，出发前培训最常见的内容是文化意识培训。文化意识培训能够有效地防止和解决跨文化冲突，减少驻外人员跨国任职时可能面临的困境，帮助驻外人员适应所在国环境，消除驻外人员的孤独感。

2）初步访问。初步访问是将驻外人员派往所在国做初步访问，给他们一个亲身体验进而判断该驻外任职是否适合自己的机会，并帮助他们在出发前做好准备。初步访问的决定因素之一是任职国：如果驻外人员已经对所去的国家比较熟悉，或者这些国家的文化与驻外人员的本国文化比较相近，那么就无须提供初步访问。

3）语言培训。语言培训是出发前培训的必要组成部分，旨在通过短期内的语言强化教育，提高受训者的口语和听力水平。无疑，驻外人员具备所在国语言的能力高低和其工作效率以及谈判能力都息息相关，因为这种能力有助于他们了解所在国的经济和市场信息。驻外人员在国外经营中所处的职位高低决定了对其语言培训的内容和要求。另外，如果东道国与本国的语言差异较大则应偏重语言培训，如果文化差异较大则应当偏重文化意识培训。

(2) 所在国人员培训

在国际人力资源培训与开发中，跨国企业通常将所在国人员培训项目委托给当地子公司。一般是由总部设计和执行培训开发方案，子公司进行复制，或在其基础上进行一定程度的本土化。这种培训项目主要用于培训员工的某些技能。

(3) 开发跨国团队

1）国际工作轮换。国际工作轮换是开发跨国团队的有效途径之一，通过由母国人员、所在国人员、其他国人员参加的在母国或地区中心或两方共同举行的普通培训和开发项目来进行，如全球领导课程。国际工作轮换能够培养员工的全球性思维，有助于跨国团队的开发。

2）跨国任职。建立真正的跨国企业，必然需要拥有一支由母国人员、所在国人员和其他国人员组成的遍布世界各地的跨国经理团队。企业需要向不同层级的员工提供不同的国际经验。跨国任职是培训跨国管理者、开发跨国团队的重要方法。

3. 国际人力资源培训开发的方法

国际人力资源培训开发的方法有很多，下面简要地介绍几种应用广泛的方法。

(1) 头脑风暴法

头脑风暴法也称研讨会法、讨论培训法、管理加值训练法。典型的头脑风暴法是举行头脑风暴会议，与会成员围桌而坐，群体领导者向所有参与者明确阐明问题所在，参与者在一定时间内尽可能多地提出解决方案，不对他人的建议方案做批评或建议，会议过程中所有方案都被当场记录下来。事后，对参与者的建议进行收集整理，再重新发放。最后撇去重复或明显不合理的方案，对表达含混不清的方案进行修改，对可行方案进行逐一评价，最终选出最优方案。

头脑风暴法的优点主要为：一方面为企业解决实际问题，大大提高了培训的收益；另一方面提高了参与性与积极性，同时加深了对问题的理解程度。其缺点在于：对培训者素质的要求较高，因为如果其不善于引导，会使讨论漫无边际而无效率；培训者讲授的机会有限。对受训者也有隐含要求，如果水平较低，问题不一定能得到解决。头脑风暴法对主题也有限制，不是所有的主题都适合采用此种方法。

（2）案例分析

受训者被要求对给定案例进行分析，确认问题，解决问题，最后执行。好的案例分析培训能使所有人都参与到对问题的解决中，最终有效地帮助受训者掌握分析和解决问题的技能。给定案例可以是真实的也可以是虚构的，无论复杂程度是否相同，都必须为受训者提供足够的信息用以解决问题。案例分析的主要步骤为：解读案例，筛选重要信息；进行推理；诊断问题所在；提出可能的解决方案，预估每种方案的结果；确定最终方案。

案例分析的优点在于：参与性较强，解决问题的过程能够和知识的传授相融合；案例分析的方式较为生动，容易激发积极性，加强受训者之间的交流。其缺点在于：有可能产生主导讨论；虽然受训者之间进行了互动，但互动质量并不一定高；在案例分析过程中，受训者可能过于关注细节，而忽略了一般性的问题和概念。

（3）行为模仿

行为模仿也被称为相互作用管理或模仿模型，是一种通过观察和想象来学习的培训方法。其一般步骤为：首先，有效行为的模仿，一般要求受训者观看一段内容是行为榜样如何正确执行某项操作或展示出受训者需要学习的目标行为的视频，然后讨论榜样行为中的关键部分；其次，进行角色扮演，使受训者在这个过程中联系他们需要学习的地方；再次，对受训者的表现给予反馈，对其正确的行为进行强化；最后，把培训的内容转化到工作中。

（4）文件筐练习

文件筐练习即给受训者一系列材料，包括管理者所要处理的邮件、电子邮件和电话清单等，其中，亟待解决的任务，如向上司报告的要求会和库存短缺的提醒、宴会邀请等一般任务混合在一起，要求被试者以管理者的身份模拟其行为，判断事务的优先处理顺序，并考虑如何做出决策。文件筐练习可以对受训者的计划、组织、分析、判断能力进行有效的培训和开发。

12.2.5 国际人力资源绩效与薪酬

绩效管理和薪酬管理是人力资源管理必不可少的关键组成部分。对任何员工来说，跨国企业只有对其绩效做出公正的鉴定和评估，给予与其贡献相应的薪酬，赏罚分明，才能充分调动其积极性，为实现企业的战略目标服务。

1. 绩效的概念

绩效是一个多义的概念，而且随着管理实践深度和广度的不断增加，人们对绩效的概念和内涵的认识也在不断加深。通过对诸多绩效概念的研究，本书将绩效的概念概括为以下几种：

- 绩效就是完成工作任务。
- 绩效就是工作结果或者产出。
- 绩效就是行为。
- 绩效就是结果与过程的统一体。
- 绩效就是实际收益（做了什么）和预期收益（能做什么）之和。

在国际人力资源管理实践中，绩效反映了员工在一定时期内以某种方式实现某种结果的过程。因此，国际绩效管理中的绩效是指那些经过评价的工作行为、方式和结果，也就是说绩效包括了工作行为、方式和工作行为的结果。

2. 国际人力资源绩效考核的限制和影响因素

对海外人员进行可靠、有效的业绩考核是国际人力资源管理方面所面临的最大挑战之一。跨国企业绩效评估的复杂程度远远高于本土企业，因为这些企业要对工作在不同国家和地区、来自不同国家的员工进行系统的考评。在很多情况下，企业在国内的绩效考核标准和方法很难应用于海外子公司，这是因为：

1）绩效考核常常要与跨国企业战略相吻合，而非直接考核利润。企业进入国际市场常常是出于战略方面的考虑，而不是由于特定国际经营所带来的直接利润。了解新市场或挑战国际竞争对手的战略目标，可能会使一些子公司陷入亏损状态，但这些子公司仍然积极服务于企业的总体目标，在这种情况下如果采用以利益为中心的考核指标，那么员工的真正绩效就往往难以得到真实的反映。

2）数据不可靠。用以衡量海外子公司业绩的数据，常常与母国总部的数据或其他国际经营单位的经营数据不具有可比性。例如，当地会计准则会改变财务数据的含义；又如，由于当地法律要求工厂不能解聘低生产能力员工从而造成成本居高不下等。

3）复杂多变的国际环境。经济及其他环境条件的快速变化通常是母国总部管理人员难以预料的，以前制定的合理的、可实现的业绩目标，可能外派经理难以达到。

4）海外子公司与母国总部之间地理上的分割和时间上的差别。尽管近年来通信方式越来越便捷，但总部与子公司的沟通障碍仍使客观反映员工工作绩效成为一大难题。

5）当地的文化情况。各国在可接受的工作方式上差别很大，如假期与休假的天数、期望工作的时间、对当地工人的培训、当地现有经理的类型等类似因素会直接影响国际员工的绩效评估。

3. 改进策略

为了克服以上对海外雇员绩效考核存在的限制与困难，改进绩效考评体系，以下做法可被采纳：

1）使考评标准与战略相适应。跨国企业对海外分支机构的业绩考评一定要根据企业战略的要求来制定，与企业战略中对该机构或部门的要求相适应。例如，如果企业的战略目标是进入市场以取得长期的竞争地位，那么，采取短期财务业绩评估就会失去其现实意义。

2）采用适合的评估标准。跨国企业总部的人力资源部门要认真考虑国际经营的多重目标，如果有必要还可以出访经营地区，以更加清楚地理解外派经理和当地管理者面临的问题与环境，据此制定科学、客观的评估标准并征得被考评人的认可。

3）将多种渠道的评估与不同时期的评估相结合。国际经营环境的复杂性要求跨国企业的绩效考评比国内考评掌握更多的信息。因此，跨国企业总部的人力资源部门应掌握多种信息和数据来源。

4. 国际人力资源薪酬管理

跨国企业能否按照国际标准并结合本国实际为员工提供适当的工资待遇，对跨国企业充分发挥国际人力资源的作用、调动外派人员的积极性起着重要作用，也是跨国企业在国际市场上能否增强竞争力的关键。

从跨国企业的角度来看，薪酬是企业保证其战略实施强有力的手段。薪酬对员工的态度和行为有重要影响，是使员工的个人利益与企业利益保持一致的有力工具。无论是绝对的薪酬水平还是与他人相比自己所获薪酬的公平性，都是员工十分看重的问题。已有的研究表明，高薪资者比低薪资者有更高的工作满意度与忠诚度。员工在评价他们与企业间关系的紧密程度时，一定会把薪酬作为一个非常重要的因素。

影响跨国企业制定薪酬策略的主要因素有：东道国的法律和政策；招收和留住素质较高人员所需的工资水平；工会的压力；公众的压力；跨国企业在相邻或相似国家的工资标准；企业的目标；东道国当地企业对国外企业高工资的不满及其在政治和经济上的重要性；员工的表现等。面对诸多影响因素，用一种方法是无法制定出国际企业薪酬策略的。制定薪酬策略本身不是企业的目的，而是达到企业目标的手段。因此，制定被派遣人员的薪酬策略必须努力达到下列目标：吸引并保留有能力去国外工作的管理人员；有利于国外子公司之间、母公司与子公司之间的人员调动；在任何子公司（无论是国内的还是国外的）所有雇员间，在所有子公司间，建立和维持一种一贯的、合理的薪酬关系；在不同的东道国，根据主要竞争对手的做法安排合理的薪酬。

国际商务活动中海外任职人员的薪酬包括以下方面：

1）基本工资。外派人员的基本工资通常与其在母国类似职位的基本工资水平相同，以其母国货币或当地货币进行支付。

2）国外服务奖金。国外服务奖金是外派人员由于其在本国以外工作而得到的额外薪酬，是激励员工接受国外任命的手段。外派人员必须生活在远离家庭和朋友的异国他乡，必须面对新的文化和语言，必须适应新的工作习惯和做法，这些不适可以通过国外服务奖金得到一定的补偿。多数公司的国外服务奖金额是税后基本工资的 10%~30%，平均为 16%。

3）补贴。外派人员的薪酬体系中通常有四种补贴形式：艰苦补贴、住房补贴、生活成本补贴以及教育补贴。当企业将外派人员派往那些医疗、学校，零售商店等基本设施与其母国标准相差很大的艰苦地区任职时，通常会支付艰苦补贴；住房补贴一般是用以保证外派人员在国外能够支付得起与母国同质量住房的费用，在住房非常昂贵的地区（如伦敦、东京），这类补贴会高达外派人员总体薪酬的 10%~30%；生活成本补贴用以确保外派人员子女能够接受充分的母国标准的学校教育。东道国的公共学校有时不适合外派人员的子女，这种情况下，他们需要进入私立学校就读。

4）纳税。除非东道国与外派人员的母国间有互惠纳税协议，否则外派人员必须向母国和东道国政府双重纳税。当没有互惠纳税协议时，企业一般要为外派人员支付在东道国的所得税。此外，当东道国较高的所得税税率减少了外派人员的净收入时，企业会对此差额给予补偿。

5）福利。许多企业还要保证其外派人员在国外的医疗、养老金等福利与在母国一致。对企业来说，这项花费成本很大，因为许多福利在企业母国属于纳税可抵扣项目（如医疗和养老金福利），而在国外却不可以抵减。

12.2.6　国际人力资源劳资关系

1. 国际人力资源劳资关系的含义

国际人力资源劳资关系是指跨国企业人力资源管理工作中涉及的，代表劳动者利益的工会与代表资本方利益的经营管理方之间的基本经济关系。劳资关系从劳动合同生效开始，到劳动合同终止结束，是一系列权利和义务的总和。由于西方国家工会对企业员工的劳动行为有很强的影响力，对国际人力资源管理者而言，处理好内部的劳资关系是一个非常重要的职能。

2. 国际人力资源劳资关系的内容

（1）劳资关系的主体

劳资关系的主体是员工和雇主。员工在劳资关系中处于弱势地位，他们只有组织起来形成整体的力量才能与雇主抗衡，也只有这样，双方才能在对等的基础上进行讨价还价，达成公平的协议或找到合理的解决争议的办法，减少冲突的可能性，实现劳资关系的整体和谐发展。

（2）劳资关系的表现——合同关系

劳动合同是劳动关系的法律凭证，企业管理者只有掌握了劳动合同的相关知识，才能在实践中正确处理各种劳动争议。

1）合同的订立。劳资关系首先表现为一种合同关系。合同的自愿性质有助于劳资关系的稳定运行。

2）合同的执行。劳动合同的执行是指合同当事人双方履行劳动合同所规定义务的法律行为，是劳资关系双方实现劳动过程和各自合法权益、履行各自权利和义务的过程。

（3）劳资关系的运行机制

劳资关系的内容主要体现在冲突与合作上。劳资关系又表现为一种合作关系。劳资争议是劳资关系的主要内容，劳资双方有矛盾甚至发生争议并不是一件坏事，一定程度上，矛盾的暴露是企业健康有活力的表现，反映了企业和职工依法自我保护意识的增强，这对劳资关系主体双方的行为具有一定的约束作用。然而，尽管劳资争议是非对抗性的矛盾，但它涉及职工的切身利益和眼前利益，处理不当对社会与企业都会产生较大负面影响。

(4) 影响劳资关系的主要因素

1) 员工。员工的期望是影响劳资关系的重要因素，如果员工的期望与企业的报酬一致，即员工对企业完全认同，劳资冲突就不会发生。

2) 管理者。如果管理者能够尊重和公平地对待员工，即管理者认同员工，也不会有劳资冲突的可能。

3) 政府。作为劳资关系的第三方，主要负责调整劳资关系。

3. 当代国际企业劳资关系发展特点

(1) 劳资关系体系分两种类型，但有趋同压力

尽管不同国家由于政治、法律、文化传统等方面的差异而有着不同的劳资关系体系，但目前学术界普遍认为劳资关系体系可粗略分为英美模式和莱茵模式两种。

一般来说，英美模式的特征是弱政府、弱工会和强雇主。如在美国，政府在劳资关系中并没有广泛参与，它通常不裁决劳资之间在企业层面的冲突，也不确保工人谈判代表能够行使他们的权利。而莱茵模式的特征则表现为弱政府、强工会和强雇主。如在德国，政府在劳资双方进行的集体谈判中直接参与较少，但德国拥有一套广泛的劳工法规体系，政府主要通过这套法律体系规范劳资双方的行为，地方政府通常将集体协议扩展到该地区或部门的非工会成员；工会力量比较强大，在企业的工资、福利等方面工会均有比较多的参与，集体谈判覆盖面较广。但随着全球化进程的不断推进，企业间的竞争趋于激烈，国际企业经常以转移或追加投资为筹码向政府和工会施压，要求拥有更大的自由和更多的决策权，从而对以强工会为特征的莱茵模式形成严峻的挑战，该模式有向英美模式发展的倾向。

(2) 工会力量不断下降，国际企业力量不断增强

随着高新技术引入传统产业以及服务业在西方国家的迅速发展，再加上新型生产方式被引入工作场合，多数西方国家不同程度出现集体谈判覆盖率下降、工会成员人数减少和工会力量削弱的局面。另外，政府为了应对全球化带来的挑战，还不得不制定一些优惠政策来吸引国际企业外来投资。政府的态度往往决定劳资体系中劳方和资方力量的对比，其结果是自 20 世纪 70 年代以来，西方国家普遍面临着工会数量和会员人数下降的趋势。同时，由于国际企业引入新型工作组织和人力资源管理，强调管理者和员工之间的单独对话，强调效益工资竞争机制而不是工会的平均工资思想，有效抑制了工会的发展。但雇主力量不断增强的同时，不容忽视的一个负面作用是收入差距也被迅速拉大，为社会未来的健康发展埋下了隐患。

(3) 部分发展中国家的竞争到底线政策引发了国际的冲突

跨国企业在全球内配置资源以追求利润最大化为目标，但发达国家由于劳动力成本较高或政府规制较为严格，跨国企业经常采取外包、并购、合资、新建等方式将生产转移到劳动力成本较低、环境污染治理不严格的发展中国家。而一些发展中国家为了吸引外资和实施出口导向战略，竞相制定优惠政策，对跨国企业采取超国民待遇，甚至采取竞争到底线（Race to the Bottom）的做法进行优惠政策大比拼，其结果是不但使本国劳

动者及工会组织处于不利地位，还受到了发达国家政府、工会和产业工人的责难。例如，1999 年世贸组织西雅图会议期间，上万示威人群走上街头，号称保护工人权利，反对不公平竞争。2000 年 2 月在曼谷召开的联合国贸易和发展大会上，劳工标准和贸易壁垒问题再次成为会议的焦点之一，欧美国家和工会组织强烈要求在全球范围内推行企业社会责任标准，呼吁发展中国家改善劳动条件和工作环境。这些做法表面上看是为了保护发展中国家的劳动者的生存标准和劳动权益，实际上也反映了他们维护自身利益、减轻国内就业压力的需要。

12.3 国际会计与财务管理

12.3.1 国际会计制度

随着国际贸易和国际投资规模的迅速扩大，跨国企业的经济活动日益频繁，会计数据作为判断企业经营状况和盈利能力的商业语言，开始呈现出跨越国界的特点。不同国家的会计体制存在差异，不同国家流通的货币类型也不一样，因此，跨国企业在会计职能方面遇到的挑战更大。

1. 国际会计准则

会计准则是各国的“准法律”，对会计主体的会计核算和报告具有强制约束力。国际会计准则是由成立于 1973 年的国际会计准则委员会（IASC）为提高会计报表资料的国际可比性、协调各国会计实务中的分歧而颁布的会计规范，它是适应跨国企业发展的需要而制定的。通常所说的国际会计准则是一个比较笼统的概念，其含义是指在主要发达国家采用的、对其他国家影响较大的会计概念、方法、程序、做法等，其中美国财务会计准则委员会（FASB）发布的会计准则（FAS）和国际会计准则理事会（IASB）发布的会计准则（IAS）最具影响力。

国际会计准则委员会在成立之初，只是选择了国际上备受关注的主要会计项目，在适当比较和挑选的基础上，调和各国同类或类似的准则，废除了一些不正确的会计惯例，然后允许剩下的多种会计处理并行，允许会计实务在多个备选会计程序和会计方法中选择，从而形成了易于被各国和各地区接受与遵守的国际会计准则。初期国际会计准则的制定虽也强调“以公众利益为目标”“为改进和协调与编报财务报表有关的条例、会计准则和程序而开展广泛的工作”，但更关注的是获得国际会计准则委员会全体成员的支持，使国际会计准则争取到各国会计界的广泛认同。如此制定出来的准则显然不是高质量的准则。各国对国际会计准则经常反映折中意见和保留自由选择的做法一方面表示接受，另一方面又表示不满。

经济全球化已经成为当代社会一个最明显的特征，各市场之间的联系更加紧密，投资者和公司都在不断寻找跨国界的机会，各国企业纷纷从单靠国内资本市场融资转向依靠国际资本市场融资，区域性或全球性的资本市场正在加速形成。全球化对国际会计协调的需求与日俱增，大家都翘首期盼高质量的、统一的国际会计准则出台。

2000 年 5 月，IASC 进行重新改组设立 IASC 基金会，下设国际会计准则理事会（IASB）、国际财务报告解释委员会（IFRIC）和准则咨询委员会（SAC）。其中，IASB 主要负责各项会计准则的研究、制定等工作。这次改组使 IASC 在某种意义上由各国会计准则“协调者”的身份转变成“全球会计准则制定者”的身份。2005 年 11 月 8 日，中国财政部副部长、中国会计准则委员会秘书长王军先生与国际会计准则理事会主席戴维·泰迪爵士签署了联合声明，确认了中国会计准则与国际财务报告准则实现了实质性趋同。到 2007 年初，国际会计准则理事会宣布全球有 100 多个国家和地区一级采纳国际会计准则理事会的准则或者认可按此准则编制财务报表。

2. 美国会计模式

美国作为世界上经济最发达的国家，在会计制度的制定和会计理论的研究方面具有全球意义上的超前性。

美国会计宏观管理的重要特点是财务会计准则制定的分权制，即在国会的授权下以及代表政府的证券交易委员会（SEC）的支持下，由独立的民间会计职业组织——美国财务会计准则委员会（FASB）制定指导企业会计实务的公认会计原则（GAAP）。遵守 GAAP 所编制的财务报表被认为是合理地表述一个企业的财务状况、财务状况变化和经营成果的主要标志，GAAP 被视为美国会计模式的标志性特点。美国会计宏观管理框架可以概括为：国会、SEC、FASB、GAAP。

美国通用会计准则（US GAAP）主要为美国公司或华尔街上市公司所采用，它是由美国财务会计准则委员会（FASB）、会计师协会（APB）和证券交易委员会（SEC）在《意见书》和《公报》中所规定的会计准则、方法和程序所组成的。US GAAP 是一套官方的权威性的标准组合，是企业会计人员记录、汇总会计数据和编制会计报表所必须遵循的标准，也是审计人员审核企业会计报表的依据。

由于美国的证券市场极为发达，保护证券（股票和债券）投资者的利益是美国会计理论与实务的出发点和总目标，而公认会计准则的制定，也以维护这些投资人的利益为前提。

（1）会计基本理论

美国会计基本理论有两个基本特征：一是稳健主义，但 FASB 对此保持中立；二是高质量，SEC 指出为建立发达和健全的资本市场必须建立一套高质量的会计准则，做到“基本的财务报告概念框架一致、只允许保留最低限度的备选会计程序、必须清晰和全面，使准则容易被编报者、审计师、监管机构和其他使用者所理解”。

（2）会计方法

美国会计制度遵循对历史成本计量基础和实现原则等传统观念。例如，固定资产在清理前，其账面价值几乎从未在重估或价格变动的基础上有所增减，可将价值降低到公允市价。存货一般按照成本与市价孰低规则计价，其中成本可以选择先进先出法、后进先出法、加权平均法计算，但后进先出法运用的最为普遍。租赁业务强调实质重于形式。

（3）报告体系

美国上市公司所要求的会计披露是世界上最严格的，一家美国大型公司典型的年度财务报告包括：管理部门报告、独立审计师报告、主要财务报表、管理部门对企业财务状况和经营成果的讨论和分析、财务报表的注释、五年或十年选择财务数据的比较。

3. 英国会计模式

与美国会计模式不同，英国会计是通过《公司法》管理公司事务，包括对公司财务会计和报告的要求。英国会计宏观管理框架实际上分为三个层次：会计准则由财务报告委员会（Financial Reporting Council，FRC）监督并提供建议；由会计准则理事会（ASB）颁布；由以财务报告审议会（Financial Reporting Review Panel，FRRP）为核心的机构负责监管。

虽然英国追随美国制定会计准则，但是英国会计准则与美国会计准则并不完全相同。英国会计准则大致上有以下三个特点。

（1）“真实和公允的要求”至高无上

在英国，“真实和公允的要求”是至高无上的（The True and Fair View is Oerriding）。它是财务报告的指导思想，也是对财务报表的最终测试。因此，它对英国的会计实务具有强有力和直接的影响。财务报表只要能够提供真实和公允的观点，有时可以背离会计准则的要求，甚至可以背离英国《公司法》中的有关会计要求。

（2）会计概念清晰和明确

美国会计准则通常被称为“公认会计原则”。由于历史的原因，“公认会计原则”是一个十分混杂和含糊不清的概念。美国在“公认会计原则”中经常将“原则”“实务”“规则”“惯例”“方法”“程序”等概念相互混淆。与美国的做法不同，英国会计准则所使用的各种概念是比较严谨和明确的。

（3）努力与国际会计准则的要求进行协调

英国《会计准则前言》中指出：“在制定财务报告准则时，已适当地考虑了国际方面的发展。会计准则委员会支持国际会计准则委员会（IASC）协调国际财务报告的目标。”尽管英国将自己视为IAS的制定者而非接受者，但英国一直受到ZAS的影响。

4. 德国会计模式

德国会计模式的显著性特征是其会计实务由政府管制，坚决遵循法规和法院判决，而不是由民间自律。在会计工作规范上，德国没有单行的会计准则，其会计规范是由政府通过分散于公司法、税法、商法中的规定来体现的，即“会计规范法典化”，其他的任何东西都不具有类似的约束力和权威性。会计立法主要来自四个方面：商法、公司法、税法和综合会计法。1985年12月19日通过的《会计指令法》作为《商法》的第三篇，把德国现有的会计、财务报告、披露和审计要求都整合到一部单一的法律之中，适用于所有的公司——从有限责任合伙制到私人公司和公众持股公司。

德国会计模式的基本特征是以公司利益为导向，极端稳健和不要求充分披露。德国会计的极端稳健性，其实质是公司可以合法地低估利润和资产，在对外财务报表中提供尽可能少的信息。

德国会计模式的基本原则主要有计价原则和确认原则。商法规定了六条计价原则：一致性原则、持续经营原则、单独计价原则、审慎原则、会计分期原则和一贯性原则。

确认原则包括了完整性规定和禁止抵销规定。禁止抵销规定是指资产负债表或利润表上的资产、负债项目或收入、费用项目不得相互抵销，应单独列示。

12.3.2　国际财务管理

国际财务管理 主要是指跨国企业从事跨国性生产经营活动所面临的新的财务管理问题，以及企业在国际市场中对其资金运营活动及财务关系所进行的财务管理问题，是财务管理在国际领域的延伸和发展。

1. 国际财务管理的特点

（1）以跨国企业为主体

国际财务管理的主体是跨国企业。跨国企业的业务活动是当前世界经济的一个重要组成部分，也是经济全球化的重要体现方式。正是通过这种跨国界的业务活动，企业可以在全球范围内配置资源，实现资源在不同国家间转移，从而更好地实现企业价值最大化的基本目标。因此，企业在国际商品和服务市场、国际技术和金融市场中从事业务运营，就必然要关注相关国家的汇率、利率、税率和政治环境等因素对企业价值目标实现的影响，从而成功实施跨国经营管理。

（2）管理环境的复杂性

国际财务管理环境主要包括内部环境（如国内政治、经济、法律环境等）和外部环境（如国际金融环境等）。内部环境中的政治风险，是指东道国政策变化而导致的跨国企业跨国经营活动与价值受影响而发生损失的可能性。常见的政治风险表现在：东道国政府通过人员、环境、价格等措施对跨国企业所采取的非区别性干预；通过某些限制行业、区域或某些类型的干预性措施对跨国企业所采取的区别性干预；制裁；强制国有化；由于内战、边境战争以及与政治因素相关的恐怖事件造成的财产和人员损失。外部环境主要是指国际金融环境，包括贸易伙伴国的贸易政策、金融政策等。

（3）管理战略的整体性

国际财务管理从跨国企业的微观角度，研究以企业价值最大化为目标的资金运动过程中所涉及的管理和决策问题，包括外汇市场与外汇风险管理、国际投资等实际操作。跨国企业需要全方位、多层次地考察国际财务管理环境中的诸多因素对这些操作的实际影响，并将这些影响整合到各种管理方法和工具中。为了能够确认并开发国外市场的投资机会，还必须了解传统投资分析的利弊，制定市场进入与退出策略。同时，需要考虑跨国经营所带来的资本成本的国际差异，以及随之而来的国际融资决策的复杂性等。

（4）财务管理的风险性

跨国企业与国内企业的不同之处在于跨国企业的资金流动不是单一的本币，涉及国内资金市场和国外资本市场。跨国经营的风险主要来自于政治风险和外汇风险。跨国企业一方面要把握好国际市场的经济、金融、贸易政策，规避政治风险；另一方面面对瞬息万变的外汇市场，国际财务管理要运用远期合约、外汇期货、外汇期权、利率互换等多种衍生金融工具，实现套期保值、规避风险或投资升值等目的，规避外汇风险。

2. 国际财务管理的作用

跨国企业的财务管理就是按照总体发展战略，对日常经营活动中所涉及的资金筹措、运用进行综合管理，保证跨国企业的生产经营所需，同时规避跨国企业在海外经营过程中所遇到的外汇风险。

（1）进行财务规划

通过财务管理，跨国企业可以有目的、有计划地及时做好财务规划及预测，运用专门的方法对投资成本、销售收入、产品成本、利润税金等方面进行规划和预测，从而合理使用和分配企业的有限资金，保证企业生产经营活动的顺利进行。

（2）降低运营成本

通过财务计划的检查分析，跨国企业可以发现经营管理过程中存在的问题，提出改进措施，提高资金使用效率，降低企业生产运营成本，从而提高企业经济效益。

（3）适应经营环境

由于是在国际范围内开展经营活动，跨国企业在财务管理中经常要面对不同经营环境的影响，特别是东道国的政策因素对财务管理影响较大。

（4）规避多种风险

跨国企业在其日常经营活动中，经常会遇到各种环境变化所带来的风险。例如，国际企业时常会遇到因外汇汇率变化所引起的货币币值的增减，所以国际企业财务管理要力求避免各类风险的影响，保护企业的财产不受损失。

3. 国际财务管理的内容

（1）国际投资管理

国际投资管理是指跨国公司将其拥有的货币资本或产业资本，经跨国界流动与配置形成实物资产、无形资产或金融资产，并通过跨国经营实现价值增值的行为过程。

1）国际投资的分类。按投资期限的长短，可分为短期投资与长期投资。其中，短期投资是指投资期限在一年以内的投资，而长期投资是指投资期限在一年以上的投资。按投资方式的不同，国际投资可分为直接投资和间接投资。直接投资又称对外直接投资，是指跨国企业以拥有或控制其他企业经营管理权为核心，以获取利润为主要目的而进行的投资，其主要方式有设立独资企业、合资企业和合作企业等。间接投资又称为国际证券投资，是指跨国企业仅以获取资本增值为目的、而不以控制经营权为目的的投资行为。

2）国际投资管理的内容。国际投资管理主要包括国家风险管理、国际资本预算管理和国际证券投资组合管理三方面的内容。

① 国家风险管理。国家风险是指在国际经济活动中，由于国家的主权行为所引起的造成损失的可能性。国家风险包括政治风险和经济风险。政治风险是指由于政治环境的变化给跨国企业带来的财产损失的风险，通常是由于东道国法律政策的调整以及东道国与母国外交关系的变化。经济风险则主要是指东道国的经济因素给跨国公司国际投资带来的影响，如东道国的汇率、利率波动等。

应对国家风险，跨国企业可以选择投资前管理和投资后管理。投资前管理是指在进行国际业务之前，跨国企业必须对国家风险进行评估，采取相应的对策。跨国企业也可以购买相应的保险来应对国家风险，还可以通过谈判等方式与东道国政府达成特许协议来明确双方的权利义务。投资后管理则是在进行国际投资后，跨国企业为减小损失，采用有计划撤资、短期利润最大化、发展当地的利益相关者等方式，尽可能将国家风险带来的损失降低到最小。

② 国际资本预算管理。国际资本预算是指跨国企业对国际直接投资项目进行的资本预算，即通过对国际直接投资项目的盈利和成本进行比较来对国际投资项目的可行性进行评价。由于国际投资项目一般具有资金量大、不可撤回的特性，且以合理价格转卖的难度较高，因此在投资前对国际项目的可行性进行正确的评估就显得尤其重要。最常用的是以净现值法估计项目未来现金流入的净现值。但是，许多的特殊情况会影响国际投资未来的现金流量和折算资金的折现率。因此，国际资本预算的现金流量的分析要比一般的国内资本预算复杂得多。

③ 国际证券投资组合管理。国际证券投资是指投资者在国际证券市场上购买外国政府、金融机构或公司发行的债券以及公司股票，以期获得收益的经济行为。国际证券投资组合管理是指投资者对各种国际证券资产的选择而形成的投资组合。证券投资组合管理，又称证券组合管理，是指对投资进行计划、分析、调整和控制，从而将投资资金分配给若干不同的证券资产，如股票、债券及证券衍生产品，形成合理的资产组合，以期实现资产收益最大化和风险最小化的经济行为。

国际证券组合管理的方法有两种。一种是间接投资方式，投资者向境外机构投资者（如基金管理公司等证券经营机构）投资，由境外机构投资者向境外进行证券投资。另一种是直接投资方式，投资者不通过机构投资者，而是亲自进入境外证券市场投资购买外国政府、金融机构或公司发行的证券。

国际证券组合管理的基本步骤有五步。①确定证券投资方式。证券投资政策是投资者为实现投资目标应遵循的基本方针和基本准则，包括确定投资目标、投资规模和投资对象三方面的内容以及应采取的投资策略和措施等。②进行证券投资分析。证券投资分析是证券组合管理的第二步，是指对证券组合管理第一步所确定的金融资产类型中个别证券或证券组合的具体特征进行的考察分析。③组建证券投资组合。组建证券投资组合是证券组合管理的第三步，主要是确定具体的证券投资品种和在各证券上的投资比例。在构建证券投资组合时，投资者需要注意个别证券选择、投资时机选择和多元化三个问题。④投资组合的修正。投资者应该对证券组合在某种范围内进行个别调整，使得在剔除交易成本后，在总体上能够最大限度地改善现有证券组合的风险回报特性。⑤投资组合业绩评估。证券组合管理的第五步是通过定期对投资组合进行业绩评估，来评价投资的表现。

（2）国际融资管理

国际融资管理 是指通过国际金融市场来筹集企业发展所需的流动资金、中长期资金，目的是进入资金成本更优惠的市场，扩大企业发展资金的可获取性，降低资金成本。主要的国际融资方式包括国际债券融资、国际股权融资、海外投资基金融资、外国政府贷款、金融组织贷款、国际贸易融资等。根据国际融资关系中债权债务关系存在的层次来分类，有存在双重债权债务关系的间接融资，还有只含单一债权债务关系的直接融资。

1）国际债券融资。国际债券即发行国外债券，是指一国政府及其所属机构、企业、私人公司、银行或国际金融机构等在国际债券市场上以外国货币面值发行的债券。国际债券主要分为欧洲债券和外国债券两种。

欧洲债券是指一国政府、金融机构和工商企业在国际市场上以可以自由兑换的第三国货币标值并还本付息的债券。其票面金额货币并非发行国家当地货币的债券。欧洲债券不受任何国家资本市场的限制，免扣缴税，其面额可以发行者当地的通货或其他通货为计算单位。对多国公司集团及第三世界政府而言，欧洲债券是筹措资金的重要渠道。

外国债券是指外国借款人所在国与发行市场所在国具有不同的国籍并以发行市场所在国的货币为面值货币发行的债券。对发行人来说，发行外国债券的关键就是筹资的成本问题，而对购买者来讲，它涉及发行者的资信程度、偿还期限和方式、付息方式以及和投资收益率相关的如票面利率、发行价格等问题。外国债券的发行方式有两种，一是公募，另一种就是私募。公募是指向社会上不特别指定的广大投资者进行募集资金。

2）国际股权融资。国际股权融资是指符合发行条件的公司组织依照规定的程序向境外投资者发行可流转股权证券的国际融资方式。国际股权融资在性质上不同于国际债券融资，它本质上是股票发行人将公司的资产权益和未来的资产权益以标准化交易方式售卖于国际投资人的行为；与此相对应，投资人认购股份的行为本质上是一种直接投资，依此交易，认股人将取得无期限的股东权利，其内容中不仅包括旨在实现资本利益的股东自益权，而且包括旨在控制、监督发行人公司的股东共益权。

国际股权融资依照其发行与上市结构可分为不同的类型，其中我国的境外股权融资中较普遍采用的结构类型主要包括境内上市外资股、境外上市外资股、间接境外募股上市和存托证境外上市等几种，以下主要介绍境外上市外资股和存托证境外上市两种。

① 境外上市外资股。境外上市外资股是指发行人通过国际承销人在境外募集股份，并将该股票在境外的公开发售地的证券交易所直接上市的融资结构，此类募股通常采取公开发售与配售相结合的方式。我国的证券法规将依此类结构募集的股份称为“境外上市外资股”，实践中所称的“H 股”“N 股”“S 股”等均属之。

② 存托证境外上市。存托证是由一国存托银行向该国投资者发行的一种代表对其他国家公司证券所有权的可流转证券，是为方便证券跨国界交易和结算而创制的基础证券的派生工具。存托证所代替的基础证券通常为其他国家公司的普通股股票，但目前已扩展于优先股和债券，实践中最常见的存托证主要为美国存托证（ADR）及欧洲存托证（EDR）。我国目前已在境外上市的龙源电力、中国建材、上海实业等公司均采取 ADR 境外上市结构。

存托证结构依其具体内容可分为不同类型，例如在 ADR 中，一级有担保的 ADR 和二级有担保的 ADR 不具有筹资功能，而三级有担保的 ADR 和 144A 私募 ADR 则具有募股筹资功能，我国公司境外上市实践中通常采用的 ADR 类型多为三级 ADR 和 144A 私募 ADR。概括地说，存托证境外上市结构是指一国的发行人公司通过国际承销人向境外发行的股票（基础证券）将由某外国的存托银行代表境外投资人统一持有，而该存托银行又根据该基础证券向该国投资人或国际投资人发行代表该基础证券的存托证，并且最终将所发行的存托证在该国证券交易所上市的国际股票融资方式。

3）国际贸易融资。国际贸易融资是围绕国际贸易结算的各个环节所发生的资金和信用的融通活动。贸易融资是指在商品交易过程中，运用短期性结构融资工具，基于商品交易中的存货、预付款、应收款等资产的融资。国际贸易融资是银行围绕着国际结算的各个环节为进出口商品提供便利资金的总和。

① 短期国际贸易融资。短期国际贸易融资是指银行向进口商、出口商或中间商提供的以国际贸易结算为基础的，期限在一年以内（含一年）的短期进出口融资管理。短期国际贸易融资方式主要有信用证打包贷款、出口押汇、票据贴现、银行承兑、信用证授信额度、进口押汇、买方远期信用证、信托收据、短期出口信用保险等。

信用证打包贷款是出口地银行给出口商提供的，以后者正在打包待运的出口货物及正本信用证（如果有的话）为抵押，用于打包放款申请书上规定用途的专用贷款。出口押汇是在途货物抵押贷款，出口地银行给出口商提供的，以后者的装船提单/CTD 及汇票（如果带汇票的话）的转让或抵押为条件，用于偿还前期贷款的专用贷款。票据贴现是指出口地银行按一定贴现率扣除贴现息之后的净额受让出口商持有的远期汇票。信用证授信额度是进口地银行不收取开证保证金而通过控制客户融资额度的方式来为进口商开立信用证的融资形式。

② 中长期国际贸易融资。中长期国际贸易融资是指期限在 1~5 年（中期）或五年以上（长期）的进出口贸易融资。中长期国际贸易融资主要适用于企业为改善其资本结构，弥补资金不足的需求，包括出口信贷、福费廷（即出口买方信贷和出口卖方信贷）等融资方式。

出口信贷是指市场经济国家为支持和推动本国商品，特别是大中型机电设备或成套设备等资本类商品的出口贸易，在出口国政府的支持下，由该国的出口信贷管理机构、专业银行及商业银行向本国出口商或外国进口商或进口商银行提供的各种中长期优惠性贸易专项贷款。

福费廷是指在大型成套设备的国际贸易中，当出口商以赊销方式卖出商品后，将经过其预先选定的贴现行或大金融公司认可的担保行担保过的本票（或经过进口商承兑、担保行担保过的汇票）卖断给贴现行或大型金融公司，以提前取得现款的一种资金融通形式。由于福费廷是一种以无追索权形式为出口商贴现远期票据的金融服务项目，也称为包买票据。通俗地说，福费廷是一种中期的、利率固定的、以无追索权方式为出口商贴现远期票据的金融服务，属于出口卖方信贷类型。

（3）国际营运资金管理

国际营运资金管理是指跨国企业对营运资金的管理，国际营运资金管理涉及不同的国家和不同的货币，亦称国际货币管理。它是跨国企业财务管理中的一个重要环节。跨国企业经营活动的全球化，决定了跨国企业营运资金管理有别于国内企业营运资金管理。汇率的波动、外汇管制以及税收制度的差异，都是跨国企业营运资金管理需要考虑的因素。

1）国际营运资金管理的内容。国际营运资金管理包括两方面内容：营运资金的存量管理和营运资金的流量管理。

营运资金的存量管理着眼于如何确定现金、应收账款、存货等营运资金的最佳持有水平以及短期资金来源渠道、持有币种，这一点与国内企业相同。但跨国企业财务管理环境的复杂性决定了跨国企业必须立足于全球制定其营运资金管理战略，将其资金在全球范围内进行最有效的配置，以实现跨国企业整体经济效益的最大化。

营运资金的流量管理则主要着眼于如何利用内部资金转移机制实现资金的合理配置，即如何根据多变的理财环境，合理调度资金，使之达到最适当的流量、流向和时机，确定最佳安置地点和最佳的持有币种，以避免各种可能的风险并最大限度地提高整个企业的效益。

2）国际营运资金管理的目标。国际营运资金管理的目标是：通过资金的合理安置（包括资金安置地点和以何种货币持有）以及资金的适当集中（集中于企业总部或集中于某地区）和分配，使企业内部资金转移成本减至最低，加快企业各单位间的国际资金转移速度，使散处于各国的附属单位的各种收支往来能够在各项财务政策（如股利政策、管理费及权利金政策、移转定价政策、贷款政策、应付账款政策等）的协同下，达到最适当的流向、金额和时机，防止外汇风险损失，提高流动资金的报酬率，使整个企业获得最佳结果，税后利润达到最高。

（4）国际外汇风险管理

1）外汇风险的概念。外汇风险是指在国际经济交易中，由于有关货币汇率发生变动，给经营双方任何一方带来损失的可能性。外汇风险有狭义和广义之分。狭义的外汇风险仅与直接从事国际经济交易的企业和个人有关，是汇率变动使其蒙受损失的可能性。广义的外汇风险除包括狭义的外汇风险之外，还包括由于汇率变动给那些与国际经济交易无直接关系的企业和个人带来损失的可能性，这种损失可能来源于汇率风险、国家风险、信用风险以及其他风险等。

2）外汇风险的类型。外汇风险主要分为经济风险、交易风险和换算风险三类。

① 经济风险。经济风险是跨国企业海外经营业务受到外汇汇率变动的间接影响，它主要是指跨国企业未预期的汇率变化对经营业务的影响。经济风险是企业期望现金流的净现值由于汇率未能预料的变化而暴露出来的价值变化。这种影响是在外汇汇率变化以后才发生作用的。经济风险的暴露不产生于实际核算过程中，而是通过经济分析得出的结论。因此经济风险分析是跨国企业进行全面管理的一项重要职能。

跨国企业的经济风险涉及母公司和子公司在其所在国投入、产出及销售区域选择等多方面因素，而母、子公司由于所在国汇率制度、利率水平和采购成本存在差异，因此，进行生产投资时，如何选择筹资方式、筹资币种以及交易货币，其复杂性非一般涉外企业可比。一般来说，当一个企业的成本或者价格对汇率变化敏感时，它就会面临巨大的经济风险。另一方面，当成本和价格同时对汇率变化敏感或不敏感时，企业没有明显的经济风险。在给定的市场结构下，企业经济风险的大小取决于面临汇率变化时，企业稳定现金流量的能力。

② 交易风险。交易风险是指由于汇价变化导致企业应收账款和应付债务的价值发生变化的风险，反映了汇价变动对企业交易过程中所发生的资金流量的影响。交易风险的产生是由于企业达成了以外币计价的交易，其以外币计算的现金流量已定，而交易还没有结束，账目还未了结，因而，汇率变化会影响以本币计算的现金流量。

跨国企业的交易风险相对于一般涉外企业，具有数额巨大、外币种类多的特点。并且，由于跨国企业的母公司与子公司之间存在大量经常性支出，当出现汇率变动时，对某种货币的交易风险在企业内部表现为双向性：母公司或某些子公司因汇率变动受益，而其他子公司则出现汇兑损失。因此，跨国企业的交易风险管理需要从企业整体视角出发，综合考虑各个子公司的利益以及母公司的收益和风险。

③ 换算风险。换算风险又称为会计风险。它是指开展国际业务的跨国企业在编制财务报表时经常发生的风险。由于跨国企业在编制合并会计报表时，必须要将各个海外分支机构以外币衡量的资产、负债、收入和支出等，转换成企业母国所在地通货度量单位。这种换算方式会暴露出货币汇率上的损益。换算风险是指跨国企业全部资产或负债价值的变化，是未来全部现金流动的状况，而不仅仅是涉及外汇交易的现金流动。由于换算风险主要取决于跨国企业选择的记账规则和惯例，所以为了减少企业的潜在风险损失，跨国企业可以选择适当的会计规则。

3）外汇风险的应对策略。跨国企业经常要面对因外汇变动而使企业遭受损失的局面，所以外汇风险管理是跨国企业财务管理的一个重要的方面。其基本目的是通过对外汇风险的有效管理，使跨国企业的资本价值、盈利能力等财务指标达到最优。跨国企业在国际经营活动中除了遇到一般的经营风险与普通财务风险以外，由于涉足国际市场，随之而来的还有使用各国通货所产生的风险。

① 经济风险管理。经济风险管理的目标，是在未预料的汇率发生变化而影响未来跨国企业收益时，能够预先做出适当的处理，避免不必要的损失发生。由于经济风险管理是一项具有战略意义的决策性工作，而且它本身在时间和空间上涉及的跨度较大，管理方面的内容较多，因而是一项极其复杂的工作。经济风险管理的主要措施有以下几种：第一，低成本生产选择。企业可以选择将工厂设在货币被低估或生产原材料价格低的国家，以降低生产成本。企业也可以在多个国家设立生产基地以应对汇率变化。第二，弹性采购政策。即使企业在国内拥有生产基地，也可以通过从原材料价格较低的地区采购原材料，来减轻汇率变化造成的影响。第三，市场分散化。尽量分散产品市场来稳定现金流量。第四，产品差异与研发投入。面对汇率的不利波动，投入研发可以保持和加强企业的竞争地位，成功的研发成果能使企业降低成本、增强生产能力。第五，金融性套期保值。套期保值可以稳定企业的现金流量，从而降低企业面对经济风险的损失。

② 交易风险管理。跨国企业交易风险管理的目的是使其外汇暴露处于稳定状态，避免受到外汇波动的影响，也就是把外汇暴露与汇率变动尽可能分离开来。由于交易风险对跨国企业利益的影响是最直接的，跨国企业只要有跨时间的外币收支业务，就有交易

风险存在的可能。交易风险管理的主要措施有以下几种：第一，远期市场套期保值。这是指企业通过签订具有抵消物质的远期外汇合同来防范汇率变动可能带来的损失，企业在远期外汇市场上按照已经确定的期汇汇率，以确定的汇率向另一方当事人交割一定数量的某种货币换取确定数量的另一种货币。第二，货币市场套期保值。利用不同货币的利率之差进行保值。使得本国企业在与海外企业进行贸易往来时，降低其所承受的汇率风险。本国企业可以通过提前换汇的方式锁定外币的价值，帮助企业将未来交易时的支出和支付价格在现期就确定下来。第三，期权市场套期保值。这是指外汇的持有者可以在规定的时间内按规定的价格出售或购买一定数量的外汇。外汇合同的持有者可以根据需要履行合同或放弃合同。第四，外汇调换交易。这是指交易双方相互交换不同币种但期限相同、金额相等的货币及利息的业务。外汇互换交易主要包括货币互换和利率互换。这些互换内容也是外汇交易有别于掉期交易的标志，因为后者是套期保值性质的外汇买卖交易，双面性的掉期交易中并未包括利率互换。

③ 换算风险管理。换算风险管理的主要方法是采用资产负债表保值法。该方法是当跨国企业在合并会计报表时，设法将以外币表示的资产或负债予以抵销，使跨国企业资产负债表上的净换算等于零。除此以外，跨国企业还可以采用远期外汇市场保值或货币币值保值的方法。

本章小结

1. 国际生产管理是指把企业的生产过程作为一个有机的整体，实行全面有效的计划、组织和控制，以实现企业生产管理的预期目标。国际生产管理的方式有三种：以母公司集中管理为主、以子公司分散管理为主和集中管理与分散管理相结合。

2. 生产系统是指为提供产品或服务而结合在一起的一系列的转化过程，它由生产、转换、产出与反馈四个环节组成，主要包括物资需求计划系统和准时生产制。

3. 采购管理主要包括采购计划管理、采购订单管理及采购结算管理。

4. 质量管理是指企业为实现产品或服务的质量目标并降低成本而采取的一系列与质量有关活动的总和，主要经历了三个发展阶段：质量检验阶段、统计质量控制阶段和全面质量管理阶段。全面质量管理的主要方法有 PDCA 循环、标杆分析和六西格玛管理。

5. 国际人力资源管理是在一个跨国企业内获得、分配和有效使用人力资源的过程，包括人员配备、人力资源招聘、人力资源培训与开发、绩效与薪酬、劳资关系等模块。

6. 国际会计准则是为提高会计报表资料的国际可比性、协调各国会计实务中的分歧而颁布的会计规范，是为适应跨国企业发展的需要而制定的，美国、英国和德国会计模式是不同经济制度下国际会计准则的代表。

7. 国际财务管理是指跨国企业从事跨国性生产经营活动所面临的新的财务管理问题，以及企业在国际市场中对其资金运营活动及财务关系所进行的财务管理问题，主要包括国际投资管理、国际融资管理、国际营运资金管理、国际外汇风险管理。

关键术语

国际生产管理　准时生产制　全面质量管理　国际人力资源管理　国际会计准则　国际财

务管理　　国际投资管理　　国际融资管理　　国际营运资金管理

本章思考题

1. 国际生产管理的主要方式有几种？
2. 简述准时生产制。
3. 简述全面质量管理的主要方法。
4. 简述国际人力资源管理的内容。
5. 简述美国、英国和德国的会计准则。
6. 简述国际投资管理的具体内容。

本章参考文献

[1] 希尔．国际商务：第 5 版［M］. 周健临，等译．北京：中国人民大学出版社，2005.
[2] 怀尔德 J J，怀尔德 K L. 国际商务：第 7 版［M］. 陈焰，译．北京：北京大学出版社，2015.
[3] 库伦，帕伯替阿．国际企业管理：战略要径［M］. 孔雁，译．北京：清华大学出版社，2007.
[4] 贾旭东．国际管理学［M］. 北京：中国人民大学出版社，2010.
[5] 肖卫国，刘跃斌．国际商务管理［M］. 武汉：武汉大学出版社，2011.
[6] 薛求知，刘子馨．国际商务管理［M］. 上海：复旦大学出版社，1996.
[7] 王耀中，胡小娟．国际商务管理研究［M］. 长沙：湖南科学技术出版社，1997.
[8] 吴晓荧．国际商务［M］. 北京：华文出版社，2004.
[9] 林新奇．国际人力资源管理［M］. 上海：复旦大学出版社，2011.
[10] 李英，班博．国际人力资源管理［M］. 济南：山东人民出版社，2004.
[11] 程立茹，周煊．国际企业管理［M］. 北京：对外经济贸易大学出版社，2013.
[12] 张俊瑞．国际财务管理［M］. 上海：复旦大学出版社，2007.
[13] 吴革．国际会计［M］. 北京：对外经济贸易大学出版社，2012.
[14] 诺布斯，帕克．国际会计：英文版第 14 版［M］. 北京：中国人民大学出版社，2021.
[15] 王炜瀚．国际商务［M］. 5 版．北京：中国人民大学出版社，2023.

第 13 章 国际商务在中国

本章目标

通过本章学习，应能：

1. 把握中国企业国际化经营的特征及趋势。
2. 了解中国企业国际化经营面临的问题。
3. 了解中国企业国际化经营面临的机遇。
4. 了解推进中国企业国际化经营的相关对策与建议。
5. 加深现阶段中国企业国际化经营的总体认识。

企业国际化经营已经成为当今世界经济发展的必然趋势，对于进一步扩大国外市场、利用国外资源、优化产业结构及实现本国经济转型升级具有重要的意义。近年来，中国企业“走出去”的步伐逐渐加快，对外直接投资总量持续增加，跨国企业并购数量日益增加。与此同时，中国企业国际化经营的方式不断创新，国际化经营能力显著提升，培育出一批世界水平的跨国公司，越来越多的中国企业开始涉及国外高科技领域投资，追求高附加值投资，海外科技园区、工业区和境外经贸合作园等新型经贸合作方式逐渐得到了国内企业的青睐。中国企业在全球影响力明显增强，中国企业的国际化经营前景十分广阔。

13.1 中国企业国际化经营现状

13.1.1 中国企业国际化经营现状概述

1. 中国企业海外投资进入“黄金期”，“走出去”时机与环境利好

2022 年，中国对外投资流量 1631.2 亿美元，为全球第二位，连续 11 年位列全球前

三，连续七年占全球份额超过一成。截至 2022 年年底，中国 2.9 万家境内投资者在国（境）外设立对外直接投资企业 4.66 万家，分布在全球 190 个国家（地区）；中国对外直接投资累计净额（存量）达 27548.1 亿美元，连续六年排名全球前三。中国对外直接投资实现了规模上的迅速扩张，中国企业海外投资成为“中流砥柱”。

中国企业“走出去”的时机与环境总体利好。在政策上，自 2014 年开始，我国在对外投资的审批环节上大幅简政放权，形成了“备案为主、核准为辅”的管理模式，境外直接投资项下外汇登记改成由银行直接审核办理，一系列的政策开放释放了企业海外投资的潜在活力。在资金面支持上，2015 年下半年，我国放松货币政策，信贷与社会融资投放总体保持在较高水平，实体经济资金面整体趋于宽松。受国内产能过剩、产业结构调整等影响，加之全球经济尚处于复苏期，优质低估值企业较多，促使优秀的中国企业将目光投向国际市场。在人民币汇率波动上，受 2015 年“8.11 汇改”、美联储加息的影响，人民币汇率处于贬值通道之中，出于远期对人民币汇率的担忧，促使企业加强海外优质资产的配置以抵御风险。

2. 企业海外跨国并购活跃，民企跨国并购活动日益增加

从 2004 年起，中国企业跨国并购案例数急剧上升。2016 年，中国企业实施对外投资并购达到顶峰，案例总数达 765 起，涉及 74 个国家（地区），实际交易金额 1353.3 亿美元，占当年直接投资比重 44.1%。其中直接投资 865 亿美元，占 63.9%；境外融资 488.3 亿美元，占 36.1%。并购领域涉及制造业、信息传输/软件和信息技术服务业、交通运输/仓储和邮政业等 18 个行业大类，跨国并购已成为中国企业对外投资的主要方式。2016 年—2022 年，中国企业对外投资并购趋于理性，保持平稳发展。

从并购目的来看，中国企业海外并购主要是为了获得资源、技术、品牌和市场渠道。例如，联想收购 IBM 的 PC 部门，借力 IBM 品牌力度获得全球营销网络；美的收购东芝的白色家电，弥补了在核心技术上的空白，把东芝在电子控制领域的技术应用到家电智能领域，提高美的国际制造水平。民营企业日益成为中国企业海外并购的“生力军”，跨国并购活动越来越活跃，尤其是在美国市场，民营企业的投资金额占中国对美投资总额的 76%，其中联想对摩托罗拉智能手机业务的收购、万达等在美国的投资，表现得极为抢眼。

3. 企业海外投资覆盖国民经济各个行业，投资领域呈现多元化

中国企业海外投资领域从过去的能源、资源类投资逐渐转向包括高新技术、服务在内的多元化领域。截至 2022 年年底，中国对外直接投资覆盖了国民经济各个行业类别，海外投资呈现多样化的特点，其次是制造业、金融业、批发和零售业、采矿业、交通运输/仓储和邮政业，投资金额分别为 271.5 亿美元、221.2 亿美元、211.7 亿美元、151 亿美元和 150.4 亿美元。

4. “一带一路”沿线国家成为中国企业开展投资合作的焦点

在国家“一带一路”倡议的推动下，中国企业对“一带一路”沿线国家的投资表现活跃。2022 年，中国企业对“一带一路”沿线的 59 个国家非金融类直接投资 209.7 亿美元，占同期总额的 17.9%，较上年提升了 3.3 个百分点，主要投向新加坡、印度尼西亚、马来西亚、泰国、越南、巴基斯坦、阿拉伯联合酋长国、柬埔寨、塞尔维亚和孟加拉国等国家。部分行业对外投资增长较快。2022年，批发和零售业211亿美元，同比增长19.5%，投向制造业216亿美元，同比增长17.4%，投向租赁和商务服务业387.6亿美元，同比增长5.8%。在对外承包工程方面，我国企业在“一带一路”沿线国家新签对外承包工程项目合同5514份，新签合同额1296.2亿美元，占同期我国对外承包工程新签合同额的51.2%；完成营业额849.4亿美元，占同期总额的54.8%。地方对外投资活跃。2022年，地方企业对外投资939.2亿美元，较上年增长13.1%，占总额的80.4%。其中东部地区对外投资同比增长10.3%，占地方投资的81.6%，广东、浙江和上海位列地方对外投资前三位。

5. 国际产能合作持续高速发展

2016年，商务部积极推进落实《国务院关于推进国际产能和装备制造合作的指导意见》，加快推动国际产能和装备合作快速增长。商务部统计公报显示，2022年对外直接投资中流向制造业的金额达271.5亿美元，同比增长1%，占当年对外投资流量总额的16.6%。其中，流向装备制造业的投资146.1亿美元，同比增长3.5%，占制造业投资的53.8%。截至2022年年底，流向制造业的对外直接投资存量达2680亿美元，占中国对外直接投资存量的9.7%。其中，汽车制造业存量631.8亿美元，占制造业投资存量的23.6%。

在基础设施建设与电力合作方面，中国加快形成与“一带一路”沿线国家全方位、可持续和不断深化的合作格局。商务部数据显示，2013年—2022年，我国在“一带一路”沿线国家承包工程新签合同额、完成营业额累计分别超过1.2万亿美元和8000亿美元，涵盖了铁路、公路、航空、港口和桥梁等当地经济社会发展急需的基础设施。除此之外，能源领域累计投资额约占我国对共建“一带一路”沿线国家总投资额的40%，其中电力部分占能源投资一半左右，项目分布于150多个国家和地区。截至目前，我国与俄罗斯、蒙古国、吉尔吉斯斯坦、缅甸、越南、老挝等周边国家的电力互联互通规模合计达到309万kW。

6. 境外经贸合作园区成为中国企业国际化经营的重要载体

境外经贸合作园区是中国企业“走出去”、实现国际化经营的重要载体。中国境外经济贸易合作区建设为中国企业开展对外投资与合作提供重要的支撑。根据商务部统计，截至2021年年底，中国企业共在46个国家建成初具规模的境外经贸合作区、工业园区等各类境外合作区125个，累计投资507亿美元，上缴东道国税费66亿美元，为当地创造39.2万个就业岗位。境外合作区建设有力地推动了东道国轻纺、家电、钢铁、建材、化工、汽车、机械、矿产品等产业发展和升级，加速了发展中国家工业化进程。

13.1.2　中国企业国际化经营的典型案例

本部分选用北京汽车和吉利汽车国际化的例子，对中国汽车企业国际化经营历程进行描述，展现我国汽车企业通过引进产品、技术、经营管理经验和人才等方式，形成本土企业的自主产品和技术，深入推动国际化经营的过程。

1. 北京汽车“引进来”的国际化经营历程

北京汽车集团有限公司（以下简称“北汽”）成立于1958年，是中国主要的汽车集团之一。2022 年，北汽的销售量为 145 万辆，营业收入约为 4507 亿元，位列《财富》杂志评选的“世界 500 强”第 162 位。改革开放以前，北汽以自主研发为主，业务范围基本局限于中国国内。1984 年，北汽与当时的克莱斯勒公司合资成立北京吉普汽车有限公司，成为中国汽车制造业的首家合资企业，生产切诺基越野车，开启了北汽的国际化之路。然而，这家合资公司并没有取得成功。2002 年，北汽与韩国现代汽车公司共同出资成立了北京现代汽车有限公司。经过 20 余年的发展，北京现代已经成为中国汽车市场上举足轻重的品牌。2008 年 8 月，北汽旗下的福田汽车与戴勒姆—奔驰公司达成合作协议，成立一家重型卡车合资公司。2009 年，北汽集团收购了瑞典萨博汽车的发动机核心技术，包括三个整车平台和两个系列的涡轮增压发动机、变速箱的技术所有权以及部分生产制造模具等。2011 年 2 月 23 日，北汽集团收购瑞典威格尔变速箱厂的全部设备资产、生产技术文件以及管理服务支持，从而拥有大扭矩变速箱从产品到制造的完全知识产权。北汽对萨博的收购标志着北汽的国际化进入了一个新的阶段。

通过对“引进来”技术的消化吸收和数十年独立自主研发的积累，北汽逐渐建立了自主品牌乘用车企业。在商用车领域，北汽旗下的福田汽车早已成为中国商用车的第一品牌。截至目前，北汽已经在海外多个国家建立了组装工厂或生产基地，包括在荷兰和美国的整车生产基地，在俄罗斯和南非的合资工厂，在伊朗、肯尼亚、巴基斯坦、缅甸、马来西亚和印度尼西亚的组装工厂。此外，北汽已经在德国、俄罗斯、印度、日本、荷兰和意大利等国家建立了研发中心。

2. 吉利汽车的自主技术和“引进来”的国际化之路

1997 年，李书福以一句“造老百姓买得起的好车”的口号进入汽车行业，吉利汽车由此诞生。1998 年 8 月，吉利汽车第一辆自主研发的汽车正式下线。依靠严格的成本控制，吉利汽车迅速地从一家毫无经验的民营汽车企业发展成为备受瞩目的行业巨头。1998 年—2003 年，吉利汽车的销售量年均增长达到 117%。2022 年，吉利汽车完成销售量 143. 3 万辆，同比增长约 8%。其中，新能源板块成为新的增长点，全年累计销量 32. 9 万辆，新能源渗透率约 23%。

吉利汽车很早就开始通过国际合作来提升竞争力。2002 年 12 月 23 日，吉利集团与韩国大宇国际株式会社正式签订全面技术合作协议，主要针对外形冲压模具和检具及焊接零部件技术。2006 年，吉利收购英国锰铜公司 23%的股权，成为大股东，开创了中国汽车企业控股外国汽车产业的先河。对锰铜公司的并购，为吉利汽车拓展欧洲市场的业务奠定了良好的基础。2009 年 4 月，吉利汽车收购了澳大利亚国际动力系统（DSI）公司，弥补了吉利汽车全系列自动变速器的研发与生产能力的不足，拓宽了吉利汽车自动变速箱的产品线，改变了中国轿车行业自动变速器产业空白的局面。2010 年 8 月，吉利汽车收购了全球著名的高端汽车品牌瑞典沃尔沃轿车公司的全部股权，上演了一次“蛇吞象”的经典成功案例。完成这次收购后，吉利汽车开始建厂、消化吸收，建立了与沃尔沃共创的新的品牌“领克”，并重点推向欧美发达国家。这次收购极大地提高了吉利的品牌形象，获得了大量的核心专利和高端人才，极大地提升了吉利汽车的核心竞争力。2017 年 5 月，吉利再次出手，收购了马来西亚 DRB 旗下宝腾汽车 49. 9%的股份和豪华跑车品牌路特斯 51%的股份。

目前，吉利汽车在中国的上海、瑞典的哥德堡、西班牙的巴塞罗那和美国的加利福尼亚州设立了造型设计中心，构建了全球造型设计体系，在瑞典哥德堡设立了吉利汽车的欧洲研发中心；在白俄罗斯、英国、埃及、印度尼西亚、乌拉圭、斯里兰卡和埃塞俄比亚等国家建立了生产工厂或组装工厂。2022 年，吉利汽车的海外销售量为 19.8 万辆，同比增长 72.4%。同时，凭借旗下品牌领克“欧洲战略”的版图进一步拓展，吉利实现了整车出口欧洲常态化。

13.2 中国企业国际化经营存在的问题

1. 中国企业境外投资缺少顶层设计和战略谋划

中国企业在海外投资过程中往往缺乏顶层设计，战略谋划有待加强。一是中国企业境外投资目的过于直接，引起了国际社会的广泛关注。未来中国对资源、能源的依赖度将持续增加，中国企业境外投资主要是获取海外资源、能源，以及技术、品牌和营销网络。这种做法引起了对方政府和国际社会的质疑，很多国家对中国国有企业并购设置了重重障碍。二是中国外汇储备规模居世界第一，但是总体使用效率不高。中国的外汇储备主要用于购买美国、欧洲等发达经济体的国债，未能有效发挥支持国内企业国际投资的积极作用。三是并购操作准备不足。一些项目匆忙决策，甚至不计成本高价收购，导致并购完成后企业的经营压力加大。并购操作过于依赖中介机构，缺乏对并购目标所在国家的文化背景、政治体制、法律法规、人际关系、技术专利申请等方面的深入调查，导致并购后在管理上出现冲突和矛盾，引起企业经营亏损。四是缺乏应对国际媒体舆论的经验，对国有企业境外并购面临的政治风险估计不足。

2. 中国跨国企业环保意识薄弱

中国企业对外投资分布的国家和行业特征使得企业自身仍面临着较高的环境风险。一方面，部分中国企业环保意识薄弱，未将环境风险纳入企业管理和风险评估体系，导致企业在投资决策、成本收益核算、实施属地化战略等多个环节均缺少环境风险评估。另一方面，中国企业对东道国环境法律和监管体系不熟悉，中国政府对海外投资企业履行环保责任的约束力不够。同时，东道国政府对跨国投资所产生环境影响的评估标准和容忍度与东道国国内局势、东道国政府所处地位以及投资分布的国家、行业和投资方式密切相关。例如，当东道国政府处于强势地位，东道国政府可以通过合理合法的法律和行政手段对跨国企业进行环境规制，由东道国政府滥用环境规制权引发的环境风险难以完全避免。为此，中国企业国际化经营过程中环保意识薄弱，将无形中增加中国企业海外投资的环境风险[㊀]。

3. 中国对外直接投资管理体系有待完善

近年来，中国对外直接投资管理体系取得了十足的进展，通过放权、减少管制、缩

㊀ 尚阳，庄佳璐．对外投资与风险蓝皮书：中国企业海外投资面临环境风险．（中国新闻网：http：//news. china. com. cn/txt/2017-04/10/content_ 40593544. htm。）

减审批期限等方式，实现了中国对外直接投资管理体系的优化，推动中国企业深度融入经济全球化的进程中。尽管如此，由于中国对外直接投资起步较晚，加上中国资本项目开放仍然处在起步初期，中国对外直接投资管理体系仍然存在明显的局限，具体归纳如下：

1）缺乏统一的对外直接投资管理法律。国家发展和改革委员会制定了《境外投资项目核准和备案管理办法》，商务部制定了《境外投资管理办法》，国家外汇管理局制定了《境内机构境外直接投资外汇管理规定》，国有资产监督管理委员会制定了《中央企业境外投资监督管理办法》，但这些管理法规基本是只管核准不管责任。对境外投资涉及的市场准入与退出、资金、税法、企业行为规范、法律责任追究等，缺乏具体法律规定，导致境外投资并购处于无序状态。

2）缺乏有效的海外投资管理体系。中国企业海外投资缺乏有效的组织和管理，出现了扎堆投资、重复投资的现象，中资企业相互竞争，未能有效开展投资合作，盲目、非理性投资。近年来这种情况虽有所好转，但仍需政府加大监管力度。

3）缺乏完善的问责体系。2017 年《中央企业境外投资监督管理办法》要求中央企业在境外投资前要向国有资产监督管理委员会上报相关材料，其中有管理制度方面的要求，包括投资评价、考核、审计及责任追究制度等，但都是企业内部追责。很多境外投资项目需要体现国家战略意图，尽管投资主体是企业，但决策由相关部门做出。投资与决策主体关系模糊，客观上增加了问责难度。

4. 中国跨国企业文化整合能力有待加强

由于中国企业国际化经营是在不同国家、不同地区、不同民族间进行的，因此在企业实施并购和国际联盟等路径时，各个企业的价值观、经营理念以及宗教信仰、风俗习惯都有很大的不同。文化差异或冲突可能会带来诸多不利的影响，如管理决策的低效率、企业目标的不统一、企业缺乏凝聚力、管理费用大幅增加等，这些都将加大企业国际化经营的难度，甚至可能最终导致企业国际化经营的失败。以中国企业赴欧洲投资为例，中国企业普遍缺乏对欧洲各国社会文化、商业惯例、法律制度和思维方式的深入了解，而这些影响因素都可能导致投资失败。事实证明，海外并购的失败大多由人和文化的因素导致。因此，对中国企业来说，派出的驻外人员的国际化水平尚需提升；要在欧洲实现投资成功必须加强学习和沟通，加强对社会文化、历史沿革、制度惯例等的有效理解。无论是 TCL 并购法国汤姆逊彩电等失败案例，还是联想收购 IBM 的 PC 业务、吉利汽车并购沃尔沃等成功案例，其中的关键因素都在于是否实施了有效的人力资源和企业文化的整合，是否解决好了人和制度在文化层面的问题。对中国企业来说，还需要大量的实际调研考察和“补课”。

5. 中国企业海外经营的品牌影响力有待增强

品牌是具有极大经济价值的无形资产，能给拥有者带来溢价、产生增值，它承载了一部分消费者对其产品和服务的认可。在企业“走出去”动机中，提升品牌和迫于国内竞争市场饱和而开拓国际市场成为企业进入国际市场的重要原因。例如，联想并购 IBM 的 PC 业务成功获得了协同效应，包括 Thinkpad 品牌和 IBM 品牌的五年使用权，实现多元化的产品定位，获得采购和营销成本的优化，一举成为世界三大笔记本电脑品牌。在美国市场，有43%的企业投资美国是为了提高公司品牌形象。随着“走出去”的中国企业增多，越来越多的企业开始注重品牌国际化，并极力推动品牌“走出去”。然而，大多数中国海外企业在推动品牌国际化的过程中，其实际效果极为有限，多数企业只处于价值链低端，产品附加值极低，而在一些国家，中国制造品牌还成为低质产品的代名词。未来中国企业在海外经营过程中要加强品牌形象塑造，提升企业品牌在海外的影响力。

6. 金融体系不能适应中国企业“走出去”的需要

自中国提出“走出去”战略以来，国家发改委、商务部、财政部、国家外汇管理局、中国进出口银行、国家开发银行等为支持企业对外投资，出台了一系列支持企业“走出去”的财政金融政策。2014 年 12 月，国务院专题研究部署加大金融支持企业“走出去”的力度，会议提出简化审批手续、拓宽融资渠道、健全政策机制。此外，随着亚投行的成立与正式运营、丝路基金的创立、人民币国际化的不断推进等，中国企业“走出去”的金融促进体系已不断强化完善。这使得部分企业与行业的海外投资、融资难的问题已有一定的缓解，但企业融资难、融资贵的整体状况没有得到根本改变。尤其是美元贷款，其贷款利率普遍高于经济合作与发展组织的成员国，如经合组织成员国的长期出口信贷利率美元为3.31%，不到中国同类贷款利率的一半。此外，银行金融机构与保险机构的审批时间也较长，造成项目资金难以及时到位，甚至由于审批原因导致企业错失市场机会。保险理赔的时间也较长、程序复杂，给从事海外经营的中国企业带来诸多不便。

中国银行业本身国际化的程度滞后，境外资产占比较低；境外机构数量少，缺少发达国家的布局；境外分支机构级别较低；并购融资业务与国际不接轨，中资银行融资业务难以满足民营企业走出去的融资需求。同时，近年来人民币汇率的波动也造成中资企业对外投资的汇率风险增大。尤其是“一带一路”沿线的一些小国，币种小，在国际市场难以寻找到合适的金融衍生产品来对冲风险，使中资企业面临较大的汇率风险。在人民币国际化层面，中国虽然与很多国家签订了货币互换协议，但在实际中，大多数国家推动和操作实施的案例较少，互换额度很低，操作程序复杂，而且互换协议的期限比较短。这都对金融业支持企业“走出去”提出了新的要求。

7. 同“一带一路”沿线国家投资合作面临政治风险

虽然“一带一路”倡议为越来越多的中国企业“走出去”提供了更多机遇，但其伴随的政治风险问题也不容忽视。由于“一带一路”建设涉及60多个国家和地区及相关周边市场，其中不少国家和地区的经济基础较薄弱，地缘政治关系错综复杂，宗教信仰等社会因素盘根错节；一些国家的国内政局动荡，对于跨国企业的态度往往随着政府的更迭而发生变化。这些国家国内外局势的不稳定给与他们开展投资合作的中国企业带来了极大的不确定性。加之沿线各国对“一带一路”的立场、态度、战略认知存在偏差，有的甚至依然存有偏见，这就大大增加了中国企业与“一带一路”沿线国家投资合作的政治风险。

13.3 中国企业国际化经营面临的机遇

1. “一带一路”倡议为中国企业“走出去”提供了前所未有的机遇

“一带一路”沿线国家人口超过 20 亿，本身就是一个规模巨大的市场，其经济发展水平较低，有意愿抓住机遇加快自身经济发展。因此，中国制造企业面向这一区域“走出去”，能够在提升中国制造业整体水平、从制造业大国转向制造业强国的过程中，推动相关区域制造业的发展，从而取得双赢的结果。同时，“一带一路”沿线国家普遍经济基础薄弱，基础设施建设严重滞后，金融业发展更为滞后，资金也相对匮乏。这些都为我国装备制造业、制造业中与基础设施建设有关产业、上下游产业（如通信服务业）以及金融服务业面向这一区域“走出去”并取得实质性效果起到了积极作用。近年来，中国越来越多的企业参与“一带一路”建设，通过加强与“一带一路”沿线国家的合作，推动其业务链条延伸至“一带一路”沿线国家，强化对沿线发展中国家和新兴经济体的布局。根据《高质量共建“一带一路”发展报告（2013—2023）》的统计，从 2013 年“一带一路”倡议提出至今，“一带一路”贸易在中国对外贸易中的占比已从不足 26%提升到 2023 年上半年的 34.3%。这在全球贸易和我国对外贸易均“疲软”的情况下，也显现了中国企业面向“一带一路”沿线区域走出去的特定效果。但从根本上讲，中国企业面向“一带一路”沿线区域“走出去”的最大作用，还在于对中国制造业整体实力、中国经济国际竞争力乃至中国参与全球经济治理能力的促进与提升。

2. 充盈的外汇储备为中国企业“走出去”提供金融支撑

中国曾是外汇储备短缺的国家，自新中国成立至 1978 年改革开放之前，外汇储备从未超过 10 亿美元。但改革开放后，外汇储备规模却跳跃式上升，于 1990 年、1996 年、2006 年相继迈了三个台阶，先后突破百亿、千亿及万亿美元大关。2022 年 12 月中国外汇储备规模高达 31277 亿美元，为中国企业“走出去”奠定了坚实的基础。但外汇储备的持续高增长率及高于常规水平的外汇规模所孕育的风险也迫切需要采取措施为之“消肿”。如何“消肿”？大量研究表明，实施“走出去”战略，推动企业国际化，促进对外直接投资发展成为当前应对中国外汇储备管理困境的占优选择。为此，未来可以推动外汇储备转化为投资、将资金转化为资本的新机制。可以考虑将外汇储备与国有企业的跨国经营战略、银行的国际化经营战略结合起来。例如，成立美元技术创新基金，支持国内企业加强与跨国大公司的技术合作和开发；大力发展资本市场，促使更多的人民币储蓄和外汇储备向资本市场流动。中国还要利用外汇储备增加石油等战略性物资的储备。同时，可以增大对境外投资的规模，合理引导外汇储备投资到民生急需的产业，逐步推行资本项目的可兑换、人民币结算，扩大人民币在国际贸易中的使用范围，实现人民币国际化，助力中国企业“走出去”，推动中国企业国际化进程。

3. 全球经济复苏乏力为中国企业跨国并购提供更多机会

当前，受新冠疫情冲击和国际政治动荡影响，全球经济复苏乏力，欧美等发达经济体有相当多的中小企业需要资金注入，致使不少国家的国有企业开始私有化和资产重组进程，吸引外资流入以降低失业率和支持经济发展。国外相对较为宽松的并购政策，为中国企业海外并购提供了更多的机会。例如，中国三峡集团购买葡萄牙电力公司 21.35%的股权，成交金额为 27 亿欧元，成为这家公用事业企业的单一最大股东。这笔 27 亿欧元的交易被视为开启了负债累累的欧元区经济体向中国出售资产的先河。此外，当前各国传统产业在新一轮工业革命的冲击下亟待转型，这也为中国企业海外并购和资产“抄底”创造了机会。中国企业通过海外并购引进国外先进技术或产品，在全球范围内构建自己的产业链和供应链，为中国企业自身迎接第四次工业革命奠定了基础[㊀]。

4. 国内对外投资政策放宽推动中国企业国际化经营

2013 年 9 月 29 日开始运转的上海自由贸易区在国内率先对企业境外投资由审批制改为备案制，但对外投资政策的放宽更多地要归功于《境外投资管理办法》（简称《管理办法》）的发布与施行。《管理办法》最重要的贡献在于确立了“备案为主、核准为辅”的新型管理模式。除极少数投资项目仍须相关部门核准外，今后企业境外投资将“自主决策、自负盈亏、自担风险”。同时，《管理办法》第 8 条还进一步明确商务部和省级商务主管部门不仅应依法办理备案和核准，而且应提高办事效率，为企业提供优质服务。国务院 2015 年 5 月出台的《中共中央国务院关于构建开放型经济新体制的若干意见》提出，研究制定境外投资法规，加快建立合格境内个人投资者制度，放宽境外投资限制，简化境外投资管理，除少数有特殊规定外，境外投资项目一律实行备案制，推进境外投资便利化。“十三五”规划纲要强调，将通过主动实施负面清单制度，逐步放宽境外投资管制，进一步释放国内企业跨境投资的需求，示范和带动其他国家降低对外投资管制，为中国对外投资发展开拓市场空间；除此之外，进一步放宽境外投资汇兑限制，放松对企业和个人的外汇管理要求，放宽跨国公司资金境外运作限制，改进并逐步取消境内外投资额度限制，为企业对外投资提供便利。以上政策的陆续出台，使得国内对外投资环境逐渐放宽，降低了中国企业海外投资成本，提升了贸易便利化水平，切实推动了中国企业国际化经营步伐。

13.4 中国企业国际化经营的对策与建议

1. 政府要加强对中国企业进入海外市场的政策引导与支持

中国政府要推进完善中国企业对外直接投资等政策，要依靠各项政策来正确引导本土企业选择满足国家要求的模式进入国际市场，即实现企业和国家在国际市场中的双赢局面。根据以往文献的研究，可以将中国企业进入国际市场的几种模式归纳如下。

第一，投资于发展中国家时，所有权应以合资形式，进入以新建为主。

第二，投资于专利、传统工艺技术开发领域时，最好以独资为主，但并不排斥间接融资。

㊀ 丁栋．研究显示五大机遇助力中国企业海外并购．（中国新闻网：http：//www. chinanews. com/cj/2016/02-28/7776367. shtml。）

第三，为获得东道国的某些管理机制、组织营销网络和技术商誉等，可以特许经营为主。通过授权方的有限权利以保证被许可方的质量控制和特有知识的有效使用。中国一些跨国企业子公司可以利用授权商的品牌、商标、技术和经营方式，迅速扩大影响，开拓市场，而且在创业过程中始终对自己的经营具有控制权。

第四，国内具有优势的企业，可采取以下几种方式进入国际市场：一是先建销售网络、再建生产基地，开拓国际市场；二是并购重组跨国公司业务全球资源整合，成为跨国公司；三是利用海外资源和国内生产能力满足国际需求。

政府未来可以按照以上四种模式，合理地制定完善精准化政策，结合中国企业国际化经营特点及企业特征，以不断完善中国的市场经济体制和对外直接投资相关法律法规为基础，统筹制定产业“走出去”发展规划、境外投资总体规划，明确“走出去”发展目标与重点，定期选定和公布海外投资的鼓励行业，引导不同类型的企业选择适合自身发展的国际市场进入模式，有序地进入国际市场。

2. 中国企业要加强战略规划，明确发展目标

中国企业国际化经营在选择适合自身的市场进入模式之前，要有明确的、适时修正的国际化发展战略，根据相应的发展战略来选择适合的国际化路径，以企业的战略目标来指导国际化的市场进入模式。具体来看，中国企业应根据自身条件和市场定位制定全球战略目标。目标既要符合企业经营能力又要符合资源条件；要紧紧围绕全球战略，强化管理制度、组织机构和人力资源等方面的建设，确保战略目标的组织实施。同时，企业在选择国外市场进入路径时要根据自身实际情况来选择合适的进入模式，创新合作方式，不要照搬西方企业成功经验。例如，联想在以 12.5 亿美元的代价并购 IBM 个人 PC 业务的时候，并不是完全以现金进行支付的，而是以 6.5 亿美元现金和按 2004 年 12 月交易宣布前最后一个交易日的股票收市价价值 6 亿美元的联想股份。交易完成后，IBM 拥有了联想 18.9%股权。采取这种支付方式，除了融资方面的原因以外，主要是因为联想在全球经营方面缺乏能力和经验，希望在并购以后获得 IBM 在资源整合方面的支持与合作，而后来的事实证明，IBM 的确在资源的整合、全球业务的开拓等方面给予了联想重要的支持。

此外，中国企业在国际化战略规划过程中还要充分考虑东道国的各种相关因素。东道国的市场因素、生产因素和环境因素对企业国际化路径的选择具有重要影响。在进入国际目标市场过程中，中国企业必须要熟悉东道国的政策法规，特别是贸易政策、行业协会、工会、文化特点和经济环境等，因地制宜，制定适合当地市场特征的差异化战略，推动企业在目标市场稳步发展。

3. 加强中国跨国企业本土化经营能力

本土化战略是跨国企业为实现在全球配置和吸纳整合资源这一全球战略的重要工具和手段。本土化意味着企业要与当地社会高度融合，对东道国的风土人情深入了解，并能灵活运用当地的资金、人力和技术等资源，这样跨国企业便可有效布局全球优势资源，对各地资源进行灵活调配，实现物尽其用、利润最大化。未来，中国跨国企业应从以下几个方面来加强本土经营能力：

1）加强中高级管理化人才的培养。本土化的高级管理人员与一般本土化员工的作用不同，他们更有条件和资源帮助企业根据本国的实际情况采取对应举措，帮助企业更有效地化解文化冲突，促进有效合作。高层管理人员的本土化是人力资源本土化的核心。人力资源本土化既包括利用人力资源，也包括对人力资源的开发和培育。这就要求中国跨国企业把东道国人才的培训和发展放在重要位置，特别是要加强中高级管理人员的培养，因地制宜，为我所用，降低因文化、市场、制度等差异所产生的交易成本。

2）加强文化融合，消除分歧。克服由于文化差异而引起的种种文化冲突，实现有效的跨文化管理，已经成为企业国际化经营中必须考虑的一个重要问题。面对目标市场不同的文化特征，对于跨国企业而言，最重要的是如何在文化差异环境下最大限度地克服不同文化间的冲突，对跨国企业的经营管理进行卓有成效的指导与支持。同时，还要设计高效可行的组织结构和管理机制，实现企业资源优化配置，最大限度地将现实的文化差异转化为企业的竞争优势，充分激发中国企业跨国资源的活力和潜力，进而最大化地提高企业的综合效益。中国企业在“走出去”的过程中，要进一步加强国际化经营中的文化管理，要考虑如何将其文化差异转化为文化竞争优势，如何克服自身国家文化的相对弱势，将东方文明的精华提升为具有中国特色的企业管理理念。

4. 中国海外企业要履行全球社会责任，树立正面大国形象

随着中国日益走向世界舞台中央以及“一带一路”建设的扎实推进，中国企业已经站在了聚光灯下。虽然世界正在变得越来越“平”，但思维方式的差异、价值观的对立仍然存在，国际社会对中国企业“走出去”有关注也有猜疑，有误读也有误导。在这种情况下，信息如何传递、形象如何塑造、价值如何表达，对于中国企业国际化发展至关重要。社会责任能否落地是衡量企业履行海外社会责任水平的重要标准，也是影响企业国际化经营的重要因素。当前，中国企业在国际市场上已经基本解决了“技术落后”的问题，但还没解决“挨骂”的问题，除了意识形态的偏见，一个重要原因就在于中国企业的形象没有依托好的载体传播出去。未来，中国海外企业应从以下几个方面推动社会责任的落实。

一是融入项目管理，当好企业公民。企业在国际化运营过程中不仅要注重强化海外社会责任顶层设计，注重加强企业项目部的社会责任管理，还要注重加强企业项目部的社会责任意识和能力提升，确保社会责任融入项目管理运营的全生命周期。二是建立常态机制，做好责任沟通。重大基础设施工程项目建设往往具有全生命周期长、利益相关方多、影响深远等特点，要定期收集和处理社会责任信息，建立社会责任信息常态化披露机制，充分利用移动互联新媒体，及时、准确地披露企业履行社会责任的重要信息，促进利益相关方的理解和支持。三是选好传播载体，讲好责任故事。要注重运用海外利益相关方乐于接受的方式和易于理解的语言，讲好中国企业海外责任故事，以情感的沟通、理性的说服、价值的共鸣达到传播效果最大化，努力做到中国故事国际化表达。

此外，在“一带一路”建设中，中国企业更要注重在沿线国家的品牌形象打造。品牌形象的打造对于中国企业同沿线国家开展合作、深度参与“一带一路”建设具有重要意义。例如，中国引以为傲的高铁项目，在向一些国家推广时遭遇挫折，泰国首条高铁就决定采用日本新干线系统，中国虽然也有意参与泰国高铁项目，却并没有进入最后谈判。此案例恰恰凸显了中国企业品牌形象的不足。在高铁技术宣传上，日本更强调其“50 年经验、50 年安全运营”，日本新干线系统所标榜的 50 年的安全运营经营，促使泰国更倾向于日本的产品和技术。然而，中国如今的核心技术虽已从“中国制造”转变为“中国创造”，但是在外国政府和民众心目中，却难免质疑中国这些核心技术只是“改良版”，且只有不到 10 年历史，相对“年轻”。中国企业若真想在“一带一路”沿线国家等市场站稳脚跟，必须树立品牌形象，加强品牌意识。

5. 中国企业要加强自身能力培养，注重工匠精神

相比欧美国家和日本，当前中国企业“走出去”依然存在诸多不足，很多条件比较好、回报较稳定的项目往往被发达国家的企业夺得，条件、回报均一般或较差的项目才能“分一杯羹”，上述问题的根源在于中国企业的核心竞争实力有待提升。因此，在“走出去”过程中，除了企业之间要加强合作，建立合作机制，以及中国政府建立和完善协调机制，有序引导企业参与招投标等因素之外，更重要的是企业要培养匠人精神——对于产品质量、创新技术的崇敬，以及企业间的分工与合作。匠人精神并非不鼓励竞争，但竞争的前提必须是以产品的质量、制造技术说话，以此迫使企业不断改进技术和质量，最终获益的不仅是企业，更是所有民众。只有具备了匠人精神的企业，拥有高质量产品和世界一流技术，才能向“一带一路”沿线国家输出质高价优的产品和工程项目，才能与美国、德国等发达国家开展高质量、高水平的投资与合作，抢占全球价值链的优势地位，为中国的企业、产品、技术赢得口碑。

本章小结

1. 中国企业国际化经营进入了重要发展时期，对外直接投资规模快速增长，跨国并购数量日益增多，海外投资呈现多元化趋势，与“一带一路”沿线国家国际产能合作进一步强化，境外经贸园区成为中国企业“走出去”重要载体，中国企业国际化经营能力大幅提升。

2. 中国企业国际化经营仍然面临诸多问题，包括：企业缺乏国际化战略的顶层设计，企业在海外的环保意识和责任薄弱，跨国企业文化整合能力不强，品牌在全球影响力有待提高。此外，中国对外投资管理体系有待完善，金融体系难以适应中国企业国际化经营需要，“一带一路”沿线国家隐藏的政治风险都成了中国企业国际化经营面临的障碍。

3. 在面临诸多挑战的背景下，中国企业国际化经营也迎来了重要机遇期。当前，中国企业国际化经营面临的机遇可归纳如下：一是“一带一路”倡议让更多中国企业融入经济全球化，为中国企业“走出去”提供了前所未有的机会。二是中国充足的外汇储备为中国企业国际化经营奠定了坚实的金融基础。三是全球经济复苏乏力，为中国企业跨国并购、整合全球经济资源提供了更多机会。四是国内对外投资政策的放宽为中国企业“走出去”创造了良好环境。

4. 面对新时代、新机遇、新挑战，下一阶段中国政府和企业应从如下几个方面做好应对：一是中国政府要加强对中国跨国经营企业的政策引导与支持。二是中国企业要加强战略规划，明确发展目标。三是中国跨国企业应加强本土化经营能力。四是中国企业要履行社会责任，树立正面大国形象。五是中国企业要加强自身能力培养，注重工匠精神。

关键术语

对外直接投资　跨国并购　国际产能合作　境外经贸园区　“一带一路”倡议　本土化经营　文化整合　外汇储备　社会责任　政治风险

本章思考题

1. 简述中国企业国际化经营的现状。
2. 中国企业国际化经营存在哪些问题。
3. 简述中国企业参与“一带一路”建设的情况。
4. 简述提升中国企业国际化经营水平的建议。

本章参考文献

[1] 中国与全球化智库．中国企业全球化报告 2015 [M]. 北京：社会科学文献出版社，2015.
[2] 胡必亮，张怡玲．高质量共建“一带一路”：从思想到行动 [M]. 北京：北京师范大学出版社，2022.
[3] 亚布力中国企业家论坛研究中心．高质量共建“一带一路”发展报告（2013—2023）[R]. 2023.
[4] 中华人民共和国商务部．中国对外投资合作发展报告 2017 [R/OL]. http://fec.mofcom.gov.cn/article/tzhzcj/tzhz/upload/zgdwtzhzfzbg 2017.pdf.